법학총서

기본권론

장영철 저

화산미디어

머리말

기본권은 법치국가의 출발점이자 목적으로 헌법의 핵심이다. 헌법재판에서 기본권의 중요성은 아무리 강조해도 지나치지 않을 것이다. 헌법재판 초기에는 기본권이론의 발전이 실무를 지도하는 영향력을 발휘하였다. 근자에는 실무가 기본권이론에 영향을 주거나 선도하는 경향도 나타나고 있다. 헌법발전을 위해서 기본권이론과 실무는 상호 협력관계에 있어야 한다.

이러한 점에서 본서는 실무에서 나타난 기본권심사방법과 현대복지국가의 행위형식을 고려하여 기본권이론체계를 새롭게 정립하는 것을 목적으로 하고 있다. 현대복지국가에서 기본권은 국가와 사회의 교차관계에서 기능하는 것으로 평등한 자유 내지 자유 속의 평등을 추구한다. 기본권심사에서도 자유와 평등을 내재한 주관적 · 객관적 보호범위를 고려하여 기본권주체의 관점에서 보호범위 제약과 보호의무자의 관점에서 책임귀속을 논하였다. 기본권제한의 법률유보와 제한의 한계로서 과잉 · 과소금지원칙은 기본권제약의 국가책임을 소극적으로 정당화할 수 있는 것으로 보아 그 기능을 강화하는 방안을 제시하였다. 그 밖에 사법상 사적자치원칙에 대하여 기본권으로서 사적자치의 다양한 기능을 제시하여 기본권과 사법의 관계를 규명하고, 기본권의 실효성을 강화하기 위해 재판소원을 허용하는 독일과의 비교법적 고찰을 통해 우리의 기본권재판절차의 개선 방안도 제시하였다.

본서를 발간하기까지 학문적으로 은혜를 입은 허영 선생님과 Klaus Stern 교수님께 감사드립니다. 또한 경제성 없는 책을 흔쾌히 출간해 주신 현근택 사장님께도 감사드립니다. 마지막으로 유난히 더웠던 여름에 편안하게 작업을 할 수 있게 도와준 사랑하는 아내와 서영, 재혁에게 고맙다는 인사전합니다.

2018년 8월

전농동 연구실에서

저자 장영철

차　　례

기본권론

제 1 장 기본권의 이념과 해석

제 1 절 인권과 기본권의 이념

Ⅰ. 서 설

인권은 역사적으로 보면 고대에서부터 근래의 혁명에 이르기까지 계속해서 주장되고 있다. 자유민주주의 국가는 물론 북한, 중국 등 사회주의국가에서도 인권에 대해 거의 모든 국가가 승인하고 있다. 인권은 오늘날 동서고금을 막론하고 보편성을 갖게 되었다. 2004년과 2006년에 각각 미국과 일본에서 북한주민의 인권개선을 위한 북한인권법제정을 들 수 있다. 국가와 개인의 관계에서 인권은 국가권력행사의 목적으로 기능한다. 따라서 세계의 모든 국가는 국제법질서를 존중하여 범세계적으로 효력을 미치는 인권보호기관을 설치하고 활동하고 있다. 오스트리아의 인권옴부즈만, 우리의 경우 헌법재판소, 국가인권위원회 등이 이에 속한다.

인권은 제2차 세계대전 이후 국제 및 국내정치영역에서 중심주제가 되었다. 우리는 이제 국가권력은 기본권에 기속되어야 한다는 확신을 갖게 되었다. 헌법국가에서는 인권을 실정화된 헌법상 권리인 기본권으로 명문화하고 있다. 따라서 인권과 기본권의 이념, 연원, 개념의 문제는 현대의 가장 큰 주제로서 정치, 행정, 법학 등 많은 학문분야에서 연구하고 있다.

인권과 기본권의 중요성은 오늘날 확대일로에 있다. 과거의 인권이 동서간의 이념도구로 이용되었다면 오늘날의 인권은 남북갈등의 경제도구로 주장되고 있다. 이와 같이 상황에 따라 인권은 보편성을 갖고 있는 것으로 이해되고 있다. 이러한 점에서 인권과 기본권의 역사발전과정을 살펴보고자 한다. 이는 기본권이론이 국제적 공통성을 갖는 것으로 학문적으로 탐구하여 모든 인간과 연관된 실정화된 인권에 대한 이해를 증진하고 해석을 위해서도 불가결하기 때문이다.

Ⅱ. 인권과 기본권의 역사

1. 영국의 인권보장사

(1) 마그나카르타(1215)

왕권을 신장하려는 존왕과 봉건계약상의 의무를 이행시키려는 성직자 등과의 분쟁이 격화할 때, 성직자들은 도시상인을 배경으로 존왕을 굴복시키고 그들의 요구를 관철시켰다. 존왕이 성직자들의 요구를 인정한 특허장이 바로 후세에 자유의 상징으로 일컬어진 마그나카르타이다. 이는 본래 봉건제도를 유지하는 문서로서 근대적 의미의 기본적 인권보장을 목적으로 한 것은 아니다. 다만 전제군주에 대한 귀족과 성직자들의 항쟁이 그들의 주장을 관철하기 위해서 도시상인 등의 폭넓은 지원이 필요하였기에 얻어진 반사적 이익에 불과하였다. 봉건세력이 쇠퇴하고 중산계급이 대두된 17세기에 권리청원을 기초한 코크에 의하여 근대적 해석이 가해지면서 마그나카르타는 인권사에서 중요한 지위를 차지하게 되었다. 마그나카르타에서 중요한 것은 일반평의회에 관한 제14조로 이는 영국의회제도의 모체가 된 대의기관이다.

(2) 권리청원(1628)

재정난을 타개하기 위한 스튜어트왕조의 찰스 1세는 탈세에 대해 강압적으로 징수가 이루어지고 국교와 신교의 분쟁으로 앙그리카니즘에 반대하는 청교도가 의회세력과 영합하면서 의회의 왕권에 대한 도전은 격화되었다. 이에 의회입법을 위하여 에드워드 코크가 왕의 재가를 촉구하기 위한 청원이 양원을 통과하여 인권사에 이정표가 된 것이 권리청원이다. 마그나카르타가 봉건제도의 유지문서인 반면, 권리청원은 중산층의 자유권에 관한 문서라는 특징이 있다. 이는 미연방헌법에도 반영되었다. 청원내용으로는 마그나카르타에도 있는 신체의 자유, 상납금의 금지, 과세에 대한 의회의 동의권, 특별재판의 금지, 이유 없는 체포구금의 금지 등 적법절차, 군의 강제민박의 금지 등이다. 권리청원의 의의는 그 자체에 있기 보다는 마그나카르타의 유산을 이어 권리장전의 결실을 맺게 한 점에 있다.

(3) 인신보호법(1679)

인신구속의 적부를 심사하기 위하여 피구금자를 법원에 출두시킬 것을 명하는 영장인 인신보호영장에 관한 의회의 제정법이 인신보호법이다. 이는 오늘날 구속적부심사제의 기원이 되었다.

(4) 권리장전(1689)

권리장전은 명예혁명을 사후에 합법화시키는 단순한 문서가 아니라 마그나 카르타에서 비롯된 자유와 인권의 오랜 항쟁을 저항권에 의하여 마무리 짓고, 국왕을 상징으로 한 의회통치의 기초와 법의 지배원리를 확립시킨 헌법적 문서이다. 권리장전은 의회선거제, 과세, 법률, 국방에 대한 의회의 간섭과 정책통제 등 13개 항목의 자유와 권리를 선언하였다.

2. 미국의 인권보장사

(1) 버지니아 권리장전(1776)

버지니아 권리장전은 로크의 자연권사상이 가장 잘 요약되어 담겨 있는 인권선언문이다. 모든 사람은 태어날 때부터 자유롭고 독립하여 일정한 권리를 갖는다. 생명과 자유, 재산을 향유하는 권리(제1조), 주권재민(제2조), 국가의 기본권보호의무(제3조), 특권계층의 창설금지(제4조), 권력분립(제5조), 선거권과 과세권(제6조), 기본권제한의 법률유보(제7조), 형사사건의 배심재판을 받을 권리(제8조), 잔혹하고 이상한 형벌의 금지(제9조), 일반영장의 금지(제10조), 민사사건의 배심재판권(제11조), 언론출판의 자유(제12조), 민병대에 의한 국가방위(제13조), 인민정부의 독립성(제14조), 인권존중의 원칙(제15조), 종교의 자유(제16조) 등이다.

(2) 독립선언(1776)

버지니아 권리장전과 마찬가지로 독립선언도 로크의 자연권사상이 가장 잘 요약되어 담겨 있는 인권선언문이다. 다음의 독립선언의 내용을 이를 방증하고 있다. 우리는 다음의 사실을 자명한 진리로 확신한다. 즉 모든 사람은 평등하게 창조되었고, 그들의 조물주에 의하여 일정한 불가양의 천부인권을 부여받았으며, 그 중에는 생명, 자유, 행복을 추구할 권리, 저항권이 포함되어 있다. 이러한 제 권리를 향유하기 위하여 정부를 수립하였다. 그리고 그 정부의 정당성은 피치자의 동의에 유래하는 것이다.

(3) 미연방헌법(1787)

미연방헌법제정의 기초자들은 기본권을 천부인권으로 보아 처음에는 기본권조항을 규정하지 않았다. 하지만 그 후 인권을 당해 시대, 사회에서 인간의 정당한 요구를 권리의 형식으로 요약한 것이라고 보아 수정헌법(1791)에서 10개의 기본권조항과 1865, 1870, 1920, 1971년 등 계속적으로 기본권조항을 추가증보하였다. 이는 인권문제의 역사적 발전과정을 나타내고 있다.

미연방헌법상 기본권규정의 특징은 다음과 같다. 첫째, 인간존엄, 국가의 기본권보호의무, 기본권제한의 한계원리 등 일반규정은 없고 개별규정만 존재한다. 예컨대, 제1조 종교, 언론, 출판, 집회, 청원의 자유 등. 둘째, 보통법의 전통상 일반원리의 확립을 판례에 의존한다. 따라서 일반화에는 제한적인 한계가 있다. 셋째, 다양한 인종, 종교, 재산의 차이로 인한 헌법해석의 불일치가 항존한다. 넷째, 기본권이론에 의한 일반화의 한계를 대신하여 의회의 정치적 결정에 의존하는 경향, 예컨대, 시민권법에 의한 기본권의 대사인적 효력의 부분적 해결 등.

3. 프랑스의 인권보장사

(1) 인간과 시민의 권리선언(1789)

인간과 시민의 권리선언은 입헌주의적 기본권의 역사적 모델이다. 이 선언은 기본권을 자유, 재산, 압제에 대한 저항으로 들고 이것은 누구도 소멸시킬 수 없는 천부인권으로 규정하고 있다(제2조). 그 밖에 주권재민(제3조), 일반의사의 표현으로서 법(제6조), 적법절차(제7조), 죄형법정주의(제8조), 무죄추정의 원칙(제9조), 종교의 자유(제10조), 사상과 의사표현의 자유(제11조), 군대의 설치(제12조), 조세평등(제13조), 조세법률주의(제14조), 행정정보공개청구권(제15조), 기본권과 권력분립(제16조), 재산권(제17조)에 대하여 규정하였다.

(2) 인간과 시민의 권리선언(1789) 이후 프랑스헌법사

1791년 헌법(인권선언 수용) — 1793년 헌법(증보) — 1795년 헌법(증보) — 1799년 헌법과 1804년 나폴레옹헌법(인권규정 없음) — 1814년 루이18세 헌법과 1830년 헌법(인권규정 신설) — 1848년 헌법(인권의 초국가성) — 1852년 헌법(인권선언을 일반원리로 수용) — 1875년 헌법(인권조항 배제) — 1946년 헌법(인권선언 재확인) — 1958년 헌법 — 현행헌법(1962).

이중 1946년 제4공화국의 헌법에서는 국가를 통한 사회경제권을 규정하여 복지국가의 헌법적 수용을 나타낸 특징이 있다.

4. 독일의 인권보장사

독일에서 인권보장은 주권의 변화와 병행하여 발전하였다.[1)]

(1) 군주의 특허에 의한 신민의 자유

독일은 봉건시대의 영주주권에 의하여 신민들이 더 많은 자유를 요구하여 남독일의 영주는 신분제특권을 폐지하고 경제적 자유를 부여하였다. 바이에른과 바뎀-뷔르텐베르크의 헌법(1818/19)이 그것이다. 그 후 프로이슨헌법(1850)은 형식상 기본권을 두고 있었으나 군주를 비롯한 보수, 군국주의로 그 기능을 발휘할 수 없었다. 1871년의 비스마르크 제국헌법은 연방국가에서 여러 주에 개별적으로 주권을 인정한 군주주권에 의하여 아예 기본권규정을 두지 않았다.

19세기의 몰(R. v. Mohl)은 기본권을 법치국가원리의 요소로 보고 절대권력을 제한하기 위해 법치국가원리에서 기본권제한의 한계원리인 비례성원칙을 도출하였다.

(2) 자연권의 헌법적 승인

근대와 현대국가는 국민주권에 의하여 기본권은 국가이전부터 존재하는 불가양의 천부인권이다. 시민은 로크(J. Locke)의 사회계약론에 의해 국가는 국민의 기본권보장의무를 부담하는 대신 국민의 기본권을 민주주의원리에 의하여 제한할 수 있는 권능을 부여하였다. 근대헌법으로 살펴본 버지니아 권리장전(1776), 인간과 시민의 권리선언(1789), 벨기에 헌법(1830), 독일의 프랑크프르트헌법(1849) 등이다. 프랑크프르트헌법은 파울교회에서 제정된 헌법으로 '파울교회헌법(Paulskirchenverfassung)'이라고도 하며 제6장의 제130조에서부터 제189조에 걸쳐 시민혼(Zivilehe, 세속혼), 사형제의 폐지, 형사사건의 배심재판을 받을 권리 등 50여 개의 근대적 기본권을 총망라한 특징을 갖는다.

제1차 대전 후 바이마르헌법(1919)은 각 정파의 이해관계를 모두 반영하여

---

1) Michael/Morlok, Grundrechte, Baden-Baden, 2008, S. 34 ff., RN 5 ff.

자유권 이외에 생존권 등 다양한 기본권규정을 두었다. 특히나 생존권적 기본권으로 모성의 보호, 재산권행사의 공공복리 적합의무, 서자의 동등권, 소년의 근로보호, 토지개혁, 중산층의 육성 등을 규정하였다. 근대국가의 형식적 법치국가에서 실질적 법치국가인 사회국가를 추구한 점에서 현대헌법으로 분류할 수 있다. 하지만 바이마르헌법은 현대헌법과 달리 입법권의 기본권기속을 인정하지 않아 '결단 없는 헌법'으로 내재적 한계를 갖고 있었다. 바이마르 공화국은 군소정당이 무수하게 난립한 의회의 기능상실과 힌덴부르크 대통령독재에 이어 히틀러의 나치정권집권(1933)으로 바이마르헌법은 기능을 잃게 되었다. 대신에 나치는 제국의회의 수권법(授權法)과 전체주의통치를 하여 게르만족 우월을 강조하면서 특히나 유태인에 대한 인권유린이 극심하였다.

제2차 대전 후에는 UN 총회가 세계인권선언(1948. 12. 10.) 전문에서 "인간존엄과 평등, 불가양의 천부인권이 세계의 자유, 평화, 정의 기초임"을 선언하고 당시 서독은 4대(미국, 영국, 프랑스, 소련) 연합국의 강요로 기본법(1949)을 제정하였다. 그 인권보장의 특징으로 천부인권으로서 인간존엄의 실현을 목적으로 국가기관의 기본권기속과 헌법재판제도 및 헌법개정의 실정법적 한계를 규정하여 실정화된 인권으로서 기본권을 헌법으로 보장하였다.

주지하듯이 근자에 서독은 동독을 흡수 통일하여 영토, 수도(제23조) 등 약간의 수정과 삽입조항이 있기는 하지만 원칙적으로 서독기본법은 통일 후(1990) 독일기본법으로 기능하고 있다. 최근 독일은 유럽연합의 구성국으로서 유럽공동체의 인권협약(EMRK), 유럽연합의 기본권헌장(EuG)의 기본권효력을 독일국내에서도 수용하여 초국가적인 인권보장국가로 발전하고 있다.

5. 오스트리아의 인권보장사

1920년 연방헌법(Bundes-Verfassungsgesetz)에는 자유주의 사상에 입각한 기본권규정 없다. 하지만 오스트리아 헌법제정자인 한스 켈젠의 규범주의 헌법사상에 입각하여 실정법규정에서 헌법적 효력을 갖는 권리로서 기본권을 원용하고 있다.[2] 이에 해당 것으로 1867년의 국가기본법, 빈 국가조약(1955), 유럽인권협약(1958) 등을 들 수 있다. 이는 독일, 미국 등 성문헌법국가들과 달리 기본권규정이 국내 및 국제법 규정에 분산되어 있는 특징이 나타난다.

---

2) 오스트리아헌법의 특징에 대하여는 장영철, 오스트리아 헌법재판제도와 시사점, 공법학연구(제10권 제1호), 한국비교공법학회, 222면 이하.

6. 기본권보장의 국제화

기본권의 본질을 인권으로 보고 국제법질서 존중원칙을 천명한 헌법규정을 고려하면 국제적 차원에서 인권의 실정화는 기본권의 확대를 의미한다. 이에 해당하는 국제인권규범으로는 UN 세계인권선언(1948), 유럽인권규약(1950), 국제연합의 인권규약(1966)의 경제 · 사회 · 문화적 권리에 관한 규약(A 규약)과 시민적 · 정치적 권리에 관한 규약(B 규약) 등이 있다.

하지만 우리 헌재는 UN 세계인권선언(1948)에 대하여 "선언적 의미는 있지만 보편적인 법적 구속력을 갖거나 국제법적 효력을 갖는 것은 아니라"[3]고 보고 있어 우리 국민의 인권보장을 후퇴시키고 있다.

7. 우리 헌법상 기본권

(1) 제1공화국 헌법

바이마르공화국헌법을 모방한 제1공화국 헌법은 생존권, 청구권에서는 물론 거주이전의 자유(제10조), 표현의 자유(제13조) 자유권에서도 일반적 법률유보이외에 개별적 법률유보를 하여 자유권의 규범력을 약화시켰다. 하지만 바이마르공화국헌법과 마찬가지로 생존권적 기본권을 중시하여 근로 3권의 법률유보에 의한 보장규정에서 사기업노동자의 이익분배균점권(제18조 제2항)도 규정하고 있는 특색을 나타내고 있다.

(2) 제2공화국 헌법

자유당 독재정권 하에서 국민이 기본권의 중요성을 인식하여 당시 서독기본법을 모방하여 기본권의 본질내용침해금원칙, 기본권보장기관으로서 헌법재판소를 최초로 설치하였다.

(3) 제3공화국 헌법

제2공화국의 민주당정권의 혼란을 틈타 5 · 16. 군사쿠데타로 정권을 획득한 박정희는 인간의 존엄 및 가치(제8조)를 기본권규정에 두고, 직업선택의 자유(제13조), 인간다운 생활을 할 권리(제13조) 등 기본권조항을 신설하였다. 그리하여 자유권, 생존권, 참정권 등으로 기본권조항을 체계화하여 기본권을 존중하였다.

---

3) 헌재결 1991. 7. 22. 89헌가106, 판례집 3, 387.

(4) 제4공화국 헌법

유신헌법으로도 명명되는 제4공화국 헌법은 위헌적인 헌법개정절차에서 반영되듯 거주이전의 자유, 직업선택의 자유, 주거의 자유, 통신의 자유, 표현의 자유 등 자유권규정에서도 개별적 법률유보조항을 대부분 마련하여 기본권을 헌법적 권리가 아닌 입법자의 재량에 의한 법률상 권리로 후퇴시켰다.

(5) 제5공화국 헌법

5 · 18 광주민주화운동을 유혈진압하면서 탄생한 군사정권은 그 정통성을 호도하기 위하여 행복추구권, 사생활의 비밀, 환경권 등 기본권목록을 다양화하였다. 하지만 헌법규범과 달리 헌법현실에서는 소위 삼청교육대에서의 인권말살, 직선제를 주장하며 호헌철폐를 주장하는 학생의 인권유린 등 기본권을 장식품으로 전락시킨 독재정권이 되었다.

(6) 제6공화국 헌법

1987년의 명예혁명의 결과 당시 노태우 민정당대표의 6 · 29 선언으로 직선제 개헌이 이루어졌다. 이는 오늘날까지 30여 년간 규범력을 유지하고 있는 현행헌법으로 적법절차조항, 체포 · 구속시 가족에의 통지제도, 언론 · 출판 · 집회 · 결사의 자유에 대한 허가나 검열금지, 형사보상청구권의 확대, 형사피해자의 재판진술권, 범죄피해자 구조청구권, 최저임금제, 사회보장제도를 확충하는 등 다양한 기본권목록을 마련하였다.

최근에는 대통령탄핵으로 인한 제왕적 대통령제의 폐해를 시정하려는 헌법개정과 함께 그간 헌법재판소결정에서 해석상 도출한 예컨대, 생명권, 안전권, 건강권, 개인정보자기결정권, 양심적 병역거부권 등 불문기본권을 성문기본권으로 규정하려는 시도가 있다.

Ⅲ. 기본권과 인권의 관계

1. 기본권과 인권에 관한 헌법상의 용어검토

우리 헌법에서 기본권과 인권이란 용어를 직 · 간접적으로 사용하고 있는 것으로 볼 수 있는 조문은 다음과 같다. 헌법 제2장에 표제어로 '국민의 권리와 의무', 헌법 제10조 제2문의 "국가는 개인이 가지는 불가침의 기본적 인권을 확인하고 이를 보장할 의무를 진다.", 헌법 제37조 제1항 '헌법에 열거되지 아니한 국민의 자유와 권리도 경시되지 아니한다.' 헌법 제37조 제2항에서도 "모든 국민의 자유와 권리와 국가안전보장, 질서유지, 공공복리를 위하여 필요한 경우에 한하여 법률로써 제한하되, 제한하는 경우에도 본질적 내용을 침해해서는 안 된다."는 규정이다.

2. 국가인권위원회법상의 용어검토

국가인권위원회법 제1조에서는 그 입법목적으로 "이 법은 국가인권위원회를 설립하여 모든 개인이 가지는 불가침의 기본적 인권을 보호하고 그 수준을 향상시킴으로써 인간으로서의 존엄과 가치를 구현하고 민주적 기본질서의 확립에 이바지함을 목적으로 한다."고 하고 인권에 관하여 제2조에서 다음과 같이 정의하고 있다. "인권"이라 함은 헌법 및 법률에서 보장하거나 대한민국이 가입・비준한 국제인권조약 및 국제관습법에서 인정하는 인간으로서의 존엄과 가치 및 자유와 권리를 말한다(제2조 제1호).

3. 개념구별에 관한 학설

(1) 형식적 개념구별 및 본질적 동일설

인권이란 인간의 본성에서 나오는 생래적 자연권을 말하며, 기본권이란 대체로 이러한 천부인권으로서 헌법이 보장하는 국민의 기본적 권리를 말한다고 하는 견해[4]다. 시민권은 기본권의 특별한 형태로서 대한민국 사람에게만 귀속되는 기본권으로 구별하기도 한다.

인권과 기본권은 개념과 범위에서 구별되는 것을 전제로 광의의 인권이란 생래적 자연권을 의미하지만, 협의의 인권은 법제화를 전제로 하는 헌법 및 법률상의 권리로 보는 견해[5]도 이에 해당한다. 즉 기본권은 법제화를 전제로 한다는 점에서는 인권과는 형식상 구별되지만 인권의 본질을 갖는다고 보는 것이다.

(2) 형식적・실질적 구별설

기본권과 인권은 다음과 같이 네 가지 점에서 구별된다는 견해[6]가 있다. ①

---

4) 김철수, 헌법학신론, 박영사, 2013, 306면.
5) 전광석, 한국헌법론, 집현재, 2018, 203면.
6) 홍성방, 헌법학(상), 박영사, 2010, 282면.

기본권은 실정법상의 권리이지만 인권은 자연법상의 권리다. ② 기본권은 제한적 효력을 갖지만 인권은 무제한적 효력을 갖는다. ③ 기본권은 사법심사의 기준이지만 인권은 그렇지 않다. ④ 기본권은 국가권력을 구속하지만 인권은 그렇지 않다.

(3) 검 토

구별설은 고전적 기본권방법인 실정권으로서 기본권과 자연권으로서 인권을 개념상 구별하는 것이고, 동일설은 개념구별은 인정하지만 자연권설과 통합설의 입장에서 기본권의 인권으로서의 본질을 강조한 것이다. 구별설은 기본권을 형식적으로 파악하고 본질에 대해서도 헌법상 권리로만 인정하는 입장이다.

그러나 기본권 중에는 천부인권의 속성을 갖고 있는 전국가적 기본권도 있고, 국가내적인 기본권으로 실정권인 기본권도 있다. 전자의 경우는 자유권이 이에 해당되고, 후자는 생존권, 청구권 등이 이에 속한다. 하지만 생존권, 청구권 등도 헌법상 기본권으로서 외국인에게도 주체성을 확대하는 경향에 있다. 또한 기본권은 국가에 대한 주관적 공권이외에 사회질서를 형성하는 객관적 법질서성을 갖고 있다고 보아 헌법상 권리인 기본권과 법률상 권리의 구별이 상대화되고 있다. 따라서 기본권은 자유권이든, 생존권, 청구권이든 인권과의 관계에서 보면 전혀 다른 것도 반대되는 것도 아니다.

따라서 기본권은 헌법전에 편입된 즉, '법적 형태로 새롭게 규정된 구체화된 인권'으로 보는 입장에서 형식적 개념에서는 구별되지만 본질적으로 동일하다고 보는 학설이 타당하다고 본다. 실정권설, 자연권설, 통합설, 기본권의 본질내용의 인정방법 등에 대한 원칙과 규칙에 대한 이해를 위해서 기본권의 고전적·현대적 해석방법에 대하여 살펴보고자 한다.

제 2 절 기본권의 해석방법

Ⅰ. 고전적 해석방법

기본권의 해석방법은 그 본질에 대한 학설들과 관련된다. 기본권을 헌법상의 권리로 보는 실정권설, 천부인권으로 보는 자연권설, 사회질서를 형성하는 가치체계 내지 문화체계로 보는 통합설이 그것이다.

1. 실정권으로서 기본권해석

실정권설은 한스 켈젠(Hans Kelsen)이 대표적으로 주장한 규범은 규범일 뿐이라는 순수법학이론에서 연유한 것으로 기본권과 인권을 엄격히 구별한다. 즉 인권은 인간의 생래적인 권리로서 천부인권이지만 기본권은 실정헌법상의 권리일 뿐이라고 한다. 따라서 기본권해석도 법률해석과 동일하게 문자적, 목적론적, 헌법제정사적, 객관적 · 체계적 해석, 비교법적 해석, 정치·사회학적 해석방법으로 가능하다고 주장한다.

하지만 헌법과 법률은 다음과 같은 점에서 차이가 있다. 첫째, 국내법 중 근본규범인 헌법의 규정형식은 추상적이고 포괄적인 내용이 일반적인 반면, 법률은 정형적으로 예상되는 사실관계를 전제로 이에 적용될 수 있는 형식으로 기본권을 구체화하여 마련한 규정이라는 점 둘째, 기본권은 주관적 공권을 성격을 갖는 것으로 그 상대방이 국가권력이거나 헌법기관으로서 기본권보호의무자라는 점 셋째, 법률은 구체적 사실관계에서 적용우위를 갖지만, 헌법은 기본권을 중심으로 법률에 대해 효력우위를 실현하여야 하는 실정법체계 내에서 기능상 차이가 있다. 이를 제도적으로 반영하여 우리 헌법도 헌법재판과 일반재판을 구분하고 있다. 이러한 점에서 기본권해석과 법률해석의 방법상 차이를 인정하는 해석방법을 살펴보고자 한다.

2. 비정치적 자유주의 기본권해석: 방어권으로서 기본권

이는 칼 슈미트(Carl Schmitt)가 주장한 기본권의 본질을 천부인권으로 보는 자연권론에 의한 해석방법을 말한다. 그의 자연권론에 의하면 기본권은 비정치적인 부분으로 법치국가원리가, 통치기구는 정치적인 부분으로 민주주의원리에 따라 운영되어야 한다고 주장한다. 따라서 기본권은 오로지 국가권력에 대한 항의 수단으로서 주관적 공권으로서 방어권일 수밖에 없다고 한다. 기본권은 국가와 사회의 엄격한 구별론에 입각하여 시민의 자유로운 영역을 보장하는 것이라 한다. 즉 국가는 시민의 생활영역에 개입해서는 안 되고 사인의 가해에 대해서도 보호의무를 부담하지 않는다고 본다. 이러한 주장에 대해서는 기본권의 보호의무, 대사인적 효력 등 가치체계로서 기본권의 객관적 기능을 주장하는 소위 통합론의 입장에서 근본적으로 반대하고 있다.

3. 정치 · 사회적 기본권해석: 가치체계로서 기본권(현실기준적 해석방법)

이는 스멘트(Rudolf Smend)가 주장한 것으로 기본권을 사회질서를 형성하는 가치체계, 문화체계로 본다. 기본권의 본질은 국가를 통한 객관적 질서형성에 본질이 있는 것으로 국가에 대한 방어적인 주관적 권리의 성격이 오히려 부차적인 것에 불과하다는 것이다. 따라서 기본권은 국가로부터의 사인 즉 시민적 자유를 보호하는 데 있는 것이 아니라 정치적으로 조직된 공민(Citoyen)이 국가의 정책결정과 정당성에 상향식으로 영향을 줄 수 있는 매개수단으로서 중요하다고 한다. 헬러(Hermann Heller)는 기본권의 정치적 성격을 스멘트보다 더 강조하여 예컨대, 여성의 평등권과 같이 기본권은 부단히 변화하는 사회현실을 감안하여 해석하여야 한다고 한다. 이러한 사회적 해석은 정치적 기본권(언론 · 출판 · 집회 · 결사의 자유), 생존권적 기본권(혼인과 가족에의 권리, 교육을 받을 권리), 청구권(재판청구권, 국가배상청구권)에서 뿐만 아니라 기본권보호의무, 대사인적 효력, 제도적 보장 등 객관적인 기본권의 내용의 해석에서도 바탕이 되어야 한다고 주장한다. 법원과 헌재의 법관법형성에 의한 판결은 실정권적 기본권해석론으로는 설명할 수 없지만 오늘날 일반적으로 그 정당성을 인정하고 있는 것이다.

Ⅱ. 현대적 해석방법(법학적 관점론, 시례중심 관점론)

1. 규칙과 원칙의 구분

법규범은 이론적으로 규칙 또는 원칙으로 구분할 수 있다.[7] 규칙은 정해진 조건이 성취되면 항상 적용되는 조건규범이다. 규칙과 규칙이 충돌하면 이를 해결하기 위한 해결규칙을 적용한다. 예컨대, 상위법은 하위법에 우선한다. 이러한 해결규칙은 예외 없이 적용된다. 이와 달리 원칙(규범)의 특성은 본질적으로 다르다. 원칙과 원칙이 충돌하는 경우 해결규칙에 전적으로 의존하는 것이 아니라 다른 규칙이 등장한다. 즉 양 원칙을 상황에 따라 가능한 한 조화시키려 한다. 헷세(K. Hesse)의 규범조화의 원칙이 그것이다. 이는 하나의 목적을 완전히 포기하고 다른 하나의 목적을 실현하는 것이 아니다. 두 가지 원칙 중에서 어느

7) R. Alexy, Theorie der Grundrechte, Baden-Baden, 1985, S. 71 ff.; L. Michael/M. Morlok, Grundrechte, Baden-Baden, 2008, S. 40 ff., RN 22 ff.

것도 포기하지 않고 상대적으로 형량해서 균형점을 찾는 것으로 경제학용어로는 '최적화(Optimierung)'라고 한다. 따라서 원칙은 개별적인 상황에서 최선을 구현하는 '최적화명령'으로 원칙에 의한 상대적 제한으로 '완전'을 추구하려는 것이다. 규칙이 '절대적인 우열관계'를 전제로 하나의 목적을 실현한다면, 원칙은 '조건부 우열관계'를 전제로 차별적인 상황에 따라 형량으로 목표를 달성한다.

원칙은 일반규정에서처럼 구체적 사실을 원칙에 포섭할 수 있을지 불확실할 수 있다. 이 경우 원칙은 구체화가 요구된다. 헌법적 차원의 원칙인 기본권은 법률로 구체화된다. 기본권을 규칙으로 본다면 그 법적 효과는 구체적 사실의 포섭결과로 나타난다. 가치판단은 보호범위단계에서 하게 된다. 이와 반대로 기본권을 원칙으로 본다면 다른 원칙과 구체적 사실과의 연관성정도에 따라 형량을 통하여 법적 효과를 도출한다. 헌법실무에서는 규칙 또는 원칙으로서 기본권 해석 모두 가능하다. 예컨대, 불가침의 인간존엄과 연관된 내심의 자유로서 양심형성,[8] 신앙, 학문연구의 자유 등의 기본권은 규칙으로서 비례의 원칙에 의해 상대화할 수 없다. 또한 인격권과 보도의 자유충돌[9]과 같이 어느 기본권도 우위를 주장할 수 없는 경우 원칙으로서 인격권침해의 정도와 공중의 정보이익을 형량한다. 비례의 원칙에 의하여 인격권침해의 정도에 따라 보도의 자유의 내용이 결정된다.

2. 규칙으로서 기본권

비정치적 자유주의 기본권해석론은 기본권의 보호범위를 좁게 확정한다. 형량을 하지 않는 국가로 부터 자유로운 사적영역을 기본권의 본질내용으로 하여 보호하고 형량은 비례의 원칙의 적합성과 필요성단계에서만 한다.

규칙론의 장점은 기본권의 보장계획을 단순화하여 기본권의 효력을 예측가능하게 한다. 즉 기본권제한의 형식적 정당화사유로서 법률유보와 실질적 정당화사유로서 비례의 원칙으로 심사하는 단계가 그것이다. 생존권과 같이 재정상황 등 가능성유보하에 있는 기본권보호수준에 대한 가치판단은 헌법재판관이 아닌 의회에 부여한다. 단점으로는 기본권충돌과 같이 충돌하는 두 기본권 중 어느 하나의 기본권을 절대적으로 보호할 수는 없는 경우에 가치판단은 기본권

8) 헌재결 1998. 7. 18. 96헌바35; 2002. 4. 25. 98헌마425 등, 판례집 14-1, 351.
9) 헌재결 1991. 9. 16. 89헌마165, 판례집 3, 518.

의 보호범위이외에 헌재결정에서 보듯이 개별법의 기본권의 객관적 내용(제도보장, 기본권보장의무, 대사인적 효력, 조직과 절차 등)의 위헌심사단계에서 할 수 있다.

3. 원칙으로서 기본권

정치·사회적 기본권해석은 기본권의 보호범위를 확대하고 동적으로 해석한다. 기본권보장도 형량으로 한다. 기본권보호수준을 최적화하기 위해서 기본권을 원칙으로 상대화한다. 헌법 제37조 제2항의 기본권의 본질내용도 형량으로 결정되므로 절대화하지 않고 상대화한다. 하지만 형량은 주관적인 자의로 하는 것이 아니라 구체적 상황에서 기본권제약의 정도를 기준으로 한다.

원칙론의 장점은 기본권을 제3자의 기본권이나 헌법원칙과 같은 근본가치처럼 상대화하여 구체적 논증으로 사안을 해결하고, 기본권의 대국가적 효력이외에 대사인적 효력으로 확대하여 기본권을 여타의 헌법원칙과 같은 정도로 가치를 고양한 것이다. 단점은 명문으로 규정된 불가침의 인간존엄과 기본권의 본질내용도 상대화하는 문제, 형량은 합리적이나 결과를 명백하게 예측할 수 없거나 정치과정, 일반법률, 사인의 행위가 불확정적인 헌법적 가치에 의해 상대적으로 형량되어 사법국가의 부정적 측면이 부각될 수 있다.

4. 소 결

기본권의 규칙론과 원칙론은 상호 배제관계에 있는 것이 아니라 다음 설명과 같이 구체적 사안에 따라 선택할 수 있는 우호관계로 보아야 한다.

우선 기본권은 주관적·객관적 양면적 성격을 갖는다. 따라서 기본권의 객관적 내용인 일반법질서의 하자에 대한 주관적 공권침해를 주장하며 헌법소원하면 헌재는 주장된 기본권을 중심으로 그 제한의 정당성을 심판한다. 주관적 공권성만 인정하는 비정치적 자유주의 기본권해석론과 객관적 가치체계로서 기본권을 강조하는 정치적·사회적 기본권해석론이 각각 규칙과 원칙 어느 하나로 기본권해석을 주장하는 것은 오늘날 설득력을 잃었다.

둘째, 헌법규정 또는 해석상 법률유보될 수 없는 기본권이라도 기본권충돌의 해결을 위해서는 제한될 수 있다는 점에서 모든 기본권은 상대적 기본권이다. 기본권은 원칙의 성격을 갖고 있다는 점과 헌법 제37조 제2항은 모든 기본권을 제한할 수 있는 상대적 기본권으로 규정하고 있다.

셋째, 기본권제한의 한계인 비례성은 정당성심사를 위해 설정한 규칙이고, 그 심사요소를 기준으로 원칙인 특정기본권제한의 한계일탈여부를 심사한다. 원칙을 심사하기 위해서는 특정한 규칙이 먼저 존재해야 한다. 따라서 대부분의 경우 형량의 결과와 동일한 효과를 규칙으로도 이끌어 낼 수 있다. 예컨대, 규칙론의 단점으로 제시한 기본권충돌의 상대적 형량의 문제도 규칙론은 일방의 기본권의 법적 제한의 정당성을 비례의 원칙으로 판단하여 반사적으로 타방의 기본권을 보호한다. 또한 선례에서 제시한 판시내용을 결정요지 또는 중요한 이유에서 '살아있는 규칙'으로 제시하면서도 형량과정을 거쳐 결정논거로 제시한다. 이러한 점에서 헌법실무는 규칙과 원칙으로서 기본권을 형성하는 작업이라 할 수 있다. 실무에서는 형량을 하지 않고 논증을 생략하여 결정을 하면 비판을 감수해야 하므로 일반적으로는 형량을 하여 논증의 치밀함을 부각시키는 방법을 택한다.

우리 헌재가 민감한 사안에서 본질내용침해금지원칙을 비례의 원칙에 의한 상대적 보호내용과 구분하여 심사하는 경우는 형량의 결과 타인의 기본권이나 공익과 무관한 절대적인 기본권의 본질내용을 판시하기 위한 것이다. 예컨대, 변호인의 조력을 받을 권리의 보호내용에서 변호인 선임권과 변호인 접견권,[10] 내심의 자유(forum internum)에 머무르는 양심형성의 자유와 양심결정의 자유,[11] 인격권과 국적선택권,[12] 재판청구권의 최소한 보장[13] 등이다. 이러한 사례는 적용범위가 확대되어서는 안 되는 불가침의 인간존엄과 밀접한 것으로 기본권의 규칙론을 지지하는 논거가 될 수 있다. 하지만 기본권은 일반적으로 원칙으로 보는 것이 타당하다. 가치체계로서 기본권은 기본권의 효력을 일반 법질서로 확대하여 헌법국가를 확립하는 이론적 단서를 제공할 수 있기 때문이다.

---

10) 헌재결 2004. 9. 23. 2000헌마138, 판례집 16-2상, 543.

11) 헌재결 2002. 4. 25. 98헌마425 등, 판례집 14-1, 351; 1998. 7. 18. 96헌35 판례집 10-2, 159-166.

12) 헌재결 2000. 8. 31. 97헌가12, 판례집 12-2, 167.

13) 헌재결 2005. 5. 26. 2003헌가7, 판례집 17-1, 558; 1998. 9. 30. 97헌바51, 판례집 10-2, 541, 550; 1998. 12. 24. 94헌바46, 판례집 10-2, 842, 851.

Ⅲ. 기본권의 보장과 변천

1. 기본권의 보장 — 민주주의원리와 관계

헌법은 국가와 사회의 근본사항을 내용으로 하는 기본법이다. 따라서 헌법의 존속은 원칙적으로 보장되어야 한다. 기본권은 그 존속보장의 주된 대상이다. 이는 민주주의와 관계에서 분명히 드러난다. 민주주의는 다수관계의 가변성을 전제로 하여 한시적 지배를 내용으로 한 유연한 원칙인 것이다. 사실 기본권과 민주주의는 자유와 평등을 내용으로 하는 점에서 동일하다. 하지만 기본권은 의회나 행정부의 결정에 내용적 한계로 기능한다. 모든 국민의 기본권은 다수결과 상관없이 보장되기 때문이다. 민주주의원리는 다수결에 의한 의회의 실정법 제·개정과 관련되어 있는 반면 기본권은 소수보호와 관련되어 있다.

이러한 점에서 현대국가의 헌법은 세대를 넘어 헌법의 존속보장을 하고 있다. 예컨대, 1787년의 미국헌법의 전문에서는 우리들과 우리들 자손의 자유를 보장하기 위하여 헌법을 제정한다고 규정하고 있다. 독일 기본법도 기본법개정의 한계로서 제79조 제3항에 성문의 존속보장규정(Ewigkeitsklausel)을 마련하였다. 즉 인간존엄의 원리(제1조 제1항), 불가침의 인권(제1조 제2항) 기본권의 국가권력기속(제1조 제3항)이다.

2. 기본권의 변천

국가의 근본규범으로서 헌법은 추상성, 개방성, 미완성의 규범적 특질이 있다. 따라서 헌법은 고정적일 수 없고 고정되어서도 안 된다. 헌법은 '역사발전에 따라 존속을 유지'할 수 있다. 그 방법으로는 조문의 수정·삭제·증보를 동반하는 형식적인 헌법개정과 헌법규정의 변화 없는 헌법변천이 있다. 헌법변천은 실질적인 헌법개정으로 다음의 세 가지 경우가 헌법실무에서 나타나고 있다.

(1) 기술의 발전

법규범은 일반·추상적인 규정형식으로 되어 있어 제정당시에 미처 예상하지 못했던 사례도 본질적으로 포섭할 수 있다. 헌법규범은 근본규범으로서 특히 개방성, 미완성성의 특질이 나타나고 일반 법률에 비하여 포섭의 여지가 더욱 많다. 이러한 점에서 헌법변천은 규범에 포섭의 여지가 있을 경우에는 반드시 필요하지 않다. 오히려 헌법규범의 해석을 종래와 달리 새롭게 추가하여 변화를 시도하려는 경우 헌법변천을 고려할 수 있다.

예컨대, 헌재결정에서 나타난 개인정보자기결정권, CCTV, 인터넷 등 정보기술매체의 신뢰성과 완전성보장에 관한 권리 등과 같이 불문기본권을 신설하는 경우가 헌법변천에 해당된다. 이는 새로운 정보수집기술의 발전이 헌법변천의 원인이 되었다. 헌재는 개인정보자기결정권을 인격권 또는 사생활의 자유[14]에서 도출하거나 독자적 기본권[15]으로 판시하고 있다. 여기서 헌법적 근거가 여하튼 간에 중요한 것은 다른 국가(예컨대, 1976년 포루투갈 헌법 제35조, 1975년 스웨덴 헌법 제2장 제3절, 유럽연합재판소는 불문의 헌법원칙, 유럽인권재판소는 유럽인권헌장 제8조의 사생활의 자유)에서도 명문으로 규정하고 있는 바와 같이 헌법차원에서 가치 있는 개인정보는 지속적으로 보호하겠다는 것이다. 헌재도 개인정보자기결정권과 달리 CCTV나 인터넷의 경우 헌법차원에서 새로운 기본권을 도출하지 않았다.[16] 대신에 개인에 대한 안전보장의무를 이행하기 위하여 사생활의 자유나 언론의 자유 등의 제한법률에 대한 안전보장의 필요성을 심사하여 자유를 보장하는 방식을 택하였다. 기술의 발전과 함께 생활관계도 변화한다. 어느덧 CCTV, 인터넷, 컴퓨터의 일상화로 이에 대한 위험에 특별히 보호할 필요성이 커지고 있다.

(2) 사회현실과 가치관의 변화

이 경우는 전술한 기술의 변화와 달리 헌법개정의 한계와 구별하기 매우 어렵다. 헌법판례에서 나타난 사례로는 혼인과 가족개념의 변화다. 혼인과 가족에의 권리는 재산권과 마찬가지로 제도에 의해 형성되는 권리의 특성을 갖는다. 따라서 입법자의 넓은 형성재량에 의해서 헌재의 심사척도가 제한되는 기본권

---

14) 헌재결 2005. 7. 21. 2003헌마282, 판례집 17-2, 81, 90; 2008. 10. 30. 2006헌마1401 등, 판례집 20-2상, 1115

15) 헌재결 2012. 8. 23. 2010헌마47 등, 판례집 24-2상, 59; 2010. 5. 27. 2008헌마663, 판례집 22-1하, 323, 333; 개인정보자기결정권의 헌법상 근거로는 헌법 제17조의 사생활의 비밀과 자유, 헌법 제10조 제1문의 인간의 존엄과 가치 및 행복추구권에 근거를 둔 일반적 인격권 또는 위 조문들과 동시에 우리 헌법의 자유민주적 기본질서 규정 또는 국민주권원리와 민주주의원리 등을 고려할 수 있으나, 개인정보자기결정권으로 보호하려는 내용을 위 각 기본권들 및 헌법원리들 중 일부에 완전히 포섭시키는 것은 불가능하다고 할 것이므로, 그 헌법적 근거를 굳이 어느 한 두개에 국한시키는 것은 바람직하지 않은 것으로 보이고, 오히려 개인정보자기결정권은 이들을 이념적 기초로 하는 독자적 기본권으로서 헌법에 명시되지 아니한 기본권이라고 보아야 할 것이다.

16) 헌재결 2016. 4. 28. 2015헌마243, 판례집 28-1하, 122.

으로 헌법의 규범력이 특별히 고려되지 않는다. 이들 기본권은 그 보호내용이 입법자에 의해서 형성되는 특징을 갖기 때문이다. 기본권형성입법이 없다면 혼인, 재산, 결사는 단지 혼인공동체, 점유, 협동체로 사실상 존재하게 된다.

이러한 점은 전술한 개인정보자기결정권의 경우도 기술의 변화이외에 사회현실의 변화에 따라 요구된 입법의 필요성에 의해 기본권으로 변천된 것이다. 하지만 개인의 안전보장을 위하여 국가의 기본권보호의무에 의하여 입법에 의한 기본권의 변천을 환영할 것만은 아니다. 입법에 의한 기본권승인으로 개인의 자유에 국가의 과잉개입을 초래할 위험성이 있기 때문이다. 그 한계를 유월하는 기본권변천은 국가로 부터의 개인의 자유보장을 위한 천부인권으로서 기본권의 방어적 본질형성을 침해하여 헌법개정의 한계를 일탈한 것으로 보아 헌법재판소는 엄격심사를 하여야 한다.

(3) 기본권목록의 국제법적 기준수용

우리 헌법 제6조는 "헌법에 의하여 체결·공포된 조약과 일반적으로 승인된 국제법규는 국내법과 같은 효력을 갖는다."(제1항)고 규정하고 있다. 따라서 국제법규는 우리 헌법상 기본권목록의 흠결을 보완하여 인권신장에 기여할 수 있는 방안이 될 수 있다. 하지만 우리 헌재는 국제노동기구의 제105호 조약(강제노동폐지),[17] 제87조 협약(결사의 자유와 단결권의 보장에 관한 협약), 제98조(단결권 및 단체교섭권에 대한 원칙의 적용에 대한 협약), 제151호 협약(공공부문에서의 단결권보호 및 고용조건의 결정을 위한 절차에 관한 협약),[18] 양심적 병역거부권,[19] 사형폐지 등 유엔인권 이사회(UNHRC)의 권고, 세계인권선언(Universal Declaration of Human Rights) 제19조("모든 사람은 의견과 표현의 자유에 관한 권리를 가진다. 이 권리는 간섭받지 않고 의견을 가질 자유와 모든 형태의 매체를 통하여 국경에 관계없이 정보와 사상을 추구하고 접수하고 전달하는 자유를 포함한다.") 및 국제연합의 피구금자 처우에 관한 최저기준규칙(the United Nations Standard Minimum Rules for the Treatment of Prisoners) 제39조("피구금자는 신문, 정기간행물 또는 시설의 특별간행물을 열독하고 방송을 청취하며 강연을 듣거나 당국이 허가하거나 감독하는 유

---

17) 헌재결 1998. 7. 16. 97헌바23, 판례집 10-2, 243면 이하.

18) 헌재결 2004. 4. 24. 2004헌바47, 판례집 20-1,(상), 468(482, 485).

19) 헌재결 2011. 8. 30. 2008헌가22, 2009헌가7·24, 2010헌가16·37, 2008헌바103, 2009헌바3, 2011헌바16(병합), 판례집 23-2(상); 2018. 6. 28. 2011헌바379. 최근 헌재는 양심적 병역거부자를 위한 대체복무종류를 마련하지 하지 않은 부진정 입법부작위에 대해 헌법불합치결정을 하여 국제법적 기준을 수용하였다.

사한 수단에 의하여 보다 중요한 뉴스를 정기적으로 알 수 있어야 한다.")[20] 등에 대하여 아직 소극적이다.

제 3 절 기본권의 기능

Ⅰ. 주관적 공권(개인적 공권)

주관적 공권이란 개인의 자유에 대한 국가권력의 침해에 대하여 작위, 부작위를 요구하는 힘을 의미한다. 이는 그 주관적 내용(공권)에 따라 국가권력의 부작위를 요구하는 자유권(방어권), 국가권력의 적극적인 작위를 요구하는 생존권(급부권 내지 참여권), 국가의사결정에 능동적인 협력을 하는 참정권, 이러한 기본권실현의 방법적 기초로 작위, 부작위 모두와 관련된 평등권으로 크게 분류할 수 있다.

1. 방 어 권

방어권은 국가권력으로부터의 자유를 요구하는 천부인권적인 방어적 속성의 기본권으로 대체로 자유권적 기본권이 이에 속한다. 우리 헌법 제12조(신체의 자유)에서부터 제23조(재산권)에 이르는 기본권이 이에 해당된다. 자유권제한에 대하여는 개인의 자유는 천부인권으로서 무제한인 반면, 국가권력은 제한적이어야 한다는 칼 슈미트의 배분의 원리에 의하여 자유권의 과잉(제한)금지원칙이 적용된다.

2. 청 구 권

청구권은 국가권력의 행사 또는 불행사로 인한 법적·사실적 자유제약에 대하여 국가의 보호를 요구하는 기본권을 말한다. 청구권으로서 본질적 성격을 갖는 기본권으로 우리 헌법은 청원권(제26조), 재판청구권(제27조), 형사보상청구권(제28조), 국가배상청구권(제29조), 범죄피해자구조청구권(제30조)을 규정하고 있다. 이러한 청구권은 비교법적측면에서 보면 다수국가에서 법률상 권리로 규

20) 헌재결 2016. 5. 26. 2014헌마45, 판례집 28-1하, 335.

정하고 있지만 우리는 기본권으로 격상시켜 놓고 있다. 이는 객관적 가치체계로서의 기본권적 성격을 갖고 있는 것으로 국가는 기본권보호의무에 따라 청구권 형성입법의 위헌심사는 자의금지원칙,[21] 과소(보호)금지원칙 또는 완화된 비례의 원칙[22]을 기준으로 심사해야 한다.

전술한 국가권력에 대한 방어권인 자유권도 그 침해에 대하여 헌법소원청구(제111조 제5호)를 통하여 권리구제를 할 수 있으므로 청구권적 성격이 부차적으로 나타난다. 이 경우 자유권제약이 핵심이므로 헌법소원청구에 대하여 비례의 원칙[23]을 기준으로 한다.

3. 생 존 권

생존권은 국가권력의 적극적인 배려에 의해 향유할 수 있는 기본권을 말한다. 헌법 제31조(교육을 받을 권리)에서부터 제36조(혼인과 가족의 권리)에 이르는 기본권이 이에 해당된다. 생존권은 사회구성원인 시민들의 사적자치에 의한 자유행사에 현저한 불균형이 발생했을 때 사회국가원리에 의해 국가가 후견인적 차원에서 보충적인 간섭에 의해 향유할 수 있는 기본권이다. 따라서 국가의 간섭은 사회의 효율적인 운영을 위해 필요하고 적절한 경우에 정당화되는 것으로 국가의 부작위로 인한 생존권침해여부는 자유권과 달리 과소보호금지원칙에 의한 심사를 한다.

4. 참 정 권

헌법 제24조 선거권과 제25조 공무담임권이 이에 해당된다. 이들은 국가의 형성과 관련된 기본권으로서 법률유보에 형성재량이 인정되는 기본권이다. 하지만 생존권과 달리 국가의 의사결정과 국가기관의 구성 등 국가와 관련된 기본권으로서 평등권에 기속되는 입법이 요구된다. 헌재도 선거권, 공무담임권의 형성입법에 대한 위헌심사에서 2단계 평등심사를 적용하고 있다.

---

21) 헌재결 2012. 5. 31. 2010헌바128. 재판청구권은 절차적 기본권의 하나로서 원칙적으로 제도적 보장의 성격이 강하기 때문에 자유권적 기본권 등 다른 기본권의 경우와 비교하여 볼 때 상대적으로 광범위한 입법형성권이 인정된다.

22) 헌재결 2017. 8. 31. 2016헌바447, 공보 제251호, 896.

23) 헌재결 2015. 11. 26. 2012헌마858, 판례집 27-2하, 306.

5. 평등권 — 일반적 평등원리, 특별평등권

일반적 평등원리는 헌법 제11조 제1항, 특별평등권은 헌법 제11조 제2, 3항 등이 있다.

일반적 평등원리의 심사기준으로 합리성심사라고도 하는 자의금지원칙을(본질적으로 같은 것은 같게, 다른 것은 다르게 취급해야 한다.) 특별평등권침해와 차별취급으로 자유에 중대한 제한을 가하는 입법은 엄격심사로서 비례의 원칙을 적용하여 위헌심사를 한다.

Ⅱ. 객관법적 내용

객관법적 내용이란 기본권은 사회공동생활을 하는 기초로서 사회구성원간의 동화적 통합의 원동력으로 기능하는 기본권의 성격을 의미한다.

1. 기본권보호의무

기본권은 원칙적으로 근대의 자유 민주국가에서는 국가와 국민의 관계에서 '기본권의 적'으로서 국가권력으로 부터의 자유를 요구하는 주관적 공권을 말한다. 하지만 현대의 사회국가, 자유권의 생활권화, 기본권의 사실적 제한(기본권제약) 등의 현상으로 '기본권의 벗'으로서 국가의 역할이 변화됨으로서 나타난 이론이 국가의 기본권보호의무다.

2. 기본권의 대사인적 효력

기본권의 대사인적 효력이란 사인간의 기본권적용 여부 및 방법에 관한 이론이다. 이는 기본권의 충돌, 기본권의 보호의무이론과 연계되어 나타나고 있다.

3. 제도적 보장

제도적 보장이란 자유권, 청구권, 생존권 등 헌법에 주관적 공권의 형태로 헌법에 규정된 기본권과 달리 제도로서 규정되어 입법에 의해 사실상 기본권으로 기능하는 규범복합체를 말한다. 제도적 보장의 예로는 국가나 사회의 존속을 위해서 필수가결하다고 여겨지는 사유재산제도, 혼인과 가족제도, 사적자치제도

등의 사제도보장과 대학자치제, 지방자치제, 직업공무원제 등 공제도보장이 있다.

제도적 보장은 헌법상 제도라는 점에서 법률상 제도와 달리 입법에 의해 제도폐지가 불가능하다. 또한 주관적 공권으로서 기본권의 침해에 대해서는 헌법소원을 청구할 수 있는 반면 제도적 보장의 위반 그 자체로는 헌법소원을 청구할 수 없다. 다만 규범복합체로서 제도적 보장의 본질에 위반하는 입법자의 입법형성의 하자에 대해 제도속의 구성원(시민, 학생, 주민, 공무원 등)이 자신의 기본권침해를 주장하며 헌법소원을 청구할 수 있다. 이로써 제도적 보장은 입법으로 사실상 국가와 국민 유사의 관계를 형성하여 기본권의 효력을 발현할 수 있다.

4. 소극적 권한규범

기본권과 국가조직의 관계[24]에 대하여 법실증주의자 켈젠(H. Kelsen)은 국가기관은 자기목적적 권능구조로 기본권은 국가권력이 베푸는 반사적 이익에 불과하다고 국가기관 우위설을 주장하였다. 하지만 자연권론자 슈미트(C. Schmitt)는 기본권은 천부인권으로서 국가의 목적이자 과제로 배분의 원리에 입각한 국가권력의 제한과 권력분립을 강조하였고, 통합론자 스멘트(R. Smend)는 기본권은 공동체의 가치지표로서 국가권력탄생의 원동력으로 보는 기본권우위성을 주장하였다. 오늘날 실정헌법에 국가기관의 기본권기속을 명문화(우리 헌법 제10조 제2문, 독일헌법 제1조 제3항 등)하여 국가기관우위설은 공식적으로 배척되었다.

이러한 점에서 기본권은 국가기관의 권한행사의 객관적인 목표로서 그 남용을 견제하는 소극적 권한규범으로 기능한다.

Ⅲ. 일반 법률해석의 기준으로서 기본권 — 기본권(헌법)합치적 법률해석

기본권합치적 법률해석이란 법률규정의 해석에 있어서 위헌과 합헌의 해석가능성이 공존할 경우 구체적 사실을 포섭하는 해당부분에 한정된 합헌 또는 위

24) 허영, 한국헌법론, 전정14판, 박영사, 2018, 673면 이하.

헌해석을 하는 것을 말한다. 이는 법률의 해석 · 적용에 있어 일부위헌으로 단어, 구, 절, 문장 등 가분적인 규정에 대한 양적 일부위헌과 비교하여 질적 일부위헌이라고도 한다. 헌법재판결정형식으로는 한정위헌, 한정합헌결정으로 나타난다.

기본권합치적 법률해석과 비교되는 것으로 헌법(기본권)정향적 법률해석이 있다. 이는 헌법을 최고법으로 하여 법질서를 형성하고 있는 점에서 헌법의 기본결정을 존중해야 하는 일반법관의 법률해석의 헌법지향성으로 기본권합치적 법률해석과 구별된다. 하지만 현실적으로 헌법과 법률에 의하여 재판을 해야 하는 일반법관의 헌법정향적 법률해석에 있어 헌법차원과 법률차원의 해석을 구분하는 것은 일의적으로 명백하지 않다. 예컨대, 양심적 병역거부권, 대법원판결에서 환자의 연명치료중단에 관한 자기결정권인정, 민법 제103조(선량한 풍속 기타사회질서 위반행위의 무효)에 의한 형사사건의 변호사성공보수약정무효, 변호사의 인맥지수를 상업적으로 이용하려는 사기업체의 개인정보자기결정권침해, 양심적 병역거부권침해 등의 경우 헌법정향적 또는 합헌적 법률해석이 중첩되어 있다.

합헌적 법률해석을 하는 이유로는 입법권존중, 권력분립의 원칙, 법적 안정성, 법질서의 통일성, 국가간의 신뢰보호 등에서다. 하지만 합헌적 법률해석의 한계로 법조문의 목적이나 법문의 의미를 벗어나 해석할 수 없는 법목적적 한계, 문자적 한계, 합헌적 법률해석을 합법률적 헌법해석으로 주객전도를 할 수 없는 헌법수용적 한계가 있다. 헌재도 형법과 조세법과 같은 기본권을 제한하는 경우 합헌적 법률해석의 한계를 엄격하게 제시[25]하고 있다.

---

25) 헌재결 2012. 5. 31. 2009헌바123 등, 판례집 24-1하, 281; 서울중앙지법 2009. 12. 18. 2009노677; 대판 2013. 3. 28. 2012 재두299. 형벌조항이나 조세법의 해석에 있어서는 헌법상의 죄형법정주의, 조세법률주의의 원칙상 엄격하게 법문을 해석하여야 하고 합리적인 이유 없이 확장해석하거나 유추해석 할 수는 없는바, '유효한' 법률조항의 불명확한 의미를 논리적·체계적 해석을 통해 합리적으로 보충하는 데에서 더 나아가, 해석을 통하여 전혀 새로운 법률상의 근거를 만들어 내거나, 기존에는 존재하였으나 실효되어 더 이상 존재한다고 볼 수 없는 법률조항을 여전히 '유효한' 것으로 해석한다면, 이는 법률해석의 한계를 벗어나 '법률의 부존재'로 말미암아 형벌의 부과나 과세의 근거가 될 수 없는 것을 법률해석을 통하여 창설해 내는 일종의 '입법행위'로서 헌법상의 권력분립원칙, 죄형법정주의, 조세법률주의의 원칙에 반한다.

제 4 절 기본권의 심사체계

Ⅰ. 3단계 심사구조

1. 보호범위의 제약과 기본권주체 (기본권주체의 관점)

첫 번째 심사단계에서는 기본권주체인 시민과 관계되어 있다. 여기에는 기본권의 객관적, 주관적 보호범위를 포함된다. 기본권심사는 '적극적인 보호범위'에서 시작한다. 이는 기본권의 구성요건으로 전제되어 있는 것으로 심사하는 것을 말한다. 여기서 누가 기본권의 주체인가(주관적 보호범위)와 기본권주체는 어떤 자유를 향유하는가, 즉 사실관계를 보호범위에 포섭할 수 있는가(객관적 보호범위)를 판단하여야 한다. 기본권제약의 문제도 객관적 기본권의 보호범위개방문제다. 즉 기본권제약은 단지 기본권의 보호범위에 해당될 때에만 의미 있는 것이다.

기본권의 주관적 보호범위를 향유할 수 있는 기본권주체에 해당하는지 확인한다. 일반적 국민은 주체가 되나 다만 명문으로 기본권주체를 제한하고 있는 경우도 예외적으로 있다. 예컨대, 국가배상청구권의 주체제한(제29조 제2항), 근로 3권 행사주체의 제한(제33조 제2항)이다. 외국인은 해석에 의해 제한할 수 있다.

2. 기본권보호의무와 기본권제약의 책임귀속 (기본권보호의무자의 관점)

두 번째 심사단계는 기본권보호의무자인 국가로 넘어간다. 여기서는 기본권은 누구를 기속하는가와 확인된 보호범위제약에 대한 보호의무자인 고권행사주체에게 책임을 귀속시킬 수 있는지에 대하여 심사한다. 다만 고권주체의 모든 기본권제약에 대하여 기본권보호의무위반을 주장할 수는 없다.

3. 형식적 · 실질적 정당성 (기본권침해의 문제)

세 번째 단계는 기본권제한의 한계심사로서 즉, 국가책임으로 귀속될 수 있는 기본권제한을 '소극적인 측면'에서 정당화할 수 있는지를 판단한다.

먼저 기본권제한의 정당성을 형식적 측면에서 심사하는 것으로 기본권을 제한할 수 있는 방법과 형식에 대하여 판단한다. 여기서는 법률유보의 법치국가와 민주국가적 측면을 기준으로 한다. 즉 기본권제한은 민주적으로 정당한 법적 근거에 의해서만 정당화된다.

다음으로 기본권을 제한하는 목적과 강도에 대한 실질적 정당성심사를 한다. 이때 비례의 원칙에 의한 심사를 한다. 비례의 원칙에 의한 심사이외에도 명확성의 원칙, 의회유보원칙, 과소보호금지원칙, 본질내용침해금지원칙 등에 의한 심사를 할 수 있다.

Ⅱ. 심사단계에 따른 기본권의 보호범위해석방법[26)]

1. 기본권의 객관적 보호범위의 심사기준설정기능

기본권의 객관적 보호범위를 확정하는 것은 사실 기본권심사의 제1단계로서 중요하다. 하지만 기본권의 보호범위에 대한 제약을 확인할 수 없을 경우에는 심사는 중단된다.

기본권의 보호범위의 해석에 있어서는 한계를 고려할 수 있다. 한계는 보호여부가 아니라 보호강도와 관련되어 있기 때문이다. 특별기본권과 일반기본권의 구별은 이러한 차이를 내포하고, 제한의 여지가 좁은 기본권은 넓은 기본권보다 보호의 강도가 크다. 따라서 개별기본권마다 상이한 보호범위의 해석에 있어서는 자유의 보호강도를 고려하는 것이 중요하다. 이러한 목적적 해석은 보호강도의 한계규정을 일관되게 적용하는 방법이 될 수 있다. 예컨대, 불가침의 인간존엄의 절대보호와 법률유보된 양심의 자유와 표현의 자유에 의한 상대보호의 차이를 들 수 있다.

보호범위해석에서 기본권의 한계 내지 제한을 고려하는 것은 결과지향적인 것도 보호내용을 축소하는 것도 아니다. 기본권마다 보호강도가 다르고 절대적 보호내용을 갖는 인간존엄을 규정한 것은 의미가 없는 것이 아니다. 기본권을 불확정개념으로 규정한 것은 법적 효과를 최대한 목적지향적으로 해석하라는 것을 의미한다. 기본권주체를 특별히 보호할 수 있는 기본권선택의 기준은 헌법소원청구인의 주관적 판단을 고려해야 한다. 개인과 무관하게 객관적으로 확립된 기본권의 보호범위는 의미 없기 때문이다. 예컨대, 성매매금지법에 의해 기

26) 이 부분은 기본권의 심사체계를 심화하여 설명한 부분이다. 따라서 기본권을 전반적으로 이해하고 있는 독자를 대상으로 한 것임을 주지합니다.

본권을 제한당하는 청구인이 성매매를 직업으로 보호받고자 한다면 직업의 자유의 보호범위에 포함되는 것으로 전제해야 한다. 보호범위는 가능성이론[27]에 따라 개방적으로 해석되어야 하기 때문이다. 다만 의심스러운 경우 객관적으로 납득할 수 있도록 설득력 있는 청구인의 입증을 요구할 수 있다.

보호범위를 목적적으로 해석하는 것은 기본권경합을 해결하기 위한 방법이다. 기본권의 보호범위를 넓게 해석할 것인지 좁게 해석할 것인지는 추상적으로 결정해서는 안 되고 다른 기본권과의 관계를 고려해서 결정해야 한다. 기본권의 보호범위를 추상적으로 좁게 해석하여 3단계의 제한의 정당성심사를 회피하는 것은 설득력 없는 논증에 지나지 않는다. 이에 대해서는 기본권이론체계를 고려하여 보호범위 — 제한(한계) — 제한의 정당성으로 각각 추상적으로 기본권심사를 주장하는 학설(즉 규칙설)에서 비판이 있다. 예컨대, 기본권제한의 방법으로 직업의 자유(제15조)의 직업의 개념요소로 생활수단성, 계속성, 공공무해성을 갖는 활동으로, 종교의 자유(제19조)에서 미신과 구별되는 종교를 개념정의 하는 방식으로 보호범위를 좁게 해석하여 기본권제한을 할 수 있다고 본다.

이 학설은 국가권력의 우월성을 전제로 3단계 제한의 정당성심사를 생략하게 되고, 보호범위의 해석을 부가적 또는 선택적인 심사단계로 하는 것은 단순한 문제가 아닌 이해하기 곤란한 심사방법이다.

2. 기본권제약과 형성

(1) 구체적인 보호범위의 개방문제로서 기본권제약

개별사건과 관련해서 구체적으로 보호범위의 제약을 확인하였을 때 해당기본권은 보호범위가 사실상 소원청구인에게 개방된다. 여기서 제약이란 기본권에 의해 보호되는 자유의 모든 약화현상을 말한다. 이는 기본권침해여부에 관한 1단계 심사대상이다. 기본권제약이 없다면 2단계 국가책임귀속심사나 3단계 정당성 심사는 할 필요가 없다.

기본권이론체계를 고려하여 보호범위 — 제한 — 제한의 정당성의 3단계 전통적인 심사방법에 의하면 현대적인 기본권제약도 고전적인 제한개념을 확대하여 2단계심사에서 한다. 여기서 고전적으로 기본권제한이란 국가권력의 행사가 완전히 다른 목적에 정향된 부수적 결과가 아닌 최종적 결과여야 하고, 국가권력의 행사가 부수적이고 간접적인 결과가 아닌 직접적인 것이어야 하며, 단순히

---

27) BVerfGE 53, 30(51) 참조; 허영, 헌법소송법, 박영사 2018, 394면.

사실적인 효과를 갖는 것이 아니라 법적 효과를 갖는 법률행위로서 명령과 강제력 있는 공권력 행사를 말한다. 그리고 현대적인 기본권제약이란 기본권의 보호범위에 해당되는 행태를 불가능하게 하는 모든 공권력의 행사를 기본권의 제한으로 파악한다. 그것이 공권력행사의 결과가 의도적인 최종적인 결과이든 비의도적인 부수적인 결과이든, 직접적이든 간접적이든, 단순히 사실행위든 법률행위든, 강제력이 있든 없든 상관없다는 것이다.[28] '고전적' 제한과 정반대로 이러한 형태의 공권력행사를 모두 기본권제한으로 포괄한다면 개인의 자유는 넓게 보장되나, 공익목적을 위한 국가권력행사는 극히 좁게 인정되거나 극단적으로는 행사가 불가능하게 된다. 따라서 기본권제약의 결과발생에 대해 국가의 책임귀속을 제한하기 위한 일정한 표지를 제시하고 있다. 예컨대, 준강제성(법적 제한에 유사한 행태자유제약의 경우 예, 고장난 신호등인 줄 모르고 녹색보행신호를 신뢰하고 횡단 중에 일어난 인명사고에서 인정[29]), 의도성(결과발생에 대한 의욕으로 발생해도 어쩔 수 없다는 미필적 고의로 가능), 예견가능성(공권력행사시 결과발생의 예측가능성), 사회적 상당성(형법상의 사회적 행위론에 입각하여 사회적 상당성 있는 행위는 형벌을 면제하는 것에 착안하여 국가책임을 제한하는 이론),[30] 본질적 조건성(형법상 조건설에 입각하여 결과발생에 중대한 원인을 제공한 경우), 효과의 동일성(법규정이 내포하는 불이익이 수규자의 범위를 넘어 제3자에게도 유사한 정도의 불이익을 가져온다는 의미에서 거의 동일한 효과를 가지는 경우) 등이다.[31]

하지만 기본권제한개념을 확대하여 기본권제약을 해결하는 전술한 해석론은 일반적으로 법률유보에 의한 국가권력의 기속을 내용으로 하는 법치국가의 원리에 반할 수 있다. 또한 기본권제약의 책임귀속의 판단기준도 애매할 뿐 아니라 제한개념만을 분리하여 확대해석하는 것은 보호범위와의 연관성을 도외시하여 해석론으로는 불충분하여 받아들이기 곤란하다. 결국 기본권이론 체계에 의한 3단계 심사방법은 보호범위의 심사는 구체적 사건과 관계없이 추상적인 가정에 불과하다. 기본권제한단계에서 비로소 기본권제약과 국가책임을 포괄하여 심사하는 것은 소원청구인의 입장에서도 납득하기 어렵다. 기본권제약은 국가의 책임귀속을 논하기 위한 선결문제이지 국가의 책임귀속판단으로 제약심사를 대

28) Pieroth/Schlink, Grundrechte, Staatsrecht Ⅱ, 13. Aufl. 1997, S. 55ff.(S. 58), RN 238 ff.

29) BGHZ 99, 249; P. Baumeister, Staatshaftungsrechtliche Fragen in der Risikogesellschaft, 한국에 있어서 공법상의 위험책임, 리스크사회에 있어서 공법적 과제, 한독국제학술대회, 2006. 8. 294면.

30) K. Stern, Das Staatsrecht der bundesrepublk Deutschland Ⅲ/1, S. 1207.

31) 이에 대해서는 장영철, 기본권의 사실적 제한, 공법연구 제35집 제1호(2006. 10).

체할 수는 없기 때문이다.[32] 중대한 기본권제약의 경우도 마찬가지다. 중대한 제약은 보호의무위반에 대한 국가의 책임귀속을 판단하는 데 영향을 줄 수는 있다. 다만 기본권제약의 정도는 원칙적으로 제3단계 정당성심사에서 한다. 결국 1단계심사에서부터 보호범위의 제약여부를 심사하고 국가책임귀속여부는 구분하여 2단계에서, 제약의 정도에 따른 정당성심사는 3단계에서 심사하는 것이 체계적이다.[33]

(2) 기본권형성과 제도적 보장

생존권, 청구권, 재산권 등과 같이 입법에 의한 기본권형성[34]의 부작위로도 그 보호범위가 개방될 수 있다.[35] 예컨대, 재판청구권행사에 관한 입법부작위, 신체장애자에 대한 보호입법부작위 등 국가가 자유를 촉진하지 않거나 또는 보호하지 않아 기본권을 침해하는 경우가 이에 해당된다.

헌재는 기본권형성의 입법부작위에 대하여 진정입법부작위와 부진정입법부작위로 구분하여 헌법소원의 대상성을 판단하고 있다. 즉 진정입법부작위에 대하여는 원칙적으로 입법재량을 넓게 인정[36]하는 반면에 부진정입법부작위의 경우는 부작위가 아닌 불완전한 법규정 자체에 대한 기본권침해주장으로 청구가 가능하다고 한다. 예컨대, 집회를 개최하기 위해서는 집시법에 의하여 사전신고를 하여야 한다. 이는 경찰이 사전에 준비를 하여 집회참가자나 시민들의 안전을 도모하기 위한 것으로 정당성이 인정된다. 사전신고는 행정목적으로 위한 것이지 헌법이 금지하는 허가제로 운영하여서는 안 된다. 따라서 집시법에서 사전신고제에 대한 예외를 마련하고 있다. 하지만 우발적 집회에 대한 사전신고의 예외규정이 없는 것은 집회의 자유의 제약을 초래하므로 현실적으로 향유할 수 있도록 입법적 보완을 하여야 한다.

---

32) 기본권의 완전성을 보호내용(Integritätsbeeinträchtigung)으로 하는 기본권 제한의 본질적 표지를 제시한 것은 평가할 수 있다. W. Cremer, aaO., S. 137; J. Isensee, Der Grundrechtseingriff, in: VVDStRL 57, Walter de Gruyter · Berlin · New York, 1998, Diskussionsbeitrag, S. 108.

33) M. Albers, Faktische Grundrechtsbeeinträchtigungen als Schtzbereichsproblem, DVBl 1996, S. 239.

34) 헌재도 생존권적 기본권의 하나인 인간다운 생활을 할 권리의 법적 성격을 법률상의 권리로 보고 있다. 대표적으로 헌재결 2004.10.28. 2002헌마328, 판례집 16-2(하), 195, 205.

35) 반대의견으로는 B. Weber-Dürler, aaO., Diskussionsbeitrag, S. 126.

36) "헌법에 명문으로 입법위임을 했거나 헌법해석상 특정인에게 구체적인 기본권이 생겨 국가의 행위의무 내지 보호의무가 발생했음에도 불구하고 입법자가 아무런 입법조치를 취하지 않은 경우에만" 헌법소원의 대상성을 인정하고 있다.

기본권형성입법의 하자로 인한 위헌심사기준으로는 특수한 비례의 원칙으로서 과소보호금지원칙을 적용하여야 한다. 헌법의 규범력과 기본권의 기속을 고려하여 기본권제한입법의 심사강도를 차별하지 않는 것이 바람직하다.

제도적 보장이란 자유권, 청구권, 생존권 등 헌법에 주관적 공권의 형태로 헌법에 규정된 기본권과 달리 제도로서 규정되어 입법에 의해 사실상 기본권으로 기능하는 규범복합체를 말한다. 예컨대, 사유재산제도, 혼인과 가족제도 등의 제도는 입법에 의해 보호내용이 형성되어 주관적 권리를 행사할 수 있다. 제도적 보장의 보호범위를 형성하는 입법의 하자에 대하여는 제도속의 구성원(시민, 학생, 주민, 공무원 등)이 자신의 기본권제약을 주장하며 헌법소원을 청구할 수 있다. 이로써 제도적 보장은 입법으로 사실상 국가와 국민 유사의 관계를 형성하여 기본권의 효력을 발현할 수 있다.

3. 소위 「소극적 · 적극적 자유」의 제약

기본권은 적극적 · 소극적 보호범위로 구분된다. 기본권은 이중의 보장을 하고 있다. 기본권은 적극적 작위와 기본권의 보호법익에 해당하지 않는 소극적 자유도 보호한다. 예컨대, 헌법 제21조의 의사표현의 자유는 의사를 적극적으로 표현하는 자유뿐만 아니라 소극적으로 표현하지 않을 자유도 보호하고 제20조의 종교의 자유도 적극적으로 예배할 자유뿐 아니라 예배하지 않을 자유도 보호한다.

소극적 · 적극적 자유의 차이점은 특정한 방법으로 기본권을 행사할 수 있다는 것을 의미하는 것으로 자유의 행사는 '적극적', 불행사는 '소극적'인 것으로 표현한 것에 불과하다. 관점에 따라 바뀔 수도 있다. 즉 침묵으로 의사표현을 대신하는 것이 때로는 적극적으로 의사를 표현방법이 될 수 있다. 무신론자가 예배에 불참하는 것도 종교의 자유를 적극적으로 행사하는 방법이 된다. 기본권주체의 입장에서는 이론적인 작위와 부작위의 구분의 실익이 없다. 다만 이는 기본권의 보호범위의 개방성을 방증할 뿐이다. 기본권의 적극적인 행사의 객관법적 기능도 기본권은 원칙적으로 주관적인 자유를 보장해야 하기 때문에 기본권의 보호범위로 할 수 없다. 예컨대, 토론으로 민주주의실현, 혼인과 가족형성으로 사회기여, 직업수행으로 경제활성화 등과 같이 기본권의 적극적인 행사는 공익실현에 기여할 수 있으나 이와 반대의 소극적인 기본권행사는 보호범위로 할 수 없기 때문이다. 생명과 존엄의 적극적인 가치를 기본권으로 보호하고 있는 점은 그 소극적인 측면인 자살이나 존엄사도 보호할 수 있다고 해야 한다.

이는 모든 기본권에 적용된다. 기본권규정형식이 소극적인 보호범위로 규정된 예컨대, 헌법 제16조의 주거의 불가침만 규정하고 있지만 주거의 자유도 당연히 보장되고 제17조의 사생활의 불가침이외에 사생활의 자유도 제18조의 통신의 비밀의 불가침이외에 통신의 자유도 보장됨은 물론이다. 이와 반해 적극적인 보호범위로 규정된 헌법 제12조의 신체의 자유는 신체를 훼손당하지 않을 권리도 보장하고 제15조의 직업의 자유는 무직업의 자유도 보장한다.

그렇다면 헌법 제32조의 근로의 의무(제1문)는 납세나 국방의 의무와 같은 법률에 의한 국민의 일반적인 의무로 보아야 한다. 그 이유로 우선 개인에게 법률에 의한 근로의 의무를 지우게 하는 것(제2문)에 강제노역은 인간의 존엄에 반하여 금지(제3항)된다. 이는 포괄적인 것으로 경제활성화를 위해 국가가 노동력을 강제 모집하는 것도 마찬가지다. 예컨대, 실업상태에 있는 청년들에게 수당을 지급하는 조건으로 환경미화를 업무를 강제하는 것을 들 수 있다. 이는 때로는 직업수행의 일환으로 특정 행위를 할 의무와의 구분이 불분명할 수도 있으나 의무강제의 주체가 국가라는 점에서 차이가 있다. 따라서 제32조의 제2문의 의미는 국민전체가 동등하게 전통적인 공적 업무에 강제되는 것은 입법에 의해 가능할 수 있으나 이는 국민의 근로의 권리에 상응하는 개별적인 의무가 아니라 국민의 일반적인 의무에 해당된다.

제20조의 종교의 자유는 무종교의 자유도 보장한다. 생명권과 보건권은 그 소극적인 보호내용으로 제3자의 권리를 침해하지 않는 한 자살과 자해행위를 포함한다. 인간존엄은 공서양속에 반하는 것은 별론으로 한다면 자기 비하하는 것도 사적자치로서 보호한다.

작위 · 부작위, 적극적 · 소극적 자유는 상호배타적인 것이 아니라 동등하게 병존할 수 있는 관계에 있다. 전술한 바와 같이 종교의 자유의 보호범위에 해당하는 신앙과 무신앙의 자유는 동일하게 보호된다. 기본권은 특정한 자유만 보호하는 것이 아니라 자유행사의 의미나 내용에 대해서는 오히려 중립적이다. 결국 적극적 · 소극적 자유의 구별은 자제해야 한다. 하지만 이중으로 보장하더라도 기본권의 보호내용으로 차별하지 않는 것은 당연하다. 신앙을 강요당하지 않을 소위 소극적 자유가 단지 양심의 자유의 부차적 보호범위가 아니라는 점이다. 신앙의 자유와 마찬가지로 신앙을 방해받지 않을 자유도 기본권의 방어기능에 속한다. 적극적 · 소극적이란 명칭은 보호의 강도를 의미하는 것이 아니다. 전통적인 기본권의 방어기능의 면에서 소극적 자유가 적극적 자유보다 약한 보호를 받는 것이 아니다.

기본권갈등 내지 충돌의 상황에서 제3자의 기본권행사를 수인해야 하는 경우는 다르다. 즉 적극적 · 소극적 자유의 구별은 의미 있다. 사인에 대해 적극적인 자유행사는 결과적으로 소극적인 자유보다 더 강하게 보호받는다. 이는 법적 특권에 근거한 것이 아닌 적극적 자유를 사실상 강하게 보호할 필요성 때문이다. 적극적 자유는 소극적 자유보다 더 제3자의 이해관계와 충돌한다. 의사표현, 언론, 집회의 자유의 보장에는 제3자의 의사, 보도, 시위와 충돌할 가능성이 내재되어 있다. 하지만 기본권은 충돌가능성에 대한 보호까지 하는 것은 아니다. 보호의무는 소극적 표현의 자유를 위해서가 아닌 다른 기본권, 특히 인격권을 보호하기 위한 것이다. 국교를 부인하는 국가에서도 종교문제에 있어서 적극적인 종교의 자유행사를 수인할 수 있는 관용을 요구할 수 있다. 이는 다음과 같이 일반적으로 정리할 수 있다. 기본권의 적극적 보호범위에 해당하는 사인의 행위에 대해 수인할 수 없는 제3자를 위해 보호범위를 소극적으로 행사하도록 하지는 못한다. 만약 사인 상호간에 적극적 · 소극적 자유를 동시에 행사할 수 있도록 한다면 기본권은 현실적으로 보장할 필요가 없다. 자유의 보호수단은 자유를 고양해야 하기 때문이다.

기본권행사가 기본권의 보호범위와 관련되는 내용과 효력으로 나타날 때 기본권보호의무는 비로소 발생한다. 예컨대, 종교의 자유의 행사는 제3자의 건강을 침해하거나 표현의 자유는 제3자의 명예를 침해하는 경우 한계를 갖는다. 교회의 타종으로 인한 종소리는 적극적 종교의 자유행사의 일환이지만 타인의 생명이나 건강 등을 해치는 행위가 될 수 있다. 따라서 타종행사는 매 시간마다 주기적으로 반복하는 것은 안 되지만 종교의 자유행사로 예배를 위한 것은 관용의 한계를 넘지 않는 것으로 허용된다. 따라서 일반인이 종교에 대한 비판을 하는 것도 원칙적으로 수인해야 한다.

하지만 특수한 신분관계의 경우에서는 다르다. 특별신분관계란 공법상의 의무로서 학생의 학교재학, 수형자의 교도소수용, 공무원의 관청근무 등 국가와 시민간의 관계와 유사한 특별한 관계라고 할 수 있다. 여기서는 '소극적인 자유'가 더 중점이 된다. 국가는 기본권을 주장할 수 없다. 공무원, 공무수탁사인은 사실 기본권을 적극적으로 행사할 수 있지만 보호의무에 반하여 제3자의 기본권을 침해해서는 안 된다. 개별적인 경우 형량을 하여 조화를 이루어야 한다. 예를 들면 고교평준화로 추첨에 의하여 임의적으로 배정되는 기독교재단설립의 사립학교의 학칙에 예배참석을 졸업요건으로 규정하고 있다고 하자. 이 학교는 적극적인 종교의 자유를 행사할 수 있는 반면에 강제배정된 비기독교신자 학생들은 소극적인 종교의 자유를 침해받는다. 국가는 보호의무에 기속되므로 사립학교와 학생의 기본권을 조화시키기 위한 대안을 강구해야 한다. 대체과목이나 전학 등의 방법을 들 수 있다.

이와 달리 사기업체에 근무하는 외국인 노동자가 히잡을 착용하고 있는 경우 고용주나 고객은 자신의 소극적인 종교의 자유를 주장할 수 없다. 다만의 법원에서 기업의 자유나 행복추구권을 주장할 수 있으나 기본권의 대사인적 효력으로 인하여 수용될 가능성은 없다.

Ⅲ. 기본권의 경합

1. 기본권이론과 실무의 결합

기본권의 보호범위는 예컨대, 주거, 직업, 사생활 등 인간의 행태보호와 관련된 구성요건표지로서 각각 상이하게 규정되어 있다. 따라서 하나의 사실관계가 여러 측면의 자유를 제한하여 다양한 기본권의 보호범위를 제약할 수 있다. 이때 기본권경합의 문제가 발생하게 된다. 그 유형으로는 하나의 사실관계가 여러 기본권을 기준으로 판단되어야 하는 상상적 경합, 단지 하나의 기본권만으로도 가능한 특별-일반기본권 또는 개별—보충기본권경합이 있다.[37]

기본권경합은 우선 사실관계에 해당하는 기본권들의 제한과 한계가 다를 때 현실적으로 의미가 있다. 예컨대, 절대보호를 내용으로 하는 인간존엄, 양심형성의 자유, 신앙의 자유 등 내면적 자유와 직업, 재산권 등 상대적 기본권이 경합하는 경우를 들 수 있다. 다음으로 소위 '보호범위강화'를 위해 기본권을 누적적용 하는 경우에도 심사기준을 강화하는 의미가 있다. 예컨대, 평등권침해의 완화된 심사기준과 달리 엄격한 심사기준은 차별취급으로 다른 기본권에 중대한 제한을 초래하는 경우에 적용하는 것, 일반적 인격권은 헌법 제10조의 인간의

37) R. Heß, Grundrechtskonkurrenzen, Berlin, 2000, S. 49 f.; Pieroth/ Schlink, Staatsrecht Ⅱ, 13. Aufl. 1997, S. 72 ff.; W. Rüfner, Grundrechtskonflikte, in : Festgabe BVerfG Ⅱ, 1976, S. 453ff; K. Stern, Das Staatsrecht der Bundesrepublik Deutschland, Bd. Ⅲ/2, München, 1994, S. 1369; 장영철, 기본권경합에 관한 연구, 공법연구 제32집 제3호(2004. 2.).

존엄 및 가치와 연계한 행복추구권에 근거한 것으로 보는 것을 들 수 있다.

헌법재판실무에서는 결정에 필요한 논증에 국한하는 것이 일반적이다.[38] 일반적으로 합헌결정의 경우는 논증의 설득력을 강화하기 위해 경합기본권을 심사기준으로 하지만 위헌결정의 경우는 논증에 필요한 기본권만 선정하여 판단한다. 이는 성범죄자 신상공개제도,[39] 변리사회 가입강제[40] 등의 헌재결정에서와 같이 위헌과 합헌으로 대립하는 헌재재판관들의 논증에서 방증되고 있다. 따라서 헌법에서 기본권경합은 법정형산정에 상상적 경합도 중요한 형법과 비교하면 현실적 의미가 약하다.

2. 기본권보호범위의 차별화

기본권심사의 제1단계의 기본권제약을 판단하는 기준은 차별화된 개별의 기본권의 보호범위다. 예컨대, 직업의 자유의 경우 보호범위에 내재된 직업관련내용, 재산권은 재산관련내용이 된다. 직업의 자유는 수익행위를, 재산권은 소득을 보호하므로 직업의 자유는 재산권제약과 관련된 특별기본권이 된다. 집회의 자유제한으로는 예컨대, 집회의 거부나 해산은 해당되나 집회에서의 특정한 의사표현의 제한은 집회의 자유의 제한이 아닌 의사표현의 자유제한에 해당된다. 예술작품을 집회에 활용하는 것을 제한하는 경우에도 예술작품 활용은 집회에 고유한 것이 아니므로 집회의 자유제한에 해당되지 않는다.

미술대학 교수가 과외교습을 겸업으로 하는 경우 예술의 자유의 고유한 보호범위에 포함시킬 수 없다. 예술의 자유는 경제적 소득활동을 보호범위로 하지 않기 때문이다. 다만 과외교습을 직업으로 하는 경우에는 직업의 자유에, 일시적으로 한 경우라면 일반적 행동자유권에 해당된다.

---

38) 헌재는 "헌법소원에 있어서는 대상이 되는 규범에 의하여 여러 기본권이 동시에 제약을 받는 기본권경합의 경우에 기본권 침해를 주장하는 청구인의 의도 및 기본권을 제한하는 입법자의 객관적 동기 등을 참작하여 사안과 가장 밀접한 관계에 있고 또 침해의 정도가 큰 주된 기본권을 중심으로 해서 그 제한의 한계를 검토하면 족한 것이고 관련 기본권을 모두 심사할 필요는 없다." 고 판시하고 있다. 예컨대, 경비업법 제15조 제3항에 대한 헌법소원청구사건에서 행복추구권, 평등권, 집회결사의 자유 및 단체행동권을 침해받았다고 주장하나 이 사건 법률조항과 가장 밀접하게 관련되고 가장 침해의 정도가 큰 기본권인 근로3권의 하나인 단체행동권에 한정하여 판단하였다. 헌재결 2009. 10. 29. 2007헌마1359, 판례집 21-2하, 304; 1998. 4. 30. 95헌가16, 판례집 10-1, 327, 336-337 ; 2008. 12. 26. 2006헌마462, 판례집 20-2하, 748, 755-756 참조.

39) 헌재결 2013. 10. 24. 2011헌바106 등, 판례집 25-2하, 156.

40) 헌재결 2017. 12. 28. 2015헌마1000, 공보 제255호, 166. 변리사회의 가입강제제도는 소극적 결사의 자유, 직업의 자유, 평등권, 행복추구권을 제약할 수 있다. 여기서 행복추구권은 보충적 기본권으로 기본권침해여부심사에서 배제하고 다른 기본권은 심사하였다.

3. 특별기본권과 일반기본권

하나의 사실관계(조치)가 여러 기본권의 보호영역에 해당될 때 특별기본권과 일반기본권으로 구분하는 경우가 있다. 다만 해당기본권의 보호강도가 같다면 결과적으로 기본권경합을 특별히 해결할 실익은 없다. 특별과 일반기본권을 구분하는 기준은 배제되는 일반기본권의 보호수준 보다 하회하지 않는 것이다. 예컨대, 예술, 학문, 종교의 자유의 보호범위에 속하는 각각의 표현행위는 일반적 기본권인 헌법 제21조의 표현의 자유를 기준으로 심사할 필요가 없다. 특별기본권간에도 특별·일반기본권으로 구분할 수 있다. 이는 기본권제한의 한계가 동일한 경우에도 마찬가지다. 예컨대, 종교예술작품의 경우 제20조의 종교의 자유와 제22조의 예술의 자유가 경합되는 경우, 통신, 주거, 거주이전의 자유와 사생활의 자유의 경합을 들 수 있다.

4. 상상적 경합

하나의 사실관계(조치)가 여러 기본권의 보호영역에 해당될 때 상상적 경합이 이루어 질 수 있다. 실무에서 상상적 경합은 공권력의 조치가 위헌이 아닌 경우에는 해당되는 기본권 모두에 대하여 기본권제약의 정당성을 논증해야 한다는 것에서 의미를 찾을 수 있다. 헌재는 사회적으로 관심 있는 중요한 사건인 경우(예컨대, 제대군인가산점제도, 재판소원금지의 한정위헌결정 등)에는 위헌결정이라도 경합되는 모든 기본권을 기준으로 심사하고 있다. 하지만 일반적으로 위헌결정인 경우, 특히 반대의견은 보호의 강도가 가장 강한 기본권을 기준으로 논증하여 소송경제를 도모하기도 한다.[41]

5. 보호범위의 강화

기본권경합의 유형으로 '보호범위강화'란 평등권과 자유권의 조합, 절대보호의 인간존엄과 개별기본권의 조합과 같이 실무에서 심사기준을 개발하여 기본권보호강도를 조절하는 것을 말한다. 이는 경합하는 기본권이 사안과 관계없는 '추상적'인 기본권규정(Grundrechtsnorm) 그 자체가 아니라 '구체적 사안과 관련'하여 적용될 수 있는 기본권규정(Entscheidungsnorm)인 점에서 가능한 것이

41) 헌재결 2017. 12. 28. 2015헌마1000, 공보 제255호, 166. 이 결정 반대의 5인 재판관의 위헌의견은 평등권에 대하여는 별도로 논증하지 않고 있다.

다. 예컨대, 차별취급으로 자유에 중대한 제한을 초래하는 경우 평등권침해 여부를 엄격심사, 인격권,[42] 생명권, 자기결정권[43]의 보호범위를 인간존엄과 조합하여 불문기본권으로 해석하는 것, 자유권침해 여부를 주된 심사로 하고 평등권을 기준으로 부차적으로 심사하는 경우를 들 수 있다.

42) 헌재결 2001. 7. 19. 2000헌마546, 판례집 13-2, 103. — 유치장 내 화장실 사용강제 결정.

43) 부모의 자녀에 대한 교육권을 헌법 제36조 제1항, 제10조 및 제37조 제1항을 근거로 한 헌재결 2000. 4. 27. 선고 98헌가16등(병합), 판례집 12-1, 427, 446면.

제 2 장 기본권의 주체

제 1 절 국민, 외국인의 기본권주체

1. 국 민

문언적 해석상 국민은 헌법상 기본권인 거주이전의 자유, 집회결사의 자유, 직업의 자유 등의 자유권, 청구권, 생존권 등의 주체가 되는 것에 문제가 없다. 또한 해석상 기본권으로 인정된 국적선택권, 사적자치권, 저항권 등의 경우에도 향유주체가 된다.

2. 외 국 인

(1) 헌재결정

헌재는 국민 또는 국민과 유사한 지위에서 외국인도 기본권주체로 본다. 직장선택의 자유, 근로환경의 권리의 주체성 인정. 그 밖에 인간존엄, 평등권, 일반적 인격권, 신체의 자유, 언론, 출판, 방송, 예술, 종교, 양심, 학문의 자유, 통신, 주거, 재산권, 청원권, 재판청구권은 국가공동체의 존속에 영향을 미치지 않는 경우로 외국인의 기본권주체성을 인정한다.[1] 이와 반대로 외국인의 기본권주체성이 부인되는 기본권으로 선거권, 공무담임권, 국가배상청구권, 범죄피해자구조청구권, 직업선택의 자유, 사회적 기본권 등이 있다.[2] 헌재가 외국인의 기본권주체성을 인정하는 경우는 기본권제한의 입법형성권이 좁아진다. 하지만 헌재가 외국인의 기본권주체성이 부인하는 경우에도 입법으로 권리주체성을 부여하는 것은 가능하다. 예컨대, 공직선거법(제15조 제2항 제3호)에서 정주외국인의 지방자치의원, 단체장 선거권을 들 수 있다.

---

1) 헌재결 2001. 11. 29. 99헌마494; 2011. 9. 29. 2009헌마351.
2) 헌재결 2000. 8. 31. 97헌가12; 2001. 11. 29. 99헌마494.

(2) 인권과 기본권의 구별설

인권과 기본권구별의 불명확성이란 근본적인 문제와 기본권은 국가성립 이후의 실정화된 인권으로서 외국인의 기본권주체성문제는 실정헌법의 해석의 문제로 보아야 한다. 자세한 것은 개별기본권에서 언급기로 한다.

제 2 절 자연인의 기본권능력과 기본권행사능력

1. 기본권능력: 주관적 공권행사의 전제로서 권리능력

헌법상 기본권에 국가권력에 대해 직접 그 효력을 주장할 수 있는 주관적인 공권의 성격을 부여한 것은 기본권보호의 중요성을 나타내고 있다. 따라서 기본권은 해당 기본권주체에게 인적 보호를 제공할 수 있거나 제공해야 한다. 기본권능력은 권리능력을 전제로 한다. 이는 자연인에 해당하는 것으로 출생에서부터 사망에 이르기 까지만 권리능력과 기본권능력을 갖는다. 따라서 기본권을 사실상 행사할 수 있는 주관적 능력과 상관없는 어린이도 기본권주체가 된다.

2. 객관적 기본권의 보호대상으로서 권리무능력자

주관적 공권의 기본권주체는 아니지만 객관적인 기본권의 보호는 태아, 배아 및 사자에게도 확장된다. 헌재는 인간배아의 주관적 공권의 주체성을 부인하고 다만 국가의 보호의무의 대상[3]으로, 태아의 생명권도 주관적 공권으로 평가하지 않고 객관적 기본권으로 보는 관점에서 태아보호를 상대화하여 생명권주체성을 인정[4]한다. 또한 헌재는 사자의 인격권의 주체성을 인정하면서도 사자의 인격권에 대해서는 객관적 기본권의 보호수준으로 판단[5]하였다.

---

3) 헌재결 2010. 5. 27. 2005헌마346. 출생 전 형성 중의 생명에 대해서 헌법적 보호의 필요성이 크고 일정한 경우 그 기본권 주체성이 긍정된다고 하더라도, 어느 시점부터 기본권 주체성이 인정되는지, 또 어떤 기본권에 대해 기본권 주체성이 인정되는지는 생명의 근원에 대한 생물학적 인식을 비롯한 자연과학ㆍ기술 발전의 성과와 그에 터 잡은 헌법의 해석으로부터 도출되는 규범적 요청을 고려하여 판단하여야 할 것이다. 초기배아는 수정이 된 배아라는 점에서 형성 중인 생명의 첫걸음을 떼었다고 볼 여지가 있기는 하나 아직 모체에 착상되거나 원시선이 나타나지 않은 이상 현재의 자연과학적 인식 수준에서 독립된 인간과 배아 간의 개체적 연속성을 확정하기 어렵다고 봄이 일반적이라는 점(연속성), 배아의 경우 현재의 과학기술 수준에서 모태 속에서 수용될 때 비로소 독립적인 인간으로의 성장가능성을 기대할 수 있다는 점, 수정 후 착상 전의 배아가 인간으로 인식된다거나 그와 같이 취급하여야 할 필요성이 있다는 사회적 승인이 존재한다고 보기 어려운 점 등을 종합적으로 고려할 때, 기본권 주체성을 인정하기 어렵다.

4) 헌재결 2008. 7. 31. 2004헌바81.

즉, 헌재는 태아와 사자의 인간존엄의 사전, 사후의 향유주체로서 보호필요성을 상대적 기본권으로 인정하고 있다.

3. 헌법소송적 측면에서 기본권행사능력

기본권행사능력은 기본권능력과 구별되어야 한다. 주관적 공권으로서 기본권을 소송에서는 누가 유효하게 주장할 수 있는지의 문제가 제기된다. 일반적으로 소송행위는 행위능력자가 할 수 있다. 기본권행사능력은 민법상의 행위능력에 상응하는 것으로 개별기본권마다 특별하게 결정된다. 헌법소송에서는 헌법소원청구능력 내지 청구인적격을 판별하는 기준이 된다. 기본권행사능력은 일반 및 헌법소송에서 개인적인 통찰력과 판단력을 요구하는 것으로 19세 이상의 성년연령과 일치되는 것은 아니다. 예컨대, 헌법상 대통령과 국회의원의 피선거권의 행사능력은 40세, 25세 이상이다. 또한 미성년 아동의 기본권은 민법상 친권에 의하여 제한될 수 있다.

제 3 절 법인의 기본권능력

1. 사 법 인

사법인은 사인과 동일하게 기본권주체가 된다. 예컨대, 사단법인 한국영화인협회,[6] 노동조합[7]을 들 수 있다. 권리능력 없는 사단도 결사의 자유, 평등권 등의 기본권의 주체가 될 수 있다. 헌재는 정당의 경우 등록된 정당[8]뿐만 아니라 등록 취소된 정당[9]도 등록정당에 준하는 사단으로서의 실질을 유지하고 있는 한 헌법소원능력을 인정하고 있다. 독일의 경우 정당의 헌법상 지위, 국민의 민주적 여론형성과정에 참여하는 정당 활동의 자유가 쟁점인 경우 권한쟁의 당사자능력을 인정하고 그 밖의 경우 기본권능력을 인정하여 헌법소원을 인정하고 있다. 예컨대, 현 정부의 재집권을 홍보하는 정부여당의 야당에 대한 선거운동

---

5) 헌재결 2010. 10. 28. 2007헌가23, 판례집 22-2상, 761. 일제 강점하 반민족행위 진상규명에 관한 특별법에 대한 위헌제청사건.
6) 헌재결 1991. 6. 3. 90헌마56, 판례집 3, 289.
7) 헌재결 1999. 11. 25. 95헌마154, 판례집 11-2, 555.
8) 헌재결 2008. 3. 27. 2004헌마654.
9) 헌재결 2006. 3. 30. 2004헌마246.

의 자유침해에 대하여 독일은 권한쟁의를 인정하고 있다.

2. 공법인과 국가기관의 부분기관

(1) 헌재결정

사법인과 달리 헌재는 지방자치단체,[10] 국회노동위원회,[11] 권한침해를 주장한 국회의원,[12] 지방교육위원회의 교육위원,[13] 서울시의회[14]와 같이 공법인 또는 국가의 부분기관은 원칙적으로 기본권주체성을 부인하고 있다. 공법인은 국가기관 또는 헌법기관의 일부로서 기본권주체가 아니므로 객관소송인 권한쟁의로 해결해야 한다고 보는 것이다. 그 이유로 헌재는 국가나 국가기관 또는 국가조직의 일부나 공법인은 기본권의 '수범자(Adressat)'이지 기본권의 주체로서 그 '소지자(Träger)'가 아니고 오히려 국민의 기본권을 보호 내지 실현해야 할 '책임과 의무'를 지니고 있는 지위에 있을 뿐이어서 기본권의 주체가 될 수 없다. 즉 국가기관의 부분기관이나 공법인은 기본권의 객체일 뿐이므로 기본권의 향유자로서 주체와 기본권에 기속되는 객체는 동일할 수 없다는 동일성이론 내지 혼동이론에 근거하고 있다. 다만 헌재는 국·공립대학, 국영방송국의 경우 기본권침해의 전형적인 위험상황론(grundrechtstypische Gefährdungslage)을 수용하여 주체성을 인정하고 있다. 서울대입시요강사건[15]에서 서울대의 학문의 자유와 대학자치권의 주체성을 인정하였고, TV방송수신료결정[16]에서 한국방송공사의 방송의 자유의 주체성을 예외적으로 인정하고 있다.

---

10) 헌재결 2006. 12. 28, 2006헌마312, 판례집 제18권 2집, 655, 650-656.

11) 헌재결 1994. 12. 29. 93헌마120, 판례집 제6권 2집, 477, 480-481.

12) 헌재결 1995. 2. 23. 90헌마125, 판례집 제7권 1집, 238, 242.

13) 헌재결 1995. 9. 28. 92헌마23 등, 판례집 제7권 2집, 343, 351-352.

14) 헌재결 1998. 3. 26, 96헌마345, 판례집 제10권 1집, 295, 300-301.

15) 헌법재판소 1992. 10. 1, 92헌마68, 판례집 제4권, 659~707,670-670; "국립대학인 서울대학교는 다른 국가기관 내지 행정기관과는 달리 공권력의 행사자의 지위와 함께 기본권의 주체라는 점도 중요하게 다루어져야 한다."

16) 헌재결 1999. 5. 27, 98헌바70, 판례집 제11권 1집, 633~652,646-646; "입법자는 공사의 기능이 제대로 수행될 수 있으며 방송프로그램에 관한 자율성이 보장될 수 있도록 적정한 규모의 수신료를 책정하여야 하고, 공사에게 보장된 방송의 자유를 위축시킬 정도의 금액으로 결정하여서는 아니 된다." 이 결정에 관한 분석으로 김용섭, 「텔레비전 방송수신료에 관한 행정법적 논의」, 『인권과 정의』, 2006. 11., 112면 이하.

(2) 학설상 공법인의 기본권능력

(가) 부정설

① 공법인의 기본권능력을 원칙적으로 부정하는 이 학설은 다음과 같은 논거를 제시하고 있다.

i) (전술한 헌재결정에서도 살펴본 바와 같이) 공법인은 기본권의 객체일 뿐이므로 기본권의 향유자로서 주체와 기본권에 기속되는 객체는 동일할 수 없다. (동일성이론 내지 혼동이론)

ii) 공법인은 공권력의 행사자로서 언제나 객관적 '권한'이 문제되지 주관적 '권리'의 주체성은 문제되지 않는다.(권한과 권리 구별론) 예컨대, 독일연방헌재는 지방자치단체의 국가를 상대로 한 재산권행사,[17] 생존배려를 목적으로 하는 사회보장기관[18]과 국책은행[19]의 기본권 주체성을 부인한 바 있다.

iii) 국가를 배후에 두고 있는 공법인간의 분쟁은 국가기관 내부관계로 법이 침투할 수 없는 반면에, 자연인을 배후에 두고 있는 사법인과 국가기관의 관계는 외부관계로 사법적 구제대상이 된다.(내부·외부관계구별론)

iv) 기본권은 성질상 자연권으로서 그 주체는 인간(Mensch) 그 자체에 부속된 것으로 국가와 개인의 대립관계를 전제로 한 주관적 공권이다.(자연권론)

② 하지만 이 학설도 다음과 같은 경우 예외적으로 공법인의 기본권능력을 인정하고 있다.

i) 국가와 공법인 간에 국가의 개인에 대한 기본권침해에 비견될 유사한 상황이 발생할 수 있는 경우에는 기본권주체성을 인정한다.(전형적인 기본권침해의 위험상황론, grundrechtstypische Gefährdungslage) 이미 살펴본 우리 헌재와 유사하게 독일에서도 예컨대, 국공립대학의 연구와 교수의 자유,[20] 국공립방송국의 방송의 자유,[21] 교회의 종교의 자유의 경우 예외적으로 공법인의 헌법소원능력을 인정하고 있다.

ii) 사법절차적 권리 — 법관의 재판을 받을 권리(독일기본법 제101조 제1항 제2문), 재판상 진술권(동법 제103조 제1항) 등 — 의 경우 무기평등의 원칙상 공법인에게도 인정되어야 한다.[22]

---

17) BVerfGE 61, 82(105 ff.)

18) BVerfGE 77, 340(344). 공익목적을 위해 설립된 사법인의 경우는 기본권주체가 될 수 없다.

19) BVerfGE 75, 192(200).

20) BVerfGE 15, 256(262)

21) BVerfGE 31, 314(322); 59, 231(254); 78, 101(102f.).

(나) 긍정설

① 이 학설은 전술한 학설과 달리 원칙적으로 공법인의 기본권능력을 인정하고 있다.

i) "기본권은 그 성질상 적용가능 한 경우 내국법인에게도 인정 된다"는 법인의 기본권의 주체성을 언급하는 독일기본법 제19조 제3항에서는 공법인과 사법인을 구분하지 않는다. 따라서 사법인과 마찬가지로 공법인도 기본권능력을 갖는다.[23] 이 규정의 제정사적 측면에서도 공법인을 특별히 배제한다는 논의도 없었다.[24](독일기본법규정 및 제정사론)

ii) 사회에 실재하는 법인의 기능과 기본권의 양면성을 인정한다면 공법인의 기본권주체성을 인정해야 한다.[25](통합론)

iii) 공법인의 기본권능력을 예외적으로 인정하는 기본권침해의 전형적인 위험상황(grundrechtstypische Gefährdungslage)이란 개념의 모호성으로 인하여 권리구제의 불안정을 야기할 수 있다.

② 다만 긍정설의 입장에서도 자연인, 사법인과 동일한 정도의 기본권능력을 인정한 것은 아니다. 그래서 일정한 기준을 제시하여 법인과 자연인의 기본권능력 및 범위 행사대상 등에서 차별화를 강조하고 있다.

i) 공법인은 설립과 해산에 있어 국가에 종속적이므로 기능영역, 과제영역에 있어서만 공법인의 기본권능력을 인정할 수 있다.[26]

ii) '공법인 대 공법인'간에는 기본권능력을 인정하지만 국가의 통합기능책임 때문에 절대로 국민을 상대방으로 하여 기본권능력을 주장할 수는 없다.[27]

iii) 공공성과 사익성의 경중을 비교하여 공법인의 기본권능력을 부여하려는 시도가 있다.[28] 이 경우 지방자치단체는 공공성이 사익성을 완전히 압도하는 기관으로 분류하고 있어 기본권능력을 인정할 수 없게 된다.

---

22) K. Stern, Das Staatsrecht der Bundesrepublik Deutschland, Bd. Ⅲ/1, München, 1988, S. S. 1155 f.

23) Pieroth/Schlink, Grundrechte, S. 39. RN 160 f.

24) 이에 관하여는 JöR 1951, 182 f.; Pieroth/Schlink, Grundrechte, 13. Aufl. 1997, S. 40. RN 160.

25) 허영, 「한국헌법론」, 265면.

26) Pieroth/Schlink, Grundrechte, Staatsrecht Ⅱ, 13. Aufl. 1997, S. 40, RN 161.

27) 허 영, 「한국헌법론」, 266면.

28) 신우철, 「'법인'의 '기본권주체성': 비판적 재구성」, 『공법연구』 제30집 제3호(2002. 2.), 183면 이하.

(3) 사 견

부정설이나 긍정설이나 모두 공법인의 기본권주체성을 인정해야 할 필요성은 인정하고 있다. 하지만 모두 추상적으로 기본권의 종류, 기능과 관련하여 포괄적으로 공법인의 기본권주체성인정범위를 제시하고 있다. 따라서 구체적으로 공법인의 행위형식과 종류에 따라 기본권능력을 인정할 것인지 여부에 대하여는 개별적으로 살펴보아야 한다.

이러한 점에서 공법인의 행위형식에 따른 기본권주체성여부를 개별적으로 제시해보고자 한다.

① 지방자치단체가 주체가 된 경우로 경찰, 소방, 공과금부과 등 지방자치단체의 주민에 대한 행정이 권력적인 침해행정일 경우(i)에는 기본권행사능력을 인정해서는 안 된다. 공공성을 띠는 급부행정을 공법적 형식으로 수행하는 경우(ii)는 물론 행정사법의 형식으로 수행하려 할 때에도 주민의 기본권보호를 위하여 자치단체의 기본권주체성을 인정할 수는 없다.[29]

② 지방자치단체와 사기업체가 혼합된 경우로서 지방자치단체가 약 50%의 지분을 갖고 사기업체와 동업으로 전기, 수도, 여객운송 사업을 하는 경우(iii)다. 공공성 있는 사업이라는 점은 위 (ii)의 경우와 같지만 기본권능력을 부여할 수도 안할 수도 없는 진퇴양란에 빠지게 된다. 부정하면 사법인보호에 소홀하고 인정하면 기본권에의 기속을 회피하기 위해 사법인과 결합을 방조하게 되기 때문이다. 독일 연방헌재는 함브르크시가 72%의 지분을 갖고 함브르크 전기회사(주),[30] 헤센주와 프랑크푸르트시가 50% 이상의 지분을 소유하는 프라포트(Fraport)주식회사가 운영하는 프랑크푸르트공항[31]의 기본권주체성을 부인한 바 있다.

③ 업무의 성격이 사익성이 있는 경우로 지방자치단체가 사기업의 형식으로 특산물 판매, 축제운영, 토지임대 등 순전히 사적인 수익사업을 하는 경우(iv)와 지방자치단체가 주식회사의 의결권을 저지할 만큼 소수의 주식을 소유하여 사기업의 운영에 참가하는 경우(v)를 들 수 있다. 이 양자의 경우 업무의 공공

29) BVerfGE 45, 63; 38, 258(270).

30) BVerfGE NJW 1990, S. 1783. 이에 대하여는 많은 비판이 있다. 예컨대, Schmidt-Aßmann, Der Grundrechtsschutz gemischt-wirtschaftlicher Unternehmen nach Art. 19 Abs. 3 GG, in: BB, Beilage 34 zu Heft 27/1990, S. 1 (8f.); D. Merten, Mischunternehmen als Grundrechtsträger, in: FS für Krejc, 2001, Bd. 1, S. 2014 ff.; H. Dreier, GG Kommentar, 2. Aufl. Bd. 1, Tübingen, 2004, 1592 f., FN 73 f.

31) BVerfGE 128, 226 ff.

성과는 상관없어 기본권의 주체성을 인정해야 할 것이다. 다만 공법인과 주민들(사인)의 기본권충돌의 경우에는 기본권의 대사인적 효력으로 해결해야 할 것이다.

예컨대, 독일연방헌재결정[32]에서는 프라포트(Fraport) 주식회사(AG)가 운영하는 프랑크푸르트(Frankfurt)공항은 유사국가기관으로서 집회 및 의사표현의 자유를 보장해야 한다고 판시한 것을 들 수 있다. 이들은 미국연방대법원의 판결에 의하여 확립된 국가기관유사 사인(looks-like-government theory)은 기본권에 기속된다는 것을 논거로 제시하고 있다.

④ 그 밖에 지방자치단체가 청소대행업체를 이용하여 행정업무를 수행하는 경우(vi) 지방자치단체의 벌린 팔(즉 공무수탁사인)로서 공공성 있는 행정업무를 수행하는 것이므로 지방자치단체는 물론 청소대행업체도 원칙적으로 기본권주체가 될 수 없다. 조직형식을 남용할 위험이 있기 때문이다.

---

32) BVerfGE 128, 226 ff.

제3장 기본권의 대사인적 효력

제1절 서 론

고대로부터 인간은 타인과 관계를 맺으며 생활해야 하는 사회적 동물이다. 하지만 한정된 자원과 인간의 욕망으로 인해 인간관계란 항상 원만한 것이 아니었다. 사회계약을 통해 국가를 탄생하게 하여 안전한 자유를 추구하였다. 근대의 국가는 사회의 자율적 기능에 병리현상이 생기는 경우에만 최소한도의 간섭을 허용하는 자유주의 국가였다. 산업혁명과 함께 자유주의 국가정책으로 사용자 및 신흥자본가의 노동자 및 경제적 약자에 대한 계약관계의 왜곡으로 빈익빈 부익부현상이 나타났다. 국가가 사회에 개입하는 사회국가가 출현하는 계기가 된 것이다. 여자와 연소자, 극빈층 등 사회적 약자에 대한 법적 보호기준을 마련하여 실질적 계약자유를 실현하게 하였다. 국가와 사회는 더 이상 철저히 분리된 이원적 대립관계가 아니라 상호 기능적 보완관계에 있는 것이다.

사회국가현상이외에도 현대는 산업화, 세계화, 전자문명화의 현상으로 인해 사인간의 관계는 복잡·다양하게 전개되어 입법자가 전혀 예측치 못한 새로운 이해관계의 충돌현상이 출몰하기 마련이다. 법적 흠결현상으로 사인간의 관계는 법원 또는 헌법재판소를 통해 해결을 요청하게 된다. 이때 나타나는 이론적 해결방안을 강구하는 것이 기본권의 제3자적 내지 대사인적 효력의 문제다. 따라서 기본권의 제3자적 효력은 사인인 제3자의 자유와 다른 사인의 자유와의 충돌 및 이에 대한 사전적 조정수단인 입법흠결로 인한 법원의 보충적 보호를 포괄하는 성격을 갖는다. 이러한 의미에서 현재까지 논의된 기본권의 제3자적 효력에 관한 이론적 해결방안에 대하여 먼저 살펴보고자 한다.[1)]

1) 장영철, 기본권의 제3자적(대사인적) 효력에 관한 이론적 연구, 공법연구 제37집 제3호, 2009. 2. 33면 이하.

제 2 절 기본권의 대사인적 효력에 관한 종래의 학설 검토

1. 직접 적용설

이 학설의 전통적인 입장은 기본권은 국가는 물론 사인에게도 직접 적용되는 주관적 공권이자 주관적 사권으로서의 성격을 갖는다고 본다.[2] 최근에도 이 학설에 동조하는 견해에 의하면 헌법은 국가와 사회를 모두 포괄하는 질서법이므로 국가기관은 물론 사인도 헌법질서에 따라 법률관계를 형성한다고 한다.[3] 따라서 사인간의 사법관계와 이를 규율하는 사법은 기본권의 보호내용에 따라 제정되고 해석되어야 한다. 즉 사법상의 특정조항의 경우에 기본권합치적 법률해석을 하며, 일반조항(민법 103조, 104조 등)도 기본권에 비추어 그 해석의 한계를 설정하여야 한다. 사법상의 법률관계도 헌법상 일반적 행동자유권의 한 내용으로 도출해 낸 사적자치 내지 계약자유의 행사이므로 이는 기본권행사의 일환이라 한다.

하지만 이 학설은 우선 현행헌법(제10조 제2문)상 "국가는 개인이 가지는 불가침의 기본적 인권을 확인하고 이를 보장할 의무를 진다"는 규정의 반대해석상 사인은 기본권에 기속되지 않으며[4] 둘째, 사인간의 법률관계에 기본권을 기준으로 재판을 하게 되면 규정내용의 추상성·포괄성으로 인해 법적 불안정성을 초래하게 되며[5] 셋째, 민주적 법치국가에서 기본권의 구체화는 제1차적으로

---

2) 이는 H. G. Nipperdey와 W. Leisner가 주장한 견해로 독일연방노동재판소의 1980년대까지 추종한 입장이었다. 예컨대, BAGE 1, 185(191 ff.)- 여기서는 의사표현의 자유와 정치적 신조에 따른 차별금지에 대해 BAGE NJW 1957, 1688 (소위 독신조항판결)- 여기서는 기본법 제1조 제1항(인간의 존엄성), 제2조 제1항(일반적 행동자유권), 제6조(혼인과 가족의 권리)에 대해 기본권의 직접적 제3자적 효력을 인정하였다. 그러나 1990년대의 BAGE 47, 363(373); 52, 88(98) 이후로는 기본권의 직접적 제3자적 효력은 포기하였다. 이에 관하여는 M. Ruffert, Vorrang der Verfassung und Eigenständigkeit des Privatrechts - Eine verfassungsrechtliche Untersuchung zur Privatrechtswirkung des Grundgesetzes-, Tübingen, 2001, S. 12 f.

3) J. Hager, Grundrechte im Privatrecht, JZ 1994, S. 373 ff.; 황우여, "헌법의 사법적 효력", 『민사판례연구 XIII』, 박영사, 1991, 333(338면); 한병호, "한국에서의 기본권의 대사인적 효력이론에 대한 고찰 — 다수설에 대한 비판적 재검토를 중심으로 —", 『권영성교수정년기념논문집』, 법문사, 1999, 931(970면 이하).

4) 장영철, "기본권의 제3자적 효력과 기본권보호의무", 『공법연구』 제29집 제2호(2001. 2.), 163면.

5) 이 학설이 판단하는 언론·출판의 사회적 책임(헌법 제21조 제4항), 근로3권(헌법 제33조), 환경권(헌법 제35조) 등의 규정이 직접적 제3자효 적용규정이 아닐 뿐만 아니라, 그렇게 판단된다

입법자의 과제인데 민사법원이 그 임무를 대신하여 권력분립원칙에 반한다는 비판[6]이 있다.

2. 간접 적용설

이 학설은 전술한 직접 적용설이 기본권의 성격을 주관적인 방어권에 국한하여 문제점을 갖고 있는 것으로 판단하고 사법관계에서 적용할 수 있는 객관적 가치질서로서의 기본권의 적용을 주장하고 있다. 즉 사법상 일반조항 또는 불확정 개념을 해석할 경우 기본권은 방사효(Ausstrahlungswirkung)로서 나타나며 사법관계에서 기본권은 이 규정을 관문(Einfallstor)으로 하여 간접적으로 적용된다고 한다.[7]

하지만 이 학설은 우선 기본권의 객관적 가치질서가 주관적 공권성보다 효력이 완화되는 이유가 분명하지 않고 둘째, 헌법상 기본권으로서 계약자유의 주관적 기능을 경시하고 있는 반면 기본권의 객관적 가치를 방사하는 관문으로서 일반 법률은 너무 과대평가하고 있다는 비판[8]을 가할 수 있다.

3. 국가작용의제설

이 학설은 미국 연방대법원이 판결로 확립한 것으로 사인의 행위를 일정한 전제하에 국가작용으로 의제하는 방식으로 제3자의 기본권기속을 인정한다. 일정한 전제란 재판 또는 일종의 법적 근거를 기준으로 한다.[9] 예컨대 국가가 재판을 통하여 방조한 사인의 행위, 국유재산을 임차하여 운영하는 사인의 시설 내에서의 행위, 국가가 일정비율의 지분을 갖는 공기업의 행위, 시영버스 · 전차운영 등 국가로부터 특정한 권한을 부여 받고 광범위한 규제 하에 운영되는 사인의 행위, 정당의 선거후보자 경선과정에서의 차별행위, 재벌기업 · 노동조합

하더라도 제3자적 효력을 헌법규정에 근거하여 직접 해결할 수 없다. 사적 자치 및 권력분립의 형해화, 기본권충돌상황은 사실관계 분석 하에 해결할 수 있는 점, 사인 간에 행사하는 기본권의 단편적 우위로 인한 기본권서열체계의 혼란 등의 문제가 여전히 남기 때문이다.

6) A. Guckelberger, Die Drittwirkung der Grundrechte, JuS 2003, Heft 2, S. 1153.

7) 이 학설의 선구자는 A. Hueck, W. Jellinek, H. Krüger이지만 G. Dürig가 1956년 그의 논문(AöR, 1956)에서 체계화하였다고 한다. 이에 관하여는 M. Ruffert, aaO., S. S. 13 FN 47. 우리나라에서는 허영, 『한국헌법론』, 전정4판, 박영사, 2008, 257면 이하; 이승우, 『기본권론』, 두남, 2007, 72면; 장영수, 『헌법학』 제2판, 홍문사, 2007, 502면; 박규환, "사법질서로의 기본권효력 확장구조와 그 한계", 『공법연구』 제33집 제3호(2005. 5.), 115-141면.

8) J. Hager, aaO., S. 374.

9) 이노홍, "공기업의 행위에 대한 헌법소원 대상성", 『노동법의 이론과 실천』 신인령 선생님 정년기념논문집(2008. 9.), 512면 이하.

등과 같이 공권력에 유사한 사적 권력을 행사할 수 있는 사인의 행위 등이다.[10] 따라서 이 학설은 국가작용의제설(looks-like-government theory) 내지 국가행위유사설(state-action-theory)로 통칭[11]하고 있으며 전술한 간접 적용설과 달리 국가에 대한 주관적 공권의 행사로 사인의 기본권기속을 인정하는 특징이 나타나 있다.

하지만 이 학설은 우선 기본권의 주관적 공권성만 인정함으로써 가해사인(제3자)의 행위에 대한 일종의 법적 근거(under color of law) 내지 재판을 매개로 국가작용으로 의제하고 직접 제3자의 행위가 아닌 이 매개수단을 기준으로 기본권과잉제한여부를 판단함으로써 피해를 당한 사인의 구제는 간접적 내지 반사적인 보호에 그칠 위험성이 있다. 둘째, 국가권력행사와 유사점을 발견할 수 없는 평등한 사인간의 행위에 대한 기본권의 제3자적 효력은 해결책을 제시하기 곤란하다.

4. 적용 부인설

이 학설은 국가와 사회의 이원적 구별론을 전제로 헌법은 '국가의 기본법'이고, 사법은 '사회의 기본법'이므로 사법관계에서 기본권은 직접 적용되지 않는다고 한다. 즉 사인간의 법률관계에서 양자 모두 기본권의 주체인 사인이 힘의 우열이나 사회적 지위에 따라 국가와 같은 기본권의 의무자가 되는 것은 사법에서는 예정하고 있지 않다고 본다. 하지만 현실적으로 나타나는 사인간의 기본권효력에 대하여는 기본권보호의무나 기본권충돌의 문제로 해결하면 된다는 것이다. 헌법의 최고규범성에 따라 사법제정은 기본권에 기속되며, 사법관계에서 기본권을 제한하는 것은 기본권보호의무 내지 국가의 기능이지 기본권의 대사인적 효력은 아니라고 한다.[12]

하지만 이 학설은 우선 근대 입헌국가의 자유시장 경제 질서 하에서 통용된 국가와 사회의 이원적 구별론이 사회적 시장경제질서를 추구하는 현대 입헌국

---

10) Shelly v. Kraemer, 334 U. S. 1(1948); Burton v. Wilmington Parking Authority 365 U. S. 715(1961); Smith v. Allright 321 U. S. 649(1944); Terry v. Adams 345 U. S. 461 (1953); Marsh v. Alabama 326 U. S. 501(1946); National Collegiate Athletic Ass′n v. Tarkanian, 488 U. S. 179, 191 f.(1988) 등.

11) 이에 관해 자세한 것은 이노홍, 『미국연방헌법상 국가행위(STARE ACTION)이론에 관한 연구』, 박사학위논문(이화여대), 2002; 한병호, "기본권의 대사인적 효력 — 미국연방헌법상의 국가행위이론을 중심으로 —", 『사회과학연구논총』, 한국해양대, 1995. 봄, 293면 이하.

12) 정종섭, 『헌법학원론』 제3판, 박영사, 2008, 299면 이하.

가에서는 국가와 사회의 상호교체관계론으로 극복되었다는 것을 간과하고 있다. 둘째, 기본권의 제3자적 효력과 기본권보호의무, 기본권충돌의 상호관련성을 경시하고 있다. 셋째, 사적자치 내지 계약자유는 사법해석 및 적용원칙이란 점을 지나치게 강조하고 헌법상 기본권으로 여타 기본권과 마찬가지로 기본권제한 및 보호의 범주에 있음은 간과한 문제점이 있다.

5. 국가의 기본권보호의무대체설

이 학설은 사법제정과 헌재 및 법원의 합헌적 법률해석실무를 고려하여 기본권의 제3자적 효력의 문제를 국가의 기본권보호의무 이론으로 대체하는 특징이 있다.[13] 이는 객관적 기본권보호의무 또는 주관적 공권으로서 보호권[14]으로 사인간의 기본권효력은 인정된다는 점에서 전술한 직접 적용설, 간접 적용설, 적용 부인설의 주장과 부분적으로 일치하고 있는 점을 발견할 수 있다. 간접 적용설의 문제점인 방사효의 불분명성을 극복하고 사법제정과 기본권의 제3자적 효력의 관련성을 발견하였으며 법원의 특정조항에 대한 합헌적 민사법 해석실무를 제3자효 이론과 접목시킨 장점이 있다.

하지만 이 학설은 우선 평등한 사인간의 법률관계에 국가가 관여해야 하는 이유가 불분명하다. 둘째, 기본권의 객관적 성격에 근거한 제3자적 효력을 동일한 이론적 근거를 갖는 기본권보호의무로 대체함으로써 제3자의 주관적 방어권의 기능은 소멸하는지 의문이다. 셋째, 구체적 기준 없이 기본권보호의무로 대체하면 헌재의 입법자통제에 대한 기능법적 한계가 문제된다.[15] 넷째, 기본권보호의무의 재주관화인 보호(청구)권의 도출가능성 내지 필요성에 대한 의문이 있다.

6. 소 결 — 제3자효 해결방법에 관한 새로운 방안의 정립필요성

살펴본 바와 같이 종래의 학설들 모두 문제점을 갖고 있다. 직접 적용설은 헌법의 최고규범성에 근거한 기본권의 우위와 사법관계에서의 기본권의 기능을 혼동하고 있고, 간접 적용설은 합헌적 법률해석의 실무와 불일치하는 제한적인

13) 장영철, "기본권의 제3자적 효력과 기본권보호의무", 『공법연구』 제29집 제2호(2001. 2.), 155(167면 이하); 방승주, "사법질서에 있어서 국가의 기본권보호의무", 『공법학연구』제7권 제5호(2006. 12.), 47(78면).

14) 이준일, 『헌법학강의』 제2판, 홍문사, 2007, 401면; 이준일, "기본권으로서 보호권과 기본권의 제3자효", 『저스티스』(2002. 2.), 65(82면).

15) 장영수, 『헌법학』 제2판, 홍문사, 2007, 497(501면).

방사효의 문제, 국가작용유사설은 이론적 진화의 부족으로 제3자효 해결의 인위성과 한계가 나타나고, 적용부인설은 기본권과 사법과의 관련성을 경시하고 사법의 독자성을 지나치게 강조한 점, 국가의 기본권보호의무대체설은 국가개입의 정당성논증이 부족하다. 결국 제3자적 효력에 대한 종래의 학설들의 장점을 취하고 단점을 보완하는 새로운 해결방안을 강구해야 할 필요성이 대두된다.

제 3 절 입법에 의한 기본권의 대사인적 효력의 실현

1. 헌법규정에 의한 실현

기본권의 제3자적 효력을 해결하기 위하여 헌법에 명문의 규정을 두는 방안을 생각해 볼 수 있다. 예컨대, 스위스, 남아프리카공화국, 포르투갈 등의 헌법에서는 사인의 기본권기속을 인정하는 일반규정을 두고 있다. 즉 스위스헌법 제35조 제2항에서는 "사인은 국가기능을 수행하지 않으면 기본권에 기속되지 않는다." 남아프리카공화국헌법 제8조 제2항에서는 "기본권목록의 규정은 기본권의 본질을 고려하여 적용될 수 있고 적용될 수 있는 한 자연인과 법인을 기속한다"고 규정하고, 포르투갈헌법 제18조 제1항은 "기본권의 기속력은 사법상의 단체에도 직접 적용되며, 이들을 구속한다"고 규정하고 있다.

이들 입법례를 참고하여 우리 헌법에도 다수학설의 지지를 받고 있는 기본권의 대사인적 효력의 간접 적용을 명시하는 규정을 신설할 것을 주장하는 견해[16]가 있다. 그러나 현행헌법에 의하여도 국가권력은 기본권에 직접기속(제10조 제2문)되므로 사법제정, 재판, 행정처분 등을 통하여 사인은 간접적으로 기본권에 기속된다. 따라서 간접적 제3자적 효력규정을 신설하더라도 주의적 규정에 불과하다.

2. 사법제정에 의한 실현 — 기본권의 충돌, 기본권보호의무, 제3자적 효력의 기능적 연계

기본권의 제3자적 효력과 사법제정은 무관하다는 주장[17]이 있다. 하지만 사법제정이란 사인간 전형적인 기본권충돌상황에 대한 사전적인 기준제정작업이

16) 김선택, "기본권 일반규정의 개정방안 연구", 『헌법학연구』 제12권 제4호(2006. 11.), 122면.
17) 정종섭, 전게서, 302면.

다. 기본권의 제3자적 효력은 이러한 사법규정의 흠결 내지 불완전성으로 인하여 입법자의 사법제정 또는 법원의 재판에 의한 기본권충돌을 해결하지 못한 것에 대해 사후적으로 기본권보호의무를 촉구하는 것이다.[18] 따라서 사법제정과 기본권충돌, 기본권보호의무, 기본권의 제3자적 효력은 상호간에 기능적으로 연결되어 있는 이론적 체계를 갖는다. 예컨대, 민·상법 등 일반사법과 근로기준법, 주택임대차보호법, 보증인보호법,[19] 남녀고용평등법 등 수많은 특별사법[20]들이 이에 해당된다. 사법제정 그 자체는 헌법상 계약자유 등 사법관계를 형성하는 기본권의 제도보장적 성격[21]을 갖고 헌재의 위헌법률심판, 법령소원과 위헌소원, 일반법원에서의 합헌적 법률해석을 통해 사법규정에 의해 기본권의 제3자적 효력이 실현되는 것이다.[22] 따라서 사법제정과 제3자적 효력은 무관하다는 주장은 개념논리에 치우친 단견이다. 더구나 법률관계에서 당사자의 권리의무를 확정하려면 구체적 사실 확정을 전제로 해당 법률적용을 통한 법적 효과를 판단하는 일련의 과정 속에서만 판단될 수 있다는 점을 굳이 언급할 필요도 없다.

사법규정의 일반규정 내지 불확정개념은 제3자효를 판단하는 기본권기능을 하는 것이라는 주장[23]이 있다. 즉 사법의 독자성 내지 기본권의 간접 적용을 주

---

18) 예컨대, 사설 신문사의 보도로 인한 사인의 명예권을 침해한 사안에서 사죄광고를 명한 고등법원의 판결에 대하여 상고하여 재판 중 사안 적용 규정인 민법 제764조에 대한 헌법소원사건을 들어 보자. 신문사는 재판소원금지(헌재법 제68조 제1항)로 인하여 사안적용 민법규정의 불확정개념인 명예회복에 적당한 처분(민법 제764조)에 사죄광고를 포함하여 해석한 것은 신문사의 양심의 자유를 침해하여 위헌이라 주장하였다. 이 사례에서 보는 바와 같이 불완전한 사법규정으로 인하여 기본권의 충돌상황이 초래되었고 이를 해결하기 위하여 사법규정에 대한 헌법소원제기의 방식으로 기본권의 제3자적 효력은 해결될 수 있다.

19) 2008년 3월 21일 법률 제8918호로 제정되어 2008년 9월 22일로부터 시행되고 있다. 동법은 보증에 관하여 민법에 대한 특례를 규정함으로써 아무런 대가없이 호의로 이루어지는 보증으로 인한 보증인의 경제적, 정신적 피해를 방지하고 금전채무에 대한 합리적인 보증계약 관행을 확립함으로써 신용사회 정착에 이바지함 을 목적으로 하고 있다. 독일연방헌재가 보증인결정(BVerfGE 89, 214 ff.)에서 사회국가원리를 이유로 가족관계에 있는 자의 보증채무의 위헌성을 판시하여 구제했으나 우리는 특별사법제정으로 해결하고 있다.

20) 참고로 특별사법제정을 위한 공청회가 2006. 10. 16. 개최(전국은행연합회)되어 보증인보호법 이외에, 임대차보증금반환보장보험제도 도입방안, 포전거래보호법(밭떼기보호법), 이자제한법(2007. 3. 29. 신규제정) 등 서민법제개선방안을 논의한 바 있다. 임대차보증금반환보장보험 가입강제제도에 관한 헌법적 정당성 판단에 관하여는 장영철, "임대차보증금 반환보장보험가입강제제도의 헌법적 정당성-계약자유에 관한 헌법재판소결정의 분석과 비판을 중심으로", 『헌법판례연구[8]』, 2006, 181-204면.

21) M. Ruppert, aaO., S. 75 ff.

22) 장영철, "기본권의 제3자적 효력과 기본권보호의무", 155(168); 장영철, "헌법상 계약자유의 의미와 보호", 『공법연구』 제30집 제4호(2002. 6.), 39-56면.

23) J. Isensee, Vertragsfreiheit im Griff der Grundrechte, in: FS für Bernhard Großfeld zum 65. Geburtstag(hrsg. v. Ulrich Hübner und Werner F. Ebke), Heidelberg, 1999, S. 492 f.

장하기 위하여 사법상의 일반규정 내지 불확정개념으로 기본권충돌은 민사법원에서 자족적으로 해결할 수 있다는 것이다. 헌법을 사법관계에 직접 적용하면 기본권규정의 추상성과 사법관계의 당사자간 힘의 우열에 의한 사회국가원리 내지 생존권의 우위를 인정하면 사적자치의 원리가 침해될 수 있어 법적 불안정성이 나타난다는 것이다. 따라서 사법의 일반규정을 통한 자족적인 해결 내지 제3자효의 간접 적용방식으로 기본권의 사인기속은 실현된다고 한다.

그러나 사적 자치 내지 계약자유는 사법의 일반원칙이자 헌법상 기본권이기에 여타 법률과 마찬가지로 헌법의 우위를 과소평가하는 문제점이 있다. 사법상의 일반규정을 살펴보면 선량한 풍속 기타 사회질서위반행위(민법 제103조), 불공정한 법률행위(민법 제104조) 등 헌법상의 기본권규정보다 대단히 추상적이고 포괄적이다. 이보다 차라리 헌법상 자유권적 기본권의 경우 구체적인 생활영역에 따라 보호범위를 세분화하고 있고, 생존권의 경우도 입법자에게 법률에 의한 구체화의무를 부과하여 기본권성을 인정하고 있다. 따라서 헌재결정에 의한 구체화의 정도가 훨씬 명백하다. 더구나 헌재 및 법원에 의한 합헌적 법률해석의 실무관행이 정착되고 있다. 그러므로 사법의 독자성 내지 종래의 간접 적용설을 계속 주장할 만한 논거를 상실하였다. 헌재의 사죄광고결정,[24] 구 상속세법 제18조 제1항 등 '상속개시 전에 피상속인으로부터 상속재산가액에 가산되는 재산을 증여받고 상속을 포기한 자'가 포함되는 것으로 해석하지 않는 한 위헌이라는 한정위헌결정,[25] 축산물소비촉진에 관한 법률 제11조의 해석에서 축산업자의 도축업자에 대한 일방적인 거출금징수의무부과는 위헌이라는 한정위헌결정[26] 등에서 나타난 바와 같이 사법규정에 대한 법원의 고정된 해석에 의한 기본권침해의 위험성[27]에 대하여 헌법상 기본권행사로 제3자효가 실현되고 있는 것은 이를 방증하는 것이다. 즉 사법의 적용우위에 대해 헌법의 효력우위는 포기할 수 없는 것이다.

---

24) 헌재결 1991. 4. 1. 선고 89헌마160—민법 제764조에 대한 위헌소원, 판례집 제3권 149-159면.

25) 헌재결 2008. 10. 30. 선고 2003헌바10.

26) 헌재결 2008. 10. 30 선고 2006헌바1.

27) 이에 관하여는 장영철, "기본권침해위험성에 관한 소고", 『공법학연구』, 제8권 제3호 (2007. 8.), 285-303면.

3. 사법관계에서 기본권의 대사인적 효력의 실현

(1) 강행규정과 임의규정에 의한 사법관계규율

사인간의 법률관계에서 기본권의 제3자적 효력구현여부는 우선 사법규정에 의한다. 사법상 강행규정의 경우에는 당사자의 의사와 상관없이 규정에 따라 법률효과가 부여된다. 불법행위, 부당이득, 사무관리 등 비계약관계의 경우가 대부분 이에 해당되고 강행규정의 요건에 해당여부가 해석상 문제된다. 예컨대, 사산된 태아의 손해배상청구권 인정여부결정,[28] 예산회계법 및 민법상 소멸시효기간계산에서 '국가의 반인도적 범죄행위로 직접적으로 피해를 입은 국민의 국가에 대한 손해배상청구권'에 대한 적용예외조항을 두지 않은 것에 대한 한정위헌청구[29]의 적법성을 인정한 결정을 들 수 있다.

임의규정의 경우 당사자의 자유로운 자기의사, 자기결정, 자기책임 하에 체결된 계약내용에 사적자치 내지 계약자유의 원칙에 따라 법적 효과를 부여할 수 있다. 그러나 당사자의 의사표시가 없는 경우에는 사법상 규정에 의하므로 이에 대한 기본권보호의무 위반여부를 심사하게 된다. 즉 사법관계의 대부분을 차지하는 임의규정에 따른 계약관계에서는 인간의 존엄성에 상응하는 사적 자치 내지 계약자유를 중핵으로 삼고 있지만 이는 헌법상 기본권으로도 해석상 인정하고 있으므로 상호간의 관계에 대한 규명이 필요하다.[30]

(2) 헌법 및 사법상 계약자유의 의미

(가) 헌법상 기본권으로서 계약자유

바이마르공화국헌법[31]과 달리 우리 헌법에는 계약자유에 관한 명문의 규정이 없다. 그러나 헌재결정[32]에 의하면 계약자유는 행복추구권(헌법 제10조)에서

28) 헌재결 2008. 7. 31. 선고 2004헌바81—민법 제3조등 위헌소원.

29) 헌재결 2008. 11. 27. 선고 2004헌바54.

30) 이에 대한 상세는 제12장 Ⅳ. 헌법재판과 민사재판에서의 기본권보장에 관한 권한배분.

31) 바이마르공화국헌법 제152조는 계약자유의 원칙을 다음과 같이 규정하고 있다. "경제상의 거래에서는 법률이 정하는 바에 따라 계약자유의 원칙이 타당하다(제1항). 고리는 이를 금지한다. 선량한 풍속에 반하는 법률행위는 무효이다(제2항)."

32) 헌재결 1991. 6. 3. 선고 89헌마204- 화재로 인한 재해보상과 보험가입에 관한 법률 제5조 제1항, 판례집 제3권 268~288; 1998. 5. 28. 선고 96헌가5—기부금품모집금지법 제3조 등, 판례집 10-1, 541(549); 1998. 10. 29. 선고 97헌마345—자동차운수사업법 제24조 등, 판례집 10-2, 621~636; 2006. 7. 27. 선고 2005헌바19—형법 제349조 제1항 등 위헌소원, 판례집 제18권 2집, 125-138면; 2007. 10. 25. 선고 2005헌바96—민법 제406조 제1항 위헌소원.

파생된 일반적 행동자유권의 보호내용 또는 자유 시장경제질서(제119조)에서 해석상 도출되는 기본권[33]으로 판시하고 있다. 또한 사법상 계약자유는 "당사간의 합의"와 이를 인정하는 "법률의 존재"를 개념요소로 하는 "계약"의 자유를 말한다. 따라서 이는 재산처분계약자유, 혼인계약자유, 유언자유 등과 같이 사법상 제도에 의해 효력이 나타나는 개별기본권의 보호범위에서 파생된 권한(kompetenzielle grundrechtliche Freiheit)이라 할 수 있다.[34] 이러한 점에서 계약자유의 헌법적 근거는 헌재와 같이 행복추구권에서 파생된 일반적 행동자유권의 한 내용으로 보는 것은 일면적인 타당성만 있다. 계약에는 채권, 물권, 혼인계약 등 다양한 종류가 있으므로 개별기본권의 보호범위에서 그 헌법적 근거를 찾는 것이 타당하다. 물권계약은 재산권(헌법 제23조), 혼인계약은 혼인과 가족에의 권리(헌법 제36조), 직업관련계약은 직업의 자유(제15조), 그리고 채권계약은 개별기본권의 보호범위에서 찾기 어려우므로 보충적 기본권인 행복추구권(제10조)을 근거로 한다.[35]

(나) 국가의 기본권보호의무의 대상으로서 사법상 실질적 계약자유

국가의 기본권보호의무란 사회의 구성원인 사인간의 기본권제약현상에 대하여 후견인적 입장에서 국가의 적극적인 개입을 정당화하는 이론이다.[36] 국가의 보호의무는 자연적 자유의 회복을 목적으로 하므로 생명・신체와 같은 자유권을 보호대상으로 함은 물론이다. 따라서 국가는 사인간의 형식적 계약자유를 실질적 계약자유로 보호해야 할 의무가 도출된다. 하지만 계약당사자간에는 국가의 보호의무이론의 전제인 사인 간에 가해자와 피해자를 명백히 구분하기 곤란한 경우가 일반적이다. 힘의 우열을 파악하여 국가작용으로 의제하는 방식의 미국의 제3자적 효력이론해결의 한계가 바로 여기에서 나타난다. 따라서 계약관계에서 기본권의 제3자적 효력은 보호의무이론 이외에 기본권행사(기본권활용)와의 이론적 관련성을 해결해야 한다.

기본권행사는 계약관계에서 일반적으로 중요한 의미를 갖는다. 기본권행사

33) 독일에서도 계약자유의 기본권성을 인정하는 것이 통설이다. 기본권의 성격을 부인하는 극소수 견해로 H. Huber, aaO., S. 5 ff., 16, 18; F. Roscher, Vertragsfreiheit als Verfassungsproblem, 1974, S. 46 ff; G. Struck, Vertragsfreiheit- Ein Grundrecht?, in: DuR 1988, 39 ff.

34) Vgl. W. Höfling, Vertragsfreiheit, Heidelberg, 1991, S. 28; 장영철, "헌법상 계약자유의 의미와 보호", 39(48).

35) 장영철, "헌법상 계약자유의 의미와 보호", 39(42).

36) 이승우, 『기본권론』, 두남, 2007, 55면; 전광석, 『한국헌법론』, 제4판, 법문사, 2007, 174면; 계희열, 『헌법학(중)』, 신정2판, 박영사, 2007, 108면; 정태호, "기본권보호의무", 『김남진교수정년기념논문집』, 현대공법학의 재조명, 고려대법학연구소, 1997. 8. 361(375, 395).

(Grundrechtsgebrauch) 내지 기본권활용(Grundrechtswahrnehmung)이라 함은 기본권의 보호범위 내지 보호법익에 해당되는 자유를 (위해의 정도가 아닌) 위험의 부담을 감수하고라도 행사하는 것을 말한다.37) 계약체결에 의한 자기기속은 개인의 자유를 제한하지만 동시에 기본권행사의 일환이기도 하기 때문이다. 기본권행사는 국가에 대하여는 방어권으로 보장되고, 사인인 제3자에 대하여는 기본권보호의무에 의해 보호된다.38) 그러나 입법자가 기본권보호의무를 이행하기 위하여 입법적 조치를 취하는 경우 개인의 법률행위의 가능성도 축소될 수 있다. 기본권보호의무의 불완전한 이행결과인 부진정 입법부작위에 대하여 다시금 방어권이 행사될 수 있다. 즉 보호는 축소될 수 있고 후견인 내지 조정자로서 역할을 하는 국가의 작품에 불과하게 된다. 결국 기본권포기가 아니라 기본권행사로서 사법관계를 자리매김해야 국가의 기본권행사제한에 대하여 방어권을 발동할 수 있는 것이다.

사법관계에서 사인은 기본권행사 내지 기본권활용으로서 사법적용에 대하여 동의한 경우에는 바로 기본권의 제3자적 효력은 간접적으로 나타난다. 그러나 기본권보호의무는 보충성의 원칙에 의하여 언제든지 헌재 또는 법원에의 제소를 통하여 발동될 수 있다. 그 대상은 법률행위에 관한 사법규정 또는 기본권침해재판이다.39) 사법은 기본권충돌에 대한 사전적 조정규정이지만 이를 잘못 조정하여 분쟁이 발생하면 보충적으로 법원에 기본권충돌해결을 요청할 수 있기 때문이다. 평등한 사인 간에 국가개입의 정당화 이유로 공익과 사익간의 구별의 상대화경향을 들 수 있다. 예컨대, 행정청의 인·허가와 관련하여 이웃주민간의 환경 및 건축소송이 발생하는 경우 공익목적 실현을 위해 사익조정이 잘못된 것에 대한 국가의 책임귀속을 인정하기 때문이다.40)

---

37) 장영철, "헌법상 계약자유의 의미와 보호", 39(42); M. Ruffert, aaO., S. 28.

38) 이에 관하여는 장영철, "헌법상 계약자유의 의미와 보호", 39(55); J. Isensee, aaO., S. 485(494); W. Höfling, Vertragsfreiheit, Heidelberg, 1991.

39) 예컨대, 김유환, "초·중등학교 종교교육의 문제점과 해결방향—강의석사건 판결의 의미와 전망—", 『공법학연구』 제9권 제1호(2008. 2.), 317면에 의하면 학교선택권이 인정되지 않는 경우 종립학교는 입학학생에 대한 종교교육의 동의서를, 학교선택권이 인정되는 경우에는 종교교육 실시에 대한 고지와 학생의 승낙에 대한 입증자료 확보를 제안하고 있다. 이는 기본권행사로 학칙적용에 대한 근거를 마련하는 의미가 있다. 이로써 학칙상 종교교육의 내용이 학생의 종교의 자유를 본질적으로 제한하지 않는 한 기본권의 제3자적 효력을 긍정하는 데 법원은 소극적일 것이다.

40) A. Guckelberger, aaO., S. 1156.

제 4 장 기본권제약의 책임귀속

제 1 절 국가권력의 작위에 의한 방어권제약과 책임귀속

Ⅰ. 고전적인 기본권제한의 개념

고전적인 기본권의 제한에 해당요건은 다음 4개다. 첫째, 명령과 금지의 강제력 있는 국가권력의 행사 둘째, 국가권력의 행사가 완전히 다른 목적에 정향된 부수적 결과가 아닌 최종적 결과여야 하고, 셋째, 국가권력의 행사가 부수적이고 간접적인 결과가 아닌 직접적인 것이어야 하며 넷째, 단순히 사실적인 효과를 갖는 것이 아니라 법적 효과를 갖는 법률행위이어야 한다.

의심의 여지 없이 이 네 가지 요건의 방어권제약에 대하여 국가는 책임을 져야 한다. 네 가지 요건을 모두 충족하면 3단계의 정당성심사로 바로 이행된다. 만약 한 가지 요건이라도 충족되지 않는 경우는 다음의 현대적인 확대된 기본권제한, 즉 기본권제약에 해당되는 지를 판단해야 한다.

Ⅱ. 현대적인 기본권제약의 개념

1. 이론적 검토

국가권력의 행사가 고전적인 기본권제한에 해당하지 않는다면 귀속책임의 현실적 필요성을 판단해야 한다. 즉 기본권은 시민의 자유제약에 대한 보호수단이다. 하지만 모든 자유제약에 대하여 기본권을 행사하여 방어할 수 있는 것은 아니고 국가책임으로 귀속될 수 있는 것만 방어할 수 있다. 여기서 누가 자유제약에 대한 책임지는가에 대한 가치판단을 하여야 한다. 예컨대, 물가상승과 같이 현실적으로 원인을 규명할 수 없는 경제적 자유의 감소현상도 있다.

국가가 자유제약에 대한 책임을 지게 될지 여부에 대해 고전적으로는 보호범위의 '제한'심사로 하였다. 이는 전술한 전통적인 제한개념에 따라 일반조치로서 법률, 명령, 조례나 개별조치로서 판결, 행정처분과 같이 법적 형식의 강제력 있는 국가권력의 행사를 정향한 것이다. 하지만 현대국가의 권력행사는 다양화하여 소위 사실행위로서 단순행정행위, 정보제공, 행정계약 등 비공식적 행정행위, 민영화 내지 민관협력 등이 그것이다. 따라서 고전적 제한개념을 확대해야 하는 근거도 다음과 같이 개발되었다. 헌법국가는 국가권력을 형식적인 법률유보만으로 행사하는 것이 아니다. 헌법 제10조 제2문도 법률유보에 의하지 않는 국가권력의 행사에 대하여 기본권보장책임을 부과하고 있다. 이는 국가권력의 형식이나 내용에 상관없이 흠결없는 포괄적인 기본권보장책임을 의미한다. 기본권보장책임은 법률행위나 사실행위의 구분 없이 자유제약에 대한 국가의 책임을 말한다.

따라서 제한개념은 법률유보에 의한 기본권제약에 해당되는 전형적인 사례에 국한해서는 안 된다. 지금은 사실적인 기본권제한에 대해서 국가의 책임귀속을 인정해야 한다는 것을 반대하는 견해는 없다.[1] 다만 책임귀속을 한정하는 기준에 대한 논의만 있을 뿐이다.

고전적 제한개념의 4개요건 중 하나만 존재해도 책임귀속을 인정해야 한다. 4개요건 각각은 적극적으로 보면 기본권제한의 충분요건이 될 수 있지만, 소극적으로 보면 제한을 위한 필수요건은 아니다. 이러한 분석은 고전적인 책임귀속기준을 고수하면서도 다양한 국가권력행사 방식도 고려해야 하기 때문이다. 따라서 고전적인 4개의 요건을 개별적으로 현대적인 기본권제약 내지 사실적 기본권제한으로 인정하기 위한 필수요건인지 살펴보기로 한다.

첫째, 명령과 금지의 강제력요건은 효과적이고 포괄적인 기본권보장을 위해서 포기해야 한다. 예컨대, 경찰이 과격한 시위를 진압하기 위해 물대포나 최루탄 등 물리력을 행사하는 과정에서 국가가 생명·신체에 대한 위험이 발생한 것에 대해 책임귀속을 인정할 수 있다.

둘째, 법률행위이어야 하는 요건은 법치국가원리에 따라 기본권에 기속하여야 한다는 것이다. 하지만 시위나 소요와 같은 사실행위에도 기본권에 기속되어야 한다는 점에서는 마찬가지다.

셋째, 직접성의 요건도 국가권력의 책임귀속범위가 확대되는 것을 제한하기 위한 것이다. 하지만 간접적인 기본권제약으로 확대하여도 예측가능성을 기준으

1) 이에 대해서는 장영철, 기본권의 사실적 제한, 공법연구 제35집 제1호(2006. 10), 439-463면.

로 한계를 설정하여 국가책임을 제한하면 된다. 따라서 이 기준에 의하면 책임 없는 사인인 제3자가 책임귀속관계를 형성하는 사슬의 중간에 있다고 하더라도 책임판단에 문제가 없다. 예컨대, 이웃의 조망권을 침해하는 건축허가를 들 수 있다. 국가의 정보제공에 의한 사인의 기본권제약도 사실행위에 의한 국가책임을 부담한다. 사인은 사적자치권에 의하여 자기결정에 의한 행동을 하면 자기책임으로 귀속되지만 국가가 정보제공을 하여 타인결정으로 대체했기 때문이다.

넷째, 국가권력이 목적한 최종적인 결과가 아닌 목적하지 않은 부수적인 결과인 경우에도 법치국가원리의 전제가 충족되지 않아 비례성에 합치하지 않는 기본권제약의 위험성을 갖는다. 목적하지 않은 부수적인 결과라도 사인에게 수인할 수 없는 자유제약을 초래했기 때문이다. 기본권제약의 책임귀속을 전제로 제3단계에서 비례의 원칙에 의한 기본권제약의 실질적인 정당성심사로 국가책임을 판단할 수 있다는 점에서 고전적 제한요건을 엄격하게 적용할 필요는 없다. 고전적 제한개념은 국가권력의 행위형식보다는 행위효과에 중점을 둔 것으로 기본권제한의 강도와 해당기본권의 종류를 기준으로 한다. 하지만 이는 기본권주체의 관점을 간과한 것으로 현실적이지 않다. 현대의 복지국가는 다양한 행위형식으로 기본권을 보호하고 있는 점에서 기본권보호의 필요성을 국가의 기본권제약에 대한 책임판단기준으로 고려해야 한다. 이는 국가권력의 작위에 의한 책임으로 부작위에 의한 기본권보호의무와는 구별되는 것이다. 기본권보호의무는 국가뿐만 아니라 사인에 의한 침해에 대해서도 보호의무를 인정하기 때문이다.

2. 사 례

살펴본 바와 같이 고전적 제한개념을 현대의 기본권제약으로 파악하는 데 수용할 필요는 없다. 하지만 여전히 기본권제한은 '고전적'인 개념으로서 기본권제약의 책임귀속을 판단하는 기준으로 활용할 가능성은 여전히 인정해야 한다.

(1) 형식적 제약

법률과 명령 등 형식적 법규범에 의한 기본권제약은 간접적이거나 의도하지 않은 부수적인 결과라고 하더라도 책임귀속을 인정해야 한다. 예컨대, 사법상의 강행규정과 같이 객관적으로 사적자치권행사를 제약하는 법률[2]이나 러브호텔건

2) 이에 대한 상세는 제12장 Ⅳ. 헌법재판과 민사재판에서의 기본권보장에 관한 권한배분.

축과 같이 제3자 부담부 허가를 들 수 있다.

(2) 직접적 제약

직접적 제약은 형식적 법규범이나 의도하지 않은 경우라도 사실적 제한으로 책임귀속을 인정할 수 있다. 예컨대, 시위현장에서 경찰의 물리적 강제나 인질범체포과정에서 오발사고를 들 수 있다.

(3) 최종적 제약

최종적 제약은 항상 책임귀속을 인정할 수 있다. 형식적 법규범이나 직접적인 제한이 아니라도 사실적 제한이다. 국가가 효과를 목적으로 하였다면 책임을 져야 한다. 예컨대, 국가의 정보제공에 의한 사적자치권제약을 들 수 있다. 정보제공행위로서 간주할 수 있는 경고나 추천의 경우에도 마찬가지다.

3. 간접적 기본권제약에서 작위와 부작위의 구별

국가권력의 작위에 의한 기본권제한과 부작위에 의한 보호의무를 구별해야 한다. 이는 국가권력의 간접적 제약이 사인의 매개로 직접적 제약으로 되는 경우에 필요하다. 그 구별기준은 형법에서 '비난가능성'을 기준으로 행위자의 책임귀속을 판단하는 것을 참고할 필요가 있다. 이에 의하면 국가가 입법으로 형성된 기본권의 보호내용을 적극적으로 약화시켰는지 아니면 입법으로 형성된 기본권을 소극적인 부작위로 보호했는지를 기준으로 한다. 예컨대, 낙태죄의 위법성조각사유로 모자보건법개정으로 12주 이내의 초기임신을 추가하여 임산부의 낙태가 보다 자유로워졌다면 작위에 의한 태아의 생명권제약이다. 따라서 국가권력의 작위로 기본권제약의 책임귀속을 인정하면 보호의무위반의 심사는 별도로 할 필요가 없다.[3)]

4. 기본권의 대사인적 효력에서 기본권제한과 보호의무의 구별

기본권갈등은 사법영역에서 나타나는 특징으로서 사법제정과 해석적용에서 입법자나 판사가 이익형량을 잘못하여 기본권을 제약하는 경우에 발생한다. 기본권갈등에서 사실적 제한의 판단은 전술한 기준을 적용하여 한다. 또한 사법에서 기본권의 제한과 보호의무의 구별은 구체적 사안에서 판단할 수밖에 없다.

---

3) 하지만 우리 헌재는 낙태죄에 대한 보호의무위반심사가 아닌 과잉금지심사를 하였다. 4인의 반대의견은 임산부의 자기결정권침해를 비례의 원칙에 의해 실질적으로 과소보호금지를 판단하였다. 헌재 2012. 8. 23. 2010헌바402, 판례집 24-2상, 471.

하지만 구별에 대한 대체적인 기준을 제시하면 다음과 같다. 첫째, 사안에서 일방 기본권주체를 특별히 보호할 필요성을 발견했을 때 기본권보호의무가 성립된다. 둘째, 기본권보호의무를 실현하는 방법에는 광범한 재량이 부여된다. 따라서 일반법원은 기본권(헌법)정향적 내지 합헌적 법률해석에 의해 이를 충분히 행사할 수 있는 반면에 헌재는 기본권제한에 대한 침해여부심사로 한정적으로 행사한다. 셋째, 기본권제한으로 볼 수 있는 경우에는 법률유보나 과잉금지원칙에 의한 정당성심사를 해야 한다. 의심스러운 경우에는 보호의무가 아닌 기본권제한으로 보아야 한다. 사법상의 사적자치의 원칙에 의한 자유에 국가의 개입은 최소화해야 하기 때문이다. 재판소원이 요구되는 이유이기도 하다.

제 2 절 국가권력의 부작위에 의한 보호의무위반에 대한 책임귀속: 국가의 기본권보호의무

Ⅰ. 국가에 의한 기본권보장체계에서 기본권보호의무의 개념과 발현양상

기본권은 시민의 사실적인 자유제한에 대해서도 보장되어야 한다. 기본권은 원칙적으로 국가권력의 행사에 대한 소극적인 방어권을 의미한다. 바로 이것이 기본권침해의 주된 원인이라고 할 수 있다. 하지만 기본권의 기능은 시민이 현실적으로 자유를 향유하는 사실적인 기본권의 효과를 목표로 한다. 이러한 목표실현을 위해서는 기본권의 기능이 확대되어야 했다. 기본권의 방어적 기능은 국가권력의 작위에 대한 것이므로 국가권력의 부작위에 대한 시민의 기본권실현은 이와는 다른 차원에서 이론이 적용된다. 즉 국가의 부작위에 대해 추상적으로 의무를 부여하는 기본권이론으로 '원칙으로서 기본권', '객관적 가치질서로서의 기본권' 이론이다.

1. 개 념

기본권보호의무란 이러한 국가의 부작위로 인한 사회의 구성원인 사인간의 기본권제약현상에 대하여 적극적인 개입을 정당화하는 이론이다. 이 이론은 다음과 같은 의미를 갖는다. 우선 기본권의 적용영역을 확장시키고 있다. 전통적인 방어권중심의 기본권이론에서는 국가와 사인의 양면관계를 전제로 기본권을 보장하였다. 그러나 기본권보호의무이론의 등장으로 기본권은 사인과 사인간의 사적 행위에도 원칙적으로 적용된다. 즉 양면관계에서는 물론 국가와 사인(즉 제3자, 제약자)—사인(손해자)간의 삼면관계에서도 기본권은 적용된다. 다음으로 국가의 기능확대를 들 수 있다. 방어권이란 표현에서도 알 수 있듯이 국가는 국민의 자유향유에 있어 적대자 내지 방해자에 불과하였지만 기본권보호의무이론에서는 자유의 회복자 내지 보증인으로서의 역할을 강조한다. 국가는 제3자인 사인의 다른 사인에 대한 기본권제약현상에 대한 중재자로 기능하므로 기본권의 객관적 성격에 근거한 것으로 그 독자성을 인정하고 있다.

국가권력의 부작위에 대한 기본권보호의무이론은 이제 기본권의 일반이론의 하나로 인정되있다. 헌재도 장애인을 위한 저상버스도입의무와 관련하여 국가의 사회적 기본권보호의무,[4] 세월호 참사에 대한 대통령의 생명권보호의무,[5] 6·25 참전 소년병들에 대한 국가의 불법적인 기본권침해에 대한 손해배상의무[6] 등 국가의 기본권보호의무를 인정하고 있다. 따라서 기본권은 국가권력의 작위에 대한 방어기능이외에 부작위에 대한 국가의 적극적인 기본권보호를 청구할 수 있는 기능을 갖게 되었다.

하지만 기본권을 사실상 제약하는 모든 국가권력의 부작위에 대해 사인의

4) 헌재결 2002. 12. 18. 2002헌마52, 판례집 14-2, 904. "우리 헌법은 사회국가원리를 명문으로 규정하고 있지는 않지만, 헌법의 전문, 사회적 기본권의 보장(헌법 제31조 내지 제36조), 경제 영역에서 적극적으로 계획하고 유도하고 재분배하여야 할 국가의 의무를 규정하는 경제에 관한 조항(헌법 제119조 제2항 이하) 등과 같이 사회국가원리의 구체화된 여러 표현을 통하여 사회국가원리를 수용하였다. 사회국가란 한마디로, 사회정의의 이념을 헌법에 수용한 국가, 사회현상에 대하여 방관적인 국가가 아니라 경제·사회·문화의 모든 영역에서 정의로운 사회질서의 형성을 위하여 사회현상에 관여하고 간섭하고 분배하고 조정하는 국가이며, 궁극적으로는 국민 각자가 실제로 자유를 행사할 수 있는 그 실질적 조건을 마련해 줄 의무가 있는 국가이다.

5) 헌재결 2017. 3. 10. 2016헌나1, 판례집 29-1, 1. 국가는 개인이 가지는 불가침의 기본적 인권을 확인하고 이를 보장할 의무를 진다(헌법 제10조). 생명·신체의 안전에 관한 권리는 인간의 존엄과 가치의 근간을 이루는 기본권이고, 국민의 생명·신체의 안전이 위협받거나 받게 될 우려가 있는 경우 국가는 그 위험의 원인과 정도에 따라 사회·경제적 여건과 재정사정 등을 감안하여 국민의 생명·신체의 안전을 보호하기에 필요한 적절하고 효율적인 입법·행정상의 조치를 취하여 그 침해의 위험을 방지하고 이를 유지할 포괄적 의무를 진다(헌재결 2008. 12. 26. 2008헌마419등 참조).

6) 헌재결 2015. 10. 21. 2014헌마456, 공보 제229호, 1695. 헌법 제10조 제2문은 "국가는 개인이 가지는 불가침의 기본적 인권을 확인하고 이를 보장할 의무를 진다"고 규정함으로써, 소극적으로 국가권력이 국민의 기본권을 침해하는 것을 금지하는 데 그치지 아니하고, 나아가 적극적으로 국민의 기본권을 타인의 침해로부터 보호할 의무를 부과하고 있다. 이러한 국가의 기본권보호의무로부터 국가 자체가 불법적으로 국민의 생명권, 신체의 자유 등 기본권을 침해하는 경우 그에 대한 손해배상을 해 주어야 할 국가의 작위의무가 도출된다고 볼 수 있다(헌재결 2003. 1. 30. 2002헌마358 참조).

입장에서 보호의무를 요구할 수는 없다. 보호의무의 발동을 청구하기 위해서는 헌법상 국가의 사인에 대한 특별한 보증인적 지위를 부여한 경우를 전제로 한다. 이는 기본권보장을 목적으로 국가기관간의 권력분립, 법치국가, 사회국가 등 헌법원리를 고려해야 하는 것을 의미한다. 이러한 헌법원리를 고려하여 국가에 기본권보호를 부담하게 되는 경우라면 그 사실적인 기본권제한의 주체가 고권적인 국가권력, 자연력, 다른 국가 등 무엇이든 상관없다. 또한 기본권주체인 사인에 의한 사실적 제한에 대해서도 국가의 보호의무가 발동될 수 있는 것이다. 하지만 이 경우 국가의 보호의무가 발동되는 경우 제3자의 자유가 제한되는 즉 소위 기본권의 제3자효의 인정 여부 및 방법에 대한 문제가 아울러 제기된다.

2. 구체적 발현양상

(1) 양면관계

국가의 보호의무를 방어권으로 해결하려는 소위 수렴론은 국가의 광범위한 입법권과 폭력독점으로 인해 원칙적으로 사인의 자력구제를 금지하는 고전적인 법치국가사상을 토대로 삼고 있다. 이로 인해 (제3자인)사인의 기본권제약행위를 국가행위로 의제하는 방법으로 손해자의 기본권을 보호하게 된다. 기본권의 양면성을 부인하고 자연권사상에 철저한 학설과 미국연방대법원의 경우 이러한 입장에서 판시[7)]하고 있다. 헌재결정에서는 기본권보호의무를 양면관계로 파악한 것으로 권력적 행정이 아닌 행정상 사실행위, 행정지도 등 비권력적 행정에 의한 단순제약과 검사의 불기소처분 등 재량권의 일탈・남용 등의 헌법소원사건을 들 수 있다. 그리고 양면관계에서는 사인의 보호를 위하여 국가의 기본권제약행위를 법적 제한으로 의제하므로 전통적인 과잉금지원칙에 따라 위헌여부를 결정[8)]하고 있다.

(2) 삼면관계

국가의 보호의무의 독자성을 인정하여 기본권의 객관적 성격에 근거한 것으로 본다면 제3자와 사인간의 삼면관계에도 기본권은 원칙적으로 적용되고 이의

7) 예컨대, 국가행위유사설(looks-like-government theory) 내지 국가동시설(state action theory)에 입각한 연방대법원결정(Shelly v. Kraemer(1948), Public Utilities Commission v. Pollak(1952) 등)이 있다. 이에 관하여 자세한 것은 장영철, "기본권의 제3자적 효력과 기본권보호의무", 『공법연구』 제29집 제2호, 2001. 2, 159면.

8) 이에 관하여 자세한 것은 장영철, "기본권의 사실적 제한", 『공법연구』 제35집 제1호 (2006. 10.), 452와 456면 참조할 것.

중재자로 국가가 기능하게 된다. 삼면관계에서 기본권보호의무는 사실적 기본권 제한과 기본권침해의 위험성인정을 전제[9]로 하여 성립한다. 그리고 평등의 원칙 내지 자의금지원칙에 따라 위헌여부를 결정하고 있다.

기본권의 양면성을 인정하는 다수학설과 국가기간뉴스사업자 선정[10]과 혁신도시선정[11] 등에 관한 헌재결정에서는 평등권 및 직업선택의 자유, 재산권보호를, 일반법원에서는 소위 러브호텔 등 유해업소의 인허가로 인한 복효적 행정행위에 대한 이웃주민의 취소소송[12]에서 법률상 이익을 확대해석하여 원고적격을 인정하고 있는 것은 그 일례[13]다.

Ⅱ. 국가의 기본권보호의무의 발생: 헌법상 보장의무

1. 헌법상 특별한 기본권의 보호, 촉진, 형성유보

헌법 제10조의 인간의 존엄에 근거한 명문에 의한 국가의 보장책임을 들 수 있다. 헌법 제10조는 "모든 국민은 인간으로서 존엄 및 가치를 가지며, 행복을 추구할 권리를 갖는다. 국가는 개인이 가지는 불가침의 기본적 인권을 확인하고 이를 보장할 의무를 진다."고 규정한다. 이에 의하면 국가는 인간존엄을 스스로 확인하고 보장할 책임을 질 뿐만 아니라 제3자에 의한 경멸이나 최소한의 생존수준에 미달하여 인간의 존엄을 침해당하는 경우에 대한 보장책임을 부담한다.[14] 그 밖에 촉진과 보호의무로 헌법 제31조의 능력에 따라 균등하게 교육을

---

9) K.-A. Schwarz, Die Dogmatik der Grundrechte - Schutz und Abwehr im freiheitssichernden Staat, in: Sicherheit statt Frieheit?, Berin, S. 42 f; 장영철, 상게논문, 453-456면.

10) 헌재결 2005.06.30. 2003헌마841, 판례집 17-1,996. 헌재는 "뉴스통신진흥에관한법률 제10조 등은 청구인 회사(뉴스통신사)와 서로 경업관계에 있는 연합뉴스사를 국가기간뉴스통신사로 지정하고 이에 대하여 재정지원 등 혜택을 부여함을 그 내용으로 하는 바, 그 혜택의 범위에서 제외된 청구인 회사의 경우 영업활동이 부당하게 축소되므로 그러한 범위에서 기본권에 대하여 직접 법적인 제한을 받는 것으로 보아야 한다"고 판시하고 있다.

11) 강원도지사가 혁신도시 입지로 원주시를 선정한 것은 국가균형발전특별법 제18조 등에 따른 것으로서 지방의 균형발전을 위한 공공정책으로서 계획되었다. 이로 인해 해당 지역 주민들이 받는 이익 내지 혜택은 공공정책의 실행으로 인하여 주어지는 사실적·경제적인 것이며, 청구인들이 그러한 이익 내지 혜택에서 배제되었다 해서 기본권이 침해되었다 할 수 없다. 따라서 청구인들의 심판청구는 기본권 침해의 가능성 내지 자기관련성이 없어 부적법하다. 헌재 2006.12.28, 2006헌마312, 판례집 제18권 2집, 650. 이에 관하여 비판적 입장에서의 평석으로는 장영철, "혁신도시입지선정공표행위에 대한 헌법소원에 관한 소고", 『헌법학연구』, 제13권 제3호(2007. 9.), 829-855면.

12) 대판 1994. 4. 12. 93누24247; 1995. 2. 28. 94누3964; 1995. 9. 26. 94누14544; 2006. 6. 22. 2003두1684.

13) 그 밖에 자세한 것은 장영철, 기본권의 사실적 제한, 『공법연구』 제35집 제1호(2006. 10.), 453면 이하와 459면 참조할 것.

받을 권리(제1항), 자녀에 대한 의무교육을 받게 할 의무(제2항), 교육의 자주성, 전문성, 정치적 중립성의 보장의무(제4항), 국가의 평생교육진흥의무(제5항), 교육제도 법정주의(제6항), 제32조의 최저임금제(제1항), 근로의 의무(제2항), 근로조건의 기준(제3항), 여자와 연소자의 근로의 특별보호(제4항), 국가유공자 등의 근로의 우선적 기회부여(제5항) 등 생존권적 기본권이 이에 속한다. 형성유보로는 선거권과 공무담임권 등의 참정권, 청원권, 재판청구권 등 청구권에 속하는 기본권유보를 들 수 있다.

Ⅲ. 국가의 안전보장의무

국가는 국민의 안전보장을 위해 존립한다. 현대의 헌법국가는 폭력독점을 위임받는 반면에 기본권에 기속된다. 법질서에 복종하는 시민은 다만 정당방위나 긴급피난과 같은 예외적인 상황에서 제3자에 대한 폭력이 정당화될 수 있다. 그 밖의 일반적인 경우에 사인은 자신의 권리를 국가의 보호에 의존해야 한다.

국가의 기본권보장의무는 특별한 보호가 필요한 경우이어야 한다. 사인은 제3자의 폭력에 대하여 스스로 방어할 수 없거나 법적으로 금지된 경우에 국가에 보호를 청구할 수 있다. 핵발전소나 항공기소음 등 기술적인 위험, 낙태나 납치 등 인간의 생명 · 신체에 대한 물리적 폭력, 적국에 의한 위해 등에 대해 국가는 국민의 안전보장의무를 부담한다. 국가의 안전보장의무가 발동되어야 하는 가장 극단적인 경우로는 민법, 형법 등 법률차원에서 주관적 공권의 주체성을 인정받지 못하는 태아, 배아 등 아직 태어나지 못한 생명의 보호를 위한 경우다. 하지만 예컨대, 식물인간의 상태에 있는 환자의 인간존엄에 의한 연명치료중단 등 자력구제가 법적으로 금지된 모든 경우에도 국가의 안전보장의무에 포함되어야 한다. 특히 헌법 제10조에서 파생된 생명권, 제12조 신체의 자유, 제23조 재산권의 공용침해, 제34조 신체장애자 및 질병· 노령 등 생활무력자의 보호(제5항), 재해예방의무(제6항), 제36조의 모성과 보건에 대한 국가의 의무(제2, 3항) 등의 경

---

14) 헌재결 2008. 7. 31. 2004헌바81, 판례집 20-2상, 91. 우리 헌법은 제10조 제2문에서 "국가는 개인이 가지는 불가침의 기본적 인권을 확인하고 이를 보장할 의무를 진다."라고 규정함으로써 국가의 적극적인 기본권보호의무를 선언하고 있는바, 이러한 국가의 기본권보호의무 선언은 국가가 국민과의 관계에서 국민의 기본권보호를 위해 노력하여야 할 의무가 있다는 의미뿐만 아니라 국가가 사인 상호간의 관계를 규율하는 사법(私法)질서를 형성하는 경우에도 헌법상 기본권이 존중되고 보호되도록 할 의무가 있다는 것을 천명한 것이다.

우가 국가의 안전보장의무와 관련하여 실제적인 의미를 갖는다. 다만 헌법이 예정한 이 경우에도 예견할 수 없었거나, 회복불가능하거나, 수인할 수 없는 기본권침해의 경우에만 국가의 안전보장의무가 발동된다. 사소한 기본권침해로는 보호의무가 발동되지 않는다.

기본권의 보호의무는 부작위에 의한 기본권침해에 대하여 국가가 책임을 부담한다는 것을 의미한다. 따라서 국가는 기본권의 침해여부, 보호의 정도나 방법에 대하여는 별도로 판단하여야 한다. 이에 관하여 국가는 판단재량을 갖는다. 하지만 국가의 판단재량은 과소금지원칙(Untermassverbot)에 의해 제한을 받는다. 기본권보호의무의 수범자는 제1차적으로 입법자가 되지만 가령 판단재량권이 영으로 수축되는 경우에는 행정부도 될 수 있다. 우리 헌재결정[15]에서도 일본군위안부 피해자에 대한 배상청구 부작위에 대하여 보호의무 위반을 인정하였다.

---

15) 헌재결 2011. 8. 30. 2006헌마788. 헌법 전문, 제2조 제2항, 제10조와 이 사건 협정 제3조의 문언에 비추어 볼 때, 피청구인이 이 사건 협정 제3조에 따라 분쟁해결의 절차로 나아갈 의무는 일본국에 의해 자행된 조직적이고 지속적인 불법행위에 의하여 인간의 존엄과 가치를 심각하게 훼손당한 자국민들이 배상청구권을 실현하도록 협력하고 보호하여야 할 헌법적 요청에 의한 것으로서, 그 의무의 이행이 없으면 청구인들의 기본권이 중대하게 침해될 가능성이 있으므로, 피청구인의 작위의무는 헌법에서 유래하는 작위의무로서 그것이 법령에 구체적으로 규정되어 있는 경우라고 할 것이다.

특히, 우리 정부가 직접 일본군위안부 피해자들의 기본권을 침해하는 행위를 한 것은 아니지만, 일본에 대한 배상청구권의 실현 및 인간으로서의 존엄과 가치의 회복에 대한 장애상태가 초래된 것은 우리 정부가 청구권의 내용을 명확히 하지 않고 '모든 청구권'이라는 포괄적인 개념을 사용하여 이 사건 협정을 체결한 것에도 책임이 있다는 점에 주목한다면, 그 장애상태를 제거하는 행위로 나아가야 할 구체적 의무가 있음을 부인하기 어렵다. 이러한 분쟁해결절차로 나아가지 않은 피청구인의 부작위가 청구인들의 기본권을 침해하여 위헌인지 여부는, 침해되는 기본권의 중대성, 기본권침해 위험의 절박성, 기본권의 구제가능성, 작위로 나아갈 경우 진정한 국익에 반하는지 여부 등을 종합적으로 고려하여, 국가기관의 기본권 기속성에 합당한 재량권 행사 범위 내로 볼 수 있을 것인지 여부에 따라 결정된다.

일본국에 의하여 광범위하게 자행된 반인도적 범죄행위에 대하여 일본군위안부 피해자들이 일본에 대하여 가지는 배상청구권은 헌법상 보장되는 재산권일 뿐만 아니라, 그 배상청구권의 실현은 무자비하고 지속적으로 침해된 인간으로서의 존엄과 가치 및 신체의 자유를 사후적으로 회복한다는 의미를 가지는 것이므로 피청구인의 부작위로 인하여 침해되는 기본권이 매우 중대하다. 또한, 일본군위안부 피해자는 모두 고령으로서, 더 이상 시간을 지체할 경우 일본군위안부 피해자의 배상청구권을 실현함으로써 역사적 정의를 바로세우고 침해된 인간의 존엄과 가치를 회복하는 것은 영원히 불가능해질 수 있으므로, 기본권 침해 구제의 절박성이 인정되며, 이 사건 협정의 체결 경위 및 그 전후의 상황, 일련의 국내외적인 움직임을 종합해 볼 때 구제가능성이 결코 작다고 할 수 없다. 국제정세에 대한 이해를 바탕으로 한 전략적 선택이 요구되는 외교행위의 특성을 고려한다고 하더라도, 피청구인이 부작위의 이유로 내세우는 '소모적인 법적 논쟁으로의 발전가능성'이나 '외교관계의 불편'이라는 매우 불분명하고 추상적인 사유를 들어, 기본권 침해의 중대한 위험에 직면한 청구인들에 대한 구제를 외면하는 타당한 사유라거나 진지하게 고려되어야 할 국익이라고 보기는 힘들다.

이상과 같은 점을 종합하면, 결국 이 사건 협정 제3조에 의한 분쟁해결절차로 나아가는 것만이 국가기관의 기본권 기속성에 합당한 재량권 행사라 할 것이고, 피청구인의 부작위로 인하여 청구인들에게 중대한 기본권의 침해를 초래하였다 할 것이므로, 이는 헌법에 위반된다.

Ⅳ. 국가의 사적자치권보장의무

기본권천명으로 자유를 보장받겠다는 사고의 발생배경인 프랑스 대혁명에서 시민의 사적자치의 보호로 확대된다. 사적 자치는 국가뿐만 아니라 사인에 의해서도 위협당할 수 있다. 후자의 경우에는 보호의 필요성이 문제된다. 기본권주체가 자신의 자유를 자치적으로 행사할 수 없는 경우가 이에 해당된다.

사법상 사적자치원칙은 사법관계에 참여하는 모든 사인의 평등한 자유를 전제로 한다. 계약당사자가 자기의사에 따라 계약내용과 방식을 결정하여 계약체결의 자유를 행사하기 위해서는 계약당사자간 최소한 동등한 협상력이 전제되어야 한다. 하지만 현실적으로는 불평등한 협상이 이루어진다. 당사자의 지식과 정보차이, 협상능력, 주변상황의 유·불리, 최근에는 사회적 관계도 그 원인이 되고 있다.[16] 이와 함께 재산권 등 경제적 기본권에 내재한 자유로 인해 유산자는 무산자에 대해 우월적 지위를 확보한다. 헌법은 계약자유와 동시에 사유재산권 등 경제적 기본권을 보장함으로써 현실에서는 모순이 나타날 수 있다. 기본권에 기속되지 않는 계약일방이 사회적 권력으로 위세를 부릴 수 있어 약자인 타방의 사적자치권보호의 필요성이 발생한다.[17]

Ⅴ. 국가의 위험상태야기에 의한 보호의무와 국가와 수익자의 결합에 의한 보호의무

국가의 위험상태야기에 의한 보호의무란 구속적 행정지도나 행정계획과 같이 행정상 사실행위에 의한 국가의 책임귀속의 경우를 말한다. 이는 기본권의 사실적 제한 또는 국가의 기본권보호의무로 선택적으로 국가의 책임귀속을 도모할 수 있다. 사인의 행위가 중간에 매개되었다 하더라도 국가책임의 인과관계의 중단을 주장할 수는 없다. 따라서 피해를 당한 사인은 우선 국가권력의 작위에 대

16) 장영철, 기본권으로서 사적자치에 관한 고찰, 서울법학 제25권 제3호(2017. 11.).

17) 막스 베버(M. Weber)에 의하면 법적으로 보장된 소유분배의 차이로 인해 시장에서 우월적 지위를 행사하는 기업가의 경우 근로조건을 자의적으로 설정하여 계약상대방에게 강제할 수 있다고 한다. 즉 "계약자유는 법적 한계 내에서 소유한 재산권을 현명하게 이용할 수 있는 기회를 제공하여 결과적으로 타인에 대한 지배권을 확보하는 수단이 된다." Ders, Wirtschaft und Gesellschaft (1922), hg. v. J. Winckelmann, 1. Halbband, 1956. S. 562; J. Isensee, Privatautonomie, S. 219, RN 24.

한 기본권의 간접적 침해를 방어권으로 주장할 수 있다. 그러나 국가권력의 작위로 비례원칙에 현저히 반하는 사인의 피해가 있는 경우에는 기본권보호의무의 발동을 청구할 수 있다. 국가의 위험상태야기에 의한 보호의무의 다른 경우로 행정청이 인·허가에 의한 위험상황을 과소평가한 경우에 생겨날 수 있다.

국가와 사인의 결합에 의한 보호의무란 인·허가 등의 행정처분으로 권리를 부여받은 사인(수익자)의 기본권행사능력 확장으로 피해를 당한 제3자(피해자)에 대한 기본권보호가 문제되는 경우를 말한다. 예컨대, 연탄공장, 러브호텔의 허가로 인한 이웃소송, 인·허가를 받지 못한 경원자의 소송, 자금지원행정에서 혜택을 받지 못한 기업을 들 수 있다. 이 경우 사인은 국가의 수익보장으로 법률행위 및 사실행위를 할 수 있는 능력을 부여받으므로 이로써 (해당 기본권을 행사하지 못하는) 제3자의 기본권제약을 초래할 위험원이 된다. 이는 사인이 제3자의 피해에 대한 원인매개자가 되어 이성적으로 판단하면 그 피해를 익히 예상할 수 있는 것이다. 따라서 결과에 대한 책임은 국가에 귀속될 수 있다.

Ⅵ. 특별신분관계에서 국가의 기본권보호의무

특별신분관계란 공법상의 의무로서 학생의 학교재학, 수형자의 교도소수용, 공무원의 관청근무 등 국가와 시민간의 관계와 유사한 특별한 관계라고 할 수 있다. 여기서 시민은 국가의 기본권보호의무를 주장할 수 있다. 즉 학생의 소극적인 종교의 자유를 보호해야할 국가의 의무는 종립학교의 적극적인 선교의 자유를 상대화하게 된다. 우리 대법원판례[18]에서도 고교평준화로 기독교재단인 대광고에 추첨배정된 강의석 학생의 소극적인 종교의 자유에 대한 보호의무를 인정하는 판시를 한 바 있다.

특별신분관계에서 국가의 보호의무는 두 가지 이론적 결과를 제시하고 있다. 첫째, 소극적인 자유를 위해서도 보호의무를 부가할 수 있다. 국가는 특별신분관계를 설정하기 때문에 국가는 공무수탁사인이 행하는 것에 대한 기본권보호의무를 부담해야 한다. 국가는 학교재학중인 학생, 교도소수감중인 수형자, 군복중의 군인 등 특별신분관계에 있는 기본권주체에 대해 포괄적으로 책임을 부담해야 한다. 둘째, 특별신분관계에 있는 기본권주체간의 기본권충돌의 복잡한 상

---

18) 대판 2010. 4. 22. 2008다38288.

황으로 인해 기본권보호의 수준이 약화될 수 있다. 학생과 종립학교의 종교의 자유의 충돌로 인해 개별적인 조정이 필요하게 된다. 이 때 기본권이 충돌하는 종립학교와 학생의 특별신분관계에서 기본권보호의무가 발생하는 이면에는 기본권충돌의 형량에서 기본권주체간의 관용의 한계를 설정하는 것이 중요하다.

Ⅶ. 기본권보호의무의 한계로서 관용

기본권보호의무는 원칙적으로 모든 기본권에서 발생할 수 있지만 기본권의 모든 기능에서 주장될 수 있는 것은 아니다. 예컨대, 모든 기본권제약 즉, 기본권의 보호범위에 대한 모든 제약에 대해서 기본권보호의무를 주장할 수는 없다. 기본권의 행사를 헌법상 보장하고 있는 것은 제3자의 관용을 전제로 한다. 자유권은 포괄적으로 방해받지 않는 생활을 보장하는 기능을 갖는 것이 아니다. 국가의 보호의무는 사인에 대하여도 사실상 발동될 수 있지만 사인의 기본권행사 자체에 대하여는 발동할 수 없다. 사인은 기본권보호의무의 수범자가 아니기 때문이다. 이는 국가의 기본권보호의무에 관한 헌법 제10조의 반대해석의 결과로 통설적인 견해다. 특정한 기본권행사의 결과 제3자인 타인의 기본권을 침해한 경우 국가의 보호의무가 발동되는 것이지, 타인을 방해하거나, 귀찮게 하거나, 도발하게 하는 모든 기본권행사에 대해 국가의 보호의무를 발동하는 것은 아니다. 이러한 정도는 기본권심사의 보호범위차원에서 보호의무를 발동할 만한 기본권제약이 없다고 보아 기본권침해여부심사를 중단한다. 즉 제3자의 기본권행사와 단순히 충돌하는 것만으로는 소극적인 자유권제한으로 볼 여지가 없다. 적극적인 기본권행사와 제3자의 소극적인 기본권행사가 자동적으로 상응하는 것은 아니다. 예컨대 의사표현의 자유, 집회결사의 자유, 종교의 자유의 행사 그 자체는 달리 생각하는 사람이 주장하는 것이다. 따라서 헌법 제21조 및 제19조에서 기본권보호의무는 발생되지 않는다. 하지만 모욕적인 표현으로 타인의 명예를 훼손하거나 물리적 폭력집회로 타인의 생명·신체에 위해를 가한 경우에는 보호의무가 발생한다.

기본권보호의무는 방어권의 반사경이 아니다. 다만 방어권보다는 전제조건이 더 요구되는 기본권의 다른 기능이다. 예컨대, 국가가 종교중립의무에 반하여 공립학교에서 종교수업을 필수과목으로 인정하는 것에 대하여 방어권을 행사할 수 있다. 또한 수용자의 집필의 자유제한[19], 행정정보공개거부와 같이 소극적인 표현의 자유나 정보의 자유에 대한 국가의 조치에 대해서도 방어권을 행사할 수 있다. 하지만 사인의 기본권침해에 대한 보호의무는 상응하는 국가의 침해에 대한 방어권보다 결코 청구하는 자에게 효과적이지 못하다. 이는 살펴본 사적자치권보호의무의 경우에 분명하게 나타난다. 즉 여기서 사적자치권보호의무는 — 국가권력의 침해로 사실상 간주되는 — 타인의 자기결정으로 대체되는 경우에나 발동이 정당화된다. 형량에 있어도 방어권제한의 과잉금지가 기본권보호의 과소금지보다 더 엄격한 기준으로 활용되고 있기도 하다.

제 3 절 국가책임귀속의 중단사유로서 기본권의 포기

Ⅰ. 사적자치로서 기본권포기

기본권으로서 사적자치에 의하여 사인은 자유의 행사와 국가에 대한 보호요구를 포기할 수 있다. 즉 기본권포기(Grundrechtsverzicht)는 기본권을 소극적으로 행사하지 않는 방법의 하나로서 기본권적 지위의 개인적 처분을 의미한다. 따라서 기본권포기란 기본권주체의 자발적인 (명백한) 의사표시에 의한 법적으로 유효한 기본권의 처분을 의미한다.[20] 여기서 기본권포기가 유효하려면 객관적· 주관적 요건을 충족하여야 한다.

Ⅱ. 객관적 요건: 기본권의 처분가능성

기본권포기는 기본권의 보호법익의 처분가능성을 전제로 한다. 기본권은 원칙적으로 처분금지 그 자체를 명시적인 보호범위로 하지 않는 한 처분할 수 있다. 그러나 모든 기본권을 처분 가능한 것으로 보는 것은 사회의 동화적 통합을 위한 가치로서 기능하는 객관적인 기본권의 내용과는 상반된다. 즉 주관적인 사익이 아닌 객관적인 공익을 보호를 목적으로 기능하는 기본권을 개인이 처분할

---

19) 헌재결 2005. 2. 24. 2003헌마289, 판례집 17-1, 261.

20) M. Ruffert, Vorrang der Verfassung und Eigenständigkeit des Privatrechts - Eine verfassungsrechtliche Untersuchung zur Privatrechtswirkung des Grundgesetzes-, Tübingen, 2001, S. 244. 기본권포기에 관한 국내문헌으로는 강태수, "기본권 포기론" 『공법연구』 제29집 제2호(2001. 2.), 133-153면; 표명환, "기본권적 보호이익의 침해에 대한 승낙과 그 한계", 『공법학연구』, 제9권 제2호(2008. 5.) 285-303면.

수는 없다고 보아야 한다.

하지만 기본권의 객관적인 기능을 모두 처분할 수 없다고 주장하는 것은 문제 있다. 객관적 기능은 주관적 기능을 강화하기 위한 것이기 때문이다. 처분가능성 여부는 자기결정에 의한 자기의사로 타인의 기본권과 자신의 기본권을 형량할 수 있는 지를 기준으로 하면 된다. 기본권의 객관적 기능이 주관적 이익을 제약해서는 안 되기 때문이다. 적극적인 기본권행사의 전제로 국민에게 의무이행을 강제하는 경우 사적 자치는 박탈된다. 기본권행사는 기본권의 보호범위에 내재된 사적자치를 전제로 한다. 직업의 자유, 재산권과 같이 계약자유와 밀접한 기본권은 물론 그 밖의 기본권과 사적자치를 보호범위로 하고 있다.[21]

절대불가침의 객관적 헌법원리로서 인간존엄도 인간의 의무는 아니다. 인간존엄은 오히려 모든 기본권의 이념적 기초로서 사적자치의 원천으로서 주관적으로 처분가능한 것이다. 객관적 기본권인 대사인적 효력이 문제되는 사인간의 법률관계에서도 기본권은 처분할 수 없는 것이 아니다. 처분할 수 없는 경우는 다만 소위 계약약자의 경제적 · 사회적 궁박이나 경솔 등을 악용하여 계약강자가 계약자유를 남용한 경우에 진정한 기본권포기로 볼 수 없어 국가의 보호의무를 예외적으로 발동하는 것이다. 따라서 기본권의 객관적 기능에 대해 처분가능성을 부인하는 경우는 사인간의 관계가 아닌 국가와 사인간의 관계에서다. 국가는 헌법상 기본권보호의무에 의해서 사적자치의 주체가 될 수 없기 때문이다. 국가는 스스로 법치국가의 원리를 벗어날 수 없는 것이다. 국가는 오히려 헌법국가의 확립을 위하여 사인과 협력관계에 있다. '상대방의 승낙은 위법성을 조각한다.'는 법원칙도 국가와 시민간의 관계에서는 타당하지 않다. 법질서의 범위 내에서 권한을 행사할 수 있을 뿐이다. 이에 반해 자신의 권한을 사인에게 위임할 수는 없다. 국가권력행사의 절차적 정당성 준수해야 하고 부당결부도 금지되기 때문이다. 만약 기본권포기가 국가가 기본권의 객관적 기능을 존중하지 않는 것과 관련된 경우라면 포기의 효력은 발생하지 않는다. 예컨대, 비밀선거권의 포기, 체포 · 구속시 가족에의 통지의무에 대한 당사자의 포기는 무효다.

Ⅲ. 주관적 요건: 자발적 포기의사

기본권포기는 자의적이어야 한다. 자의는 진정한 사적자치를 말한다. 따라서

21) 장영철, 기본권으로서 사적자치에 관한 고찰, 15면 이하.

기본권포기는 단지 강제로 부터의 해방인 소극적인 자유보다는 더 많은 자유를 전제로 한다. 즉 기본권주체는 자신의 자유를 온전히 적극적으로 행사할 수 있어야 한다. 제한적으로 자유를 행사할 가능성만으로는 안 된다.

국가는 기본권기속의 한계를 준수하는 범위 내에서 기본권포기를 인정할 수 있다. 이는 첫째, 구조적으로 위험상황에 처해 있는 예컨대, 특별신분관계에 있는 수용자, 공무원 등과 같이 포기의사를 자발적인 것으로 볼 수 있는지와 관련해서 문제가 제기될 수 있다. 둘째, 기본권주체가 기본권포기의 효과를 인식할 수 있는 능력이 있는 것을 전지로 한다. 이는 특히 정보와 경제력 등에서 열악한 지위에 있는 경우 사전에 정보를 제공해야 한다는 것을 의미한다. 셋째, 기본권포기는 개별적이어야 한다. 기본권행사를 포괄적으로 모두 포기하는 것은 문제되기 때문이다. 따라서 기본권포기 내지 행사의 전제조건인 사적자치 그 자체를 처분할 수도 없다. 결국 자발적인 포기의사의 주관적 전제조건인 사적 자치는 무조건 보장되어야 하므로 포기의사는 언제든지 철회할 수 있다.

Ⅳ. 기본권포기의 효과

기본권주체는 포기로 인한 자유행사의 효과를 스스로 부담한다. 이에 반해 국가는 기본권보호의무로부터 면제된다. 여기서 기본권포기는 고전적인 기본권제한 이외에 현대적인 기본권제약에 대해서도 국가책임은 중단된다는 볼 수 있는지 문제된다. 고전적인 기본권제한은 소극적인 자유권제한에 대한 국가의 책임귀속을 말하는 것으로 경우에 따라 기본권포기는 국가의 책임귀속을 중단한다. 하지만 기본권포기는 사인간의 법률관계에서 나타나는 기본권제약에 대하여 국가의 보호의무를 배제하는 것이다. 헌법 제10조 제2문도 "국가는 불가침의 기본적 인권의 확인과 보장의무를 진다."고 규정하고 있어 반대해석에 의하여 사인은 원칙적으로 인권보장의무자가 아니다.

기본권포기의 소송법적 효과는 부차적인 것이지만 기본권포기의 객관적·주관적 요건이 성립되는 경우에는 기본권침해를 주장하며 청구한 헌법소원이나 일반소송은 부적법 각하될 수 있다.

제 5 장 기본권제한의 정당성

제 1 절 형식적 정당성으로서 법률유보

Ⅰ. 형식적 정당성의 기본권보호기능

기본권제한의 형식적 정당성은 고권주체의 권한, 형식, 절차적 요건을 갖추어야 한다. 법률형식으로 고권주체는 기본권을 제한할 수 있는 권한을 갖는다. 법률유보로 인해 공권력행사의 내용을 예측할 수 있고 입법자의 결정에 기속되게 한다. 따라서 법률유보는 법치국가원리의 안정성과 민주주의원리에 근거한 것이다. 보다 정확하게는 민주적인 기본권적 자유와 자기결정과 관련된 것이다.

기본권은 스스로 결정한 행위를 할 수 있는 개인적 자유를 보장한다. 민주주의는 국민으로서 개인적 자유의 한계를 결정하는 집단적 자유를 보장한다. 이러한 점에서 로크(J. Locke)는 이미 기본권의 제한은 시민의 동의에 의해서만 가능하다고 하였다. 영국의 권리청원(1628)에서도 의회의 동의 없는 과세는 없다고 한 것도 마찬가지다. 따라서 기본권제한의 형식적 정당성심사에서 법률유보의 민주적 측면을 포함하는 것은 자명한 것이다.

하지만 입법부만 기본권제한을 할 수 있는 유일한 기관은 아니다. 입법자의 결정은 기본권제한의 제1단계에 해당하는 일반적인 방법에 불과하다. 기본권의 구체적인 제한은 제2단계로 행정부와 사법부에 의해 이루어진다. 이와 같이 다양한 국가기관이 기본권제한의 권한을 행사할 수 있는 것은 권력분립의 관점에서 기본권보장에 효과적이다. 따라서 기본권제한의 형식적 정당성은 (기본권제한의) 권한행사의 정도에 대한 헌법적 정당성을 심사하여야 한다. 법률유보이외에 행정유보와 예외적으로 법관유보도 가능한지를 판단하는 것이다. 이 경우 권한행사의 헌법적 정당성판단에는 권한의 존부는 물론 범위에 대한 절차적 정당성을 포함한다. 법률유보의 경우는 입법절차의 정당성을, 행정유보는 기본권제한의 행정절차법적 정당성을, 법관유보의 경우 법원조직법과 소송법적 정당성을 판단하는 것이다. 이러한 점에서 기본권제한의 형식적 정당성심사는 국가조직론과 관련된 것이다.

Ⅱ. 법률유보와 기본권제한의 형식적 요건

1. 법치국가원리에 의한 기본권의 법률유보

(1) 기본권제한의 일반적 방법으로서 법률유보

기본권제한의 형식적 정당성을 인정하기 위한 방법으로는 법률유보가 일반적이다. 이는 기본권이 국가권력을 직접 기속하는 주관적 공권으로 인정되기도 전에 19세기에 이미 행정법적 차원의 법치행정의 원리에 의해 확인된 것이다. 이밖에 법률유보는 기본권제한의 본질사항에 대한 의회유보의 관점에서 민주주의원리도 내재하고 있다. 현행헌법 제37조 제2항에서도 "국민의 모든 자유와 권리는 국가안전보장·질서유지 또는 공공복리를 위하여 필요한 경우에 한하여 법률로써 제한할 수 있으며, 제한하는 경우에도 자유와 권리의 본질적인 내용을 침해할 수 없다."고 규정하여 법률유보를 기본권제한의 일반적인 방법으로 하고 있다. 법률유보 없는 기본권이라도 법률 없이 기본권을 제한할 수 있다는 것이 아니다. 기본권제한을 하려면 일반적으로 법률의 형식으로 이루어져야 하는 점은 동일하다. 즉 유보 없는 기본권의 경우 — 일반적 법률유보와 가중된 법률유보에서와 같이 — 기본권제한의 정당성심사는 형식 심사보다 실질 심사에서 독자적인 기능이 나타난다. 실질심사에서는 유보 없는 기본권제한의 목적의 정당성을 판단하기 때문이다.

(2) 법치국가원리에 의한 법률의 형식적 합헌성

기본권을 제한하는 법률은 형식적으로 합헌적 절차에 따라 제정된 유효한 법률이어야 한다. 제정절차에 하자 있는 법률로 국민에 부담을 주어서는 안 되므로 원천적으로 법적 효력이 없는 무효인 법률이다. 형식적으로 위헌인 법률은 존재하지 않는 것처럼 취급해야 한다. 형식적 합헌성이란 법률제정권한을 갖는 기관이 입법절차에 따라 제정한 것을 말한다.

(3) 기본권제한의 법률유보의 예외

우선 법률유보는 기본권제한의 경우에 적용되는 것으로 주관적 공권으로서 기본권에 타당하다. 따라서 기본권보호의무, 생존권, 절차권 등과 같이 그 보호내용을 입법으로 형성해야 하는 기본권의 경우에는 법률유보의 예외에 해당된다. 기본권보호의무와 생존권은 국가의 무역수지, 경제성장, 물가지수 등에 따른 가능성 유보하에 보호내용이 형성되는 기본권으로서 특성이 나타난다. 이러한 점에서 기본권제한의 법적 수권과 특별한 관련성이 없다.

하지만 헌재결정에 의하면 생존권, 절차권 등과 같이 형성입법에 의한 보호내용이 결정되는 기본권도 헌법 제37조 제2항의 법률유보의 적용대상으로 판단하고 있다. 하지만 법치국가원리가 기본권형성목적으로 확대될 수는 없다. 법률유보는 입법권의 기본권기속을 내용으로 하는 법치국가원리에 따라 기본권제한의 형식적 정당성을 인정하기 위한 일반적인 수단으로 인정된 것이기 때문이다. 그러나 이와 반대로 생존권이나 보호의무의 형성과 관련하여 법률유보를 활용할 수 없는 것은 아니다. 민주주의원리 내지 본질성이론에 따라 입법자가 국가의 재정상황을 고려하여 입법적 보호가 필요하다고 판단하면 가능한 것이다. 이는 특히 국가가 보호의무의 이행으로 제3자의 기본권과 충돌하는 경우에 법률유보를 일반적으로 활용하게 된다. 따라서 법률유보에 의하지 않는 보호의무로는 예컨대, 천재지변이나 적국의 공격에 의한 기본권제약에 대한 보호의 경우정도만 생각할 수 있다.

다음으로 기본권의 직접적 대사인적 효력을 인정할 수 있는 경우에도 법률유보의 예외에 해당된다. 일부학설[1]에서 언론 · 출판의 사회적 책임에 관한 헌법 제21조 제4항을 이에 관한 규정으로 보고 있다. 하지만 현행헌법에는 직접적으로 기본권의 대사인적 효력을 인정하는 기본권규정은 없다. 언론 · 출판의 사회적 책임에 관한 규정은 법률유보 없는 기본권의 한계에 관한 것으로 전술한 바와 같이 기본권충돌에 관한 일반적 해결방안인 가중적 법률유보로 보아야 할 것이다.

2. 법률규정의 명확성의 원칙

명확성의 원칙이란 법률은 명확한 용어로 규정함으로써 적용대상자에게 그 규제내용을 미리 알 수 있도록 공정한 고지하여야 한다는 원칙이다. 수범자에게

1) 허영, 전게서, 619면.

장래의 행동지침을 제공하고, 동시에 법 집행자에게 객관적 판단지침을 주어 차별적이거나 자의적인 법 해석을 예방하기 위한 것이다.[2] 당해규정의 명확성의 판단은 그 규정의 문언만으로 판단할 것이 아니라 관련 조항을 유기적 · 체계적으로 종합하여 판단하여야 한다.[3] 이하에서 문제되는 두 가지 경우를 살펴보고자 한다.

(1) 고전적 기본권제한의 형식인 일반조항의 경우

법률유보에 의한 기본권제한의 권한은 입법, 행정, 사법부에 한정하고 그 권한행사방법에 대하여 추상적으로 설명한다. 이는 기본권제한의 예측가능성과 법치국가원리에 의한 심사를 가능하게 한다. 따라서 기본권제한입법은 일반성과 법치국가원리의 명확성요건을 충족해야 한다.

하지만 법률의 명확성은 법률규정에 포섭할 수 있는 사실관계의 다양성으로 인하여 매우 제한적으로 예측할 수 있는 문제를 내재하고 있다. 따라서 명확성원칙은 규범의 성격에 따라 가능한 범위 내에서 명확성을 요구해야 한다. 이에는 개별입법의 필요성, 규율가능성, 입법내용의 인식가능성이 기준이 된다. 예컨대, 헌재는 형법법규, 조세법규 등 기본권제한입법의 경우 엄격한 명확성을 요구한다. 하지만 개인정보자기결정권, 폐쇄회로전자감시(CCTV)의 경우 일반규정 형식으로 법률유보의 명확성을 인정한 것은 문제 있다. 개인정보의 수집, 저장, 이용, 전달은 개별적으로 법적 근거를 마련하여 처분의 목적을 특정해야하기 때문이다.

경찰력을 행사할 수 있는 경찰법상의 일반조항으로 '공공의 위해방지' 규정은 기본권제한의 수권규정으로 전통적으로 승인되어 왔다. 입법자는 경찰의 위험예방조치에 대한 수권규정은 일반조항형식으로 규정할 수밖에 없다. 국민의 안전문제는 예측할 수 없는 상황에서 생길 수 있기 때문이다. 국가의 안전보장의무를 포괄적으로 수행하려면 안전담당기관에게 포괄적인 수권을 부여하는 것은 불가피한 것이다.

(2) 간접적 기본권제약 특히 행정지도에서 법률유보의 명확성

경찰법상 일반조항의 필요성에서 살펴보았듯이 명확성원칙으로 기본권제한

---

2) 헌재결 1992. 4. 28. 90헌바27등, 판례집 4, 255, 268-269.

3) 헌재결 1999. 9. 19. 97헌바73등, 판례집 11-2, 285, 300.

의 정당성을 판단하는 것은 제한적이다. 현대의 정보 분석, 예측진단방법의 발전에도 불구하고 입법에 의한 해결의 한계는 점점 더 증대되어 가고 있다.

헌법적 측면에서만 보면 기본권제한에 대한 법률유보의 확대는 기본권의 중요성이 논리적으로 인정된 결과다. 법률유보는 원래 재산권에 대한 고전적인 제한, 즉 공용침해에 대한 법률유보에서 출발한 것이다. 하지만 오늘날에 법률유보는 보충적 기본권인 일반적 행동자유권의 보호범위에서 뿐만 아니라 간접적 기본권제약과 관련된 국가의 책임귀속의 판단근거로도 확대되고 있다. 예컨대, 법규범에 의한 형식적 제약의 경우 공권력이 의도하지 않은 부수적인 결과라도 책임을 부담하여야 한다. 이러한 점에서 법률유보는 예측하기 곤란한 불특정한 기본권제약의 경우에도 확대되었다.

제 2 절 실질적 정당성(특히 비례의 원칙)

비례의 원칙이란 목적과 수단의 비례성을 의미한다. 그 요소로 목적의 정당성, 수단의 적절성, 필요성, 균형성이 있다.

(1) 목적의 정당성

기본권제한의 목적은 정당해야 한다. 이 목적의 정당성은 비례성심사에서 수단의 비례성심사와 구분하여 독자적으로 파악한다. 기본권은 다양한 목적을 위해 제한할 수 있다. 공익뿐만 아니라 사익을 위해서도 제한할 수 있다. 하지만 기본권제한의 목적은 객관적으로 제시되어야 한다. 입법목적은 그 추정근거로 볼 수 있다.

목적의 정당성심사는 제한되는 제1단계 기본권심사인 개별기본권의 보호범위를 고려해야 한다. 제한의 목적 그 자체로 정당하지 않은 경우에는 상대적 형량심사인 비례성 심사는 더 이상 의미가 없다.[4] 자유권은 그 제한목적의 정당성 심사만으로도 침해여부를 독립적으로 파악할 수 있다. 왜냐하면 기본권의 보호범위는 자유의 측면에서는 중립적으로 보장되기 때문이다. 예컨대, 의사표현, 종

4) 예컨대 이에 해당하는 헌재결정으로 2009. 11. 26. 2008헌바58 등, 판례집 21-2하, 520. - 혼인빙자간음죄, 2013. 3. 21. 2010헌바132 등, 판례집 25-1, 180. — 유신헌법 제53조에 근거하여 발령된 대통령 긴급조치. 헌재 2007. 6. 28. 2004헌마644 등, 판례집 19-1, 859 — 재외국민의 대통령선거권, 2017. 11. 30. 2016헌마503, 판례집 29-2하, 224 — 변호인의 피의자 후방착석요구행위.

교, 예술과 학문, 집회와 결사 등에 대해 국가는 중립적 입장에서 내용에 대한 차별을 할 수 없기 때문이다. 다만 평등보호의 측면에서는 차별할 수 있는 것은 비례의 원칙과는 구분되는 다른 심사기준에서 논의될 문제다.

(2) 수단의 적합성

수단의 적합성이란 목적달성을 위한 수단의 유용성을 말한다. 하여튼 가시적으로 목적달성에 기여할 수 있는 수단이라면 된다. 따라서 전혀 유용하지 않은 수단으로 목적달성에 기여하지 않는 경우에는 비례성에 반한다. 이러한 점에서 수단의 적합성을 부인하는 경우는 매우 드물다. 예컨대, 이미 다른 수단으로 목적을 달성한 경우 정도 생각할 수 있다.

(3) 수단의 필요성(피해의 최소성)

수단의 필요성이란 목적달성을 위해 동등한 효과를 갖는 더 이상 완화된 수단이 없을 경우를 말한다. 상상력을 발휘하여 국가권력이 목적달성을 위한 수단을 더 개발할 수 있는지를 심사하는 것이다. 즉 기본권주체를 더 보호할 수 있는 수단 내지 기본권을 덜 제한할 수 있는 수단인지를 심사한다. 특별기본권이 아닌 보충기본권'만' 제한할 수 있는 수단이 있는지도 고려해야 한다. 완화된 수단이 최소한 동등한 효과를 갖는 경우에도 입법자는 평가재량을 갖기에 필요성을 인정할 수 있다. 필요성심사는 국가권력의 효율성을 판단하는 것으로 상대화해서는 안 된다. 목적달성을 위해 투입할 수 있는 수단들의 비교로서 목적과 수단의 형량은 제3단계의 균형성심사에서 한다.

(4) 목적과 수단의 균형성(수인가능성, 협의의 비례의 원칙 내지 과잉금지원칙)

기본권제한을 통하여 달성하려는 공익목적과 기본권제한에 대한 사인의 수인가능성간에 균형을 이루어야 한다는 것을 말한다. 즉 기본권제한의 목적과 수단의 균형성을 심사하는 것으로 추상적 · 구체적인 2단계의 심사를 한다. 우선 제1단계는 추상적 심사로서 투입수단으로 제한되는 기본권을 추상적으로 판단한다. 기본권의 서열이 그것이다. 특별기본권-일반기본권, 개별기본권 — 보충기본권의 관계로 서열화가 예정되어 있다. 목적도 추상적으로 판단하여 기본권에 내재된 보호법익을 말한다. 보호법익의 우열기준은 헌법차원의 법익인지 법률차원인지를 기준으로 한다. 따라서 자유의 평등에 대한 우위, 주관적 공권의 객관적 가치질서에 대한 우위를 일응 기준으로 할 수 있다.

다음 제2단계에서는 투입수단을 구체적으로 심사를 한다. 기본권주체의 시각에서 기본권제한의 강도를 판단하는 것으로 예컨대, 의사표현 그 자체를 제한하는 것과 표현의 형식만을 제한하는 것을 들 수 있다. 목적도 구체적으로 심사를 한다. 적합성심사에서는 투입수단으로 목적을 달성하기만 하면 되지만 균형성심사에서는 투입수단에 의한 기본권보호목적 달성에 얼마나 기여하는 지를 판단해야 한다.

예컨대, 전면적 흡연금지로 인해 혐연자의 환경권은 보호될 수 있지만 흡연자의 개성신장의 자유는 수인가능성을 기대하기 어렵다. 흡연자를 위한 최소한의 보호조치가 없으면 균형성을 상실했다고 볼 수 있다. 하지만 흡연자를 위한 국가권력의 최소한의 보호조치가 납득가능성이 있는 한 판단재량을 인정하여야 한다.

제 3 절 특수한 비례의 원칙으로서 과소보호금지원칙

I. 서 론

근대입헌주의국가에서 헌법은 국가권력으로부터의 자유를 보장하기 위한 국가와 국민간의 최고의 계약문서였다. 국가의 역할은 최소한에 그쳐 국민의 자유와 안전을 지켜주는 소극국가였다. 그러나 이러한 형식적인 자유와 안전보장만으로 국민간의 빈부차이가 심화되었고, 핵무기개발과 원자력발전소설치, 배아복제와 같은 과학기술의 발전으로 기본권침해의 위험이 상존하게 되었다. 따라서 현대입헌주의국가에서는 국민의 복지와 안전을 위하여 국가의 적극적인 역할이 강조되고 있다. 바로 이러한 국가의 기능변천과 함께 기본권이론도 새롭게 개발되었고 국가를 통한 자유를 보장하기 위하여 기본권보호의무이론이 제시되고 있다. 국가는 기본권보호의무를 부담하여 국민의 자유를 확보하여 주는 보호자가 된 것이다. 여기서 전통적인 국가권력개입의 한계를 판단하는 과잉금지원칙과 별개로 국가권력개입의 당위성을 판단하는 기준개발이 문제될 수 있다.

이에 대해 과소보호금지(Untermaßverbot)원칙이 학설과 헌법재판소결정[5]에서 그 기준으로 인정되고 있다. 과잉금지원칙과 구별되는 과소보호금지원칙의 독자성을 인정할 만한 구체적 내용에 대하여 살펴보고자 한다.

Ⅱ. 과소보호금지원칙

1. 의 의

헌재는 과소보호금지원칙에 대하여 국가가 기본권보호의무의 이행정도에 있어 적어도 적절하고 효율적인 최소한의 보호조치를 취했는가를 판단하는 기준[6] 내지 유일한 보호수단을 포기한 경우뿐만 아니라 국가의 입법적 보호효과들의 총합이 헌법이 요구하는 보호수준에 미달하는 경우[7]로 판시하고 있다. 학설상[8]으로는 헌법이 요구하는 최저한의 보호수준을 하회해서는 안 된다는 기준으로 제시하고 있다.

2. 심사밀도의 단계화가능성

전술한 바와 같이 과소보호금지원칙의 심사기준을 유일한 보호조치의 이행유무로 극히 한정적으로 파악하는 경우에는 명백성통제에 그친다. 헌재결정의 일반적인 태도다.[9] 그러나 헌법상 명령인 기본권의 근본가치를 달성하기 위한 합당한 보호조치이행여부로 파악하는 경우에는 명백성통제 및 주장(납득)가능성통제와 엄밀한 내용통제에 이르는 다양한 통제가능성이 있다. 이러한 보호의무

---

5) 헌재결 1997. 1. 16. 선고 90헌마110, 판례집 9-1, 90-155.

6) 헌재결 1997. 1. 16. 선고 90헌마110, 판례집 9-1, 90(121, 122) ― 4인재판관의 합헌의견.

7) 헌재결 1997. 1. 16. 선고 90헌마110, 판례집 9-1, 90(136) ― 3인재판관의 위헌의견.

8) 이부하, "비례성원칙과 과소보호금지원칙", 『헌법학연구』 제13권 제2호(2007. 6.), 275-303면; 표명환, "입법자의 기본권보호의무와 헌법적 통제", 『헌법학연구』 제11권 제2호(2005. 6.), 211-241면; 방승주, "국가의 기본권보호의무와 그 이행여부에 대한 헌법재판소의 통제(상)(하)", 『고시연구』, (2004. 8. 9.), 171-182면(상), 14-21면(하); 송석윤, "기본권으로서의 안전권에 관한 시론적 연구", 『법학논집』 제8권 제1호(2003), 이화여자대학교 법학연구소; 이준일, "기본권의 기능과 제한 및 정당화의 세 가지 유형", 『공법연구』 제29집 제1호(2000. 11.), 101-121면; 이흥용/이발래, "국가의 기본권보호의무로서 과소보호금지의 원칙", 『사회과학연구』 제13권 제1호(2000. 8.); 정태호, 전게논문, 361(400).

9) 헌재결 2016. 12. 29. 2015헌바280, 판례집 28-2하, 513. 국가가 국민의 생명·신체의 안전을 보호할 의무를 진다 하더라도, 국가의 보호의무를 입법자 또는 그로부터 위임받은 집행자가 어떻게 실현하여야 할 것인지 하는 문제는 원칙적으로 권력분립과 민주주의의 원칙에 따라 국민에 의하여 직접 민주적 정당성을 부여받고 자신의 결정에 대하여 정치적 책임을 지는 입법자의 책임범위에 속하므로, 헌법재판소는 제한적으로만 입법자 또는 그로부터 위임받은 집행자에 의한 보호의무의 이행을 심사할 수 있다. 따라서 국가가 국민의 생명·신체의 안전에 대한 보호의무를 다하지 않았는지 여부를 헌법재판소가 심사할 때에는 국가가 이를 보호하기 위하여 적어도 적절하고 효율적인 최소한의 보호조치를 취하였는지를 기준으로 삼아야 한다(헌재결 2008. 12. 26. 2008헌마419등 참조).

위반에 대한 다양한 통제단계를 인정한다면 그 심사척도인 과소보호금지원칙의 이론적 발전 내지 구체화가 요구된다고 할 수 있다. 하지만 이에 대한 학설상 이렇다 할 제시는 없다.[10] 다만 교특법 제4조 등에 대한 헌재결정에서 제시한 다음과 같은 판시내용은 과소보호금지원칙의 구체화작업에서 참고할 만한 유용한 자료로 판단되어 적시한다.

우선, 보호효과의 총합이 헌법상 보호수준에 미달하는 경우에는 국가의 보호위무위반을 인정할 수 있다는 부분이다. 둘째, 가해운전자의 불이익과 피해자의 안전이라는 기본권적 법익(이를 소위 '안전권'이라 명명할 수 있음)을 형량하여 가해운전자에 대한 기본권제한이 적정선을 유지하는 한 과잉금지원칙에 반하지 아니한다는 논증부분이다. 셋째, 과잉금지원칙의 목적의 정당성, 수단의 적절성, 피해의 최소성, 법익의 균형성의 네 가지 부분원칙의 어느 하나에도 위반하는 경우 위헌이라 전제한 후 가해운전자들의 편익만을 강조하고 교통사고 피해자의 이익은 경시하여 법익형량의 부당성은 명백하다고 한 판시내용이다.

이러한 판시사항을 종합하여 볼 때 종래에는 과소보호금지원칙은 과잉금지원칙과 구분할 필요가 없다는 동일설과 독자성을 주장하는 학설, 그리고 보호의무를 보호권 내지 안전권으로 주관적 공권화하여 비례성 원칙의 하위 원칙으로 과소금지원칙을 인정하는 절충설이 제시된 바 있다.

3. 과잉금지원칙과의 관계

(1) 동일설(Kongruenzthese)

이 학설[11]은 과잉금지와 과소보호금지는 동전의 앞뒷면과 같은 것으로 과소보호금지의 독자성을 인정하는 것은 권력분립원칙에 반하다거나, 최소한 보호의 불분명성 등 다양한 논거로 그 이론적 발전가능성을 회의적으로 보고 있다.[12] 그 이유로 기본권의 과잉제한금지를 의미하는 과잉금지원칙을 준수하면 제3자(피해자)의 기본권보호에 대하여는 별도로 논하는 것이 불필요한 것으로 보는

10) 다만 독일의 경우 구체화를 시도한 것으로 R. Rassow, Zur Konkretisierung des Untermaß-verbotes, ZG 2005, S. 262 ff.

11) M. Gellermann, Grundrechte im einfachgesetzlichen Gewande, 2000, S. 342 ff.; K.-E. Hain, DVBl. 1993, S. 982(983 f.); ders, Untermaß in der Kontroverse, ZG 11(1996), S. 75 ff; Ch. Starck, JZ 1993, S. 816(817); P. Unruh, Zur Dogmatik der grundrechtliche Schutzpflichten, Berlin 1996; H.-U. Erichsen, Jura 1997, 85 ff.; 이승우, "국가의 기본권보호의무", 『균제양승두교수화갑기념논문집(Ⅰ)』, 현대공법과 개인의 권익보호, 홍문사, 1994, 1153면 이하.

12) 자세한 것은 장영철, "헌법상 계약자유의 의미와 보호", 『공법연구』 제30집 제4호, (2002. 6), 39(53, 54).

것이다. 과잉금지와 과소보호금지 사이의 딜렘마에 빠진 입법자?(Gesezgeber in der Klemme zwischen Übermaß- und Untermaßverbot?)라는 반어법을 사용한 논문제목[13]으로 알 수 있듯이 (저울의 일종인) 천칭에서의 균형점도 하나일 뿐이라는 것[14]이다.

(2) 독자성설(Inkongruenzthese)

과잉금지는 입법목적달성을 위한 기본권의 최소한의 제한가능성을 판단하는 기준임에 반하여, 과소보호금지는 기본권의 근본가치 내지 목적을 달성하기 위한 최소한의 보호수준의 하회를 금지하는 원칙[15]이라고 한다. 또한 타인의 기본권제한이 초래될 수 없는 자연재해, 외국과의 전쟁 등에 대한 국가의 보호의무를 인정하고 이의 심사척도로 과소금지원칙을 구체화하는 경우에는 독자성을 인정할 수 있다고도 한다.[16]

(3) 절충설(보호의무의 재주관화설)

비례성에 다양한 형량개념이 내포되어 있다고 전제한 후 비례성원칙에 과잉금지와 과소금지는 포괄된다고 한다. 그 적용기준으로는 기본권의 성질에 따라 급부권(보호권, 절차권, 생존권)의 경우 과소금지원칙으로, 방어권인 경우에는 과잉금지원칙으로, 평등권인 경우에는 차별내용이 차별금지인지 차별명령인지에 따라 양 원칙(과잉 및 과소금지)의 선택적 적용가능성[17]을 주장하는 견해이다.

---

13) K.-E. Hain, DVBl. 1993, S. 982 ff.

14) K.-E. Hain, DVBl. 1993, S. 982(983).

15) C.-W. Canaris, Grundrechte und Privatrecht, Berlin 1999; J. Isensee, Das Grundrecht als Abwehrrecht und staatliche Schutzpflichten, in: Handbuch des Staatsrechts V, 1992, §117, RN 165; Götz, Innere Sicherheit, in: Handbuch des Staatsrechts, Bd. Ⅲ, 1988, §79, RN 30; W. Höfling, aaO., S. 55; J. Dietlein, Das Untermaßverbot, ZG 1995, 131 ff.; J. Stemmler, Grundrechtswirkung und Privatrechtentfaltung, Frankfurt am Main 1998, S. 54 ff.; M. Möstl. DÖV 1998, S. 1029(1038); W. Cremer, Freiheitsgrundrechte, Tübingen, 2003, S. 310 ff.; 장영철, "헌법상 계약자유의 의미와 보호", 54-55면; 이부하, 전게논문, 275-303면; 정태호, 기본권보호의무, 김남진교수정년기념논문집, 현대공법학의 재조명, 고려대 법학연구소, 1997, 401-403면.

16) 장영철, 기본권의 사실적 제한, 『공법연구』 제35집 제1호, (2006. 10) 453면; 장영철, "헌법상 계약자유의 의미와 보호", 54면; 정태호, 전게논문, 401면.

17) L. Michael, JuS 2001, S. 148 ff.; Ch. Callies, Rechtsstaat und Umweltstaat, Zugleich ein Beitrag zur Grundrechtsdogmatik im Rahmen mehrpoliger Verfassungsrechtsverhältnis, Tübingen 2001, S. 578 ff.; 이준일, 『헌법학강의』 제2판, 홍문사, 384, 385면; 이준일, "기본권의 기능과 제한 및 정당화의 세 가지 유형", 『공법연구』 제29집 제1호(2000. 11.), 101(118).

(4) 소 결

동일설은 전술한 우리 헌재결정에 비추어 보아 네 가지 부분원칙으로 구체화된 과잉금지원칙 보다 과소보호금지원칙의 발전가능성을 회의적으로 보고 있다. 반면에 독자성설은 입법목적과 기본권의 근본목적을 달리 보는 전제하에 과잉금지원칙에서는 법적 제한이, 과소보호금지원칙에서는 입법부작위에 의한 목적프로그램으로서 기본권의 사실적 제한이 문제된다고 보는 것이다. 절충설에서 과소금지와 과잉금지를 비례성원칙에 포괄하는 것으로 보는 이유는 보호의무를 방어권과 같이 재주관화하여 보호권으로 구성하기 때문이다. 이하에서는 이들 문제를 포괄하여 과소보호금지원칙의 독자성을 구축하기 위한 구체적 논의를 하고자 한다.

Ⅲ. 과소보호금지원칙의 구체적 내용

1. 과소보호금지원칙의 구체화의 전제

전술한 바 과소보호금지원칙은 기본권보호의무의 이행정도에 관한 심사척도다. 기본권보호의무에 관하여 먼저 살펴보았고[18] 그 발현형태는 양면관계(국가와 사인)와 삼면관계(국가－제3자－사인)로 나타났음도 언급한 바 있다. 헌재결정상 양면관계에서는 사인의 행위를 국가행위로 의제하는 방법, 즉 방어권으로 수렴하여 그 보호수준의 적정성을 과잉금지원칙으로 해결하고 있었다. 그러나 삼면관계에서는 평등권과 직업선택의 자유 등 개별자유권의 결합을 통해 평등권의 심사척도를 강화하는 논증을 하고 있다. 바로 이러한 점에 착안하면 과소보호금지원칙이란 기본권보호의무의 광범위한 발현현상으로 인해 그 모든 양태를 포괄하는 이론으로 정립하기에는 한계가 있다.[19] 따라서 양면관계(국가－사인)를 전제로 과잉금지원칙이 적용된다면 과소보호금지원칙은 삼면관계를 전제로 구체화하는 것이 이론적 독자성을 추구하는 계기가 된다. 하지만 이는 교특법 제4

---

18) 제4장 제2절 볼 것.

19) 그 밖의 양면관계로 천재지변 등 자연력에 대한 국민의 생존권보호(헌법 제34조 제6항), 및 국가배상청구권 등 절차권보호 등이 속하나 이의 경우 예산의 가능성 유보 하에 무한대로 보호해야 하므로 보호의무정도를 심사하는 구체화된 과소보호금지원칙이 반드시 필요한 것은 아니다. 그러나 극히 예외적이지만 이슬람테러집단의 한국군의 이라크파병철회를 요청하며 발생한 김선일 피살사건, 최근의 기독교도 선교사건과 같이 공익과 자국민생명보호의 사익이 중첩되는 되는 경우에는 전형적인 사인간(제3자와 사인)의 충돌로 삼면관계의 범주 내에서 속한다. 따라서 국가는 보호입법을 마련할 의무를 부담하여야 한다는 점에서 보호의무의 적용범위에 속한다고 하겠다.

조 등에 대한 헌법소원결정의 2인재판관의 위헌논증에서 제시한 바와 같이[20] 사인의 행위를 국가의 행위로 의제하는 양면관계에서 적용되는 소위 '특수한 형태의 과잉금지원칙'의 분석을 기초로 한다. 결국 이하에서는 과소보호금지원칙도 과잉금지원칙과 마찬가지로 형량을 전제로 하여 과잉금지원칙의 세부기준들의 수용가능성을 검토하는 수준에서 구체화가 이루어지게 된다. 다만 과소보호금지원칙에서는 공익과 사익의 형량이 아닌 기본권향유자로서의 제3자(제약자)와 수인가능한 사인(손해자)의 기본권제약 사이의 형량이 문제된다. 따라서 과소보호금지원칙에서의 보호수준의 최소한이란 상대적 기준에 불과하다. 기본권제한의 경우 본질내용침해금지원칙과 인간의 존엄과의 밀접성을 기준으로 절대적인 기본권보장을 주장하는 것과는 다르다. 결국 헌법 제37조 제2항 후단의 기본권의 본질내용침해금지를 과소보호금지원칙의 보호수준의 하한과는 전혀 동치시킬 수 없다. 다양한 사실관계의 분석과 형량을 통해 구체화할 수 있을 뿐이다.

2. 과잉금지원칙의 세부기준의 수용가능성검토

과잉금지원칙에서는 입법목적달성을 위한 수단의 적절성, 필요성, 균형성을 세부심사기준으로 한다. 따라서 과소보호금지원칙에서는 제3자(기본권제약자)의 무제한의 자유실현가능성을 기본권목적으로 보고, 손해를 본 사인(보호요구자)에 대한 국가의 부작위는 수단으로 간주하여 세부기준의 수용가능성을 검토한다.

(1) 목적의 (헌법적)정당성

목적의 정당성은 과잉금지원칙에서도 별개로 심사할 필요가 없다는 주장[21]이 있다. 국가는 당연히 헌법에 반하는 목적을 추구해서는 안 된다는가, 과잉금지원칙이란 이미 설정된 입법목적을 전제로 수단의 과잉여부를 판단하는 것이라든가, 헌법 제37조 제2항의 기본권제한목적인 국가안전보장, 질서유지, 공공복리의 추상성, 포괄성으로 인한 다의적 해석가능성 때문에 목적의 정당성심사는 의미 없는 것이라고 한다. 그러나 동성동본금혼제도에 관한 헌재결정[22] 등[23]에

20) 헌재결 1997. 1. 16. 선고 90헌마110, 판례집 9-1, 90(141면 이하).

21) 이부하, 전게논문, 280면 이하; 이준일, 전게서, 2007, 383면.

22) 헌재결 1997. 7. 16. 95헌가6, 판례집 9-2, 1(18).

23) 헌재결 2001. 11. 29. 99헌마494, 판례집 13-2, 736면. 재외동포법결정에서 권성재판관의 견해. 중국, 구소련동포배제의 입법목적을 경제적 이익과 행정규제의 편의로 보고 목적의 정당성조차 부인하고 있다.

서 보듯이 동성동본금혼제는 혼인과 가족제도에 관한 기본권목적에 반하므로 나머지 세부기준의 판단여부와 관계없이 이미 위헌으로 간주하고 있다. 헌재결정의 경제성과 확실성을 담보할 수 있고, 심사기준의 다양성과 논증의 정치성(내지 치밀성)의 측면에서도 심사도구의 축소를 주장할 필요는 없다. 더욱이 양심형성, 신앙의 자유, 학문연구의 자유와 같이 인간존엄에 아주 밀접하여 성질상 법률유보에 적합하지 않은 기본권이 있고, 이 경우 기본권(행사)목적의 헌법적 정당성은 판단되어야 하기 때문이다.

이미 주지한 바와 같이 과소보호금지원칙에서 기본권행사의 목적은 제3자의 무제한한 자유실현의 가능성이다. 이는 헌법 제10조에서 일반적 행동자유권으로 보장하고 있으므로 법률적 지위가 아닌 특별히 헌법적 지위를 갖는다. 그러므로 과소보호금지원칙에서는 과잉금지원칙과 달리 목적의 정당성을 심사할 필요가 없다.

(2) 수단의 적절성(적정성)

과잉금지원칙에서 수단의 적절성이란 목적달성에 조금이라도 기여할 수 있는 개연성을 내포한 수단 내지 방법이면 족하다는 것을 말한다. 헌재는 이 부분원칙을 여과 없이 과소보호금지원칙에서 수용하고 있다. 이미 살펴본 바와 같이 과소보호금지원칙을 국가가 기본권보호의무의 이행 정도에 있어 적어도 적절하고 효율적인 최소한의 보호조치를 취했는가를 판단하는 척도로 보아 명백성통제에 그치는 재판관들의 의견과 행위규범, 통제규범구분론[24]에서 이를 증명하고 있다. 기본권제약자인 제3자의 자유실현가능성에 있어 국가의 부작위는 언제나 적합성을 인정할 수 있기 때문이다.

따라서 과잉금지원칙과 달리 과소보호금지원칙에서 적합성이란 전혀 무의미한 기준에 불과하다.

(3) 피해의 최소성(필요성); 효율성

과잉금지원칙의 필요성이란 목적달성을 위해 가장피해가 적은 완화된 수단을 선택하여야 함을 의미한다. 이를 과소보호금지원칙에 적용하면 제3자(제약자)의 자유실현가능성이란 목적달성을 위하여 사인의 손해보호수단은 전혀 필

24) 헌재결 2004. 10. 28. 선고 2002헌마328, 판례집 16-2, 195(205); 1997. 5. 29. 선고 94헌마33, 판례집 9-1, 543(553, 554).

요 없는 것인지 문제된다. 즉 국가에게는 공권력행사방법에 있어 선택의 여지가 있으므로 제3자의 자유실현에 영향을 미치지 않고도 손해자인 사인의 기본권제약을 완화하여 줄 수 있는 수단이 있는지 여부다.

이는 가능한 한 가장 효율적인 사인보호수단을 강구하여함을 의미한다. 헌재도 이를 보호효과의 총합이 헌법상 보호수준에 미달하는 경우 국가의 보호의무위반을 인정할 수 있다고 판시하고 있어 이를 방증하고 있다. 하지만 이것은 구체적 사실관계분석과 국가가 선택할 수 있는 행위여지 내에서 제3자에게 부가적인 제약을 가하지 않고 보다 효과적인 보호를 강구하여야 함을 의미한다.[25] 따라서 막연히 최대한의 보호를 하는 것과는 구별하여야 한다.

(4) 법익의 균형성

충돌하는 법익간의 형량이 문제되는 균형성심사는 과잉금지심사에 있어 핵심부분이다. 즉 목적달성을 위한 공익과 이를 창출하기 위해 투입한 수단으로 인해 제약된 사익 간에 적어도 균형을 이루어야 한다는 것을 의미한다. 공익이 사익보다 적어도 같거나 우위에 놓여야 함을 말한다.

이를 과소보호금지원칙에 적용하면 국가에 의해 자유실현의 가능성을 승인받은 제3자의 사익과 동시에 국가의 부작위로 제약받은 사인의 손해 간에는 적어도 균형을 이루어야 하는 것이다. 헌재는 가해운전자의 불이익과 피해자의 안전이라는 기본권적 법익을 형량하여 가해운전자에 대한 기본권제한이 적정선을 유지하는 한 과잉금지원칙에 반하지 아니한다고 판시하여 과소보호금지원칙에 대한 판단을 대체하고 있다. 여기서 법익의 균형성에 관하여 과잉금지원칙과 과소보호금지원칙은 동전의 앞뒷면이라는 동일설(Kongruenzthese)을 지지할 만한 논거의 일면을 발견할 수 있다. 제3자(제약자)의 자유실현가능성보장과 사인(손해자)의 보호수준은 하나의 점에서만 균형을 이룰 수 있다고 보면 더욱 그렇다.

하지만 헌재가 합헌적 법률해석의 방법으로 입법자의 예측여지 및 평가대권을 인정하여 폭넓은 입법형성권을 보호하고 있듯이 입법자가 정확한 하나의 균형점을 찾는 것은 현실적으로 불가능하다. 헌재가 사실관계와 예측판단의 가능

---

25) 예컨대, 그간 검사의 불기소처분에 대하여는 헌법소원에 의한 구제만 인정되어 기본권보호의 효율성은 경시되어 왔다. 따라서 최근 재정신청제도의 확대입법은 환영할 만하다. 이러한 점에서 과소보호금지원칙에 따라 위헌위법적인 행정규칙에 대한 효율적인 기본권보호를 도모하는 차원에서 독일과 같은 행정소송상 규범통제제도(VwGO § 47)도 마련하여야 할 것이다.

성에 따라 과소보호금지원칙의 심사밀도를 명백성통제 및 납득(주장)가능성통제와 엄밀한 내용통제에 이르는 다양한 스펙트럼으로 제시하고 있는 것도 이를 방증하는 것이다. 따라서 국가는 과잉금지와 과소보호금지의 범위 내에서 광협의 판단여지를 갖는 것이다. 이 때 그 선택을 위한 일응의 기준으로 제시할 수 있는 것은 보호의무의 발현양상이 양면관계로 수렴될 수 있거나, 사인의 기본권제약이 대량적으로 초래되거나, 제3자의 자유실현의 가능성과 사인의 손해를 비교할 때 국가 — 제3자(피해자) — 사인(손해자)의 관계에 있는 경우로서 사인의 손해가 간접적으로 초래된 경우 내지 수인가능한 손해인 경우[26]에는 과잉금지원칙을 적용한다. 반면에 보호의무의 발현양상이 삼면관계이거나, 사인의 기본권제약이 개별적으로 초래되거나,[27] 제3자의 자유실현의 가능성과 사인의 손해를 비교할 때 국가 — 제3자(수익자) — 사인의 관계에 있는 경우로서 사인의 손해가 사실적으로 초래된 경우 내지 수인불가능한 손해인 경우[28]에는 과소보호금지원칙을 적용하여야 한다. 여기서 과소보호의 의미는 제3자의 자유에 대한 부가적인 제약을 가하지 않는 범위 내에서의 사인의 보호를 뜻한다. 따라서 사인의 보호받는 이익이 제3자의 자유실현의 이익보다 우월해서는 안 된다.[29]

Ⅳ. 기본권보호의무의 재주관화가능성과 과소보호금지원칙

1. 기본권보호의무의 재주관화가능성

(1) 학 설

전술한 바와 같이 기본권의 객관적 내용에서 파생한 보호의무를 보호(청구)권 또는 안전권으로 재주관화(주관적 공권화)를 시도하려는 학설이 있다. 그 이유는 인간존엄의 기본권목적과 기본권보호의무는 개별적 보호목적을 지향한다는 점, 국가의 폭력독점사상과 구체적 위험상태야기에 대한 국가책임 그리고 기본권의 객관적 내용은 주관적 공권을 강화하려는 의도에서 파생한 것이라는 기본권의 양면성이론에 근거하고 있다.[30] 그 밖에도 헌법적 근거로 제10조 제2문

---

26) 이에 관하여는 장영철, 기본권의 사실적 제한, 455면 참조할 것.

27) 이에 관하여 자세한 것은 장영철, "기본권침해위험성에 관한 소고", 『공법학연구』, 제8권 제3호(2007. 8.), 285-303면 참조할 것.

28) 이에 관하여는 장영철, 기본권의 사실적 제한, 458, 459면 참조할 것.

29) R. Rassow, aaO., S. 276.

30) J. Dietlein, Die Lehre von den grundrechtlichen Schutzpflichten, Berlin, 1992, S. 144 ff.; J.

(국가의 기본권보장의무), 제36조 제2항(국가의 모성보호의무)을 들 수 있다. 이로써 국가의 기본권보호의무 이행수준에 대한 통제는 가능하게 되고 동시에 방어권과 마찬가지로 과잉금지원칙에 따르는 경우 통제강도도 다양화할 수 있는 편이성이 있다.

반면에 보호의무의 주관적 공권화에 반대하는 학설[31]이 있다. 그 이유로 국가의 객관적 의무에 상응하는 개인의 주관적 공권을 항상 인정하게 된다면 기본권뿐만 헌법체계전반에 변화가 초래된다는 점이다. 기본권보호의무에 상응하는 보호권을 인정한다면 그 수신인은 제1차적으로 입법자에게 부과된다. 입법자는 기본권을 구체화할 일반적인 의무를 부담하게 된다. 이는 입법자가 헌법의 집행기관이 아니라는 점과 자신의 예측판단 및 평가대권에 따라 넓은 입법형성권을 부여하는 것에 반하며, 더욱이 개인의 소원청구인용을 강제하게 된다면 다수결을 내용으로 하는 민주주의 입법원칙에 반하게 된다. 기본권은 주관적 내용과 객관적 내용으로 구분하는 것이 일반적으로 승인된 이론이라는 점, 입법부작위에 대한 통제에 관하여 헌재[32]는 원칙적으로 소극적이라는 점, 객관적 내용인 보호의무는 원리, 원칙과 같은 성격을 가지므로 구체화의 방법은 다양할 수 있다는 것이다.

(2) 헌재결정에 나타난 보호의무의 재주관화양상

헌재결정에서 국가의 기본권보호의무를 인정하기 위해서는 기본권침해의 위험성 내지 사실적 기본권제한을 전제로 하고 있다. 예컨대, 법률유보 없는 개인정보자기결정권의 침해위험성이 있다고 지적한 교육정보시스템(NEIS)에 관한 헌법소원사건,[33] 혁신도시입지선정에서 원주시와 경쟁도시였던 춘천시의 헌법소원청구[34]에서 헌재는 비록 각하결정하고 말았지만 기본권침해의 위험성 내지 사

Isensee, Das Grundrecht als Abwehrrecht und staatliche Schutzpflichten, in: Handbuch des Staatsrechts Ⅴ, 1992, §111. RN 183 ff.

31) K. Stern, Das Staatsrecht der Bundesrepublik Deutschland, Bd. Ⅲ/1, München, 1988, S. 978 ff.

32) 예컨대, 헌재결 2000. 6. 1. 2000헌마18, 판례집 12-1, 733, 738-739 ; 헌재 2001. 6. 28. 2000헌마735, 판례집 13-1, 1431, 1437 ; 2001. 12. 20. 2001헌마484; 2003. 6. 26. 2000헌마509 등, 판례집 15-1, 741, 749.

33) 헌재결 2005. 7. 21. 2003헌마282 · 425(병합). 판례집 17-2, 94면 ― 소수재판관(1인)의 의견. 교육부장관과 시도교육감이 졸업증명서 발급을 위해 성명, 생년월일, 졸업일자 등 학력에 관한 사항을 교육정보시스템(NEIS)으로 제작하여 일반인의 컴퓨터와 인터넷을 통해 접근 가능하게 한 것이 문제였다.

34) 헌재결 2006. 12. 28, 2006헌마312, 판례집 18-2, 650.

실적 제한에 대해 언급하고 있다. 또한 헌재는 병마개제조업자선정에서 탈락한 자의 헌법소원청구사건[35]에서 평등권과 직업선택의 자유침해주장에 대하여 이를 인정하여 취소소송의 원고적격을 인정하고 있고, 국가기간뉴스통신사지정사건[36]에서는 연합뉴스사와 경업관계에 있었던 청구인회사(뉴스통신사)의 직업행사의 자유제한을 인정하였지만 본안판단에서는 정부의 재량권을 인정하며 기각하고 있다.

결국 보호의무의 주관화가 헌법소원청구를 위해 필요한 것은 아니다. 다만 본안판단의 대상으로 주관화정도를 결정하게 되는 것이다.

2. 기본권보호의무의 재주관화정도와 과소보호금지원칙

(1) 기본권보호의무의 재주관화정도

재주관화정도의 판단방법은 본안의 문제이므로 구체적 사실관계의 분석과 함께 기본권침해위험의 양상, 사인의 자유실현가능성과 제3자의 손해의 비교 등을 통하여 보호수준을 결정함으로서 이루어진다. 이는 대체로 행정법상 개인적 공권이론을 차용하여 설명하면 다음과 같다. 행정법상 개인적 공권에는 반사적 이익, 무하자재량행사에 관한 형식적 청구권, 행정개입청구권으로 구분[37]할 수 있고 이를 보호의무의 주관화정도에 수용하면 반사적 보호권(Grundrechtsreflexe), 형식적 보호권(formelles Leistungsgrundrecht), 실질적 보호권(materielles Leistungsgrundrecht)으로 변용할 수 있다.[38] 헌재가 이러한 보호의무의 주관적 공권인정단계에 따라 입법부 및 행정부의 재량권행사에 영향을 미치게 된다. 따라서 보호의무의 재주관화여부와 정도는 헌재결정의 형식적 청구요건이 아닌 본안판단의 대상 및 결과라는 제한적인 의미를 가질 뿐이다.

---

35) 헌재결 1998. 4. 30, 97헌마141, 판례집 10-1, 496, 507-508. "설사 국세청장의 지정행위의 근거규범인 이 사건 조항들이 단지 공익만을 추구할 뿐 청구인 개인의 이익을 보호하려는 것이 아니라는 이유로 청구인에게 취소소송을 제기할 법률상 이익을 부정한다고 하더라도, 국세청장의 지정행위는 행정청이 병마개 제조업자들 사이에 특혜에 따른 차별을 통하여 사경제 주체간의 경쟁조건에 영향을 미치고 이로써 기업의 경쟁의 자유를 제한하는 것임이 명백한 경우에는 국세청장의 지정행위로 말미암아 기업의 경쟁의 자유를 제한받게 된 자들은 적어도 보충적으로 기본권에 의한 보호가 필요하다. 따라서 일반법규에서 경쟁자를 보호하는 규정을 별도로 두고 있지 않은 경우에도 기본권인 경쟁의 자유가 바로 행정청의 지정행위의 취소를 구할 법률상의 이익이 된다 할 것이다."고 판시하고 있다.

36) 헌재결 2005. 6. 30, 2003헌마841, 판례집 17-1, 996.

37) 이들에 관하여 자세한 것은 표명환, "기본권보호의무와 행정법상의 개인적 공권이론", 『헌법학연구』 제10권 제1호(2004. 3.), 277(299-305).

38) K. Stern, aaO., S. 992 f.

(2) 보호의무의 재주관화와 과소보호금지원칙의 적용여부

보호의무의 재주관화를 적극적으로 인정하는 전술한 학설의 경우에도 과소보호금지원칙을 적용하지 않고 과잉금지원칙을 적용하거나, 비례성 원칙의 하부원칙으로 과소금지원칙을 주장하는 견해[39]가 있다. 그러나 헌법소원청구를 위해 굳이 재주관화의 필요성을 인정하지 않아도 된다는 것을 주장하는 졸견에서는 보호의무의 재주관화 정도는 본안판단에서 결정되고, 보호권은 적극적인 형성을 내용으로 하므로 국가의 소극적 역할을 주장하는 방어권침해여부의 판단기준인 과잉금지원칙으로는 사안에 합당한 결론을 도출하기 어렵다. 보호의무는 기본권의 객관적 성격을 근거로 하므로 과소보호금지원칙을 주관적 공권의 판단기준인 비례성원칙에 포섭되는 것으로 보는 것도 그 이론적 독자성을 반감시키는 것이다. 즉 국가의 보호의무에서는 수직적 관계가 아닌 수평적 관계가 문제되고, 주관적 공권을 전제로 그 제한의 정당성을 판단하는 것 아니라 본안판단의 결과 주관적 공권형성여부가 결정된다는 점에서 과잉금지원칙 내지 비례의 원칙과는 구별된다.

V. 요　　약

첫째, 과잉금지원칙은 기본권의 주관적 공권에 대한 제한의 한계를 설정하는 기준이지만 과소보호금지원칙은 기본권의 객관적 내용의 보호필요성을 판단하는 기준이라는 점에서 구별된다.

둘째, 헌재결정에서 나타난 바와 같이 과소보호금지원칙을 특수한 형태의 과잉금지원칙으로 본다면 그 세부원칙의 수용가능성을 검토해 볼 수 있다. 목적의 정당성, 수단의 적절성의 경우 삼면관계에서는 수평적인 사인간의 형량이 문제되는 것으로 심사척도로서의 유용성이 없다. 그러나 피해의 최소성은 사인보호의 효율성으로, 법익의 균형성은 제3자와 사인간의 사익의 균형을 도모하는 것으로 수용할 수 있다. 따라서 과소보호금지원칙도 과잉금지원칙과 마찬가지로 명백성 통제, 주장(납득)가능성 통제, 엄밀한 내용통제에 이르는 다양한 통제가능성을 갖는다.

셋째, 보호의무를 재주관화하여 보호권 내지 안전권을 도출할 현실적 필요성

---

39) 위 Ⅱ. 3. (3) 절충설 부분.

은 위헌법률심판은 물론 헌법소원청구권행사를 위해서도 필요한 것이 아니다. 헌재결정의 분석에 의하면 평등권과 개별자유권의 결합에 의하여 헌법소원의 청구요건은 적법한 것으로 판단하고 있기 때문이다. 재주관화는 구체적 사실관계, 기본권침해위험의 구체화정도 내지 제3자와 비교하여 사인보호필요성 등을 고려한 본안판단의 대상일 뿐이다.

제 6 장 인간존엄과 사적자치

제 1 절 인간존엄의 보장

Ⅰ. 서 론

현행헌법 제10조는 "모든 국민은 인간으로서의 존엄 및 가치를 가지며, 행복을 추구할 권리를 갖는다. 국가는 개인이 가지는 불가침의 기본적 인권을 확인하고 이를 보장할 의무를 진다."고 인간존엄에 관하여 규정하고 있다. 따라서 국가는 인간존엄 불가침을 확인하고 보장할 헌법적 의무를 부담한다. 이를 이행하기 위하여 헌법에 국민주권, 법치국가, 사회국가 등 기본원리를 규정하고, 자유권, 생존권 등 개별기본권을 열거하는 등 그 객관적 해석·적용을 도모하려 노력하고 있다.

여기서 헌법에 개별기본권으로 열거하지 않은 생명권, 자기결정권, 인격권 등 소위 불문기본권의 도출 근거로서 인간존엄을 주장하는 견해가 있다. 이 학설은 인간존엄의 주관적 공권성도 헌법소원청구와 관련하여 긍정하고 있다. 이에 반해 인간존엄을 불문기본권의 파생 근거로 보는 것은 최고의 헌법원리 내지 헌법이념을 개별기본권으로 평가절하 하는 것으로 반대하는 견해가 있다. 이 학설은 인간존엄의 절대불가침성을 강조하며 형량가능한 상대적 기본권과는 구별하여야 한다고 강조한다. 헌재결정에서는 인간존엄을 헌법원리로 보기도 하고 인격권과 자기결정권을 파생하는 기본권으로 보기도 하여 헌재의 입장을 분명하게 파악할 수는 없다.

인간존엄에 관한 학설과 헌재결정을 일별하더라도 그 헌법적 성격에 대해 전통적인 기본권의 범주에 포함할 수 있는지에 관하여 논란이 되고 있다. 그리고 기본권으로 포섭하더라도 기본권의 보호범위 — 제한 — 제한의 정당성이란 3

단계 심사구조를 적용할 수 있는지가 문제된다. 이는 현실적으로 낙태죄, 사형제도, 인간배아연구, 미투(MeToo)운동으로 드러난 강제성관계, 인간다운 생활을 할 권리, 성매매, 빅 브리더형식의 TV방영 내지 드론촬영 등을 인간존엄의 보호범위로 파악할 수 있는지와 관련하여 문제되고 있다.

인간존엄의 기본권성을 절대성을 갖는 규칙 내지 헌법이념으로 전제하면서 이하에서는 그 타당성을 구체적으로 살펴보고자 한다.

Ⅱ. 인간존엄의 기본권 여부

인간존엄을 형량가능한 상대적 기본권으로 볼 수 있는지 여부에 대해서는 학설과 헌재결정에서 다투어지고 있다.

1. 학　　설

(1) 적극설(기본권설)

인간존엄의 기본권성을 인정하는 이 학설[1]은 개별기본권과 마찬가지로 인간존엄의 형량가능성을 인정하여 불가침의 내용도 상대적 보호로 충분하다고 판단한다. 그 논거는 다음과 같다.

첫째, 문언적 해석으로 다른 기본권규정과 동일하게 '모든 국민은 인간으로서의 존엄 및 가치를 갖는다'고 하고 '국가의 인간존엄 불가침의 인권으로서의 확인과 보장의무'는 개별기본권의 방어기능과 보호기능에 상응한다.

둘째, 체계적 해석에 기인하여 기본권을 규정한 헌법 제2장에 규정이 있고, 개별기본권과 목적-수단의 관계에 있다하더라도 인격권, 생명권 등 독자적인 보호범위를 갖는 기본권으로 기능하고 있고, 인간존엄 불가침은 양심형성, 신앙의 자유 등과 같이 내재적 한계를 갖는 절대적 기본권으로 볼 수 있다.

---

1) 김철수, 『헌법학신론』,박영사, 2013, 430면; 방승주, "헌법 제10조", 『헌법주석 Ⅰ』, 한국헌법학회, 2007, 299면; 성낙인, 『헌법학』, 법문사, 2018, 1031면; 이준일,『헌법학강의』, 홍문사, 2007, 431면; 정종섭, 『헌법학원론』, 박영사, 2009, 388면; 홍성방, 『헌법학』, 현암사, 2009, 390면; H-G. Dederer, Die Garantie der Menschenwürde(Art. 1 Abs. 1 GG), JöR n. F. 48(2008), S. 89 f.; M. Herdegen, Art. 1 GG, in: Maunz-Dürig GG-Kommentar, 50 Liferrung, 2007.; M. Kloepfer, Leben und Würde des Menschen, in: FS 50 Jahre Bundesverfassungsgericht, 2001, S. 77 ff. (81, 86); M. Nettesheim, Die Garantie der Menschewürde zwischen metaphysischer Überhöhung und bloßem Abwägungstopos, AöR, Bd. 130(2005), S. 71-113; K. Stern, Staatsrecht der Bundesrepublik Deutschland, Bd. Ⅳ/1, München, 2006, S. 61 f.; B. Pieroth/B. Schlink, Grundrechte Staatsrecht Ⅱ, 24 Aufl., Heidelberg, 2008, RN 350.

셋째, 목적적 해석에 의하면 인간존엄 불가침의 의미는 개인이 국가를 위해 존재하는 것이 아닌 국가는 개인을 위한 수단에 불과하므로 주관적 공권성을 부인한다는 것은 모순이다.

넷째, 불가침의 내용은 문제된 사건과 관련된 구체적인 정치, 경제, 역사 및 사회적 상황을 고려하여야만 결정할 수 있다.

(2) 소극설(헌법이념설)

헌법이념의 성격만 인정하는 이 학설[2]은 다음과 같은 논거를 제시한다.

첫째, 헌법상 불가침의 기본적 인권이란 실정법상 자연권 내지 초실정권으로 파악되어야 한다. 따라서 이는 기본권창설의 이념적 근거로서 개별기본권과 같은 법원(Rechtsquelle)이 아니라 법창설의 근거(Rechtserkenntnisquelle)가 된다.[3] 즉 상대적 가치를 갖는 일반법질서와 달리 인간존엄은 형량불가능한 절대적 가치를 갖는 유일한 헌법이념이자 시민의 자유생활의 토대가 된다.

둘째, 독일기본법에서도 인간존엄 불가침은 헌법개정의 한계로 인식되면서 제1장 기본권편에 규정되어 있어도 국가권력행사의 목적으로 간주되어 이를 실현하기 위한 수단으로서의 개별기본권과는 다른 것으로 파악하고 있다.

셋째, 인간존엄 불가침을 절대로 개별기본권과 같이 하찮은 동전(Kleine Münze)으로 취급해서는 된다. 자기결정권, 인격권, 생명권 등 인간존엄과 밀접한 기본권은 행복추구권, 신체의 자유 등 개별기본권과 상상적 경합을 통하여 보호할 수 있다. 이들 기본권을 불가침의 인간존엄에서 파생된 기본권으로 본다면 그 보호내용은 타인의 권리, 공공복리 등에 의해 형량되어 상대적인 것으로 평가될 수밖에 없다.

넷째, 인간존엄 불가침을 규정한 것은 현실적으로는 침해될 수 있다는 것을 전제로 한 당위규정이다. 따라서 이에 대한 국가의 확인과 보호의무의 이행으로 방어권과 보호권의 성격을 갖는 개별기본권이 규정된 것이다.

다섯째, 불가침한 인간존엄의 절대적 보호내용과 구체적 사건에 따라 형량에 의해 결정된 상대적 보호내용은 구별되어야 한다.

---

2) 허영, 『한국헌법론』, 352면; 권영성, 『헌법학원론』, 법문사, 2009, 376면; 전광석, 『한국헌법론』, 277면; 한수웅, 『헌법학』 법문사, 2011, 504면; J. Isensee, Menschenwürde: die säkulare Gesellschaft auf der Suche nach dem Absoluten, AöR 131(2006), S. 173-218.

3) J. Isensee, aaO., S. 176.

2. 헌재결정

헌재결정에서는 개별사안에 따라 인간존엄에서 인격권과 존엄사의 자기결정권을 파생되는 기본권으로 보는 결정도 있고, 인간존엄을 헌법이념으로 판시하면서 생명권, 개인정보자기결정권의 개별기본권과는 구별하는 결정도 있다.

(1) 기본권으로 보는 결정

혼인빙자간음죄,[4] 간통죄[5]에 대한 위헌결정에서 헌재는 인간의 존엄과 행복추구권에 성적 자기결정권이 전제되어 있다고 판시하면서 혼인빙자간음죄는 목적의 정당성부터 부인하였고, 간통죄는 목적의 정당성은 인정되나 수단의 적절성, 피해의 최소성 및 법익의 균형성을 부인하였다. 연명치료중단 즉 '연명치료중단에 관한 자기결정권'을 보장하는 입법부작위에 대한 헌법소원청구결정[6]에서는 인간존엄에 근거하여 존엄사에 대한 자기결정권이 도출된다고 판시하고 있다.

방송사업자가 심의규정을 위반한 경우 그 의사에 반하여 시청자에 대한 사과를 강제하는 방송법규정에 대한 위헌결정[7]에서 양심의 자유침해주장을 배척하고 인격권침해에 대하여 판단하면서 침해의 최소성, 법익의 균형성에 반하여 방송사업자의 사회적 신용과 명예에 관한 인격권을 침해하여 위헌이라 판시하였다. 인격권에 대하여 헌법재판소는 이미 다수의 결정[8]에서 헌법 제10조의 인간의 존엄과 가치에서 유래하는 기본권이라고 확인한 바 있다.

(2) 헌법이념으로 보는 결정

사형제도의 위헌여부에 대한 위헌법률심판 등[9]에서 인간존엄을 헌법이념으

4) 헌재결 2009. 11. 26. 2008헌바58 등, 판례집 21-2하, 520.

5) 헌재결 2015. 2. 26. 2009헌바17 등, 판례집 27-1상, 20.

6) 헌재결 2009. 11. 26. 2008헌마385, 판례집 21-2하, 647. 다만 법원의 재판을 통한 규범의 제시'와 '입법' 중 어느 것이 바람직한가는 입법정책의 문제로서 국회의 재량에 속하는 것으로 헌법해석상 '연명치료 중단 등에 관한 법률'을 제정할 국가의 입법의무가 명백하다고 볼 수 없다고 각하결정을 하였다.

7) 헌재결 2012. 8. 23. 2009헌가27, 판례집 24-2상, 355.

8) 헌재결 2014. 3. 27. 2012헌마652, 판례집 26-1상, 534; 2012. 8. 23. 2009헌가27, 판례집 24-2상, 355; 2001. 7. 19. 2000헌마546, 판례집 13-2, 103; 1999. 5. 27. 97헌마137등, 판례집 11-1, 653, 665 등 참조. 미결수용자가 수감되어 있는 동안 수사 또는 재판을 받을 때에도 사복을 입지 못하게 하고 재소자용 의류를 입게 한 행위는 인간으로서의 존엄과 가치에서 유래하는 인격권과 행복추구권, 공정한 재판을 받을 권리를 침해하는 것이다.

로 전제하면서 사형제도의 인간존엄위반여부에 대한 주장과는 구별하여 생명권 침해여부에 대하여 비례의 원칙에 의해 독자적으로 정당성을 인정하고 있다. 다만 인간존엄위반에 대한 심사[10]는 구체적으로 제시하지 않고 합헌성을 인정하여 생명권의 본질내용을 상대설에 입각하여 판단한 것으로 볼 수 있다.

근자에 헌재는 사업주가 제공한 교통수단이나 그에 준하는 교통수단을 이용하는 등 사업주의 지배 관리 하에서 출퇴근하는 소위 혜택근로자에게만 산재보험청구권을 인정하고 사업주가 위와 같은 출퇴근 교통수단을 배려할 재정이 부족하여 자력으로 출퇴근하는 소위 비혜택근로자는 차별하는 산업재해보상보험법의 헌법불합치결정[11]을 한 바 있다. 이 결정의 법정의견에 대한 보충의견은 근로자의 생계를 위협하는 급부의 평등위반에 대하여 생존권의 이념적 기초로 파악되는 인간다운 생활을 할 권리위반[12]으로 보고 '인간존엄에 상응하는 최소

---

9) 헌재결 2010. 2. 25. 2008헌가23, 판례집 22-1상, 36.; 2004. 10. 28. 2002헌마328, 공보 98, 1187, 1193-1194 참조; 2001. 7. 19. 2000헌마546 판례집 13-2, 103, 111. 헌법 제10조는 (…) 모든 기본권의 종국적 목적이자 기본이념이라 할 수 있는 인간의 존엄과 가치를 규정하고 있다. 이러한 인간의 존엄과 가치 조항은 헌법이념의 핵심으로 국가는 헌법에 규정된 개별적 기본권을 비롯하여 헌법에 열거되지 아니한 자유와 권리까지도 이를 보장하여야 하고, 이를 통하여 개별 국민이 가지는 인간으로서의 존엄과 가치를 존중하고 확보하여야 한다는 헌법의 기본원리를 선언한 것이라 할 것이다.

10) 헌재결 2010. 2. 25. 2008헌가23, 판례집 22-1상, 60, 61. 헌법 제10조는 "모든 국민은 인간으로서의 존엄과 가치를 가지며, 행복을 추구할 권리를 가진다. 국가는 개인이 가지는 불가침의 기본적 인권을 확인하고 이를 보장할 의무를 진다."라고 하여 모든 기본권의 종국적 목적이자 기본이념이라 할 수 있는 인간의 존엄과 가치를 규정하고 있다. 이러한 인간의 존엄과 가치 조항은 헌법이념의 핵심으로 국가는 헌법에 규정된 개별적 기본권을 비롯하여 헌법에 열거되지 아니한 자유와 권리까지도 이를 보장하여야 하고, 이를 통하여 개별 국민이 가지는 인간으로서의 존엄과 가치를 존중하고 확보하여야 한다는 헌법의 기본원리를 선언한 것이라 할 것이다(헌재 2001. 7. 19. 2000헌마546, 판례집 13-2, 103, 111-111, 헌재 2004. 10. 28. 2002헌마328, 공보 98, 1187, 1193-1194 참조). (…) 사형제도가 인간존엄성의 활력적인 기초를 의미하는 생명권 제한에 있어서 헌법 제37조 제2항에 의한 헌법적 한계를 일탈하였다고 볼 수 없는 이상, 사형제도가 범죄자의 생명권 박탈을 내용으로 한다는 이유만으로 곧바로 인간의 존엄과 가치를 규정한 일반조항인 헌법 제10조에 위배되어 위헌이라고 할 수는 없다.

11) 헌재결 2016. 9. 29. 2014헌바254, 판례집 28-2상, 316. 통상의 출퇴근 중 재해를 입은 비혜택근로자가 가해자를 상대로 불법행위 책임을 물어도 대부분 고의·과실 등 입증책임의 어려움, 엄격한 인과관계의 요구, 손해배상액의 제한, 구제기간의 장기화 등으로 충분한 구제를 받지 못하는 것이 현실이다. 특히, 가해자의 경제적 능력이나 보험가입 여부 및 가입 보험의 보장 정도 등과 같은 우연한 상황 때문에 현실적 보상의 정도가 크게 달라진다. 이러한 사정을 고려하면, 심판대상조항으로 초래되는 비혜택근로자와 그 가족의 정신적·신체적 혹은 경제적 불이익은 매우 중대하다.

12) 헌재결 2016. 9. 29. 2014헌바254, 판례집 28-2상, 328면 이하. 우리 헌법은 제34조 제1항과 제2항에서 인간다운 생활을 할 권리와 국가의 사회보장 및 사회복지 증진의무를, 제32조에서 근로의 권리를, 제34조 제5항에서는 신체장애자 및 질병 · 노령 기타의 사유로 생활능력이 없는 국민에 대한 국가의 보호의무를 규정하고 있다. 이는 곧 사회보장수급권이 국가재정 및 사회적 부담능력의 한계라는 가능성의 유보 아래 법률에 의해 보장된다고 하더라도 근로현장에서 산업재해로 인한 장애·질병 등으로 '인간의 존엄에 상응하는 생활에 필요한 최소한의 물질적인 생활'에 위협을 받거나 이와 밀접하게 연관되어 있는 국민에게는 보다 적극적으로 보호조치가 이루어져야 함을 헌법이

한의 물질적인 생활을 위협하는 것'으로 간주하고 있다.

3. 소 결

살펴본 바와 같이 학설과 헌재결정에서 인간존엄의 기본권성에 관한 입장을 분명하게 파악할 수 없다. 그 이유는 학설상 인간존엄을 개별기본권과 동일하게 상대적 기본권으로 파악하는 입장은 이론적 간결성은 있지만 인간존엄의 독자적 의미를 경시하는 문제가 있다. 헌법이념으로 보는 학설은 기본설과 반대로 인간존엄의 독자성을 추구하다보니 이론적으로 난해하고 실무적으로 활용성이 문제된다. 예컨대, 상대적 기본권설과 비교하여 인간존엄을 실정법상 자연권 내지 초실정권으로 보는 것은 전통적인 기본권해석론인 자연권설, 실정권설, 통합설과의 차이, 헌법이념은 현대적인 기본권해석론인 원칙과 규칙의 구분에 의하여 규칙이라면 인간존엄의 보호범위의 판단방법과 그 보호내용에 대한 해결을 하여야 할 것이다. 인간존엄의 규칙으로서의 기본권성을 주장하는 입장에서 이에 대하여 살펴보기로 한다.

Ⅲ. 규칙으로서 인간존엄의 기본권이념적 성격

규칙으로서 인간존엄의 기본권 이념적 성격을 파악하기 위해서는 먼저 기본권의 고전적인 해석방법에 대한 이해가 선행되어야 한다. 이 해석은 그 본질에 대한 학설들과 관련된다. 기본권을 헌법상 권리로 보는 실정권설, 천부인권으로 보는 자연권설, 사회질서를 형성하는 가치체계 내지 문화체계로 보는 통합설이 그것이다.

1. 고전적 해석방법

(1) 실정권으로서 기본권해석

실정권설은 한스 켈젠(Hans Kelsen)이 대표적으로 주장한 규범은 규범일 뿐이라는 순수법학이론에서 연유한 것으로 기본권과 인권을 엄격히 구별한다. 즉 인권은 인간의 생래적인 권리로서 천부인권이지만, 기본권은 실정헌법상의 권리일 뿐이라고 한다.

요청하는 것으로 보아야 할 것이다.

인간존엄의 초실정권설을 지지하는 입장에서 인간존엄은 기본권이 아닌 인권으로서의 성격을 갖는다. 이는 현행 헌법 제10조 제2문에서도 "국가는 개인이 가지는 '불가침의 인권'을 확인하고 보장할 의무를 진다"고 규정하여 개별기본권의 이념으로서 인간존엄의 인권성을 확인하고 있다. 그러나 실정권은 인간존엄을 개별기본권과 달리 실정법상 인권이라는 점에 대해 설명할 수 없는 한계가 있다.

(2) 자연권설(비정치적 자유주의 기본권해석: 방어권으로서 기본권)

이는 칼 슈미트(Carl Schmitt)가 주장한 기본권의 본질을 천부인권으로 보는 자연권론에 의한 해석방법을 말한다. 그의 자연권론에 의하면 기본권은 비정치적인 부분으로 법치국가원리가, 통치기구는 정치적인 부분으로 민주주의원리에 따라 운영되어야 한다고 주장한다. 따라서 기본권은 오로지 국가권력에 대한 항의 수단으로서 주관적 공권으로서 방어권일 수밖에 없다고 한다. 기본권은 국가와 사회의 엄격한 구별론에 입각하여 시민의 자유로운 영역을 보장하는 것이라 한다. 즉 국가는 시민의 생활영역에 개입해서는 안 되고 사인의 가해에 대해서도 보호의무를 부담하지 않는다고 본다.

기본권의 본질을 천부인권으로 보는 자연권론에 의하면 기본권의 이념으로서 인간존엄의 실정법상 자연권적 성격을 설명할 수 있다. 그러나 국가로부터의 소극적인 자유를 의미하는 자유권과 달리 인간존엄의 주관적 공권성은 부인해야 하는 이유를 찾기 어렵다.

(3) 통합설(정치 · 사회적 기본권해석: 가치체계로서 기본권)

이는 스멘트(Rudolf Smend)가 주장한 것으로 기본권을 사회질서를 형성하는 가치체계, 문화체계로 본다. 기본권의 본질은 국가를 통한 객관적 질서형성에 본질이 있는 것으로 국가에 대한 방어적인 주관적 권리의 성격이 오히려 부차적인 것에 불과하다는 것이다. 따라서 기본권은 국가로부터의 사인 즉 시민적 자유를 보호하는 데 있는 것이 아니라 정치적으로 조직된 공민(Citoyen)이 국가의 정책결정과 정당성에 상향식으로 영향을 줄 수 있는 매개수단으로서 중요하다고 한다. 헬러(Hermann Heller)는 기본권의 정치적 성격을 스멘트보다 더 강조하여 예컨대, 여성의 평등권과 같이 기본권은 부단히 변화하는 사회현실을 감안하여 해석하여야 한다고 한다.

통합론은 기본권의 본질을 객관적 질서형성에 있다고 보는 점에서 인간존엄의 기본권이념설을 지지하는 근거가 된다. 또한 국가를 통한 적극적인 자유를 강조하는 통합론의 입장에서는 인간존엄의 주관적 공권성은 형량을 통해 자유가 부여되는 것으로 인간 스스로 자율적으로 성숙할 수 있는 기회를 포기하는 것을 의미한다. 그러나 가치체계로서 통합론은 기본권이념으로서 인간존엄의 본질내용에 대하여는 설명할 수 없는 단점이 있다.

(4) 소 결

고전적 학설을 검토한 결과 인간존엄의 기본권이념설을 지지할 수 있는 논거를 제시할 수 있었다. 하지만 어느 학설도 기본권이념설을 완전하게 설명하지는 못하였다. 이러한 점에서 알렉시(R. Alexy)가 기본권의 규범적 실체법적 질서를 구축하여 기본권이론의 합리적 해결가능성을 제공한다고 강조한 규칙과 원칙의 구별론[13]에 대하여 살펴보기로 한다.

2. 현대적 해석방법(법학적 관점론, 사례중심 관점론)

(1) 규칙과 원칙의 구분

법규범은 이론적으로 규칙 또는 원칙으로 구분할 수 있다. 규칙은 정해진 조건이 성취되면 항상 적용되는 조건규범이다. 규칙과 규칙이 충돌하면 이를 해결하기 위한 해결규칙을 적용한다. 예컨대, 상위법은 하위법에 우선한다. 이러한 해결규칙은 예외 없이 적용된다. 이와 달리 원칙(규범)의 특성은 본질적으로 다르다. 원칙과 원칙이 충돌하는 경우 해결규칙에 전적으로 의존하는 것이 아니라 다른 규칙이 등장한다. 즉 양 원칙을 상황에 따라 가능한 한 조화시키려 한다. 헷세(K. Hesse)의 규범조화의 원칙이 그것이다. 이는 하나의 목적을 완전히 포기하고 다른 하나의 목적을 실현하는 것이 아니다. 두 가지 원칙 중에서 어느 것도 포기하지 않고 상대적으로 형량해서 균형점을 찾는 것으로 경제학용어로는 '최적화(Optimierung)'라고 한다.[14] 따라서 원칙은 개별적인 상황에서 최선을 구현하는 '최적화명령'으로 원칙에 의한 상대적 제한으로 '완전'을 추구하려는 것이다. 규칙이 '절대적인 우열관계'를 전제로 하나의 목적을 실현한다면, 원칙

---

13) R. Alexy, Theorie der Grundrechte, Baden-Baden, 1985, S. 71; L. Michael/M. Morlok, Grundrechte, Baden-Baden, 2008, S. 40 ff., RN 22 ff.

14) R. Alexy, aaO., S. 75; L. Michael/M. Morlok, aaO., S. 40, RN 23.

은 '조건부 우열관계'를 전제로 차별적인 상황에 따라 형량으로 목표를 달성한다.

(2) 자연권설의 규칙으로서 기본권

비정치적 자유주의 기본권해석론, 즉 자연권설은 기본권의 보호범위를 좁게 확정한다. 형량을 하지 않는 국가로 부터 자유로운 사적영역을 기본권의 본질내용으로 하여 보호하고 형량은 비례의 원칙의 적합성과 필요성단계에서만 한다.

규칙론의 장점은 기본권의 보장계획을 단순화하여 기본권의 효력을 예측가능하게 한다. 즉 기본권제한의 형식적 정당화사유로서 법률유보와 실질적 정당화사유로서 비례의 원칙으로 심사하는 단계가 그것이다. 생존권과 같이 재정상황 등 가능성유보하에 있는 기본권보호수준에 대한 가치판단은 헌법재판관이 아닌 의회에 부여한다. 단점으로는 기본권충돌과 같이 충돌하는 두 기본권 중 어느 하나의 기본권을 절대적으로 보호할 수는 없는 경우에 가치판단은 기본권의 보호범위이외에 헌재결정에서 보듯이 개별법의 기본권의 객관적 내용(제도보장, 기본권보장의무, 대사인적 효력, 조직과 절차 등)의 위헌심사단계에서 할 수 있다.[15]

인간존엄의 기본권이념설은 규칙론을 지지한다. 왜냐하면 국가의 형량에 의해 현실적으로 보장내용이 상대화되는 개별기본권과 구별하여 자연권으로 사인에게 유보된 본질내용의 절대성을 인정하기 때문이다. 이와 반면에 인간존엄을 개별기본권과 마찬가지로 상대적 기본권으로 파악하는 기본권설은 이하의 원칙론을 지지한다.

(3) 통합설의 원칙으로서 기본권

정치·사회적 기본권해석, 즉 통합설은 기본권의 보호범위를 확대하고 동적으로 해석한다. 기본권보장도 형량으로 한다. 기본권보호수준을 최적화하기 위해서 기본권을 원칙으로 상대화한다. 헌법 제37조 제2항의 기본권의 본질내용도 형량으로 결정되므로 절대화하지 않고 상대화한다. 하지만 형량은 주관적인 자의로 하는 것이 아니라 구체적 상황에서 기본권제약의 정도를 기준으로 한다.

원칙론의 장점은 기본권을 제3자의 기본권이나 헌법원칙과 같은 근본가치처럼 상대화하여 구체적 논증으로 사안을 해결하고, 기본권의 대국가적 효력 이외

15) L. Michael/M. Morlok, aaO., S. 41, RN 25.

에 대사인적 효력으로 확대하여 기본권을 여타의 헌법원칙과 같은 정도로 가치를 고양한 것이다. 단점은 명문으로 규정된 불가침의 인간존엄과 기본권의 본질내용도 상대화하는 문제, 형량은 합리적이나 결과를 명백하게 예측할 수 없거나 정치과정, 일반법률, 사인의 행위가 불확정적인 헌법적 가치에 의해 상대적으로 형량되어 사법국가의 부정적 측면이 부각될 수 있다.[16]

(4) 소 결

살펴본 바와 같이 규칙과 원칙론은 인간존엄을 원칙으로서 개별기본권과 같이 무차별하게 상대화할 것인지 아니면 개별기본권의 이념으로서 규칙으로서 그 독자성을 유지해야 하는 지의 가치판단의 문제다. 개인적으로 인간존엄의 독자성을 유지해야 한다고 판단하였다. 이는 헌법상 비례의 원칙과 구분하여 본질내용침해금지를 규정하였고, 인간존엄을 기본권장의 모두에 규정하였으며 제정사적 배경도 그 논거다. 즉 인간존엄은 제3공화국 헌법에서 최초로 규정한 것이다. 5·16 군사쿠데타로 집권한 혁명정권도 인권보장을 강화하기 위한 목적으로 당시 서독기본법을 모방하여 제정한 것이다. 기본법 제정당시 서독은 연합국의 강요로 제2차 대전에서 나치정권의 인권침해행위를 부인하고 정당화하는 것을 금지하며 형사 처벌하기 위한 근거로서 제정한 것이다.[17] 즉 인간존엄을 규정한 이유가 금기(Tabu)를 자체적으로 설정한 것으로 보호내용에 관한 확대는 금기를 위반할 가능성이 있다. 하지만 살펴본 헌재결정에서도 판시하고 있는 바와 같이 인간존엄의 상태를 보호하는 인격권은 예외적으로 그 보호범위에 해당된다.

Ⅳ. 인간존엄의 보호범위설정 가능성

규칙으로서 인간존엄은 제한적이지만 인격권의 보호범위를 설정할 이론적 가능성을 검토하고자 한다.

1. 객체공식

인간존엄 침해여부의 판단기준으로 헌법원리설[18]이나 기본권설[19] 모두 소위

16) L. Michael/M. Morlok, aaO., S. 41, RN 26.
17) L. Michael/M. Morlok, aaO., S. 95, RN 131.

칸트(I. Kant)의 '객체공식(Objektformel)'의 유용성을 여전히 인정하고 있다. 이는 인간을 국가권력의 단순한 수단으로 삼지 말고 목적으로 대우할 것을 강조하는 것으로 그 내용적 추상성으로 인하여 전형적인 사례를 들고 있다. 예컨대, 노예, 인신매매, 인간성과 생명권을 부인하는 차별, 고문, 세뇌, 굴욕, 낙인, 추방, 경멸 등이 그것이다. 그리고 이는 불가침한 인간존엄의 보호내용이자 그 침해로 간주할 수 있다고 보고 있다.

하지만 객체공식은 구체적으로 제시된 한정된 사례에서만 적용될 수 있는 한계가 있다. 인간의 행태를 규율하는 모든 규범과 처분은 방법상 인간을 수단시한다. 객체공식을 적용하는 사례란 인간이 단순히 수단이나 객체로 평가 절하되는 경우를 말한다. 이 공식으로는 일반 예방적 효과를 목적으로 하는 형벌을 금지할 수도 있지만 이와 반면에 객관적으로 정당한 목적달성을 위한 것이라도 고문은 금지해야 한다. 결국 객체공식은 내용 없는 백지형식의 명백성통제에 불과하다.

2. 자연권론

인간존엄의 근거(본질)에 관한 전통적인 학설로 기독교의 자연권론(Mitgift-theorie) 내지 가치론(Werttheorie)은 인간의 본질을 이루는 독자적이고 고유한 가치로 파악한다. 이는 신인동형설(Imago-Dei)을 주장하는 것으로 하느님(또는 자연)이 인간에게 자신과 동일한 형상을 부여하여 창조한 지구상의 유일한 윤리적 존재로 보는 것이다. 이와 같이 신학과 철학에서 현실적인 문제에 해답을 줄 수 있다는 것이다.

하지만 자연권론은 이와 같은 현실적인 문제에 법적 기속력을 부여하는 세속적인 헌법질서가 준수하여야 하는 종교적, 가치관적 중립성을 인정할 수 없는 근본적인 문제가 있다. 헌법의 규범력에 따라 인간존엄의 윤리적 요소는 헌법해석에 반영될 수 있다는 점 그 자체만으로는 의미 없다. 자연권론은 인간존엄 불가침의 정신사적 기원은 될 수 있다. 하지만 기독교의 자연권론을 인간존엄의 보호내용으로 주장하는 것은 설득력이 없다.

---

18) 허영, 전게서, 328면; 한수웅, 전게서, 505면.

19) 방승주, 전게서(제10조), 266면; Pieroth/B. Schlink, Grundrechte Staatsrecht Ⅱ, 24 Aufl., Heidelberg, 2008, RN. 360.

3. 업 적 론

업적론(Leistungstheorie)은 인간존엄의 핵심은 정체성을 확립하는 자기의사에 따른 자기결정을 보호하는 것이라 한다. 이 학설은 자기결정권을 인간존엄의 보호범위로 적극적으로 설정하려 한 특징이 있다. 하지만 행위능력 내지 의사능력이 없어 자기결정을 할 수 없는 유아나 식물인간의 인간존엄을 보호할 수 없는 난점이 있다. 업적결여로 인간존엄을 배제할 수는 없는 것이다. 따라서 업적론은 인간존엄의 평등보장을 하려는 것을 엘리트 보호로 변질시킬 수 있기 때문에 인간존엄의 보호범위 설정기준으로는 부적합하다. 하지만 업적론은 인간존엄의 특정한 기능을 보호범위로 지적할 수 있다는 것을 제시한 점은 인정할 수 있다.[20]

4. 소 통 론

승인론(Anerkennungstheorie) 내지 소통론(Kommunikationstheorie)은 인간존엄은 — 자연권론의 신이나 자연이 선사한 것도 업적론의 인간존엄의 근거를 개인의 능력이나 업적도 아닌 — 공동체 속에 함께 살아가는 개인 간의 사회적 승인에 있다고 보는 것이다.[21] 이는 공동체구성원 상호간에 인간존엄을 존중하겠다는 약속에 인간존엄의 보호내용이 있다는 점에서 '국가창설적 약속론(staatskonstitutive Versprechenstheorie)'이라고도 한다.

따라서 이 이론은 칸트의 정언명령 또는 루소의 사회계약론과 유사하다. 즉 인간존엄은 살아 있는 인간의 법공동체와 관련해서 제한적으로 보장될 수 있다. 태아나 배아의 인간존엄은 배제되고 다만 생명권의 보호대상이 될 수 있을 뿐이다. 이러한 점에서 소통론은 형량없이는 해결될 수 없는 많은 사례를 인간존엄의 보호범위에서 배제하고 절대적 내용만 보호함으로써 인간존엄의 과부하를 예방할 수 있는 장점이 있다.

이 학설은 인간존엄의 특정한 기능을 제시한 점은 인정할 수 있지만 공동체구성원 상호간의 약속의 내용이 무엇인지는 백지개념으로 남아 있는 문제가 있다.

---

20) Pieroth/B. Schlink, Grundrechte Staatsrecht Ⅱ, 24 Aufl., Heidelberg, 2008, RN 350.

21) 박진완, "유럽연합의 기본권으로서 인간의 존엄의 보장에 대한 검토", 『공법연구』제35집 제3호(2007), 81-107면; 방승주, 전게서(제10조), 262, 263면; H. Hofmann, Die versprochenen Menschenwürde, AöR(1993), S. 364.

5. 소　　결

살펴본 바와 같이 인간존엄의 보호범위를 설정하려는 학설은 모두 장단점이 있다. 이러한 점에서 인간존엄의 보호범위를 학설로 파악하기에는 한계가 있다.

다만 인간존엄의 보호범위의 두 가지 특징을 제시하고자 한다. 첫째, 인간존엄은 그 상태보호를 목적으로 국가권력의 특정한 처우를 금지하는 것으로 파악하여야 한다. 예컨대 미결수용자에게 재소자용 의류를 입게 하는 것,[22] 차폐시설이 불완전한 화장실사용을 강제하는 것,[23] 양손에 수갑 찬 피의자에 대한 촬영을 허용한 행위[24]는 인간존엄에 반하는 인격권침해다. 인격권의 보호범위를 특별하게 설정하지 못하는 이유는 인간존엄은 보호범위 — 제한 — 제한의 정당성의 3단계 심사가 적용되지 않고 제한으로 바로 국가는 책임을 부담하기 때문이다. 둘째, 인간존엄의 침해심사는 형량없이 절대적인 보장내용을 추려내면 되는 것으로 개별기본권과 달리 순서에 따라 단계적으로 심사할 필요가 없다. 이러한 점에서 결과지향적으로 보호범위를 설정하는 것을 정당화하기 위하여 인간존엄을 기준으로 심사할 대상을 재정립할 필요가 있다. 이하에서는 그 헌법적 성격부터 정리하고 포섭할 수 있는 구체적인 사례를 제시하고자 한다.

Ⅴ. 인간존엄의 헌법적 성격

1. 인간존엄의 절대성 — 제한불가능성

헌재결정[25]에 의하면 "인간존엄은 헌법이념의 핵심으로 국가는 헌법에 규정된 개별적 기본권을 비롯하여 헌법에 열거되지 아니한 자유와 권리까지도 이를 보장하여야 하고, 이를 통하여 개별 국민이 가지는 인간으로서의 존엄과 가치를 존중하고 확보하여야 한다는 헌법의 최고원리"로 보고 있다. 또한 헌법 이론적

22) 헌재결 1999. 5. 27. 97헌마137 등, 판례집 11-1, 653.

23) 헌재결 2001. 7. 19. 2000헌마546, 판례집 13-2, 103. 유치기간동안 위와 같은 구조의 화장실을 사용하도록 강제한 피청구인의 행위는 인간으로서의 기본적 품위를 유지할 수 없도록 하는 것으로서, 수인하기 어려운 정도라고 보여지므로 전체적으로 볼 때 비인도적·굴욕적일 뿐만 아니라 동시에 비록 건강을 침해할 정도는 아니라고 할지라도 헌법 제10조의 인간의 존엄과 가치로부터 유래하는 인격권을 침해하는 정도에 이르렀다고 판단된다.

24) 헌재결 2014. 3. 27. 2012헌마652, 판례집 26-1상, 534.

25) 헌재결 2010. 2. 25. 2008헌가23, 판례집 22-1상, 36.; 2004. 10. 28. 2002헌마328, 공보 98, 1187, 1193-1194 참조; 2001. 7. 19. 2000헌마546 판례집 13-2, 103, 111.

으로 인간존엄은 법치국가, 사회국가, 민주국가원리의 실현목적이자 헌법 개정의 한계로서 기능한다.

헌법 제10조의 인간존엄의 불가침의 의미에 대하여 칸트(I. Kant)가 '인간을 국가권력의 단순한 수단으로 삼지 말고 목적으로 대우하라'는 '객체공식(Objekt-formel)'을 주장한 것은 자기책임 있는 무능력에 대한 계몽사상을 강조한 것으로 해석할 수 있다. 따라서 국가권력이 인간존엄을 확대해석하는 것은 다음 세 가지 이유에서 인간 스스로 성숙될 수 있는 기회를 박탈하게 된다.

첫째, 인간존엄은 국가권력의 작위에 대한 방어와 사인인 제3자의 침해에 대한 국가의 보호를 내용으로 한다. 인간이 스스로 존엄한 인간으로서 할 수 있는 것과 해야 하는 것을 국가에 대하여 확인하고 보장할 의무의 대상으로 확대해석하는 것은 바람직하지 않다.

둘째, 인간존엄을 최고의 헌법원리로 보아 상대적 형량을 금지하는 것은 인간, 사회, 입법자가 존엄을 제한하고 형성하는 것을 금지하는 것이다. 인간존엄에 대한 가치판단을 원초적으로 금지해야 하는 이유는 인간을 수단시 할 수 있기 때문이다.

셋째, 인간존엄을 헌법개정의 한계로서 주장하는 것은 헌법개정권자가 인간존엄을 침해하는 것을 금지하는 것이다. 따라서 헌재가 판시하는 인간존엄의 보호내용은 불변의 자연법에 해당한다.

2. 인간존엄의 기본권성 확대해석의 문제점 — 보호내용

헌재결정과 학설에서 인간존엄의 기본권성을 확대해석하는 것도 인간 스스로 성숙될 수 있는 기회를 박탈하게 될 위험이 있다는 점에서 문제된다.

우선 인간존엄의 기본권적 성격을 개별기본권과 동일하게 것으로 파악하는 문제점이다. 학설에서 낙태죄나 사형제도와 같이 기본권충돌 내지 가치충돌사례에서 자기결정권이나 생명권의 도출근거로서 인간존엄을 제시하는 경우다. 헌재도 논증을 강화하기 위하여 다른 기본권이나 헌법원칙과 연계하여 인간존엄을 침해된 기본권으로 제시하고 있다. 하지만 기본권충돌의 해결에 있어서는 형량 없이 일방의 기본권을 절대적으로 보호할 수 있는 경우가 아니다. 이러한 경우 자기결정권이나 생명권 등을 인간존엄에서 도출된 기본권으로 파악하는 것은 인간존엄을 개별기본권과 마찬가지로 상대화하는 것이다. 이는 인간존엄이 헌법의 최고원리로서 개별기본권의 이념적 기초로서 규정(제10조)한 헌법제정자의 의도에 반하는 것이다. 또한 인간존엄성은 원칙으로서 형량할 수 있는 기본권이 아니라, 예외 없는 규칙이라는 점에서 인간존엄은 여타의 개별기본권과 구별해야 한다. 따라서 헌법에 명문화되지 않은 불문기본권은 행복추구권이나 신체의 자유 등 개별기본권에서 도출된 기본권으로 보는 것이 타당하다.

둘째, 헌재가 헌법개정의 한계를 인정하지 않는 것은 문제다. 하지만 다수학설[26]에서는 헌법개정의 한계를 인정하고 헌법 제10조의 인간존엄을 그 하나로 제시하고 있다. 여기서의 인간존엄도 전술한 바와 같이 원칙이 아닌 규칙으로 해석해야 한다. 살펴본 바와 같이 헌재가 인간존엄과 연계하여 도출하는 인격권도 존엄의 상태를 절대로 보호해야 하는 규칙으로 보아야 한다.

Ⅵ. 인간존엄의 보호범위에 포섭될 수 있는 구체적 사례

인간존엄의 절대성으로 인하여 포섭될 수 있는 사례는 다음 3가지 경우로 제한적이다.

1. 사회적 신분에 의한 차별과 인간모멸

인신매매, 노예제, (형벌에 의한 강제노동) 비도덕적인 강제노동 및 음행의 상습 없는 부녀에 대한 혼인빙자간음처벌[27]과 같이 사회적 신분에 의한 차별과 인간모멸은 인간존엄에 반하는 경우다. 고의적으로 인격을 비하하는 모욕적 표현은 표현의 자유의 보호범위[28]에 속하는 것이 아니라 인간존엄에 의해 절대적인 보호를 받는다. 인간존엄은 사인간의 기본권침해에 대해서도 보장된다. 헌법 제10조 제2문은 불가침의 기본적 인권에 대한 국가의 확인과 보장의무를 규정하고 있기 때문이다.

2. 고문과 강제 성관계

인간을 수단시하여 무가치한 존재로 전락시키는 것은 인간존엄에 반한다. 따라서 무기징역도 가석방의 기회(형법 제72조)를 부여하여야 한다. 신체의 자유에서 규정한 고문금지(제12조 제2항)도 국가에 대한 방어권으로서 절대금지를 의미

---

26) 김철수, 전게서, 46면; 성낙인, 전게서, 61면; 전광석, 전게서, 900면; 허영, 전게서, 62면.
27) 헌재결 2009. 11. 26. 2008헌바58 등, 판례집 21-2하, 520.
28) 표현의 자유는 사상의 자유시장론에 의하여 정신적인 의사표현을 보호내용으로 한다.

하므로 인간존엄의 보장에 의한 것으로 보아야 한다. 고문은 인간을 국가권력의 수단으로 취급하는 것을 금지하는 '객체공식'에 반하기 때문이다. 유럽인권협약 제3조와 국제인권협약에서도 고문금지를 규정하여 전국가적인 인권으로서 예방적 보호를 강조하고 있다.

사형제는 1950년의 유럽인권협약 제2조 제1항 제2문에서는 인정하고 있었다. 하지만 1983년의 부속의정서 제6호가 평시에 금지하였고, 다시 부속의정서 제13호는 전면금지하였다. 우리는 형법에서 규정하고 있는 사형제에 대해 헌재는 인간존엄과 분리하여 생명권을 상대적 기본권으로 보는 견지에서 법률유보에 의해 제한 가능한 것으로 보아 합헌으로 판시[29]하였다. 그러나 사형제는 인간으로서 범죄자를 국가형벌권의 수단으로 삼는 것으로 인간존엄의 불가침을 보장하는 객체공식에 반하는 문제가 있다. 이러한 점에서 비록 사형제는 인정하더라도 윤리적 요소를 내재한 인간존엄의 절대성을 보장하기 위해 형 집행은 금지하는 절충설이 타당하다.

사생활의 자유의 본질영역을 침해하는 강제 성관계로부터의 자유는 절대 보장되어야 한다. 따라서 인간존엄의 보호범위에 포섭될 수 있는 사례에 속한다. 최근의 미투운동은 이러한 점에서 사인간에 인간존엄침해에 대한 국가의 보장의무를 촉구하는 것이다.

3. 인간다운 생활을 할 권리

인간존엄은 자유권, 생존권 등 헌법상 모든 기본권의 이념적 기초다. 따라서 생존에 필요한 최소한의 물질적인 배려를 요구하는 인간다운 생활을 할 권리(헌법 제34조 제1항)도 인간존엄을 절대적 가치로 보장하려는 사회적 현실과 관련하여 살펴본 승인 내지 소통론에 의하면 인간존엄의 보호범위 속하는 사례가 된다. 헌재[30]가 최근 산업재해보상보험청구권의 주체에서 출퇴근시 고용주가 제공하는 차량을 이용하는 혜택근로자와 비혜택 근로자를 차별하는 것에 대해 평등한 인간다운 생활을 권리침해를 인정한 것은 이에 해당된다. 이는 인간생존을 위협하는 불완전한 생존보호입법에 의해 절대적으로 보호해야 하는 인간존엄의 본질내용을 침해했기 때문이다.

29) 헌재결 2010. 2. 25. 2008헌가23, 판례집 22-1상, 36.
30) 헌재결 2016. 9. 29. 2014헌바254, 판례집 28-2상, 316.

4. 논란되는 사례

이는 절대 불가침의 인간존엄과 연계하여서는 해결될 수 없는 가치판단을 내재하고 있는 사례에 해당된다.

우선 선량한 풍속위반사례에 해당되는 예컨대 성매매, 스트립쇼, 난쟁이 던지기쇼, 빅 브리더형식의 TV방영 내지 드론촬영, 변호사성공보수약정 등은 민·형법 등 일반 법률로 해결 가능한 경우다. 이 사례는 자기의사에 의한 진정한 기본권포기인지 문제될 수 있을 뿐이다. 자기비하를 자발적으로 원하는 사람을 인간존엄으로 보호하는 것은 오히려 불필요하게 법적 차별을 초래하는 것일 수 있기 때문이다.

다음으로 생명권침해사례도 인간존엄의 보호범위에 포섭하지 않아야 한다. 낙태, 사형제도의 경우 윤리적 내지 종교적 요구에 의한 생명권보호필요성을 인정할 수 있지만 인간존엄을 매개로 법적 금지를 요구할 수는 없다. 낙태를 처벌하는 형법과 달리 우리는 모자보건법에서 낙태를 허용하는 예외적인 사유를 규정하고 있는 것은 이를 방증한다. 근자에는 이에 더하여 사회·경제적인 사유, 12주이내의 임신초기의 낙태도 허용하는 예외사유에 포함해야 한다는 주장[31]이 설득력을 얻고 있다. 태아와 사형수보호는 인간존엄과 구별하여 개별기본권에서 파생한 형량가능한 생명권에 근거하여야 한다.

초기배아의 경우도 헌재결정에 의하면 인간존엄의 주체여부에 대한 사회적 합의가 결여되어 있는 경우로 국가의 상대적인 보호의무의 대상에 불과하다. 다만 헌재가 초기배아의 인간존엄의 주체성을 인정하려면 헌법변천을 고려할 수 있다.

---

31) 최현정, "낙태죄의 문제점 및 개선방향", 『이화젠더법학』, 제8권 제3호(2016. 12.), 252, 253면.

제2절 생 명 권

Ⅰ. 생명권의 헌법적 근거 및 개념

1. 근 거

현행헌법에는 생명권에 관한 명문규정이 없다. 하지만 헌재결정[32]과 학설[33]에서는 생명권은 인간존엄을 포함한 모든 기본권행사를 전제조건으로 인정하고 있다.

2. 생명의 개념

의학기술의 발전으로 생명을 개념정의하기가 간단하지 않고 점점 더 어려워지고 있다. 생명의 시기와 종기는 자연과학적으로 정해지는 것은 아니고 가치판단에 의해서 결정한다. 이는 생명권의 보호수준과 관련된다.

(1) 생명의 시기

생명은 출생이전에 이미 시작된다는 점에 이견이 없다. 헌법상 인간존엄은 출생이후의 인간에게만 적용된다는 견해에 의하면 생명보호는 인간존엄보다 먼저 이루어진다. 생명보호는 최소 12단계로 구성되는 것으로 난자와 정자의 수정, 자궁에의 착상, 배아기(1~3개월 이전 각 단계), 태아기(3~9개월의 각 단계)가 그것이다. 헌재[34]는 생명의 시기를 착상이후에는 인정해야 한다고 하고 배아는 최소한 국가의 보호대상으로 본다. 생명보호는 단계적 보호를 하여 초기단계에서는 입법재량이 넓다. 불임부부의 체외수정도 헌법상 금지되는 것이 아니다.

(2) 생명의 종기

법적 의미의 종기는 불확실하다. 그 본질적 이유는 의학의 발전으로 뇌사상

---

32) 헌재결 2009. 11. 26. 선고 2008헌마385. 판례집 21-2(하), 647면 이하. 연명치료중단에 관한 입법부작위위헌확인.

33) 김철수, 전게서, 431면; 허영, 전게서, 378면.

34) 헌재결 2010. 5. 27. 2005헌마346, 판례집 22-1(하), 36(55면).

태의 환자의 심장정지를 인위적으로 지연시키는 기술 때문이다. 따라서 뇌사가 심장정지로 이행된다는 생물학적 연관성은 성립될 수 없게 되었다. 법적 관점에서는 뇌사와 심장정지의 중간단계에서도 생명권의 단계적 보호를 하는 것이 타당하다. 즉 생명의 발달상황에 따라 단계적 보호를 하는 것은 입법자가 소극적 안락사는 물론 적극적 안락사도 정당화할 수 있게 된다. 말기환자의 명시적 의사에 따라 생명권주체에 유리한 방향으로 국가는 생명보호의무를 이행해야 한다. 따라서 환자의 의사와 규범이 불일치하는 경우 현실적인 의사가 우선하여야 한다. 이는 보호의무수행의 재량권행사를 금기시하는 것이 아니고 재량권남용을 예방하기 위해 그 한계를 명시하는 규정방식이 합리적이라는 것이다.

Ⅱ. 생명권의 헌법적 성격

생명권은 상대적 방어권, 절대적 평등권, 가중된 (진정) 기본권보호의무의 성격을 갖는다.

1. 상대적 방어권

생명권은 사실 높은 가치를 갖는 기본권이지만 '최고의 가치'를 갖는 것으로 과장해서는 안 된다. 인간존엄을 제외한 모든 기본권은 형량할 수 있으므로 생명권도 원칙적으로 형량할 수 있는 기본권이다. 더욱이 기독교적인 생명의 절대보호사상을 가치중립적인 헌법에서는 수용하지 않았다. 태어나지 않은 생명의 발달단계에 따라 차별적인 보호를 할 수 있다. 즉 출생에 임박할수록 입법재량은 협소해진다. 따라서 생명권의 해석과 보호내용은 불가침의 인간존엄과 연계해서는 안 된다. 낙태, 유전공학, 공중위험을 예방하기 위한 범인사살의 경우도 마찬가지다. 결과적으로 낙태, 납치된 비행기의 무고한 인질살해도 헌법적으로 금지되는 것이 아니다. 일반적인 기본권제한의 한계 원리에 따라 생명권제한의 정당성을 판단할 수 있을 뿐이다.

2. 절대적 평등권

생명권은 절대적 평등권이다. 출생한 모든 인간의 생명은 무한한 것으로 직관적으로 독립적이고 엄격하게 절대평등하다. 따라서 생명권 대 생명권은 형량할 수 없다. 체계적 해석에 의하면 절대적 자유권은 아니지만 절대적 평등권이다. 생명권을 절대적 평등권으로 보는 것은 헌법 제11조 제1항의 특별평등권의 논리를 초월하는 것이다. 형량은 다만 다음의 한도에서 금지된다. 즉 생명권을 다른 가치와 비교하여 형량을 금지하는 것은 아니고 전술한 바와 같이 생명권 대 생명권의 형량을 금지하는 것이다. 이는 국가계약론에 입각하여 인간존엄의 핵심을 보호해야 한다는 사고에 기인한다.

3. 가중된 (진정) 기본권보호의무

생명권은 가중된 (진정) 기본권보호의무의 성격을 갖는다. 국가는 기본권제한을 자제해야 하는 의무이외에 시민의 권리보장과 법익보호의 의무를 갖는다. 보호의무는 나체쇼, 자살 등 자기위해의 자유를 제약할 수 없는 한계가 있다. 기본권은 사적자치를 보호내용으로 하므로 생명권의 보호내용에도 자기위해 또는 자살의 자유가 포함된다. 하지만 자기위해의 의사는 자발적이어야 하고 제3자의 권리를 침해해서는 안 된다. 비흡연자가 공공장소에서 사실상 회피할 수 있거나 충분히 피할 수 있는 경우에는 흡연금지는 헌법적으로 정당하지 않다. 따라서 공공장소에서 절대적 흡연금지는 인정될 수 없다.

제 3 절 사적자치권

I. 서 론

사적자치는 사법의 근본원칙이다. 하지만 사법에서 사적자치에 관한 명문의 규정을 찾을 수 없다. 헌법에서도 사적자치에 관한 명문규정은 없지만 인간존엄 및 가치와 행복추구권에서 파생한 일반적 행동자유권의 한 내용으로 보아 기본권으로 해석하고 있다. 사법과 헌법에서 사적자치에 관한 명문규정이 없음에도 불구하고 근본원칙과 기본권으로 인정하고 있는 이유는 무엇인가? 헌법과 사법 차원에서 사적자치원칙과 사적자치권은 구별되는 것인가 아니면 병존할 수 있는가?

사법학에서 사적자치는 국가법 이전에 존재하는 천부인권의 자연권적 성격을 갖고 있다는 견해가 있다. 따라서 사적자치를 기본원리로 하는 사법은 개인의 자유를 보호하는 사회의 기본법이고, 국가기관의 조직과 국가에 대한 개인적 방어권을 보장한 헌법은 국가의 기본법으로 구별된다고 한다. 그렇다면 다음과 같은 의문이 제기된다. 사적자치를 제한하는 강행규정을 회피하는 계약체결도 상대방을 구속하는가? 사적자치의 보호수준이 국가마다 다르고 특히 사회주의와 민주주의국가에서 명백히 차이가 있는 것은 어떻게 설명할 수 있는가? 헌법상 재산권, 결사의 자유, 상속권, 혼인과 가족형성의 자유, 기본권보호의무 등의 기본권에 근거하여 국가기관에 사법제정과 합헌적 사법해석의무를 부과하는 것은 사법상 사적자치원칙과 무관한 것인가?

이러한 문제는 사적자치에 관한 헌법과 사법에서 논리의 차이에 기인한다. 따라서 사적자치원칙과 기본권으로서 사적자치의 이론적 체계를 확립할 필요가 있다. 논의순서로 먼저 사법에서 사적자치원칙에 대하여 살펴보고(Ⅱ.), 사적자치가 기본권으로 고양된 이유와 바이마르헌법의 사례를 소개한다(Ⅲ.). 다음으로 기본권으로서 사적자치의 헌법적 근거와 사적자치의 실현수단으로 공사법의 구분가능성에 대해 살펴본다(Ⅳ.). 사법원칙으로서 사적자치와 기본권으로서 사적자치의 상호관계(Ⅴ.)를 설명하고, 사법의 하자에 대한 심사기준으로서 사적자치의 기본권적 기능(Ⅵ.)에 대하여 논의를 하고자 한다.

Ⅱ. 기본권 이전의 사법원칙으로서 사적자치

1. 사적자치의 개념

사적자치는 순수한 사법적 개념이다. 하지만 사법에서 사적자치에 관한 명문의 근거조문은 찾을 수 없다. 다만 간접적인 근거로 의사표시나 법률행위 및 채권이나 전형계약규정의 배후에 존재하는 불문의 사법원리로 주장되고 있는 점에서 이들 규정에서 도출할 수 있을 뿐이다. 사적자치의 모든 내용을 포괄하는 유권해석도 지금까지 제시되고 있지 않고 있다. 그리하여 사법학자들은 사적자치를 다음과 같이 정의하고 있다. '자기 일을 자기결정에 의하여 자기책임으로 자기지배를 한다는 당위',[35] '개인이 법질서의 한계 내에서 자기의 의사에 기하여 법률관계를 형성할 수 있다는 원칙',[36] '자기결정과 평등보호를 전제로 한 사인이 법질서의 한계 내에서 자기의 자유로운 의사에 따라 법률관계를 형성하는 것',[37] '인간의 자유로운 의사를 법에 근원을 두어, 사적 생활에 있어서 자기

35) 이영준, 민법총칙, 박영사, 1989, 12쪽; 백태승, 민법총칙, 제6판, 집현재, 2014. 40쪽
36) 송덕수, 사적자치에 관하여, 사회과학논문집 제11권(이화여대), 1991.

의 생활관계는 자기의 의사로 규율할 수 있는 것'[38] '인간으로서의 존엄과 가치(헌법 제10조), 보다 구체적으로는 그 한 내용인 일반적 행동자유라는 이념에 기한, 각자가 자기의 법률관계를 자기의 의사에 따라 자주적으로 처리할 수 있고, 국가나 법질서는 여기에 개입해서는 안 된다는 민법의 기본원칙'[39] 등이 그것이다.

이러한 사법학자들의 개념정의는 내용적으로 상호 모순되는 것은 아니다. 다만 사적자치의 세 가지 측면, 즉 '사적자치의 주체로서 개인의 행동자유', '사적자치의 수단으로서 법률행위', '사적자치의 효력근거로서 법질서에 의한 승인'의 각각을 부분적으로 또는 전반적으로 설명하고 있다. 사적자치의 세 가지 측면을 분석하면 사법관계에서 강제력이 인정되는 개인의 의사표시(인적요소), 법률행위의 형성과정에서 자기결정(물적요소), 개인의 의사표시가 승인 또는 부인될 수 있는 법적 가능성(효력요소)의 세 가지 요소로 구분할 수 있다. 이 세 가지 요소는 독립적으로 기능하는 것은 아니고 상호 결합하여 사적자치의 본질을 형성한다.[40]

2. 사적자치의 실체와 구조

(1) 동등한 존재로서 권리주체성

사적자치의 주체는 법률행위능력이 있는 사인(Private)이다. 사법에서 예정하는 사인에는 의사표시의 발신인과 수신인, 채권자와 채무자, 유언장작성자와 정관작성자 등이 있다. 따라서 사적자치의 주체로서 사인은 국가법에서의 국민(Staatsbürger)과 구별되는 시민(Bürger)이다. 시민은 이기적으로 자신의 욕심을 충족하려는 부르주아(Bourgeois)를 말하는 것으로 국가공동체를 고려하여 공익을 자신의 문제로 생각하는 공민(Citoyen)과는 차이가 있다.[41] 사법원리로서 사적자치의 시민 상(Leitbild des Bürgers)도 자기의 업무를 자기책임으로 수행하고 법률관계에서 이를 자명한 것으로 인정하는 행위능력 있는 사인을 전제로 한다.[42]

---

37) 김준호, 민법총칙, 제10판, 법문사, 2016, 24쪽.

38) 김주수, 민법개론, 제10판, 삼영사, 2008, 18쪽.

39) 지원림, 민법강의, 홍문사, 2017, 17면.

40) J. Isensee, Privatautonomie, in: Handbuch des Staatsrechts Ⅶ, Heidelberg, §150, 2009, S. 211, RN 6.

41) J. Isensee, Grundrechtsvoraussetzungen und Verfassungserwartungen an die Grundrechts-ausübung, in: Handbuch des Staatsrechts Ⅸ, Heidelberg, §190, 2011, S. RN 224, 234 ff.

42) 법철학에서는 이를 "인간은 공동체, 특히 국가공동체의 단순한 구성분자가 아니라 독자성을 갖는 개인을 말한다. 따라서 법률관계를 형성하는 가장 기본적인 방법은 독자성을 갖는 동등한 인간

이러한 점에서 사적자치는 평등을 전제로 한 자유다. 사적자치의 주체는 자신과 동등한 권리주체인 상대방의 의견과 다른 자신의 의견을 조정하여 합의에 이르게 된다. 계약은 동등한 권리주체간의 합의에 법적 효력을 부여한다. 계약은 또한 평등한 주권국가간에 국제법적 관계를 규율하는 수단으로 연방국가에서 연방과 지방(주)간, 동등한 행정기관간의 조정수단이기도 하다. 하지만 사적자치에서 파생된 계약자유는 평등한 사인간을 전제로 한 것으로 국가와 사인과 같이 종속적인 관계에는 적용되지 않는다. 국가와 사인간은 구조적인 불평등이 전제된 것이기 때문에 원칙적으로 계약자유가 보장되지 않지만 법적으로 사인에게 국가와 동등한 협상력을 보장된 경우에는 예외적으로 계약자유를 보장할 수도 있다.

(2) 개인적 자유

사적자치는 법적 강제의 부재를 의미하는 것으로 소극적인 자유다. 따라서 사적자치의 주체는 법, 관습, 정치적 정당성과 반드시 일치하지 않더라도 자신의 판단에 따라 스스로 자기책임법을 제정할 권한을 갖는다. 즉 사인의 자의에 정당성을 인정하는 것이 사법상 계약자유(사적자치)의 본질이 된다. 계약자유로 인해 사적 이기심과 상대방에 대한 차별도 정당화된다. 따라서 사인은 원하는 상대방을 선택하여 자신이 옳다고 판단하는 조건만 내세워 계약을 체결할 수 있다. 다른 사람을 계약상대방으로 선택하지 않고 객관적으로는 비도덕적인 계약조건을 강제하더라도 내용적 정당성을 입증할 책임도 없다.

하지만 국가는 도덕적 명령이나 사회정책적 규정에 따라 기본권제한의 정당성을 입증할 책임을 부담한다. 따라서 민법학에서 사적자치는 자기지배(Selbstherrlichkeit)로 해석한다.[43] 이는 이중적 의미를 갖는 것으로 사인은 사법관계에서 자기 자신의 주인일 뿐만 아니라 상대방에 대한 배려 없이 비도덕적으로 계약자유를 남용할 가능성에 대해서도 인정해야 하는 것을 뜻한다. 사인은 국가와 달리 자신의 권한행사방법에 대해 정당성을 입증할 필요가 없기 때문이다.

(Person) 상호간의 직접적인 관계를 말한다."고 설명한다. F. Bydlinski, Privatrchtgesellschaft und Rechtssytem, in: FS für P. Raisch, 1995, S. 7(23); J. Isensee, Privatautonomie, S. 212, RN 10.

43) 이영준, 전게서, 13면; J. Isensee, Privatautonomie, S. 213, RN 12.

(3) 법률관계형성의 자유

사적자치는 법률관계의 발생, 변경, 소멸과 관련된 것으로 법적 효력이 부여되어야 한다. 사적자치의 행위형식은 법률행위로 사인의 의사에 따라 의욕한대로 법적 효과가 발생하게 되는 법적 실현수단이다. 법률행위의 본질은 의욕한 법적 효과를 초래하게 하는 의사표시이고 이 의사를 승인한 법규범을 매개로 사인은 법제정을 하게 된다. 의사와 표시는 일치해야 하며 그 판단기준은 의사표시 발신자의 입장과 수신인의 입장도 객관적인 법규범의 해석이다. 발신인은 수신인이 수용한 의사표시에 대한 책임을 진다. 따라서 자기결정은 자기책임과 상대방에 대한 책임을 포함한다.

사적자치는 그 행위주체에게 자기의 의사표시로 법률관계를 형성하는 권한을 부여한다. 하지만 사적자치는 상대방의 권리를 방해하거나 상대방을 복종하게 하는 것을 허용하지 않는다. 일방의 자기결정의 한계는 동등하게 법적 지위를 향유하는 상대방이 자기결정을 할 수 있는지 여부에 있다. 사적자치, 특히 계약자유는 반드시 계약당사자간 법적 지위의 평등을 전제로 하고 있다. 평등한 법적 지위를 갖는 계약당사자는 사적자치를 향유할 수 있지만 불평등한 경우에 계약자유는 침해된다. 사인은 타인의 자유를 존중하여야 한다. 타인에게 의무를 부담하게 할 수는 없고 자기에게만 책임을 부과할 수 있다. 계약은 일방의 청약과 타방의 승낙에 의해서만 타인에게 책임을 부과할 수 있는 것으로 사법상 계약자유는 제3자를 위한 계약(민법 제539조 제1항)과 달리 제3자 부담의 계약을 허용하지 않는다.[44] 사적자치의 한계를 넘기 때문이다.

계약자유는 자기의사에 의한 자기구속을 내용으로 한다. 교환계약은 계약당사자간 자기구속으로 성립된다(민법 제596조). 공권력과 달리 사인은 법률에서 자유제한을 허용한 예외적인 경우를 제외하고는 타인의 자유를 원칙적으로 제한할 수 없다. 예컨대, 형성권인 취소, 철회, 해지, 해제와 같은 단독(적 법률)행위의 경우도 법률에서 허용한 경우에만 행사할 수 있다.[45] 하지만 형성권행사여부는 재량사항이다. 따라서 형성권을 행사하는 일방은 그 법적 효과를 수인해야 하는 상대방에 대하여 우월적 지위를 확보할 수 있다. 하지만 형성권 그 자체는 사적 자치를 침해하는 것이 아니다. 왜냐하면 취소는 자기결정이 아닌 타인결정에 의한 사적자치를 제한하는 것이고, 철회, 해지, 해제는 계약에 의한 자기기속

---

44) 지원림, 전게서, 1332면; J. Isensee, Privatautonomie, S. 216, RN 17.
45) 지원림, 전게서, 171면; J. Isensee, Privatautonomie, S. 212, RN 16.

을 종료하고 원상회복을 도모할 수 있는 것이기 때문이다.

(4) 사적자치의 객관적 효력범위

사적자치가 전형적으로 나타나는 분야는 상행위를 포함한 채권계약법이다. 사적자치의 법적 효과가 계약당사자에 국한되고 제3자에게 책임을 부과하거나 공공복리를 고려할 필요가 없기 때문이다. 여기서 계약자유란 민법의 전형계약으로부터의 자유를 의미한다. 물권법, 친족상속법, 결사 및 회사법에서는 강행규정이 일반적이어서 사적자치는 제한적으로 적용된다.[46] 하지만 이들 영역에서도 혼인계약, 회사설립, 결사가입 등 사인간 계약체결의 자유는 법적 제한없이 향유할 수 있지만 상대방선택 및 계약방식 등 계약형성의 자유는 법적 한계 내에서 행사할 수 있다. 예컨대, 물권법정주의(민법 제185조), 회사법의 법정요건(상법 제169조 이하), 혼인의 방식과 요건(민법 제815조 이하), 유류분청구권(민법 제1112조 이하) 등이 그 법적 한계다.

Ⅲ. 사법상 계약자유의 한계와 헌법상 기본권으로 편입

1. 계약당사자간 사실상 불평등

사법상 사적자치원칙은 사법관계에 참여하는 모든 사인의 평등한 자유를 전제로 한다. 계약당사자가 자기의사에 따라 계약내용과 방식을 결정하여 계약체결의 자유를 행사하기 위해서는 계약당사자간 최소한 동등한 협상력이 전제되어야 한다. 하지만 현실적으로는 불평등한 협상이 이루어진다. 당사자의 지식과 정보차이, 협상능력, 주변상황의 유·불리, 최근에는 사회적 관계도 그 원인이 되고 있다. 이와 함께 재산권에 내재한 자유로 인해 재산소유자는 무소유자에 대해 우월적 지위를 확보한다. 헌법은 계약자유와 동시에 사유재산권을 보장함으로써 현실에서는 모순이 나타날 수 있다. 불평등하게 분배될 수 있는 법적 자유로 인해 계약일방은 타방에 대한 사회적 권력으로 위세를 부릴 수 있다.[47]

---

46) 송덕수, 전게논문, 2면; J. Isensee, Privatautonomie, S. 212, RN 19.

47) 막스 베버(M. Weber)에 의하면 법적으로 보장된 소유분배의 차이로 인해 시장에서 우월적 지위를 행사하는 기업가의 경우 근로조건을 자의적으로 설정하여 계약상대방에게 강제할 수 있다고 한다. 즉 "계약자유는 법적 한계 내에서 소유한 재산권을 현명하게 이용할 수 있는 기회를 제공하여 결과적으로 타인에 대한 지배권을 확보하는 수단이 된다." Ders, Wirtschaft und Gesellschaft (1922), hg. v. J. Winckelmann, 1. Halbband, 1956. S. 562; J. Isensee, Privatautonomie, S. 219, RN 24.

19세기 형식적 법치국가의 근대민법은 모든 시민이 동등한 협상력과 사회적 관계를 갖는 법적 평등을 전제로 하였다. 따라서 계약일방이 타방에게 급부를 이행하면 경제적으로 곤궁해지더라도 그의 계약의사는 유효한 것이었다. 근대국가는 폭력독점사상에 입각하여 착오, 사기, 강박 등 물리적 폭력의 경우와 계약내용이 공정한 교환정의에 반하는 공서양속위반, 폭리와 같이 현저히 불공정한 법률행위의 경우가 아닌 한 사적자치에 개입하지 않았다. 즉 계약당사자의 자기의사를 물리적 강제의 경우에만 부인하고 경제적 곤궁의 경우에는 여전히 유효한 것으로 보았다. 개인적 사정은 계약의사의 판단에서 배제한 것이다. 계약상대방의 사실상 열악한 지위는 계약체결의 자유제한이 아니었다.

하지만 근대민법에서 사실적인 계약조건을 계약 성립과 무관한 것으로 본 것은 계약자유를 당사자간 힘의 균형을 전제로 하는 것과 모순되는 것이다. 사법상 계약자유는 계약당사자의 자기의사에 의한 자기결정이 우월적 지위를 이용한 상대방의 타인결정으로 대체되는 것을 금지한다. 사적자치는 강제와 양립할 수 없기 때문이다. 하지만 형식적 법치국가에서 사인간 힘의 불균형은 부인할 수 없는 현실이었기에 이러한 사법상 계약자유의 한계를 해결할 방안을 강구하게 되었다.

2. 해결방안

우선 계약당사자간에 사회·경제적으로 평등하다는 가정은 성립될 수 없기에 사법원칙으로 계약자유를 포기하는 급진적 방안이다. 현대의 대량소비사회에서 대부분의 계약은 공급자가 제시하는 계약조건을 수요자는 거부하기 어렵다. 따라서 진정한 계약자유를 사인간 계약에서는 일반적으로 향유할 수 없다. 평등이 보장되는 사회란 지구상 어느 국가에서도 존재하지 않기에, 계약자유란 정확히 말하면 현실이 아닌 이상에 불과한 것이라 보아야 한다. 이는 사회주의국가에서도 마찬가지다. 이러한 점에서 현대 민법학의 과제를 계약자유가 아니라 계약공정을 추구해야 한다고 주장한다.[48] 계약공정을 실현하는 방법으로는 사인간 수평적인 거래에서 교환정의(justitia commutativa)를 추구하는 것과 상위의 분배기관과 하위의 수령자간에 수직적인 배분정의(justitia distributiva)를 실현하는 두 가지가 있다. 사회주의국가는 후자의 수직적인 방안을 실행하고 있다. 법체계를 자유보장수단으로 파악하는 민주국가와 달리 사회주의국가에서는 자유를 정의

48) 한삼인/김상헌, 민법총칙, 화산미디어, 2017, 19면.

의 문제로 급진적인 전환을 시도하여 실행한다. 따라서 민법은 지배계급의 착취 수단으로 파악한다.

다음으로 계약자유의 한계를 제거하기 위하여 불평등을 보완하는 점진적인 방안을 채택한다. 이는 자유민주적 법치국가에서 계약자유를 실현하기 위한 법적 조건을 마련하여 계약당사자 상호간에 계약내용을 자유롭게 결정할 수 있도록 보장하여 교환정의(justitia commutativa)를 실현하는 체계내재적인 방안이다. 이는 계약당사자간 협상체계의 불평등을 조정하려는 입법목적에 따라 법적 수단을 마련하는 것이다.

3. 계약자유한계의 상대화경향

계약당사간 협상력은 현실적으로 동등할 수 없다. 대량소비의 현대사회에서는 대량 거래되는 물품에 대한 예측가능성, 투명성, 일반성, 신뢰성을 전제로 고정가격이 제시된다. 즉 일반거래약관, 공급조건의 정형화로 인해 개별적인 계약내용형성의 자유는 제약되므로 대등한 정보, 조건에 대한 신뢰, 제품의 비교가능성을 담보한 계약체결의 자유가 중요하게 되었다.

한편 사회주의국가에서 암시장과 암노동자가 존재하고 있는 것은 사적자치의 흔적으로 평가할 수 있다. 따라서 사적자치는 자본주의, 사회주의든 이념을 불문하고 인간사회에서는 자연적인 현상으로 보아야 한다. 다만 그 보호수준에서 상대적 차이를 확인할 수 있을 뿐이다.

4. 사법상 계약자유의 바이마르헌법상 기본권으로 수용

바이마르헌법은 기본권편 경제생활에 관한 장에서 계약자유를 규정하였다. 즉 "계약자유는 경제거래에서 법률의 범위 내에서 보장된다. 폭리는 금지된다. 공서양속에 반하는 법률행위는 무효이다(제152조)." 바이마르헌법은 프롤레타리아(인민)혁명 이후 경제질서를 수용하면서 민법상 계약자유를 헌법적 효력으로 고양하였다. 하지만 계약자유를 경제거래의 분야에 한정함으로써 학설상 채권법분야 이외에 물권법분야는 제외된다는 해석이 일반적이었다. 또한 계약자유를 법률유보에 의해 형성되는 자유로 규정하여 진정한 자유권으로 볼 수 없었다. 하지만 법률유보된 계약자유의 헌법적 효력으로 인해 입법자는 계약자유를 폐지할 수 없는 최소한의 의무를 부담하였다. 즉 사적자치를 제도보장으로 고양하여 바이마르헌법의 경제질서는 (사적자치를 사법상 기본원칙으로 인정하지 않고) 중

앙집권적 계획경제를 추구하는 사회주의나 공산주의국가를 배격한다는 헌법적 의미를 부여하였다.[49]

바이마르헌법 제152조의 계약자유는 제도보장이외에 입법과 그 해석방법을 제시하는 원칙으로서의 성격과 계약체결자유의 주관적 공권적 성격을 보장하고 있다. 이러한 세 가지 성격(제도보장, 입법과 해석원칙, 주관적 공권)은 계약자유의 헌법적 성격을 기본권으로 주장할 수 있는 요인이 된다. 하지만 계약자유의 기본권적 성격은 입법과 행정에 대한 보호를 의미할 뿐 다른 사인(제3자)에 의한 계약자유의 침해에 대한 보호를 청구하는 기본권의 제3자적 효력은 제외되었다.[50]

Ⅳ. 기본권으로서 사적자치의 헌법적 근거와 실현수단

1. 사적자치의 헌법적 근거

현행헌법에 사적자치나 계약자유에 관한 명문규정은 없다. 따라서 학설과 헌재결정에 나타난 사적자치와 계약자유의 헌법적 근거를 살펴보기로 한다.

(1) 일원설 또는 다원설의 내용과 검토

헌재결정과[51] 다수학설[52]에 의하면 사적자치는 인간존엄 및 가치에 근거한 기본권의 핵심내용으로[53] 헌법 제10조의 인간의 존엄과 행복추구권에서 파생되는 일반적 행동자유권의 한 내용으로 도출하고 있다. 이는 소위 일원설로 보충적 기본권으로서 행복추구권이 아닌 독자적인 기본권으로서 사적자치의 근거로 파악할 수 있다. 일원설은 기본권으로서 사적자치의 독자성을 유지하기 위하여 그 보호내용과 한계를 동일하게 보는 것이다. 즉 사적자치(계약자유)를 행복추구권에 근거한 일반적 행동자유권의 파생으로 일반적 인격권, 개인정보자기결정권

---

49) J. Isensee, Privatautonomie, S. 219, RN 40, 41, 42 ff.

50) J. Isensee, Privatautonomie, S. 219, RN 43.

51) 헌재결 2010. 5. 27. 2008헌바61, 판례집 22-1하, 205; 헌재 2009. 6. 25. 2007헌바39, 판례집 21-1하, 820, 826-827 참조; 2003. 5. 15. 2001헌바98, 판례집 15-1, 534, 546-547; 헌재 1991. 6. 3. 89헌마204, 판례집 3, 268.

52) 김철수, 전게서, 569면; 전광석, 전게서, 292면.

53) 대리상에 관한 연방헌법재판소결정(BVerfGE, 81, 242, 254)에 의하면 "자유민주주의 사회의 구성요소인 사적자치에 기초하여 계약당사자는 자기책임으로 법률관계를 형성한다. 계약당사자는 상반되는 이해관계를 적당하게 조정할 수 있고 이와 함께 국가의 간섭 없이 기본권을 행사할 수 있다. 국가는 사적자치의 한계에서 당사자가 내린 결정을 원칙적으로 존중하여야 한다."

등과 같은 독자성을 갖는 불문기본권으로 주장하고 있다. 이와 반면에 다원설은 다양한 기본권의 보호내용을 고려하여 사적자치의 특성을 반영하고 있다. 사적자치는 재산권, 혼인과 가족의 권리와 같이 법제도에 의해 보호내용이 형성되는 것으로 직업,[54] 결사,[55] 재산권,[56] 재판청구권,[57] 혼인과 가족의 권리,[58] 소비자의 권리[59] 등 다양한 기본권의 객관적 내용에 우선적으로 근거한다는 것이다. 다만 행복추구권에서 파생된 사적자치 내지 계약자유는 보충적인 기능을 한다고 본다. 다원설은 일원설의 경우 헌법에서 기본권의 보호내용을 차별하고 있는 만큼 개별기본권의 본질내용을 고려할 수 없어 기본권보호수준이 획일화될 위험이 있다고 본다.

판단컨대, 일원설에 의하더라도 평등한 사인간의 사적자치에 개입하는 헌재[60]는 자의적인 차별입법과 관련된 자유권의 침해정도에 따라 평등보호수준을 자의금지와 비례의 원칙에 의해 차별화하여 헌법적 정당성을 심사하고 있으므로 실제적인 차이는 거의 없다 볼 수도 있다. 하지만 다원설은 예컨대, 점주와 직원간의 일정기간 경업금지계약의 사적자치침해주장에서 직원은 직업의 자유를, 점주는 계약자유를 주장하는 경우와 같이 상이한 기본권보호를 주장하는 현실을 반영하여 보호수준을 상이하게 파악할 수 있는 장점이 있다. 또한 사회국가원리에 의하여 보호수준이 다양한 계약자유의 경우 예컨대, 근로계약에서 근로자, 보험계약에서 피보험자와 같이 사실상의 계약약자는 생존권침해를 주장하여 정당한 보호를 받을 수 있다. 헌재결정[61]에서도 산재보험법에서 통상의 출퇴

54) 운송수입금 전액납부 및 수납의무를 부과한 여객자동차운수사업법 규정의 직업수행의 자유제한 의한 계약자유침해여부(헌재 2009. 9. 24. 2008헌바75, 공보 제156호, 1720; 1998. 10. 29. 97헌마345).

55) 안마사들로 하여금 의무적으로 대한안마사협회의 회원이 되어 정관을 준수하도록 한 의료법규정의 소극적 결사의 자유의 제한에 의한 사적 자치침해여부(헌재 2008. 10. 30. 2006헌가15, 판례집 20-2상, 684).

56) 토지거래허가제에 관한 국토이용관리법규정의 재산권제한에 의한 사적 자치침해여부(헌재 1989. 12. 22. 88헌가13, 판례집 1, 357); 화재로 인한 재해보상과 보험가입에 관한 법률 조항의 재산권제한에 의한 계약자유 침해여부(헌재 1991. 6. 3. 89헌마204, 판례집 3, 268).

57) 가해차량이 종합보험에 가입되었다는 이유만으로 공소제기를 원칙적으로 금지하는 교통사고처리특례법규정의 재판절차진술권제한으로 인한 불법행위 피해자의 생명신체의 보호의무위반여부(헌재결 2009. 2. 26. 2005헌마764 등, 판례집 21-1상, 156).

58) 동성동본금혼제도에 의한 혼인계약자유의 침해(헌재 1997. 7. 16. 95헌가6 등, 판례집 9-2, 1).

59) 계속거래업자와 계속거래계약을 체결한 소비자에게 일방적 해지권을 부여한 방문판매 등에 관한 법률조항 중 '계속거래'에 관한 부분이 청구인의 계약의 자유를 침해하는지 여부(헌재 2016. 6. 30. 2015헌바371 등, 공보 제237호, 1108).

60) 헌재결 1999. 12. 23. 98헌마363; 헌재결 2010. 11. 25. 2006헌마328.

근 재해에 있어 사업주와의 관계에서 혜택근로자와 비혜택근로자를 차별하는 입법의 정당성을 자의금지원칙의 강화된 심사를 통하여 종래의 합헌결정을 변경하여 헌법불합치결정을 한 바 있다. 이러한 점에서 개별기본권의 보호범위에 내포된 사적자치에 대하여 살펴볼 필요가 있다.

(2) 개별기본권의 보호내용으로 사적자치

사적자치를 보호내용으로 하는 개별기본권은 사법이론과 별개로 헌법고유의 역사적 경험과 기본권이론 및 국가권력에 대한 국민의 지위 등을 고려하여 체계적으로 규정되어 있다. 사적자치에 관하여 개별기본권은 일반적 행동자유권에 비해 특별관계에 있다.

첫째, 자유권적 기본권인 직업의 자유(헌법 제15조)는 사적자치에 관한 다양한 보호내용을 내재하고 있다. 본업, 부업, 공익, 사익을 망라한 소득활동에 관한 법률행위, 회사합병과 같은 직업관련계약의 체결과 법적 효력, 직업선택, 경업피지의무에 의한 직업변경 등 자신의 계획에 따라 자유롭게 직업상을 형성할 수 있는 것 등을 보호내용으로 한다. 하지만 단계이론에 의하여 직업수행의 자유와 같이 법적 제한이 용이한 경우 이에 해당되는 사적자치의 제한도 용이하다.

둘째, 재산권(헌법 제23조)의 경우 사유재산제도를 전제로 하고 있어 사적자치가 내재되어 있다. 이에 따라 재산권의 주체는 법률과 제3자의 권리를 침해하지 않는 한 자신의 재산을 임의로 사용, 수익, 처분할 수 있는 권능이 있다. 재산권의 보호범위에는 물권의 사용, 수익, 처분행위가 포함된다. 따라서 토지의 임대차나 지상권설정시에 공익적 요청이 현저하게 있지 않음에도 불구하고 토지거래의 승인유보나 처분제한, 해지권의 배제, 임대료 규제는 재산권보장에 반한다. 헌법상 재산권은 사법상의 재산은 물론 물권, 채권, 보험금 수령기대권 등 공사법상의 모든 재산적 가치 있는 권리를 포함한다. 재산권의 보호범위는 내용과 한계를 형성하는 입법(제23조 제1항 제2문)에 의해 확대될 수 있다.

셋째, 상속권은 사유재산제도와 밀접한 관련성을 갖는 것으로 재산권의 보호내용으로 파악할 수 있다. 상속권에는 상속인의 사적자치로 후손에 대한 상속재산의 평등분배 대신에 자기결정에 의하여 재산을 분배할 수 있는 사적자치의 일

---

61) 헌재결 2016. 9. 29. 2014헌바254, 공보제240호, 1474, 1477-1478쪽. 특히 법정의견에 대한 보충의견은 생존권의 위헌심사기준으로 평등위반의 엄격심사요소를 제시하고 있다. 생존권의 보호영역의 특성, 보호의 긴절성, 보호수준의 적절성이 그것이다.

환인 유언의 자유를 비롯하여 재산을 상속할 상속인의 지정 등 상속계약의 체결 및 내용형성의 자유가 내포되어 있다. 상속에 관한 사적자치는 상속법으로 구체화된다. 하지만 상속법은 혼인과 가족제도와의 규범조화를 고려하여 유류분제도와 엄격한 형식요건을 부가하여 유언자유에 제한[62]을 가하고 있다.

넷째, 혼인과 가족에 관한 권리(헌법 제36조 제1항)에는 배우자를 자유롭게 선정하여 혼인계약을 체결할 자유를 내포하고 있다. 이에는 부부재산에 관한 약정, 부부생활비에 관한 약정 등 혼인의 내부관계를 자유롭게 형성할 최대한의 자유를 보장한다. 반면에 혼인의 외부관계는 제도보장으로 최소한의 법적 보호를 내용으로 한다. 따라서 동성혼과 같은 생활동반자 관계를 계약으로 체결하고 법률관계를 형성하는 것은 일반적 행동자유권(헌법 제10조)의 보호범위에 속한다.

다섯째, 결사의 자유(헌법 제21조)의 보호범위에는 합명, 합자, 주식, 유한회사 등 회사설립 및 정관작성계약, 결사의 구성원으로 가입, 탈퇴할 자유가 있다. 하지만 이러한 회사나 결사를 설립하고 그 내적관계를 형성할 자유와 회사나 결사가 단일한 권리주체로서 외부관계를 형성할 자유는 구별하여 직업의 자유(제15조)의 보호범위와 보충적으로 일반적 행동자유권(제10조)에 의해 보호된다.

여섯째, 근로자의 단결권, 단체교섭권, 단체행동권의 근로 3권(제33조)의 보호범위에는 임금 등 근로조건향상을 위한 사용자와 교섭(Tarifautonomie)을 수행하기 위한 사적자치를 내재하고 있다. 일정한 경우 법률도 대체할 수 있는 임금교섭은 사적자치가 극단적으로 발현되는 사례다. 단체교섭(Tarifvertrag)에서는 기본권의 자유주의원리보다는 사회적 힘의 역학관계가 지배하는 특징이 나타난다.

일곱째, 법률관계를 형성하는 것은 내면적인 의사표시에 기인하는 것으로 개별적인 법률행위는 단지 내면적 의사를 실현하기 위한 수단 내지 표시에 불과하다. 시민은 사적자치의 실현수단인 법률행위로 자신의 윤리, 종교, 정치적 가치관을 실현하고 자신의 가치관에 따른 계약관계를 형성하거나 회피할 수 있다. 이러한 사적자치는 의사표현의 자유(제21조)와 양심(제19조) 및 종교(제20조)의 자유의 보호범위에 속한다.

여덟째, 사적자치는 자기결정의 주체로서 스스로 법적 구속을 하고 자신의 말과 행동에 책임지는 인간의 존엄을 구현하는 수단이다. 인간은 자신의 생활영역에서 법에 복종하는 통치의 대상만이 아니라 법제정자이기도 하다. 인간존엄

62) I. Kroppenberg, Privatautonomie von Todes wegen, Tübingen, 2008, S. 13 ff.

의 기본권인정 여부에 의하여 사적자치의 기본권적 근거로 볼 여지가 있다. 판단컨대 인간존엄은 기본권실현의 목적이고 개별기본권은 인간존엄을 실현하기 위한 수단이라는 점과 기본권의 전제조건으로 전국가적인 성격을 갖는 규칙적인 기본권으로서 다원설에 입각한 사적자치권과 사법상 사적자치원칙의 공통적인 헌법적 근거로 파악하는 것이 타당하다고 본다. 이는 사적자치의 실현 방식에 있어 헌법과 사법은 기능적 협력관계에 있음을 반증하는 것이다. 헌법은 사적자치권의 제한과 형성의 법률중재의 방법으로, 사법에서는 사적자치원칙의 헌법합치적 법률해석으로 실현한다.

마지막으로 살펴본 개별기본권의 보호내용에 속하지 않는 사적자치에 관한 나머지 내용이 보충적 기본권으로서 일반적 행동자유권(제10조)의 보호내용으로 볼 수 있다. 여기에 근거한 사적자치는 국적에 상관없는 시민의 기본권으로서 자국민만을 기본권주체로 해석하여 해당 기본권의 보호범위를 향유할 수 없는 외국인의 사적자치, 채권계약의 자유, 공법상 계약자유 등이 포함된다.

전술한 바와 같이 사적자치의 헌법적 근거에 대해서 인간존엄과 개별기본권 이외에 일반적 행동자유권은 보충적 기본권으로 기능한다고 보았다. 사적자치의 근거를 개별기본권에서 찾는 경우 그 고유의 보호범위에 상응하여 제한과 제한의 한계 원리를 적용하여 사적자치의 보호를 최적화할 수 있다. 하지만 이는 개별기본권의 보호범위에 해당하는 사적자치의 내용을 추상화할 수 있는 경우에는 가능하지만 보호범위가 중첩되는 경우에는 사적자치의 불문기본권으로서의 헌법적 근거를 기준으로 보호하는 것이 타당하다. 일반적 행동자유권은 개별기본권에 특유한 보호범위에 포섭될 수 없는 사적자치의 근거가 된다는 점은 그 보호범위와 헌법적 성격에서 일반성을 갖는 것을 의미한다. 따라서 다양한 내용을 구분하여 개별기본권의 보호범위로 귀속시킬 수 없는 사적자치는 불문기본권으로서 일반적 행동자유권을 근거로 하여야 한다고 볼 수 있다.

2. 사적자치실현의 법적수단으로 공사법구분의 가능성

실정헌법에서 공사법의 구분이 가능한지 살펴볼 필요가 있다. 공사법의 구분에 대한 다양한 학설이 있다. 즉 공익보호목적과 사익보호목적으로 구별하는 이익설, 불평등한 지배복종관계와 평등한 대등관계로 구별하는 종속설(권력설, 복종설), H. J. Wolff가 주장한 국가기관이 권리의무의 주체가 되는 행위형식을 규율하는 공법과 국가기관이 아닌 사인과 사법인의 행위형식을 규율하는 사법으로 구분하는 신주체설이 그것이다. 이러한 학설들은 모두 공사법을 구별하는 기준으로 완벽하지 못하다.[63] 우선, 소비자보호법, 노동법, 사회보장법 등 오늘날의 실정법은 공사내용이 혼합하여 있는 법률이 많이 제정되고 있다. 둘째, 국가기능을 사법조직에서 수행할 가능성과 일정한 범위에서 사법형식의 행정행위를 허용할 가능성도 있다. 국가배상청구권, 손실보상청구권 등과 같이 민사법원에서 공법적 청구권을 행사하는 것도 가능하다.[64] 이러한 점은 공사법의 의미와 기능이 불분명하여 법적 형식에서 차이를 엄격히 구분할 수 없다는 것을 의미한다. 셋째, 헌법은 공사법의 구별을 하지 않는다. 헌법에서 나타나는 공사법의 실질적 차이는 국가권력은 기본권에 기속되는 보호의무자이지만 사인은 기본권의 향유자로서 그 주체라는 점이다. 하지만 이 차이점을 기준으로 공사법을 구분하는 학설이 없듯이 헌법은 공사법구분을 전제하지 않고 있다. 다만 다양한 실정법 중 사법은 기본권주체의 행위에 관한 일반법형식이라는 점과 사법에 사적자치에 관한 실질적 내용이 체현되어 있다는 점이다. 따라서 사적자치의 실현수단으로서 사법에는 민법, 상법, 임대차보호법, 노동법, 소비자보호법 등 특별사법 내지 특별행정법이 속한다.

사법제정의 직접적 근거는 없지만 간접적 헌법근거로 인간의 존엄과 가치(제10조 제1문), 국가의 불가침의 기본적 인권에 대한 보장의무(제10조 제2문), 기본권제한의 법률유보(제37조 제2항), 재산권형성의 법률유보(제23조 제1항), 국가의 혼인과 가족제도(제36조 제1항) 및 헌법유보에 의한 생존권규정 등에서 찾아볼 수 있다. 여기서 헌법은 입법자에게 제도보장이나 기본권제한 또는 형성적 법률유보로 사법제정의무를 부과하고 있다. 따라서 헌법에서는 사적자치를 사법의 기본원리로 정당화하고 있는 것이다.[65] 그 헌법적 정당화로 인해 사인은 사적자치침해에 대하여는 일반법원과 헌법재판소에 재판청구권을 행사하여 보호받을 수 있다(제27조 제1항, 제111조).

---

63) 동일 취지로 박균성, 행정법론(상), 박영사, 2008, 13면; 홍정선, 행정법특강, 박영사, 16면.
64) 최영규, 공사법구별론 재검토(Ⅰ.), 경남법학, 제14권 제1호, 1998, 89-103면.
65) 송덕수, 전게논문, 1면.

V. 사법원칙으로서 사적자치와 기본권으로서 사적자치의 상호관계

1. 사적자치원칙과 사적자치권의 병존은 모순인가?

사적자치의 보호범위와 내용은 법률에 의해 결정된다. 민상법 등 사법에 의한 사적자치의 내용은 개방되어 있다. 이와 반면에 헌법의 규범력과 기본권의 보호범위는 고정되어 있다. 여기에서 헌법의 한계가 나타날 수 있지만 사법의 한계는 없다. 사적자치와 계약자유는 원래 순수 헌법의 주제는 아니다. 근대헌법은 국가권력의 법적 권한과 절대왕정에 대한 항의적 차원에서 국가와 수직적 관계에 있는 국민의 대국가적 효력주장 수단으로 주관적 공권을 규정하는 것을 과제로 하였기 때문이다. 따라서 사인간의 수평적인 법률관계에 주관적 공권으로서의 기본권은 직접 적용될 수 없고 기본권의 객관적 내용인 방사효가 사법의 일반규정을 관문으로 하여 해석에 의해 간접 적용된다는 대사인효 간접설이 종래 헌법학계의 통설[66]이었다. 여기서 헌법은 최고의 효력을 갖는 국내법이지만 하위법률보다 규정내용에 있어서는 상세하지 않다는 결론이 도출된다.

전술한 간접효설에 의하면 사법의 사적자치의 원칙의 형해화를 방지하면서 기본권합치적 법률해석으로 공사법의 이원적 법체계하에서도 헌법의 최고규범력이 실현될 수 있다고 본 것이다. 이에 더하여 근자의 헌법학계에서는 계약자유를 기본권으로 도출하여 국가권력의 기본권기속(헌법 제10조 제2문)과 기본권보호의무이론(Lehre von den grundrechlichen Schutzpflichten)을 근거로 하여 사법보다 우위에 있는 제도보장, 방어권, 청구권, 생존권, 보호의무의 기능을 부여하고 있다.[67] 하지만 사법학자는 여전히 사적자치는 초국가적 자연권적 성격을 갖는 사법의 근본원칙이라 주장[68]하고 있다.

사법의 시각에서 계약자유를 기본권으로 보장할 필요는 없다. 기본권으로서 계약자유의 보호범위를 확정할 수 없어, 법률유보로 보호범위에 아무런 영향을 미칠 수 없다고 본다. 계약자유는 당사자간 합치된 의사표시에 대해 사법의 범

66) 장영철, "기본권의 제3자적(대사인적) 효력에 관한 이론적 연구", 『공법연구』 제37집 제3호(2009. 2.), 33-58면; 장영철, "기본권의 제3자적 효력과 기본권보호의무", 『공법연구』 제29집 제2호(2001. 2.), 155-170면.

67) 장영철, 헌법재판과 사적자치, 『공법연구』제45집 제2호(2016. 12.), 129-154면.

68) 양창수, 헌법과 민법 — 민법의 관점에서 —, 『법학』, 서울대 법학연구소 제39권 제4호(1999).

위에서 효력을 부여하기에 기본권으로서 계약자유는 아무런 기능을 하지 못하고, 계약자유의 법률유보도 사법질서에 의한 계약자유와 구별할 수 없다. 법질서가 허용한 범위에서 개인은 사법상 인(Person)로서 자기결정에 의한 계약자유를 향유하는 것이다. 예컨대, 부부별산제의 배제, 상속계약의 불허, 물권법의 제도축소, 채권법을 강행규정으로 해석하는 계약자유도 가능한 것이다. 이는 헌법상 계약자유의 일반적 행동자유권에 근거한 기본권과는 무관한 것이다.

헌법상 계약자유는 국가에 대한 국민의 소극적 관계에서 주장되는 의사표현의 자유, 신체의 자유와 같은 대국가적 효력을 갖는 자유권적 기본권의 성격을 인정한다. 자유권적 기본권은 천부인권으로서 전국가적인 자유를 보호내용으로 하여 국가의 법적 제한에 대한 방어권적 성격을 갖는다. 법적 제한에는 공사법을 막론한 모든 강행법규가 이에 해당된다.[69] 이러한 강행법규는 방어권으로서 일반적 행동자유권에 근거한 계약자유의 내재적 한계인 타인의 권리, 헌법질서, 도덕률을 존중하는 내용이어야 한다. 예컨대, 가격규제, 법률행위제한능력자보호, 유언의 형식주의 등 사법상 규정을 들 수 있다. 자유는 무제한인 반면 국가권력은 제한적이라는 법치국가의 배분의 원리에 의하여 전국가적 자유에 제한을 가하고 있다. 국가는 계약자유의 제한수단으로서 법률의 형식요건과 과잉금지원칙의 실질요건을 충족하여야 한다.

하지만 헌법상 계약자유를 방어권으로만 파악하는 것은 사법상 사적자치원칙과 실질적인 차이점이 두드러지지 않는다. 왜냐하면 사적자치를 방어권으로만 파악해서는 헌법과 사법에서 사적자치의 한계만을 강조하고, 기본권의 전제조건 내지 기초로서의 사적자치의 본질적 성격에 대해서는 논할 수 없기 때문이다. 사법의 독자성에 대해서도 설명할 수 없다. 이러한 점에서 사법적 시각에서 기본권으로서 사적자치의 독자성을 인정할 수 없다는 지적은 적확하다. 계약과 그 밖의 법률행위의 기속력과 엄격한 법적 집행력은 자연법적 명령이 아닌 국가법에 기인한다. 계약자유는 가정적인 자연적 상황에서의 천부인권이 아니라 국가법에 의해 비로소 형성된 기본권이다. 하지만 계약자유는 실정법의 단순한 결과물은 아니다. 헌법적 견지에서 계약자유는 공동체형성에 필수적인 기본수단이기에 법률에 의해 비로소 생성되는 것이 아니라 보장되어야 하는 기본권이다. 법률관계에서 개인의 자기결정은 헌법의 전제로서 인권적 성격을 갖는 것으로 입법자는 계약자유형성의무를 이행하여야 한다(헌법 제10조 제2문).

69) 헌재결 2013. 12. 26. 2011헌바234.

헌법학자 듀리히(G. Dürig)는 계약자유는 본질적으로 자연적인 것이어서 민법의 기본원리로 편입되었다고 인정하고 계약자유의 제한은 그 보호를 위한 것[70]이라 하였다. 민법학자 플루메(W. Flume)도 입법은 법적 효력을 부여하기 위한 목적인 개인을 인격자로 존중하고 자기결정을 원칙적으로 존중하려는 목적에서 제정되는 것이다. 따라서 개인의 자기의사, 자기지배, 자기책임을 내용하는 사적자치는 입법에 의해 비로소 생성되는 것이 아니라 한다.[71] 헌법 제10조의 일반적 행동자유권에서는 입법원리로 법률관계형성과정에서 인격의 자유로운 발현에 대한 존중권 이외에 사법의 기본원리로서 사적자치를 도출할 수 없다고 한다. 즉 헌법에서 계약자유를 기본권으로 도출한다 하여도 사법질서의 구체적 내용은 헌법에서 직접 도출할 수 없는 것으로 본다.

전술한 내용을 보면 사법의 시각에서도 사법상의 사적자치원칙에 관한 근본결단은 인간의 존엄과 가치(헌법 제10조 제1문)에 내재되어 있고 사적자치를 실현하기 위한 수단은 기본권형식으로 규정되어 있다고 본다.[72] 이는 민법과 헌법의 견해차를 좁힐 수 있는 계기를 제공한다. 사적자치의 실현수단인 기본권의 제한과 형성에 관한 사법제정에서 헌법과 사법에서의 사적자치에 관한 이해의 대립을 조정할 수 있기 때문이다.

2. 자유의 조정자로서 법치국가

추상적인 사적자치원리가 사법에서는 구체적 내용으로 나타나고 있다. 여기서 바로 모든 사람을 인격자로 존중하고, 사적영역과 사법관계에서 자신의 인격을 발현할 수 있게 하는 법치국가의 목적이 구현되는 것이다. 이를 칸트에 의하면 법치국가란 일반법률에 의하여 일방의 자유와 타방의 자유가 공존할 수 있는 법적 조건을 보장하는 국가를 말한다. 법치국가는 일반 기준에 따라 법영역을 구분하고 상반되는 이해관계에 있는 당사자의 기본권충돌을 해결하는 방안을 제시하여 법률관계에서의 민법적 기초를 제공한다. 예컨대, 법률행위능력, 의사표시의 효력발생요건, 하자있는 의사표시의 효력 등에 관한 규정이 이에 속한다. 전형계약에 관한 규정도 계약자유에 따라 선택 가능한 계약모델을 제시하고 있

---

70) G. Dürig, in: Maunz/Dürig, GG, 1958, Art. 2. Abs. 1, RN 59.

71) W. Flume, Allgemeine Teil des Bürgerlichen Rechts, Bd. Ⅱ., S. 20.

72) 우리의 경우도 다수 민법학자와 대법원판례가 인정하고 있다. 송덕수, 전게논문, 1면; 지원림 전게서, 17면; 김동훈, 사적자치원칙의 헌법적·민사법적 의의, 민사법학회 발표문(2017. 10. 21.), 20면. 대판 2003. 7. 22. 선고 2002도7225; 2007. 7. 12. 선고 2006두4554.

다. 임의규정은 계약자유의 행사를 용이하게 하고 일반적인 경우에 합리적인 해결방안을 제공한다.[73] 민사법에서 자유의 조정자로서 법치국가는 사적자치가 개인의 자기지배가 타인지배로 변질되지 않도록 하여 계약일방이 타방의 계략에 넘어가 법익침해를 당하지 않도록 배려한다. 즉 법치국가는 법률관계에서 신의를 보호한다. 사적영역에 비해 고권적인 지위에서 사적자치에 관한 일반적인 법원칙과 분쟁해결을 위한 권리보호수단을 제시한다. 사법관계에서 법적 안정성을 보장하기 위한 최소한도의 일반규정(민법 제103조, 제104조 등)도 마련한다. 이러한 사법규정은 기본권제한입법이라기보다는 오히려 형성입법으로 평가할 수 있다. 즉 사적자치는 필수적으로 제한을 동반하지만 입법적으로는 형성이 요구된다.

3. 기본권의 제한과 형성의 상대성

기본권주체는 기본권의 형성으로 현실적으로 행동할 있는 법적 조건이 마련된다. 기본권형성은 추상적인 헌법규정을 구체적인 사법규정으로 전환하는 기능을 수행하는 것으로, 헌법의 우위를 침해하지 않으면서 기본권의 내용을 일반법률체계에 포섭하여 기본권의 효력을 발현하게 한다. 이러한 점에서 민법총칙과 채권법규정의 대부분은 사적자치에 관한 내용으로 분류된다. 기본권의 형성과 제한을 명확히 구분할 수는 없다. 오히려 제한과 형성은 혼재되어 있다고 할 수 있다. 따라서 이를 '법률중재'라 표현하는 견해[74]도 있다. 예컨대, 민법 제555조는 "증여의 의사는 서면으로 표시되지 아니한 경우에는 각 당사자는 이를 해제할 수 있다."고 규정하여 증여자가 경솔하게 증여하는 것을 방지하여 증여계약의 자유를 제한하지만, 증여의사를 명확하게 하여 분쟁을 예방한다는 점에서 증여계약의 자유를 보호하고 있다.

한편 근로기준법 제26조는 "근로자를 해고하려면 사용자는 적어도 30일전에 예고를 하여야 한다."는 규정은 사용자의 근로계약의 자유를 제한하는 측면도 있지만 오히려 근로자와 사용자의 근로관계를 형성하고 촉진시킨다는 점이 강하다. 계약자유형성입법은 사적자치의 최적화를 목적으로 하여 계약당사자의 계약내적이익을 보호하는 반면, 계약자유제한입법은 예컨대, "사용자는 월 1일의 생리휴가를 여성에게 주어야 한다."는 근로기준법 제73조와 같이 법률행위 일방

73) 예컨대, 보증채무의 범위에 대한 민법 제429조 제1항에 대한 헌재결 2010. 5. 27. 2008헌바61.
74) 장영철, 헌법재판과 사적자치, 140면.

의 개별적인 기본권보장을 목적으로 계약외적이익을 보호한다. 이는 계약당사자가 아닌 일반인에게도 이익이 될 수 있는 공익보호효과를 발생하기도 한다.

형성규범이 없다면 계약자유의 행사에 어려움이 생긴다. 제한규범이 없다면 계약당사자의 자유는 오히려 확대된다. 기본권형성규범의 예로는 법률행위제한능력자에 관한 규정을 들 수 있다. 사적자치는 이성과 사고력에 따라 행동할 수 있는 자기책임능력을 전제로 한다.[75]

생존권과 같이 헌법위임에 의하여 형성입법이 제정될 수도 있다. 기본권보호입법과 구별하여 촉진입법으로 분류할 수 있는 생존권형성입법도 비례의 원칙, 평등의 원칙에 합치하여야 한다. 우리 헌재도 출퇴근에 있어 혜택근로자에 대해 비혜택근로자를 차별하는 것의 헌법적 정당성에 대해 엄격한 평등심사를 하여 헌법불합치결정[76]을 한바 있다. 즉 사적자치는 실정법의 범위 내에서만 존재하지만 실정법은 기본권에 기속된다. 사적자치의 실현은 법률에 의존하지만 동시에 법률을 매개로 조정할 수 있다. 이러한 모순을 사법규범의 실천적 조화만으로 해결할 수는 없기에 기본권으로서 사적자치의 다양한 기능을 파악하여 해결방안을 강구할 필요가 생겨난다.

Ⅵ. 기본권으로서 사적자치의 기능

1. 제도보장(제도적 자유로서 사적자치)

바이마르헌법(제152조)상 계약자유(사적자치)는 법률의 범위 내에서 보장된다는 규정해석상 제도보장으로 분류하였다. 이는 칼 슈미트의 제도보장이론에 따라 법질서에 의해 형성되는 객관적 성격의 제도로 주관적 공권인 자유권과 구분

75) 연방헌법재판소(BVerfGE 99, 341, 351)가 계약자유의 일환으로 분류되는 유언자유에 관하여 결정한 다음내용도 이를 반증하고 있다: 개인은 자기결정에 따라 행동하고 자기책임을 질 수 있을 때에만 유언에 의한 처분행위를 할 수 있는 기본권을 주장할 수 있다. 따라서 개인은 유언장작성에 요구되는 판단력과 행위능력을 갖고 있어야 한다. 법률행위규정은 법률행위에 따른 위험을 감당할 수 없는 미성년자를 보호한다. 그리고 법률행위규정에는 법률관계에 있어 신의와 투명성도 고려하고 있다. 입법자는 일정범위에서는 연령제한을 규정할 수 있다. 이때 청소년의 성장상태와 사회적 요구를 동시에 고려하여야 한다. 동시에 일반법률과 사법체계 내에서는 규범의 체계조화를 존중하여야 한다. 입법자가 연령제한을 너무 낮게 책정한다면 청소년들의 자기결정권을 과도하게 제한하게 되어 기본권형성규범이 아닌 제한규범으로 변질된다.

76) 헌재결 2016. 9. 29. 2014헌바254, 판례집 28-2(상), 316면 이하. 특히 법정의견에 대한 보충의견은 생존권의 위헌심사기준으로 평등위반의 엄격심사요소를 제시하고 있다. 생존권의 보호영역의 특성, 보호의 긴절성, 보호수준의 적절성이 그것이다.

되는 것으로 보았다. 따라서 개인은 제도보장의 형성자인 입법자에 대해 기본권 침해주장은 할 수 없다. 하지만 입법에 의해 마련된 제도에 의하여 법률관계를 형성하는 경우 개인의 주관적 권리가 생성될 수 있다.

계약자유는 재산권과 마찬가지로 제도보장적 성격을 갖지만 그 내용의 개방성으로 인하여 입법자의 형성재량은 매우 넓다. 민법 제211조는 "소유자는 법률의 범위 내에서 그 소유물을 사용, 수익, 처분할 권리를 갖는다."고 규정하여 재산권의 보호범위를 특정하고 있는 반면 사적자치는 자기의사, 자기결정으로 형성하는 법률행위자유를 내용으로 한다. 자유 그 자체는 제도가 아니다. 제도란 법규범 없이는 무의미하고 규범에 의해 비로소 생성된다. 자유는 규범의 테두리에서 행사할 수 있다. 계약자유도 규범의 범위 내에서 행사할 수 있는 것이다. 규범은 계약자유의 법적 전제와 윤곽을 형성하고 법적 승인을 하는 기능을 한다. 규범의 총체로서 제도보장은 계약자유의 보호범위를 결정한다. 따라서 규범은 계약자유의 승인수단으로서 단순한 법원리가 아니라 계약자유를 실현하는 방식이 된다. 계약자유는 구체적 규범의 형성을 전제로 하는 '제도적 자유'다. 사적자치의 보호내용은 사적자치를 구체화하는 개별법의 내용과 동일하다. 제도보장의 기능은 자유의 윤곽조건으로서 법적 테두리를 형성하여 법률행위의 효력을 결정하는 것이다.

그러나 제도보장은 특정한 법적 상태를 확정할 수도 없고 특정 법규범을 본질적으로 것으로 할 수도 없다. 오히려 시대상황에 따라 사적자치를 구체화하기 위하여 규범의 제·개정이 수반되어야 한다. 예컨대, 장기임대차기간, 소멸시효기간, 급부불능의 규정개정 등을 들 수 있다. 헌법에서 특정한 사법질서형성의무를 입법자에게 부과한 것은 아니지만 과소보호금지원칙에 따라 사적자치의 현실적응력을 강화하기 위하여 법률 및 사법의 발전을 도모하는 것은 헌법에 부합하는 것이다. 따라서 제헌헌법당시 사적자치실현수단으로 사법질서의 내용과 오늘날의 그것이 동일할 수는 없다. 제헌헌법의 경제질서는 바이마르헌법의 영향을 받아 통제경제정책[77]을 기본으로 하여 사적자치를 사법의 기본원칙으로 인정하지 않았기에 더 이상 논의의 여지는 없다.

제도보장에 따라 사적자치의 보호범위는 입법자의 재량에 의해 결정된다. 그

77) 제헌헌법 제84조: 대한민국의 경제질서는 모든 국민에게 생활의 기본적 수요를 충족할 수 있게 하는 사회정의의 실현과 균형있는 국민경제의 발전을 기함을 목적으로 삼는다. 각인의 경제상의 자유는 이 한계내에서 보장된다.

입법재량은 헌법에 기속되므로 적어도 정치적 판단에 따라 자의입법을 금지하는 정도의 소극적인 한계만 있다. 다수설[78]에 의하면 제도보장위반의 판단기준으로 제도의 본질내용침해여부를 주장하고 있다. 이는 제도보장의 형성규범을 핵심영역과 주변영역으로 구분하여 핵심영역에 해당하는 규정에 대한 입법재량의 일탈과 남용의 경우 본질내용침해라 판단한다는 것이다. 하지만 핵심과 주변영역을 현실적으로 구분하여 본질내용을 추려내는 것은 용이하지 않다. 따라서 본질내용침해금지에 관한 헌법 제37조 제2항 후단의 명문규정에 불구하고 동조 전단의 비례의 원칙에 포섭하여 기본권침해여부를 판단하는 본질내용의 상대화를 주장하는 학설[79]이 제기되고 일부 헌재결정[80]에서도 이를 수용하고 있다. 그러나 방어권제한의 한계일탈여부를 심사하는 비례의 원칙에 따라 제도보장의 본질내용형성의무의 위반여부를 판단하기에는 불완전하다. 이러한 점에서 본질내용의 침해여부를 과소보호금지원칙에 의하여 판단할 것을 제시하는 견해[81]가 있다. 이에 의하면 과소보호금지원칙을 기본권보호의무위반의 판단요소로 다수설과 헌재가 제시하는 명백성통제의 불명확성을 대신하여 기본권행사의 효율성과 사익균형성을 제시하고 있다. 사적자치는 경제적 성격을 지닌 사법질서의 기본원리라는 점을 고려하면 사법질서형성에 대한 재량위반에 대한 판단요소로 채택할 여지가 있다고 본다.

같은 견지에서 이젠제(J. Isensee)도 다음과 같은 설명을 한다[82]: 적극적 의미의 사적자치란 법질서의 근본원리로 정치, 경제, 문화적 상황에 따라 그 당시의 법적 발현조건을 보장하는 것이 중요하다. 소극적 의미의 사적자치란 사적자치를 형해화하지 않고, 개별적 조치에 의해 공동화하거나 점진적인 기능저하를 방지하는 정도로 파악한다. 여기서 입법부는 사적자치의 법적 조건을 마련하고 사법부는 해석에 의하여 발전시켜 최적화할 것을 명령하는 것이다. 제도보장은 이러한 한도에서 최적화명령으로 기능하고 기본권제한입법에 그 정당성판단이 요구되듯이 기본권형성입법에도 그 작위나 부작위에 대한 논증이 강제되어야 한다. 연방헌법재판소[83]도 직접적으로는 사적자치의 형성에 대한 입법자의 보호

---

78) 김철수, 헌법학신론, 제21 전정신판, 박영사, 388면.; 허영, 한국헌법론, 박영사, 2018, 304면.; 전광석, 한국헌법론, 제13판, 법문사, 271면 이하.

79) 이준일, 헌법학, 홍문사, 2007, 388면; 한수웅, 헌법학, 법문사, 484면.

80) 상대설 — 헌재결 2010. 2. 25. 2008헌가23. 절대설- 헌재결 1989. 12. 22. 88헌가13.

81) 장영철, 헌법재판과 사적자치, 147면.

82) J. Isensee, Privataotonomie, S. 248, RN 87.

83) BVerfGE 89, 214(231f.)

의무를, 간접적으로는 사법부의 합헌적 법률해석의무를 다음과 같이 판시하였다; 사법질서는 고전적인 사법에서부터 현대의 공사의 혼합적 성격의 다양한 입법으로 구성된 복합적인 법체계로서 합헌적 질서의 부분영역을 형성하고 있다. 하지만 입법자는 기본권의 객관적 내용을 고려하여 사적자치의 구체화를 위해 입법형성을 하여야 한다. 입법자는 법률관계에서 개인의 자기결정을 위한 적절한 활동공간을 마련해야 한다. 그 규율내용에 따라 사적자치는 국가의 강제력에 필연적으로 의존한다. 사적자치의 보장을 위하여 법적 강제력이 요구되기에 법기속적으로 행동하고 분쟁의 경우 대응할 수 있는 법적 수단을 마련할 입법의무를 진다.

사적자치의 제도보장으로 인해 사회영역에서 개인은 법률행위를 할 수 있다. 권한법적 견지에서 보면 국가와 사회는 공공복리실현을 위해 분업을 한다. 분업의 우선권자는 보충성원칙을 존중하여 비국가적 행위자인 개인이다. 하지만 국가기관은 보충적으로 자신의 권한으로 주장하여 사적자치를 유도하거나 해제할 수 있다. 국가는 이 경우 규율권한행사에 대한 헌법적 정당성을 입증할 책임을 부담한다.

제도보장은 주관적 권리를 생성하는 토대를 마련한다. 따라서 개인은 국가의 권한주장에 대하여 주관적 권리를 행사하여 제도보장의 위반을 주장할 수 있다. 이는 법규범의 총체로서 나타나는 제도보장의 성격을 감안하여 법규범에 대한 주관적 방어권의 침해를 주장하는 방법으로 하게 된다. 이러한 점에서 사적자치의 방어권적 성격을 살펴보고자 한다.

2. 방어권적 성격

사적자치는 국가에 대한 개인의 소극적인 지위에서 법적 규제로부터 자유로운 방어권적 성격을 갖는다. 방어권으로서 사적자치는 행복추구권에서 파생된 일반적 행동자유권을 근거로 자기의사와 자기결정에 의한 계약체결을 포함한 법률행위형성의 자유, 법률행위내용 및 방식결정의 자유와 법률행위의 순수성 등을 보호내용으로 한다. 따라서 기본권으로서 사적자치의 보호범위가 광범위한 만큼, 법적 제한의 가능성도 확대된다. 그 예로 공서양속위반의 법률행위(민법 제103조), 경솔, 궁박 등으로 인한 현저히 불공정한 법률행위(민법 제104조), 계약체결강제, 계약내용강제(최고가격, 최저임금), 계약형식과 유형강제, 카르텔금지, 승인과 통제유보를 들 수 있다. 사적자치제한의 한계는 비례의 원칙에 따라

목적달성을 수단의 적합성, 필요성, 균형성의 요건을 충족해야 한다. 입법목적은 고정적인 것은 아니지만 사회국가원리에 의하여 여성과 연소자의 근로의 보호, 신체장애인의 보호 등 생존권적 기본권으로 헌법위임한 것은 사적자치의 현실적인 법적 조건을 설정하는 입법목적이 될 수 있다. 하지만 생존권에서 설정한 것은 기본권의 목적이므로 기본권형성입법의 목적이 되지만 사적자치제한입법은 기본권제한의 목적인, 국가안전보장, 질서유지, 공공복리를 입법목적으로 한 예컨대, 사납금제를 금지하고 택시운송사업자의 운송수입금전액수납의무,[84] 백화점셔틀버스 운행금지,[85] 단체협약을 매개로 근로자의 지배적 노조에의 가입강제[86] 등을 들 수 있다. 이 경우 국가는 계약관계에 있는 계약당사자의 계약자유를 제한하는 입법의 헌법적 정당성을 입증하여야 한다.

사적자치의 법적 제한은 제3자에 영향을 미칠 수 있다. 예컨대, 최저임금제의 법적 강제는 직접적으로는 계약당사자의 계약자유를 제한하지만, 간접적으로는 임금교섭계약에서 사용자와 노조의 자유를 제한한다. 결국 최저임금제로 인해 기존기업은 경쟁으로부터 보호될 수 있지만, 신규로 시장에 진입하려는 기업에게는 어려움을 가중시키는 것으로 경쟁의 자유를 제한하게 된다.

사법부도 기본권으로서 사적자치를 제한할 수 있다. 이는 민사판결이 사법해석을 잘못하여 특별한 헌법에 해당하는 기본권으로서 사적자치권을 효과적으로 보호하지 못한 경우이다. 이 경우 위헌제청형 헌법소원(헌재법 제68조 제2항)으로 헌재는 사적자치권을 기준으로 합헌적 법률해석에 대한 기본권침해여부를 판단하게 된다.[87] 이는 사법부에 의한 사적자치의 침해에 대해 실질적 법치국가원리의 견지에서 기본권인 사적자치권을 보호하는 데 기여할 수 있다.

3. 청구권적 성격

사적자치의 적극적인 성격에서 국가에 대한 개인의 청구권이 나온다. 이는 국가는 사적자치에 의한 의사표시에 법적 승인여부를 결정할 의무를 진다. 이는 사인의 일반적 평화의무에 근거하여 국가의 폭력독점을 인정한 원리에 따른 것

84) 헌재결 1998. 10. 29. 97헌마345, 판례집 제10권 제2집, 621면 이하.
85) 헌재결 2001. 6. 28. 2001헌마132, 판례집 13-1, 1441면 이하.
86) 헌재결 2005. 11. 24. 2002헌바95 등, 판례집 17-2, 392면 이하.
87) 4층 이상의 건물에 대해 화재보험체결을 강제하는 화재로 인한 재해보상과 보험가입에 관한 법률 제5조 제1항에 대한 위헌소원결정에서 이미 계약자유 침해를 결정한 바 있다. 이에 관하여는 헌재 1991. 6. 3. 89헌마204, 판례집 3, 268, 275-283쪽.

이다. 국가의 승인이 금지되는 경우란 민법 제103조, 제104조 등과 같이 공서에 반하는 경우다.

사적자치로 인해 사인은 의사표시로 국가의 법적 승인을 통해 사법관계에서 자신의 권리를 행사할 수 있다. 따라서 사인은 법률행위를 형성하기 위한 의사표시에 강제력을 부여하는 법적 조건을 형성할 것을 요구할 수 있고, 이에 따라 사적자치권을 침해하는 사법질서의 하자에 대하여 사법기관에 그 교정을 요구할 수 있는 청구권적 성격이 있다.

구체적으로 보면 일반법원에서는 사적자치원칙위반을 주장에 대하여 일반조항을 매개로 또는 직접적으로 기본권을 적용하여 합헌적 법률해석의 방식으로 사법관계를 교정한다. 예컨대, 일반조항을 매개로 하여 기본권의 방사효를 사법관계에 투영하여 사적자치의 침해여부를 판단한 판결로 형사사건에 관한 성공보수약정,[88] 보증계약,[89] 연예인 전속계약,[90] 경업제한,[91] 종중유사단체의 회칙이나 규약에 의한 남성회원한정특약[92] 등이 있고, 기본권을 직접 적용한 판결로는 헌법 제10조의 자기결정권을 근거로 의사와 환자간의 의료계약에 의한 연명치료 중에 존엄사를 결정한 환자의 중단청구권,[93] 성전환자의 호적정정 및 개명청구권,[94] 헌법 제23조의 재산권을 근거로 상속회복청구권의 20년 소멸시효에 대한 관습의 법적 효력부인,[95] 혼인과 가족제도에 관한 헌법 제36조와 일반평등원리에 관한 제11조를 근거로 종중 구성원을 성년남자로만 한정하는 관습법의 무효[96] 등을 들 수 있다. 이러한 판결실무를 보면 기본권의 간접 사인효나 직접 사인효를 구별할 실익이 없다.[97]

헌재에서는 사적자치원칙이나 사적자치권침해를 주장에 대하여 위헌법률심판제청 또는 헌법소원심판에서 사법규정을 교정한다. 예컨대 물권법,[98] 상속법,[99]

---

88) 선량한 풍속 기타 사회질서 위반- 대법원 2015.7.23. 선고 2015다200111 전원합의체 판결.

89) 신의칙에 의하여 보증책임에 제한가능성을 예외적으로 인정- 대법원 2004. 1. 27. 선고 2003다45410 판결.

90) 서울고법 2010. 3. 17. 선고 2009나38065 판결.

91) 경업제약약정 무효 — 대법원 2010. 3. 11. 선고 2009다82244 판결; 경업제한약정 유효 — 대법원 1996. 8. 23. 선고 95다40557판결; 대법원 1997. 12. 26. 선고 97다42450 판결.

92) 특약유효 — 대법원 2011. 2. 24. 선고 2009다17783 판결.

93) 대법원 2009. 5. 21. 선고 2009다17417 전원합의체판결.

94) 대법원 2006. 6. 22. 선고 2004스42 전원합의체결정.

95) 대법원 2003. 7. 24. 선고 2001다48781 전원합의체판결.

96) 대법원 2005. 7. 21. 선고 2002다1178 전원합의체판결.

97) 김형석, 사적 자치와 기본권의 효력 — 유럽사법의 경험으로부터의 시사 —, 비교사법 제24권 1호(통권76호), 2017, 73면 이하.

주택[100] 및 상가임대차보호법,[101] 소비자보호법[102] 등 강행규정에서의 사적자치 내지 계약자유 침해여부에 대하여 과잉금지원칙을 기준으로 엄격한 내용통제를 하고 있다. 근래에 채권법에서도 강행규정으로 해석하는 비견고건물에 대한 임대차계약의 최장존속기간을 20년으로 제한했던 민법 제651조에 대한 위헌소원심판에서 위헌결정(민법 제651조 제1항)[103]을 하였다. 하지만 생존권과 사회국가원리, 자유권과 법치국가원리에 근거한 보호의무에 근거한 사적자치의 경우 사법제정자의 입법형성권을 고려하여 헌재는 사법상 임의규정[104]이나 헌법의 명시적 위임 없는 사회국가원리에 근거한 사적자치보호 청구에 대하여는 합헌결정을 하였다. 이는 사법관계에서 양 당사자는 모두 기본권주체로서 주관적 공권의 침해를 주장하지만 실질적으로는 과소보호금지원칙의 명백성통제를 함으로써 사적자치원칙의 자유(사회)우선의 성격을 존중하고 있다.

4. 법치국가원리에 의한 기본권보호의무

국가는 개인의 기본권적 보호법익을 제3자(사인)가 침해하는 것에 대한 보호의무와 타해금지(neminem laedere)명령을 이행할 의무를 진다. 이러한 보호의무는 사적자치를 보호범위를 하는 기본권에도 타당하다. 따라서 국가는 신체에 대한 협박이나 위해를 통고하면서 매매계약을 체결 또는 해제하거나 혼인계약을 체결하거나 유언내용을 변경, 철회 또는 해고의 금지를 강제하는 것을 저지할 의무가 있다. 하지만 보호의무는 신체의 강제적 위해에 국한된 것은 아니고, 사기, 강박, 경솔, 불성실 등으로 인해 자기결정을 타인결정으로 대체하는 경우도

---

98) 헌재 2013. 5. 30. 2012헌바387, 판례집 25-1, 330, 335쪽. 부동산 점유취득시효에 관한 민법 제245조 등.

99) 헌재 2004. 10. 28. 2003헌가13, 판례집 16-2하, 76, 84쪽. 상속으로 인한 법률관계의 부동상태를 신속하게 확정함으로써 법적안정성이라는 공익목적을 위한 상속의 효과로서 포괄·당연승계주의에 대한 합헌결정(민법 제1005조).

100) 헌재결 2004. 9. 23. 2003헌바3, 판례집 16-2상, 508, 519-521쪽; 헌재 1998. 2. 27. 97헌바20, 판례집 10-1, 141, 145-151쪽. 민법상 채권에 불과한 임차권에 대항력, 우선변제권, 계약갱신요구권을 인정하는 등 사적 자치에 의하여 형성되어야 하는 권리관계에 개입하여 임차인의 지위를 강화목적을 갖는다.

101) 헌재결 2014. 3. 27. 2013헌바198, 판례집 26-1상, 480, 491-493쪽; 헌재 2014. 8. 28. 2013헌바76, 판례집 26-2상, 304, 308-310쪽.

102) 헌재결 2016. 6. 30. 2015헌바371 등, 판례집 28-1하630, 637-639쪽. 우리 헌재도 계속거래업자와 계속거래계약을 체결한 소비자에게 일방적 해지권을 부여한 방문판매법조항의 계약자유의 침해여부를 판단한 결정에서 거래업자의 기본권제한과 소비자의 기본권보호의 양면성이 있음을 판시하고 있다.

103) 헌재결 2013. 12. 26. 2011헌바234, 판례집 25-2하, 649, 655-659쪽.

104) 보증채무의 범위에 대한 민법 제429조 제1항에 대한 헌재결 2010. 5. 27. 2008헌바61.

국가는 보호의무를 부담한다. 국가는 권력분립원리에 따라 효과적인 보호를 해야 한다. 물론 국가는 보호의무이행시 법 형식선택재량이 있다. 국가의 보호의무실현수단인 법 형식으로는 불법행위법, 물권법 등의 사법, 형법, 경찰법과 경제법과 같은 행정법을 들 수 있다. 그리고 사적자치의 법적 보호방법으로는 재판청구 등 사인 스스로 보호방안을 강구하는 것, 사기나 협박에 의한 의사표시의 취소, 불법행위에 대한 부작위청구나 손해배상청구를 하는 것 및 무효의 법적 효과를 명시하는 것을 들 수 있다. 사적자치의 자유로운 행사를 보장하는 총체적인 안전상태는 위해와 제약이 발생할 때마다 효과적이고 적절한 배려를 하는 것이다.

기본권보호의무에 관한 헌법규정(제10조 제2문)은 보호내용을 특정하지 않아 법률로 구체화하여야 한다. 보호의무는 순수한 객관적 성격의 기본권이다. 하지만 요보호자 내지 피해자는 자신의 주관적 공권에 근거하여 효과적인 보호를 요구할 수 있다. 국가는 계약자유를 남용하여 타인의 권리를 침해하지 않고, 법적 의무를 위반하지 않도록 기본권보호의무를 이행해야 한다. 예컨대, 부모가 보호하는 자녀에 대한 공동의 부양의무를 이행하지 않는 경우 국가는 헌법 제36조의 혼인과 가족생활에 대한 보호의무에 근거하여 감독기관으로 기능해야 한다.[105)]

기본권주체는 사적 침해의 희생자일 뿐만 아니라 공격자도 될 수 있다. 이는 신체적 위해, 사기, 협박 등과 같이 법적 승인을 할 수 없는 수단에 대해서도 보호의무를 이행할 지의 문제다. 광의의 구성요건이론은 상기의 불법행위를 기본권의 보호범위에 포섭할 수 있고 민법 제103조, 제104조, 제750조 등의 일반규정을 매개하여 법익형량으로 법률행위의 자유를 제한할 수 있다고 한다. 이에 반해 협의의 구성요건이론은 기본권의 내재적 한계로 인해 사기, 협박 등의 불법행위는 애초에 보호범위에서 배제된 것으로 본다. 사법관계에서 일방의 사기, 강박 등은 타방의 자기결정을 불법행위자의 타인결정으로 대체한다. 이는 자기의사, 자기결정, 자기책임을 내용으로 하는 기본권으로서 사적자치의 보호범위에서 배제되므로 사기나 강요 등에 의한 법률행위에 대해 국가의 승인의무는 없다. 따라서 민법 제103조, 제104조, 제750조 등의 일반규정은 사적자치의 한계규정이 아니라 형성규정이다.

---

105) 민법 제912조의 가정법원의 자의 복리를 우선적 고려한 친권자 지정기준은 이에 해당된다.

5. 사회국가원리에 의한 기본권보호의무

현행헌법은 사회국가원리를 생존권의 형식으로 구체적 권리성을 부여하고 있다. 이에 근거하여 살펴본 바와 같이 헌재[106]가 생존권적 기본권의 이념적 기초로 보는 '인간다운 생활을 할 권리'(헌법 제34조)를 근거로 출·퇴근시 근로자의 재해에 대하여 산재보험청구권행사에 있어 혜택근로자와 비혜택근로자를 법적 차별한 산재보험법에 대하여 헌법불합치결정을 하였다. 그러나 헌재는 생존권은 국가재정, 무역수지, 경제수준 등을 고려하여 입법자가 형성하는 자유로 사회국가원리에 의한 보호의무의 대상으로 판단하는 것이 일반적인 경향이다. 즉 생존권형성입법에 대한 통제에 대하여 행위규범, 통제규범 구분론, 명백성통제, 자의금지심사 등을 척도로 심사하여 자유권적 기본권의 통제밀도와 비교된다. 이러한 점에서 사회국가원리에 의한 사적자치의 보호의무를 인정하고 있는 독일연방헌재의 결정을 살펴보아 우리의 생존권형성입법에서 사적자치보호를 도모할 필요가 있다.

독일연방헌재는 전술한 법치국가원리이외에 사회국가원리에 의한 기본권보호의무를 확대하였다. 즉 계약당사자간에 사실상의 불평등을 조정하기 위하여 소위 '계약강자'의 계약자유남용에 대한 법적 보호를 도모하여 소위 '계약약자'를 보호하는 것을 국가의 보호의무로 파악한다. 예컨대, 연방헌재는 사용자가 성별 및 위험한 의사표시 등을 이유로 근로계약에서의 채용거부나 해고, 여자나 연소자에게 위해한 야간작업을 강요할 경우, 경업금지를 약정한 대리상,[107] 은행과 채무보증계약이행을 약정한 보증인,[108] 혼인계약체결에서 이혼시 자녀의 부양책임을 전적으로 아버지부담으로 약정한 어머니,[109] 보험자변경의 경우 불이익을 약정한 피보험자[110]를 위해 보호의무를 인정했다. 연방헌재는 법적으로 보장된 계약약자의 자기결정을 계약강자의 타인결정으로 대체되는 것을 허용하려 하지 않는다. 여기서는 전술한 법치국가원리에 의한 보호의무와 달리 계약일방이 불법행위로 타방의 계약자유를 침해하여 국가의 보호의무가 발동되는 것은

---

106) 헌재결 2016. 9. 29. 2014헌바254, 공보 제240호, 1474, 1477-1478쪽. 특히 법정의견에 대한 보충의견은 생존권의 위헌심사기준으로 평등위반의 엄격심사요소를 제시하고 있다. 생존권의 보호영역의 특성, 보호의 긴절성, 보호수준위 적절성이 그것이다.

107) BVerfGE, 81, 242(256).

108) BVerfGE, 89, 214(232 ff.).

109) BVerfGE, 103, 89(101 ff. 105 f.).

110) BVerfGE, 114, 1(33, 43, 44, 55, 56).

아니다. 일방의 침해 그 자체는 불법이 아니라 우월한 경제적 지위를 이용한 것에 불과하므로 계약강자와 약자 모두 계약자유를 행사한 것이다. 따라서 사회국가원리에 의한 보호의무는 계약강자에 대한 것이 아니라 사법상 사적자치원칙에 의하여 계약의 구속력을 인정하여 약자의 의사에 반하여 사회경제적으로 곤경에 처하게 된 것에 대한 국가의 후견적 간여다. 즉 계약자유의 침해가 아니라 계약당사자간 사실상 불평등으로 계약자유를 행사하는 전제조건이 결여된 것에 대하여 국가의 보호의무가 작동하는 것이다. 법치국가원리에 의한 기본권보호의무가 계약자유의 법적 조건의 완전성을 목표로 한다면 사회국가원리에 의한 보호의무는 도의적 딜레마를 해결하는 것을 목표로 한다. 이는 타해금지명령을 이행하는 것이 아니라 사회국가의 목표를 수행하는 것이다. 연방헌재는 이와 같은 사회국가원리에 의한 기본권보호의무도 사적자치를 기본권의 전제로서 이해하면서 약자보호의 논거로 제시하고 있다.

권력분립원리에 따르면 계약약자의 불평등을 해소하여 사적자치를 실질화하는 사회국가의 실현은 우선적으로 입법자에게 달려있다. 보증인보호법, 근로자보호법, 주택임대차보호법, 소비자보호법, 경제법, 남녀고용평등법 등 특별사법 내지 행정법제정이 그것이다. 이는 계약일방의 기본권을 제한하는 법률유보로 계약자유의 과잉제한을 주장하는 경우 헌재는 비례의 원칙에 의한 헌법적 정당성을 판단하여 계약자유를 보장하여야 한다. 법률이나 판결에 의해 계약자유를 침해당하는 계약약자는 자신의 소극적 지위를 방어하기 위하여 헌법소원(헌재법 제68조 제1항 및 제2항)을 청구하여 사회국가원리에 의한 보호대상자의 생존권제한의 정당성심사를 요구할 수 있다. 따라서 실정법으로 사회적 불평등을 완화하거나 해소할 수 없는 경우 헌재는 보충적으로 기본권으로서 계약자유를 기준으로 사법 또는 사법행위에 대한 내용통제를 통하여 계약당사자의 일방 또는 양방의 계약자유를 제한하는 상기 독일연방헌재의 결정례를 참고할 필요가 있다.

Ⅶ. 결　　론

기본권으로서 사적자치의 이론적 체계는 다음과 같이 요약해 볼 수 있다.

(1) 사적자치원칙은 인간존엄 및 가치의 본질을 형성하는 전국가적인 자연법원칙으로서 헌법과 사법의 이념적 기초가 된다.

(2) 사법에서의 사적자치원칙은 계약자유, 단체결성의 자유, 유언의 자유, 권

리행사의 자유를 내포하는 것으로 사법에서의 의미는 개인의사표시(인적요소), 법률행위형성에서의 자기결정(물적요소), 개인의사표시에 법적 승인(효력요소)의 세 가지 요소가 상호 결합하여 사적자치의 본질을 형성한다.

(3) 기본권으로서 사적자치는 인간존엄 및 가치에 근거한 불가침의 인권으로서 사적자치원칙의 보장의무를 실현하기 위한 수단이 된다. 그 헌법적 근거는 사적자치를 보호내용으로 하는 개별기본권과 행복추구권을 보충적 기본권으로 한다.

(4) 헌법은 사적자치를 근본원리로 하는 사법제정에 대한 근본적인 결단사항을 규정하고 있다. 사적자치를 침해하는 사법질서의 하자에 대하여 민사법원에서는 합헌적 법률해석으로, 헌법재판소는 규범통제의 방법으로 기본권보장의무를 이행한다.

(5) 기본권으로서 사적자치는 기본권행사의 전제조건의 성격상 제도적으로 형성된 자유로서 특징이 나타난다. 사회주의국가에서 헌법상 기본권이 명목에 불과한 이유는 사적자치를 보호해야 하는 사법을 지배계급의 착취수단으로 보고 국가가 사법질서형성의무를 이행하지 않기 때문이다.

(6) 기본권으로서 사적자치는 개인의사표시에 입법적 효력을 부여한다는 점에서 자유권과 법치국가원리에 의한 보호의무 및 공동체형성에 능동적인 참정권, 사적자치를 승인하는 국가의 법적 하자에 대하여 헌재나 법원에 교정을 요구할 수 있는 청구권, 계약당사자간의 사실적 평등을 보호하여 타인결정이 아닌 자기결정의 전제조건을 마련해야 한다는 점에서 생존권 내지 사회국가원리에 의한 보호의무의 성격이 나타난다.

제 7 장 평 등 권

제 1 절 평등권 일반이론

Ⅰ. 평등권의 기본권보호기능

평등은 정의실현을 위한 본질적 요소다. 종교에서는 '신 앞의 평등'이다. 이것이 인간세계에서는 '법 앞의 평등'으로 전환된 것이다. 법은 정의실현을 위해 평등하게 적용되어야 한다. 따라서 정의란 '선입견 없는 형량에 의한 법적용'을 말한다. 이는 눈먼 정의의 여신상이 저울로 형량하는 것으로도 알 수 있다.

자유와 평등은 함께 생각해야 한다. 현대 입헌주의국가에서 자유와 평등은 병행하여 주장하고 있는 것을 헌법사에서 찾아볼 수 있다. 인종차별을 금지하기 위해 미연방은 1865년 수정헌법 제13조에서 노예제폐지, 1868년 수정헌법 제14조에서 평등보호조항을 헌법에 추가하였다. 독일도 히틀러의 제3제국에서 민족말살과 차별의 역사를 반복하지 않기 위해 헌법 제3조 제3항에 누구나 성별, 출생, 인종, 언어, 고향, 출생지, 종교, 종교관과 정치관에 의한 차별과 우대해서는 안 된다고 규정하고 있다. 오스트리아 연방헌법 제7조 제1항에서도 제국주의시대 귀족특권을 폐지하고 있다. 우리 헌법 제11조도 성별, 종교, 사회적 신분에 의한 차별금지(제1항), 사회적 특수계급의 창설금지(제2항), 영전일대의 원칙(제3항)을 규정하고 있다.

차별금지조치는 사회발전에 영향을 미칠 수 있다. 따라서 소수자의 사실적인 불평등을 조정하기 위한 적극적 평등실현조치(Affirmative action)에 대해 평등위반의 헌법소송이 제기되고 있다. 이는 오늘날까지 선별적인 불평등조정정책이 허용될 것인지에 대한 논란으로 지속되고 있다.

'법 앞의 평등'이 추구하는 목표는 원칙적으로 조정적인 것이 아니라 중립적인 것이다. '법 앞의 평등'이라 하더라도 자유권행사로 나타나는 불평등을 제거할 수는 없다. 자유는 불평등을 수반하기 때문이다. 헌법상 평등권은 사인의 직업의 자유(헌법 제15조)로 인한 직업적 성공, 재산권보장(헌법 제23조)에 의한 재력축적을 부인하지 않으며 정치참여자들이 표현의 자유나 집회의 자유를 균등하게 행사하도록 하는 것도 아니다. 하지만 평등권은 인두세 대신에 능력을 고려한 조세부과와 같이 부분조정을 금지하는 것은 아니다. 부분조정은 자유권을 부인해서는 가능하지 않고 오히려 자유권행사를 전제로 한 것이다. 즉 부분조정은 자유권행사의 기회균등을 보장하는 것이다. 따라서 평등권은 자유권과 갈등관계에 있는 것이 아니라 보완관계에 있다. 헌법국가는 자유속의 평등 내지 평등한 자유를 보장한다.

Ⅱ. 평등권의 체계

평등권의 체계는 일반평등권과 특별평등권으로 구분된다. 헌법 제11조 제1항 제1문 '모든 국민은 법 앞에 평등하다.'는 일반평등권 내지 일반적인 평등원칙규정에 해당한다. 특별평등권은 특정한 사유나 특정영역에서 차별금지 내지 평등대우를 명령한 것으로 헌법 제11조의 "누구든지 성별, 종교, 사회적 신분에 의하여 정치적·경제적·사회적·문화적 생활의 모든 영역에 있어서 차별을 받지 아니한다(제1항 제2문)." 사회적 특수계급의 창설금지(제2항), 영전일대의 원칙(제3항), 헌법 제8조 제4항의 정당해산의 특권, 헌법 제32조 제4, 5항의 여자, 연소자의 근로의 특별보호, 헌법 제32조 제6항 국가유공자 · 상이군경 · 전몰군경의 유가족의 근로에 있어서 우선적 기회부여, 헌법 제44조 국회의원의 불체포특권, 헌법 제45조 면책특권, 헌법 제84조 대통령의 형사상 불소추특권, 헌법 제128조 제2항 현직 대통령의 임기연장 또는 중임변경을 위한 헌법개정의 소급효제한 등이다.

Ⅲ. 법적용과 법제정의 평등

1. 법적용의 평등

'법 앞'의 평등에 법적용에 있어서 평등이 포함된다는 것에는 논란이 없다.

따라서 헌법 제11조 제1항은 헌법 제75조(법률위임에 의한 대통령령제정) 및 제103조(법관의 헌법과 법률 및 양심기속)의 행정과 사법부의 조직법적 차원의 헌법과 법률기속에 대한 주관적 공권의 기능을 한다. 법률이 강행법규인 경우 법적용의 평등은 준수되어야 한다. 예컨대, 행정규칙, 행정실무에서 불문의 관행과 확립된 판결이 있을 경우 평등원칙에서 파생된 자기구속의 원리가 적용된다.

이러한 점에서 헌법 제11조 제1항은 헌법과 법률기속을 실현하는 기능을 한다. 하지만 헌법 제11조 제1항에 의한 법률기속을 청구(주장)하는 것에는 한계가 있다. 사실 누구나 법적 부담의 평등을 주장할 권리를 갖는다. 하지만 헌법상 평등에 위법행위의 법적용평등은 포함되지 않는다. 권리침해에 있어서 평등대우를 주장할 수는 없는 것이다. 평등한 권리는 합법적인 경우에 주장할 수 있는 것이지 불법한 경우에는 그렇지 않다. 예컨대, 교통경찰관의 음주 운전자에 대한 선별적 단속에 대하여 평등주장을 하며 음주측정을 거부할 수는 없다.

행정처분의 직접 상대방이 아닌 제3자가 평등권침해를 주장하며 합법적 법집행을 청구할 권리를 행사할 수도 없다. 평등권에 기하여 제3자에게 수익적 행정행위를 발령할 것을 청구할 권리가 도출되지 않는다. 하지만 제3자의 자유권이나 소위 '제3자 보호규범'에 의하여 청구할 수는 있다. 예컨대, 위법한 건축허가로 인해 조망권을 직접 침해당한 이웃주민은 청구권이 있다. 이러한 점에서 건축허가, 보조금지급, 공공시설에의 출입 등 수익적 행정처분을 제3자에게는 발령하면서 납득할 수 없는 이유로 처분발령을 거부당한 사람은 평등대우를 요구할 수 있다. 예컨대, 제3자의 증축을 합법적이라 하여 허가했다면 증축을 하려는 모든 건축주는 평등권을 주장할 수 있다.

법적용의 평등침해 주장에 대하여 헌재는 어느 정도로 심사강도를 설정할지가 문제된다. 헌재는 헌법 제11조 제1항의 평등위반의 주장에 대하여는 일반적으로 사법과 행정의 권력분립원칙을 고려하여 "비교하는 대상이 본질적으로 같으면 같게 취급하고 다르면 다르게 취급하라"는 자의금지원칙의 통제에 그치고 있다.

2. 법제정의 평등

헌법 제11조 제1항의 '법 앞'의 평등에는 법적용기관인 행정과 사법부뿐만 아니라 입법부도 기속된다. 헌법 제10조 제2문의 국가의 기본권보장의무에 의하여 모든 국가기관은 기본권에 기속되므로 법제정기관 입법부도 일반평등권에 기속되어야 한다. 일반평등권 내지 평등원칙은 국회제정 법률은 물론 명령, 규칙, 조례 등 행정입법과 자치입법 모두에 적용된다. 하지만 평등원칙은 헌법상 특별평등권으로 규정한 경우를 제외하고 원칙적으로 존재하는 사실적 불평등을 조정할 수는 없다. 오히려 국가권력(입법권)행사는 법적 불평등을 조장할 수 있다. 이 경우 법제정에서의 평등은 하나의 법 자체 내지 다른 법과의 비교에서 정당하지 않은 불평등을 야기할 경우에만 평등위반이 된다. 예컨대, 법 규정 자체 내지 다른 법과의 체계정당성위반만으로는 불충분하고 자의금지나 비례의 원칙위반으로 판명된 경우이어야 한다.[1] 따라서 체계정당성원칙은 헌재의 독자적인 규범통제의 재판기준이라기보다는 입법자의 입법형성에 대한 행위기준이다.[2]

평등권 위반의 심사강도에 있어서 헌재는 평등권의 직접적용에 한계를 설정하고 있다. 즉 평등한 법적용을 하려 해도 불평등을 야기하는 원인이 법규정 내에 있는 경우 입법형성의 재량을 갖고 있는 입법자에게 원칙적으로 불평등한 법률의 개정을 촉구하는 헌법불합치결정을 한다. 따라서 헌법소원이나 위헌법률심판제청으로 평등위반의 결정을 하더라도 직접 당사자의 권리가 구제되는 것은 아니다. 예컨대, 미혼모에 대한 사회경제적 지원을 하는 규정에 대하여 미혼부가 평등위반을 주장하며 헌법소원을 청구하여 헌재가 헌법불합치결정을 하더라도 입법자의 개선입법이 수반되어야 미혼부에 대한 지원이 이루어지게 된다.

3. 행정규칙, 판례 등 비법규에 자기구속

법규가 아닌 관행에 국가기관이 자기기속되는 경우가 있다. 이에 속하는 것으로 행정규칙을 들 수 있다. 행정규칙이란 법규명령과 반대로 비법규명령으로서 행정조직의 내부에서만 효력을 갖는 불문기준을 말한다.[3] 예컨대, 검찰사무

---

1) 헌재결 2010. 6. 24. 2007헌바101 · 140, 2008헌바5 · 16 · 76 · 142 · 144 · 164; 2004. 11. 25. 2002헌바66, 판례집 16-2하, 314, 333-334 참조

2) 이에 대해 입증책임의 경감 및 평등위반의 심사기준의 강화에 독자적 의미가 있다는 견해로 조재현, 헌법상 연령차별의 문제와 극복방안, 공법학연구 제5권 제3호(2004. 12.), 23면.

3) 우리 헌재는 행정규칙의 헌법소원대상성에 대하여 다음과 같이 판시하고 있다. 행정규칙은 일반적으로 행정조직 내부에서만 효력을 가지는 것이고 대외적인 구속력을 가지는 것이 아니어서 원칙적으로 헌법소원의 대상이 되는 '공권력의 행사'에 해당하지 아니한다. 그러나 행정규칙이 법령의 직접적 위임에 따라 수임행정기관이 그 법령을 시행하는데 필요한 구체적 사항을 정한 것이면, 그 제정형식은 비록 법규명령이 아닌 고시 · 훈령 · 예규 등과 같은 행정규칙이더라도 그것이 상위법령의 위임한계를 벗어나지 않는 한 상위법령과 결합하여 대외적인 구속력을 갖는 법규명령으로서 기능하게 된다고 보아야 할 것인바, 헌법소원의 청구인이 법령과 예규의 관계규정으로 말미암아 직접 기본권을 침해받았다면 이에 대하여 헌법소원을 청구할 수 있다(헌재결 2013. 5. 28.

규칙,[4] 경찰청예규와 훈령,[5] 식품접객업소영업행위제한기준[6] 등이 이에 해당된다. 평등권의 자기기속은 행정청뿐만 아니라 법원도 확립된 판례에 기속된다. 헌재는 "재량권 행사의 준칙인 규칙이 그 정한 바에 따라 되풀이 시행되어 행정관행이 이룩되게 되면 평등의 원칙이나 신뢰보호의 원칙에 따라 행정기관은 그 상대방에 대한 관계에서 그 규칙에 따라야 할 자기구속을 당하게 되는 경우에는 대외적 구속력을 가지게 되는바, 이러한 경우에는 헌법소원의 대상이 될 수도 있다."[7]고 판시하고 있다.

자기기속은 엄격적용을 강제하는 것도 계속적용을 해야 하는 것도 아니다. 행정재량영역에 있어서 재량권행사는 개별적 상황에 따라 탄력적으로 발동할 수 있다. 행정규칙은 평등원칙에 따라 전형적 사건에 해결방안을 마련하거나 재량행사의 기준을 제시하는 기능을 한다. 하지만 개별사건에서 정의를 실현하기 위해 탄력성을 발휘할 수 있는 것은 평등권에 반하지 않는다. 즉 전형적인 사례가 아닌 경우에 행정규칙을 탄력적으로 적용하는 것은 오히려 평등권에 합치하는 것이다. 그러나 이 경우 일반평등원리에 따라 행정청이 근거 없이 적용하지 않았다는 것을 수긍할 수 있을 정도의 객관적 근거를 제시할 수 있어야 한다.

평등권은 행정규칙이나 확립된 판례를 변경하여 장래에 새로운 기준에 따른 실무를 처리하는 것을 금지하지 않는다. 평등권은 자기구속의 원리에 따라 개별사건에 평등한 적용을 하면 되는 것으로 개별사건과 상관없이 행정규칙을 개정하는 것은 무방하다. 민주주의는 법적 기준의 변경가능성을 인정하기 때문이다. 따라서 행위기준의 변경에 대해 평등권으로 정당화할 필요는 없다. 하지만 자유권제약에 대한 신뢰보호원칙위반이 문제될 수 있다. 자유권은 상황에 따라 법의 존속에 대한 신뢰를 보호해야 하는 반면에 평등권은 법의 일반적 효력과 그 효력에 대한 신뢰를 보장한다. 따라서 행정규칙이나 판례의 변경에서 평등권은 다만 추상적인 기준으로만 판단될 뿐이다. 즉 평등권은 국가가 상황에 따라 적용기준의 변경필요성을 인정하고 새로운 기준에 자기 스스로 기속되는 효과를 초래하는 기능을 한다. 그 밖에 불문기준의 내용도 좁은 의미의 입법이란 점에서

2013헌마334; 2000. 7. 20. 99헌마455, 판례집 12-2, 153, 159).

4) 헌재결 1991. 7. 8. 91헌마42, 판례집 3, 380, 383.

5) 헌재결 2001. 7. 19. 2000헌마546, 판례집 13-2, 103. 유치장내 화장실설치 및 관리행위 위헌확인.

6) 헌재결 1992. 6. 26. 91헌마25, 판례집 4, 444, 449.

7) 헌재결 2005. 5. 26. 2004헌마49, 판례집 17-1, 754, 761; 2007. 8. 30. 2004헌마670, 판례집 19-2, 297, 306-307.

평등권침해 여부를 심사할 수 있다.

Ⅳ. 자유와 평등의 관계

1. 자유와 평등의 분리와 병행

자유권은 헌법 제12조에서 제23조에 이르기까지 규정하고 있고, 평등권은 헌법 제11조에서 규정하고 있다. 헌법은 자유권과 평등권을 원칙적으로 구분되는 것을 전제로 하고 있다. 따라서 자유권과 평등권은 다음과 같이 상반되는 규범적 특성이 나타나고 있다.

첫째, 자유권은 보호범위를 전제로 그 제한의 합헌여부가 문제되나, 평등권은 법적용의 일반화 정도 즉 규범수신인의 범위설정의 정당성을 문제로 한다. 따라서 평등위반여부는 입법자가 설정한 규범수신인과 비교되는 집단의 배제의 정당성을 논증하는 것이다.

둘째, 국가와 사회의 분리를 전제로 하여 자유권은 국가와 개인의 수직적 관계를, 평등권은 사회구성원간의 수평적 관계를 전제로 한다.

셋째, 전통적인 자유권은 국가권력, 특히 경찰권력의 과잉개입을 침해로 간주하여 과잉금지 내지 비례의 원칙을 심사기준으로 보장되었고 현대의 자유권은 과잉금지 이외에 기본권보호의 과소금지를 기준으로 현실적 보장범위가 이루어진다. 평등권 내지 평등원칙은 차별의 정당성을 비교대상을 전제로 "본질적으로 같은 것은 같게 다른 것은 다르게 취급하라"는 자의금지원칙을 심사척도로 보장한다. 즉 자유의 침해는 모든 기본권주체가 비례의 원칙에 반하는 자유제한을 당하는 경우가 된다. 이와 반면에 평등침해란 독립적으로는 기본권주체에게 비례의 원칙에 맞는 자유를 보장하고 있지만 기본권주체들 상호간을 비교하면 정당하지 않게 차별적 자유를 보장하는 경우를 말한다.

넷째, 자유권은 국가권력에 의한 개인자유의 침해 내지 부담이 문제되나, 평등권은 부담·급부·침익·수익 작용 모두 그 대상이 된다. 따라서 평등권은 자유권, 생존권(급부권), 절차권 모두에서 문제가 될 수 있다. 예컨대 평등위반여부는 법률유보에 의한 절차권(예, 헌법소원청구권[8])에서와 같이 적극적인 자유형성입법의 한계로서 기능한다.

8) 헌재결 2001.07.19. 2001헌마102, 공보 59; 1997. 12. 24. 96헌마172등, 판례집 9-2, 842, 854-862.

다섯째, 자유권은 국가권력의 자유침해에 대한 방어권으로 기능하므로 과잉된 권력행사의 절대적 무효를 의미하는 위헌선언을 하게 되지만(다만 소급무효로 법적 불안정성을 방지하기 위하여 향후무효를 입법화하기도 한다), 평등권은 규범수신인에서의 배제로 인한 상대적 무효를 의미하는 헌법불합치를 선언한다. 이러한 점에서 자유와 평등은 분리된다.

그러나 자유와 평등의 침해는 분리되어 나타나는 것만은 아니다. 개인적인 자유침해가 자유가 보장되는 타인과의 비교에서는 평등권침해도 병행하여 나타날 수 있다. 헌재결정에서는 자유나 평등의 한 측면의 침해여부를 심사하는 것이 일반적인 상황이다. 이에 대해 헌재가 구체적 사건해결에 요구되는 심사기준에 대한 논증을 생략하는 것은 사법소극주의에 기인하는 것으로 볼 수 있다.

2. 자유와 평등의 결합

살펴본 바와 같이 자유와 평등은 형식적으로 보면 상호 구별되는 규범적 특성을 갖고 있다. 하지만 자유와 평등은 현실적으로 보면 법치국가원리의 구성요소로 상호 밀접한 관련성을 갖는다. 헌법 제10조 제2문도 기본적 인권으로서 자유와 평등을 동등하게 보장할 국가의 의무를 규정하고 있다. 따라서 기본권은 전반적으로 평등한 자유 내지 자유속의 평등을 보장하여야 한다. 기본권의 이념적 기초인 인간존엄도 자유와 급부 및 평등보호규정으로서 절대규칙인 것이다.

(1) 자유권에서 평등요소

자유권에서 평등요소는 구성요건적 개념표지에서 가치판단 내지 차별을 절대적으로 금지하는 것에서 찾아 볼 수 있다. 예컨대, 의사표현의 자유, 결사의 자유, 종교의 자유, 예술의 자유 등의 기본권에서 의사, 결사, 종교, 예술에 대한 국가의 객관적 평가에 따른 차별금지를 내용으로 하는 중립성원칙이 그것이다. 헌법 제11조 제1항 제2문에서도 성별, 종교, 사회적 신분에 의한 차별금지도 이와 관련된 것이다. 자유권을 평등한 자유로 보장하지 않는다면 헌법규범과 불일치하는 자유권의 효력이 현실적으로 나타나게 된다. 따라서 국가의 중립성원칙에 반하는 차별금지위반의 현실이 나타나면 기본권제한의 정당성심사도 평등보호의 입법재량에 대한 판단도 할 것 없이 위헌이다.

차별금지를 보장하기 위하여 헌법 제11조 제1항 제2문, 개별기본권의 개념표지와 자유권과 평등원리의 상상적 경합에 의한 심사가 요청된다. 평등권과 개별기본권, 특히 자유권과의 상상적 경합이란 제한의 한계가 평등권은 자의금지, 자유권은 비례의 원칙으로 다르므로 독립적으로 심사하여 결정을 하는 경우를 말한다. 헌재가 초기부터 지금까지 헌법소원제기인의 침해된 기본권주장을 기본권수호자의 관점에서 모두 판단한다는 견지에서 흔히 사용하던 방법이다. 간통죄(형법 제241조)[9] 등 대부분의 형사입법에 대한 헌재결정,[10] 법무사자격자동부여제도에 대한 결정,[11] 양심적 병역거부사건[12] 등 많은 헌재결정에서 평등권과 개별기본권은 상상적 경합으로 보아 심사에 임하고 있다. 그러나 전통적인 자의금지원칙의 기능적 역할을 강조하면서 입법자의 입법형성권을 존중하는 결정을 함으로써 논거에 설득력이 부족한 것은 유감이다.

이와 반면에 자유권은 평등원리와 달리 다양한 보호범위를 내용으로 하여 상대적인 차별과 특별보호를 보장하여야 한다. 양심의 자유(헌법 제19조)는 일반적 행동자유권(헌법 제10조)과 비교하여 양심적 결정에 의한 행동의 자유를 특별히 보호하여야 한다. 혼인의 자유도 사실혼이나 동성혼에 대하여 법률혼을 특별히 보호하여야 한다.

요약하면 모든 차별대우에 대해 평등원리를 기준으로 불평등으로 평가하는 것은 타당하지 않다. 평등원리는 자의금지에 따라 차별을 정당화할 수 있기 때문이다. 다만 특별평등권의 경우는 차별금지 내지 우대보호의 사유를 특정하지만 일반평등원리는 차별대우의 사유에 대해서는 개방적이라는 차이점이 있을 뿐이다. 따라서 일반평등원리(헌법 제11조 제1문)는 성문기본권과 불문기본권의 보호내용과 모두 상상적 경합에 의하여 심사할 수 있다.

(2) 평등권에서 자유요소

평등권에서도 자유의 요소를 찾아볼 수 있다. 이는 특히 일반적 평등원리의 이론과 관련하여 중요한 점이다.

첫째, 변호사, 의사직업교육장 등과 같이 국가가 제한된 급부를 제공하고 있

---

9) 일반평등권(제11조 제1항), 특별평등권으로서 혼인과 가족제도의 보장(제36조 제1항), 성적자기결정권(제10조)을 심사기준으로 하고 있다. 헌재 2001.10.25. 2000헌바60, 판례집 13-2,480; 1990. 9. 10. 선고 89헌마82 결정, 판례집 2, 306; 1993. 3. 11. 선고 90헌가70 결정, 판례집 5-1, 18면.

10) 장영철, 헌법의 규범력과 형법, 정천허영박사정년기념논문집, 헌법의 규범력과 법질서, 2002, 152면 이하.

11) 헌재결 2001.11.29. 2000헌마84, 판례집 13-2, 750.

12) 헌재결 2004.08.26. 2002헌가1, 판례집 16-2, 141면 이하.

는 것에 대한 기회균등을 요구하며 일반적 평등권침해를 주장하는 경우를 들 수 있다.

둘째, 방송법, 경제법, 정당법 등에서 경원자, 경업자, 경쟁 정당간에 기회균등을 요구하는 경우와 재정법에서 공기업간의 위탁업무와 예산경쟁의 경우에도 나타나고 있다.

셋째, 일반적 평등원리의 심사기준을 새로운 공식으로 강화하는 경우에도 나타난다. 즉 완화된 심사기준인 자의금지원칙과 달리 엄격한 심사기준인 비례의 원칙을 적용하는 "차별취급으로 자유에 중대한 제한을 초래하는 경우"는 국가권력의 차별적 행사로 평등권과 자유권을 동시에 제한할 수 있다는 것을 의미하고 있다.

위 세 사례의 대부분은 국가권력의 차별행사로 자유권의 보호범위에 제한가능성은 있지만 침해로는 판단할 수 없는 경우다. 따라서 비례의 원칙에 의한 심사는 이하에서 살펴보는 바와 같이 자유권제한의 심사가 아닌 평등권침해여부의 심사구조를 나타내고 있다.

3. 자유권과 비교하여 일반평등권심사의 특성

일반평등위반을 만약 자유권제한의 비례의 원칙으로 해석한다면 평등권과 자유권의 규범구조의 차이로 인해 우리 헌재결정[13]에서도 나타났듯이 논증의 설득력에 문제가 있다. 차별목적과 차별수단간의 비례적 평등이란 개념을 사용하더라도 입법목적 아닌 차별목적을 설정하기 어려운 문제가 있고, 설사 헌법 제37조 제2항의 공공복리라는 차별목적을 가정하더라도 국가와 개인의 수직적 침해를 전제로 하여 방법의 적절성, 필요성, 균형성의 논증방법을 개인과 개인사이의 수평적 형성의 정당성 판단에 그대로 적용하기에는 논리적 모순이 나타난다.

일반적 평등원리는 기본권체계 내에서 평등한 사인간의 객관적 질서형성기능을 수행하는 기본권실현의 방법적 기초[14]다. 따라서 평등권은 자유권, 절차권, 생존권 등 기본권들과 결합하여 사회구성원의 동화적 통합효과를 증대시켜주고 헌법의 생활규범력을 높여주게 된다. 예컨대, 자유권과 결합한 평등권은 규범수신인에서 배제된 비교집단의 평등위반심사를 통해 자유권의 객관적 사회질서형

13) 예컨대, 부부자산소득합산과세제도에 관한 2001년의 위헌과 2005년의 합헌결정 헌재 2005. 5. 26. 선고 2004헌가6, 판례집 17-1, 592(600)면; 2002. 8. 29. 2001헌바82, 14-2, 170면 이하.

14) 허영, 한국헌법론, 357면.

성기능을 수평적으로 강화하는 역할을 하고, 자유실현의 절차적 정의를 강조하는 절차권에서의 평등권은 바로 절차권의 생성 근거이자 통제척도가 되고, 급부권 내지 참여권에서의 평등권은 급부의 수준, 급부제공의 이유 내지 불평등의 이유를 판단하는 기준이 된다. 결국 일반적 평등원리는 법적 안정성 보다 구체적 사안에 합당한 정의(Sachgerechtigkeit)를 찾아 개별적 타당성(Individualgerechtigkeit)을 추구하며 입법간의 체계정당성 내지 결과정당성(Folgerichtigkeit)을 확보하여 조세정의(Steuergerechtigkeit) 또는 병역부담평등의 헌법적 근거가 된다.[15] 따라서 일반평등원리는 객관적 원리로 기본권의 객관적 내용형성의 기준이 되어 헌법제정자가 설정한 기본권의 주관적 권리성을 보완하는 기능을 하게 된다. 예컨대, 양심적 병역거부사건에서의 1인 보충의견(이상경재판관), 부부자산소득합산과세사건에서의 소수(2인)의 합헌의견, 검사의 불기소처분에 대한 헌법소원[16]에서 일반 평등원리는 개별기본권과 경합하여 주된 심사기준이 되고 있다. 따라서 일반적 평등원리는 개별기본권의 객관적 내용이 주관적 권리로 된 것 또는 되어야 하는 것을 보호하는 헌법재판의 심사기준이라는 의미에서 '수정된 자유권 내지 파생적 급부권'으로 기능하게 된다. 이러한 점에서 일반적 평등원리의 보호범위를 "불평등한 대우금지"로 설정하고 독자적 기본권으로서 일반평등권의 주관적·객관적 양면성을 주장하는 견해[17]가 제시되고 있다. 이에 대해서는 장을 바꾸어 상론한다.

---

15) 일반적 평등원칙과 정의의 관계에 대하여는 명재진, 헌법상 정의의 원리와 평등권, 헌법판례연구 5, 75면 이하; Dreier, GG Kommentar, 2. Aufl. Bd. Ⅰ, S. 426 f.

16) 검사의 불기소처분에 대한 평등권침해여부 심사, 생존권침해여부에서 평등권 내지 인간다운 생활을 할 권리침해여부에 대하여 객관적으로 정의와 형평에 반한다거나 자의적인 것이라 할 수 없다는 판시를 들 수 있다. 헌재 1995. 7. 21. 선고 93헌가14, 판례집 7-2, 2면 이하.

17) S. Huster, Rechte und Ziele, S. 165 ff; Dreier, GG Kommentar, FN 157.

제 2 절 일반적 평등원리

Ⅰ. 일반적 평등원리

1. 평등권체계에서 일반적 평등원리의 규범적 기능

헌법 제11조 제1항 제1문 '모든 국민은 법 앞에 평등하다.'는 일반적 평등원리는 입법의 자의금지로서 실정법질서에 포괄적으로 효력이 미치는 일반평등권의 기능을 수행한다. 헌법소송적 측면에서 모든 기본권주체는 자의적인 공권력행사에 대해 평등권침해를 주장하며 헌법소원을 청구할 수 있다. 이에 따라 헌재는 공권력행사에 대하여 심사할 수 있다. 하지만 헌재는 일반평등권침해에 대하여 자의금지원칙에 의한 심사로 입법의 형성재량이나 일반법원의 법률해석의 전문성을 인정하게 되어 헌재가 초상고심으로 기능하는 것을 예방하고 있다.

헌법 제11조의 규범체계를 보더라도 동조 제1항 제2문, 제2항과 제3항의 특별평등권규정에 대하여 일반평등권으로 규정하고 있는 것으로 파악해야 한다. 이는 일반적 행동자유권의 개별자유권에 대한 관계와 유사하다고 할 수 있다.

2. 소위 구 공식과 신 공식

고전적으로 헌법 제11조 제1항 제1문은 자의금지로 파악하였다. 자의금지란 비교대상에 대하여 "본질적으로 같은 것을 자의적으로 다르게 취급하거나 본질적으로 다른 것을 자의적으로 같은 것으로 취급하는 것을 금지"하는 것을 말한다. 이러한 일반평등권의 무한정의 보호범위에 대하여는 논란의 여지없이 인정되고 있다. 하지만 자의금지원칙은 법치국가원리에 반하는 명백한 하자가 없으면 입법자의 결정을 존중함으로써 심사기준으로서는 한계가 있다. 따라서 자의금지의 판단기준으로 평등권의 향유주체인 규범수신인을 기준으로 하는 이른바 '새로운 공식'이 주장되었다. 이는 비례의 원칙에 의한 평등권침해심사를 말한다. 자의금지와 비교하면 적용범위는 제한적이지만 통제강도는 강화되었다. 따라서 두 개의 심사기준은 상호 모순되지 않는다. 하지만 자의금지심사는 비례의 원칙의 적절성심사를 의미한다는 점에서 공통점이 있다. 따라서 양 기준의 차이는 좁은 의미의 비례의 원칙인 법익 균형성을 평등심사에서도 할 수 있는지의 문제에서 나타난다. 이하에서는 고전적인 자의금지심사의 이론적 구조에 대하여 먼저 살펴보고 새로운 공식에 의한 보완에 대하여 논하기로 한다.

Ⅱ. 자의금지의 이론과 심사구조

자의금지에 의한 심사는 2단계로 구성된다. 제1단계는 보호범위의 설정과 함께 책임귀속의 문제가 동시에 심사된다. 제2단계는 정당성심사를 한다.

1. 법적 평등심사

제1단계에서는 사실관계가 법적 평등에 관한 것인지를 심사한다. 이 단계에서는 국가의 책임이 문제되지 않는 단순한 사실적 불평등을 여과하는 기능을 수행하게 된다. 그리고 법적으로 평가하여 사실관계와 공통점을 갖는 비교대상을 찾아낸다.

(1) 심사대상으로서 사실관계의 법적 상태

먼저 사실관계에서 심사대상을 찾아낸다. 이는 헌법 제11조 제1항 제1문의 평등권에 반하는 입법상황으로 소송절차에서는 평등권침해를 주장하며 청구한 헌법소원 내지 행정소송의 대상이 된다. 개별적인 사건일 수도 있고, 특정 집단의 법적 대우일 수도 있다. 예컨대, 행정청의 자기구속의 원리에 반하는 재량권남용과 산재보험법에서 사업주의 출퇴근 차량을 이용하는 혜택근로자에 대한 비혜택근로자의 차별대우를 들 수 있다. 이 경우 누가 평등권의 향유주체인가를 확정하여야 한다. 그 기준은 국가의 책임귀속을 인정할 수 있는 조치나 법적 상태로 인해 불이익을 받거나 수익에서 배제되는 사람이어야 한다. 따라서 원칙적으로 심사대상은 기본권주체에게 불리한 사실적 상황이 아니라 불리한 법적 상태인 것이다.

(2) 심사기준으로서 비교집단의 법적 상태

평등권심사에서는 두 개의 법적 상태를 구별하여 상호 비교를 한다. 즉 헌법재판의 심사대상인 사실관계의 법적 상태와 사실관계와 비교할 수 있는 집단의 법적 상태를 비교한다. 왜냐하면 평등권은 본질적으로 자기기속의 기제를 내재하고 있기 때문에 국가권력이 기속되는 기준과 그 기준에 반하는 국가권력의 행사를 확정하여야 한다. 비교대상의 법적 상태도 국가의 책임으로 동일하게 귀속되어야 한다.

비교집단이 자신의 법적 상태에 대하여 자기기속을 주장하려면 법적 상태의 존속이 보장되는 경우에나 가능하다. '불법에서의 평등'은 인정되지 않기 때문이다. 이 단계에서 이미 기본권주체가 국가의 불법상태의 자기기속주장은 심사하여 배척된다.

(3) 법적 비교가능성

제2단계의 불평등대우의 정당성심사 전에 비교 대상간에 본질적으로 동일한 것인지에 대한 심사를 하여야 한다. 하지만 법적 비교에서 본질적으로 다른 것을 다르게 취급하는 것은 논리적으로 정당성심사에서도 승인할 수밖에 없다. 그럼에도 불구하고 제11조 제1항 제1문의 자의금지에 의한 본질적인 동일성(내지 차별성)을 인정할 수 있는 경우란 법 규정에서 평등보호(내지 차별)기준을 제시하는 경우에나 가능하다.

따라서 사실관계와 비교집단에서 공통점을 찾아야 한다. 이러한 공통점은 법적으로 보장되어 있어야 한다. 헌법 제11조 제1항 제1문은 '법 앞의 평등' 즉 실정법체계 내에서 평등을 보장하고 있기 때문이다. 일반적 평등원리는 실정법질서에 일반적 효력을 부여하기 위해 일반적인 법적 행위기준을 마련하는 기능만 수행하도록 규정하였다. 헌법의 통일성의 관점에서 헌법에 직접규정한 차별이나 헌법에 근거한 간접적 차별은 일반적 평등원리에 반하지 않는다. 이는 즉 자유권의 보호범위를 차별적으로 규정함으로써 해당 사실관계에서 불평등한 대우를 하는 것은 원칙적으로 자의금지에 반하지 않기 때문이다.

2. 자의란 객관적으로 정당화할 수 없는 명백히 불공정하게 불평등한 경우

전술한 법적 비교에서 살펴보았듯이 명백히 정당화될 수 있는 차별은 일반평등권침해가 아니다. 이와 반대로 제2단계 차별의 정당성 심사에서는 불평등이 명백히 정당화될 수 없는 것인지를 심사한다. 자의란 차별기준을 이성적으로 납득할 수 없을 때를 말한다. 즉 차별수단이 법치국가원리에 따라 수용할 수 있는 차별목적에 부적합한 경우다. 차별기준은 차별목적을 고려하여 사실관계에 합당한 차이점을 고려해야 한다. 여기서 중요한 것은 입법목적이 아니라 비교대상과 관련하여 차별목적이라는 점이다. 차별의 '내적 목적'이 정의실현에 기여한다고 하더라도 수단의 적합성 심사는 하여야 한다. 심사강도는 합리성심사에 그쳐 명백히 사안에 부적합한 차별만 자의금지위반을 선언할 수 있다.

Ⅲ. 비례적 평등보호명령으로서 헌법 제11조 제1항 제1문

1. 심사체계

제1단계의 평등권심사체계는 전술한 자의금지심사와 동일하다. 따라서 신 공식은 차별의 정당성심사단계에 와서 자의금지심사와 차이가 나타난다. 즉 불평대우가 자의금지에 반하지 않는 경우 비례성심사단계로 넘어간다.

2. 헌재결정에 의한 평등위반의 엄격심사기준으로서 비례성 심사

헌재가 평등위반의 엄격심사기준으로서 비례성 심사를 판시한 것은 다음과 같다. 제대군인가산점제결정[18]에서 "차별적 취급으로 인하여 관련 기본권에 대한 중대한 제한을 초래하게 되는 경우를 엄격한 심사척도로 판단한다."고 하고 헌재는 또한 "사람이나 사항에 대한 불평등대우가 기본권으로 보호된 자유의 행사에 불리한 영향을 미칠 수 있는 정도가 크면 클수록, (…), 헌법재판소는 보다 엄격한 심사척도를 적용한다."고 판시[19]하여 평등위반의 엄격심사척도결정의 기준을 제시하였다.

3. 헌재결정에 대한 비판론[20]

헌재는 제대군인가산점제결정 이전에도 평등위반을 비례의 원칙의 네 가지 요소에 따라 심사하는 결정을 한 바는 있다.[21] 그러나 평등권침해여부를 엄격한 심사척도로 판단하는 기준을 제시하고 명시적으로 비례의 원칙에 따라 심사한 것은 제대군인가산점제결정[22] 이후부터다. 즉 헌재는 ① 헌법에서 특별히 평등을 요구하고 있는 경우와 ② 차별적 취급으로 인하여 관련 기본권에 대한 중대

18) 헌재결 1999. 12. 23 선고 98헌마363, 11-2, 판례집 770면 이하.

19) 헌재결 2003.09.25. 2003헌마30, 판례집 15-2,501면 이하.

20) 장영철, "기본권체계 내에서 평등권의 기능에 관한 연구 -헌법재판소결정에 나타난 평등권과 개별기본권의 상호관계를 중심으로-", 『공법연구』 제34집 제4호 제1권, 2006. 6, 193면 이하.

21) 예컨대, 헌재결 1989.5.24. 선고, 88헌가37·96(병합), 판례집 1, 48이하; 1996.08.29. 93헌바57, 판례집 8-2,46,56-56; 1994.2.24. 선고, 93헌바10.

22) 헌재결 1999. 12. 23 선고 98헌마363, 11-2, 판례집 770면 이하.

한 제한을 초래하게 되는 경우를 엄격한 심사척도로 판단한다고 하며 제대군인 가산점제는 헌법상 여성과 신체장애자보호에 관한 특별평등권규정과 차별취급으로 직업선택의 자유와 공무담임권에 대한 중대한 제한을 초래한다고 보았다. 2001년과 2006년의 국가유공자 등 취업보호대상자에 대한 가산점제결정[23]에서도 위 두 가지 경우 모두에 해당된다고 보아 비례의 원칙에 의한 심사를 하고 있다.

한편 부부자산소득합산과세제도에 관한 2001년과 2005년의 헌재결정[24]은 위 첫 번째(①)에 해당되는 것으로, 교육위원선거에서의 교육경력자우대결정[25]과 기사등급이상자격증가산점결정[26]에서는 두 번째(②) 해당되는 차별취급으로 공무담임권에 대한 중대한 제한을 초래한다고 보아 각각 비례의 원칙에 의한 평등권침해여부를 심사하였다.

그러나 비례의 원칙에 합치여부를 판단하는 네 가지 기준에 의한 구체적 논증에 있어서는 설득이 부족한 논증을 하고 있다. 살펴보면 법정의견은 입법목적을 차별목적으로 동일시하고 차별목적의 정당성을 공공복리추구로 인정할 수 있지만 목적달성을 위한 수단의 적합성, 필요성, 균형성을 모두 부인하거나(제대군인가산점, 부부자산합산과세), 모두 인정(교육위원선거에서의 교육경력자우대, 기사등급이상자격증가산점)하고 있다. 반면에 반대의견은 비례의 원칙에 따른 판단을 하더라도 외부적으로 나타난 입법목적이 아닌 입법이전의 내부적 차별목적의 정당성을 부인(재외동포법결정에서 권성재판관)[27]함으로써 목적달성을 위한 수단의 적합성, 필요성, 균형성에 대한 판단의 의미가 없게 된다.

더구나 목적달성을 위한 기본권제한수단 중에 보다 완화된 수단을 선택하여 필요최소한의 기본권제한을 해야 하는 필요성요건의 판단에 있어서 더욱 혼란이 초래되고 있다. 차별목적을 달성하기 위한 입법은 기본권형성입법으로의 속성을 지니기 때문에 기본권제한을 전제로 하는 비례성 원칙의 피해의 최소성을 논증하는 것의 어려움은 필연적이라 할 수 있다. 따라서 입법에 의해 형성된 차

---

23) 헌재결 2006. 2. 23. 2004헌마675; 2001.02.22. 2000헌마25, 판례집 13-1, 386면 이하.

24) 헌재결 2005. 5. 26. 선고 2004헌가6, 판례집 17-1, 592(600)면; 2002. 8. 29. 2001헌바82, 14-2, 170면 이하.

25) 헌재결 2003. 3. 27. 선고 2002헌마573, 판례집 15-1, 319(335, 336)면.

26) 헌재결 2003.09.25. 2003헌마30, 판례집 15-2,501.

27) 권성 재판관은 차별목적을 경제적 이익과 행정규제의 편의로 보고 있다. 헌재 2001. 11. 29. 99헌마494, 판례집 13-2, 736면.

별목적을 달성하기 위한 수단의 필요성을 긍정하기 위해서 헌법상의 특별평등권규정의 구체화로 설명(2001년의 국가유공자 결정)하다가 입법이전에 내부적 차별목적을 달성하기 위한 수단의 필요성은 기본권침해를 주장하는 소원제기인의 입장에서 부인(2006년의 국가유공자결정)하는 방식을 취하게 된다. 대표적으로 재판관들의 견해가 불과 4 년 만에 위헌에서 합헌으로(부부자산소득합산과세결정에서 2인 재판관), 또한 5년 만에 합헌에서 헌법불합치(국가유공자 등 가산점제결정에서 7인 재판관)로 변경되는 것은 이러한 논증의 일관성결여로 인해 초래되는 것으로 볼 수 있다. 평등위반여부에 대한 엄격심사척도로 비례의 원칙에 의한 판단을 제고할 필요가 있다.

4. 비례의 원칙의 확대해석론과 평가

(1) 헌재결정의 확대경향

기사등급이상가산점사건에서 헌재는 제대군인가산점결정에서 제시한 엄격한 심사기준에 대한 부연설명으로 "차별적 취급으로 인하여 기본권에 중대한 제한을 초래할수록 보다 엄격한 심사척도가 적용되어야 한다는 취지이며, 기본권에 대한 제한이기는 하나 중대하지 않은 경우에는 엄격한 심사척도가 적용되지 않는다는 취지는 아니라"고 볼 것이라 하여 비례의 원칙의 확대를 예고하는 판시를 하고 있다. 그러나 한편 "사람이나 사항에 대한 불평등대우가 기본권으로 보호된 자유의 행사에 불리한 영향을 미칠 수 있는 정도가 크면 클수록, 입법자의 형성의 여지에 대해서는 그만큼 더 좁은 한계가 설정되므로, 헌법재판소는 보다 엄격한 심사척도를 적용한다."고 판시하고 있어 평등권과 자유와의 관련성을 인식하기 시작했다. 이는 독일연방헌재가 최근의 공식으로 제시했던 엄격심사척도를 적용하는 하나의 기준을 수용한 것이다. 그러나 비례의 원칙의 확대로 해석하는 할 것인지에 대하여는 구체적으로 논할 필요가 있다.

(2) 비례의 원칙의 확대해석론

국가권력행사로 자유권을 과잉제한 했는지 그리고 다른 국가권력행사와 비교하여 차별적인지의 문제는 모두 관계에 관한 즉 목적과 수단의 관계에 관한 것으로 보는 견해다. 즉 목적과 수단의 관계에 관한 문제라는 점에서 비례의 원칙으로 보아야 한다고 한다. 하지만 자유권제한에 대한 과잉금지와 과소금지의 한계에 대한 심사기준인 비례의 원칙과 평등의 관점에서 불평등의 비례성을 심

사하는 것은 구별해야 한다고 한다. 그 내용은 다음과 같다.[28]

우선 자유권제한의 비례성과 불평등의 비례성심사 모두 목적과 수단을 독립적으로 판단하는 것은 공통적이지만 심사의 관점은 다르다. 불평등의 비례성심사의 대상은 자유권과 달리 기본권제한이 아니라 성별, 종교, 사회적 신분 등 차별금지(내지 평등보호)의 사유가 된다. 따라서 국가권력행사의 일반적인 목적이 아니라 특별한 차별금지의 목적이 문제된다. 만약 입법자의 차별취급의 특정한 목적을 파악할 수 없는 경우에는 차별(내지 우대)의 객관적인 정당화사유가 목적이 된다.

둘째, 수단의 적절성심사는 법치국가원리에 따라 수인할 수 있는 가능성을 의미하는 것이다. 이는 이미 살펴본 바와 같이 자의금지심사와 다를 바와 없으므로 엄격한 평등심사로서 독자적 기능이 없다.

셋째, 전술한 헌재결정비판론에 보았듯이 수단의 필요성심사도 일반적 평등원리위반여부와 관련하여서는 적용할 여지가 없다. 필요성심사는 보다 덜 기본권을 제한하는 조치로도 목적을 달성할 수 있는 지의 기본권제한의 정도를 의미한다. 이를 평등심사에 적용하면 보다 덜 차별적인 조치로도 목적달성을 할 수 있는지가 된다. 하지만 일반적 평등원리는 개별과 일반조치의 구분을 전제로 하는 것으로 덜 차별적인 조치를 일반화하는 것은 헌법에서는 가능하지 않다.

넷째, 차별취급정도의 균형성심사는 평등위반에 관한 엄격심사에서 중요한 기준이다. 차별취급의 객관적 사유가 중요하면 할수록 법적 차별에 대한 심사기준을 강화하는 것은 정당화될 수 있다. 차별취급의 정도는 비교대상의 차별정도와 균형을 이루어야 한다.

비교대상의 차별로는 우선 사항관련 사실적 차별을 생각해 볼 수 있다. 변호사와 법무사의 법적 전문성을 고려하여 직업행사의 자유를 차별하는 것이 이에 해당된다. 다음으로 시간적 차별을 고려할 수 있다. 선거권행사연령, 동등한 능력의 경우 공직진출의 여성할당제, 독일통일 후 동독지역에 대한 비례대표의석 배분의 우대조치 등이 이에 속한다. 마지막으로 공간적 차별도 있다. 지자체간에는 평등을 고려하지 않아도 되지만 중앙정부는 지자체간의 균형발전을 고려하여 정책을 시행해야 한다. 지역할당제, 지방재정조정제도가 그것이다.

자유권제한의 한계를 심사하는 과잉금지와 달리 평등위반의 비례성심사에서는 구체적 사건에서 법익충돌이 문제되는 것이 아니다. 평등의 비례성심사에서

---

28) Michael/Morlok, Grundrechte, Baden-Baden, Nomos, 2008, S. 377 ff. RN 799 ff.

는 오히려 비교대상에 내재하고 있는 법익형량을 상호 비교하여 가치판단을 하는 것이다. 평등위반의 심사는 사실상의 차별의 종류와 강도에 있어서 불균형이 있는지를 판단해야 한다. 평등보호의 목적은 차별이익위반을 형량하는 것이다. 평등대우명령은 법적 차별이 '과잉'인지를 심사하는 것인 반면에 차별보호명령은 기본권을 너무 '과소'하게 보호했는지를 심사하는 것이다.

과잉금지심사에서 중요한 것은 형량이다. 국가기관, 특히 입법자는 자유권의 보호법익을 개별적으로 판단하여 향유수준을 결정하는 재량을 갖는다. 따라서 과잉금지심사는 가장 비례적인 해결방안을 강구하는 것이 아니라 비례적이지 않은 형량의 한계를 파악하는 것에 불과하다. 국가가 과잉금지심사에서 하는 가치판단은 개별사건에서는 물론 일반적으로도 일관성이 있어야 한다. 국가기관이 납득할만한 법익형량의 가치판단은 일반적 평등원리에 따라 일반화할 수 있어야 한다. 추상적인 법익의 우열판단도 일관성이 있어야 한다. 하지만 법익보호수준은 구체적인 사건에서 관련정도에 따라 과잉금지나 과소금지원칙에 의한 형량으로 결정한다. 이러한 점에서 차별도 비례적이어야 한다. 이는 평등심사에서의 비례성을 의미한다. 환언하면 과잉금지나 과소금지원칙의 적용도 평등하여야 하는 것으로 일반적 평등위반의 비례성심사는 자유권제한의 비례성심사의 보충적 기능을 하는 것이다. 평등한 법익형량이란 '같은 심사기준'에 의해서만 가능하다는 것이다. 이 기준은 다름 아닌 추상적인 법익서열을 말한다.

자유권의 제한에 있어서 입법자는 재량을 갖는다. 하지만 그 입법재량은 평등권의 견지에서 비교대상에 일관되게 행사되어야 한다. 이러한 의미에서 헌재는 입법통제기준으로 '체계정당성 내지 결과정당성심사'를 하고 있다. 체계정당성의 원리는 동일 규범 내에서 또는 상이한 규범 간에 그 규범의 구조나 내용 또는 규범의 근거가 되는 원칙면에서 상호 배치되거나 모순되어서는 아니 된다는 헌법상 원리를 말하는 것[29]으로 체계정당성에 위반한다고 해서 곧 위헌이 되는 것은 아니다. 그것이 위헌이 되기 위해서는 결과적으로 비례의 원칙이나 평등의 원칙 등 일정한 헌법의 규정이나 원칙을 위반하여야 한다.[30] 이러한 점에

29) 헌재결 2015. 7. 30. 2013헌바422, 판례집 27-2상, 170; 헌재결 2010. 6. 24. 2007헌바101등.

30) 즉 이는 규범 상호간의 구조와 내용 등이 모순됨이 없이 체계와 균형을 유지하도록 입법자를 기속하는 헌법적 원리라고 볼 수 있다. 이처럼 규범 상호간의 체계정당성을 요구하는 이유는 입법자의 자의를 금지하여 규범의 명확성, 예측가능성 및 규범에 대한 신뢰와 법적 안정성을 확보하기 위한 것이고 이는 국가공권력에 대한 통제와 이를 통한 국민의 자유와 권리의 보장을 이념으로 하는 법치주의원리로부터 도출되는 것이라고 할 수 있다. 헌재결 2010. 6. 24. 2007헌바101 등, 판례집 22-1하, 417.

서 체계정당성을 소위 '체계일원성'을 의미하는 것으로 확대해석해서는 안 된다.[31]

법학전문대학원의 총 입학정원을 제한하고 있는 법학전문대학원 설치 · 운영에 관한 법률에 대한 헌법소원[32]에서는 직업선택의 자유와 대학자율권침해여부만 심사하고 있으나 기회균등의 관점에서 일반평등권침해도 심사기준으로 하여야 한다. 국가사무를 위임 받고 있는 공무수탁사인을 25개 대학으로 한정하고 확대설치가능성을 봉쇄하는 것은 기회균등의 원칙에 반하기 때문이다.

제 3 절 특별평등권

Ⅰ. 특별평등권에 관한 헌법규정

특별평등권에 관한 헌법규정으로는 헌법 제11조의 "누구든지 성별 · 종교 · 사회적 신분에 의하여 정치적 · 사회적 · 종교적 · 문화적 생활의 모든 영역에 있어서 차별을 받지 아니한다."(제1항 제2문), 사회적 특수계급의 부인과 영전일대의 원칙(제2항, 제3항)을 비롯하여 생존권적 기본권에서 약자보호규정과 정당의 특별보호(헌법 제8조), 병역이행자의 차별금지 등 다수규정[33]을 찾아볼 수 있다. 이는 우리 헌법이 미국헌법의 기본권규정형식보다는 독일의 바이마르헌법의 영향을 받은 것으로 평가할 수 있다.

---

31) 헌재도 "입법의 체계정당성 위반과 관련하여 그러한 위반을 허용할 공익적인 사유가 존재한다면 그 위반은 정당화될 수 있고 따라서 입법상의 자의금지원칙을 위반한 것이라고 볼 수 없다. 나아가 체계정당성의 위반을 정당화할 합리적인 사유의 존재에 대하여는 입법의 재량이 인정되어야 한다. 다양한 입법의 수단 가운데서 어느 것을 선택할 것인가 하는 것은 원래 입법의 재량에 속하기 때문이다. 그러므로 이러한 점에 관한 입법의 재량이 현저히 한계를 일탈한 것이 아닌 한 위헌의 문제는 생기지 않는다고 할 것이다"고 판시하고 있다. 헌재결 2010. 6. 24. 2007헌바101 등, 판례집 22-1하, 417; 2004. 11. 25. 2002헌바66, 판례집 16-2하, 314, 333-334 참조.

32) 헌재결 2009. 2. 26. 2008헌마370 등, 판례집 21-1상, 292.

33) 공무원의 국민 전체에 대한 봉사자로서의 지위(제7조), 정당의 특별보호(제8조), 병역이행자의 차별금지(제39조 제2항), 평등선거의 원칙(제41조), 국회의원의 면책 · 불체포특권(제44조, 제45조), 대통령의 형사상의 특권(제84조), 지역간 균형발전을 위한 지역경제육성의무(제123조 제2항), 농 · 어민과 중소기업의 보호육성(제123조 제5항), 사영기업의 국 · 공유화 금지(제126조) 등을 들 수 있다.

Ⅱ. 특별평등권의 이론적 특성

1. 차별금지의 목적론적 해석

특별평등권규정과 관련해서는 특별한 차별금지의 목적론적 해석에 의해서 사전적으로 해결해야 하는 두 가지 문제가 있다. 즉 특별평등권규정을 간접적 차별과 국가의 평가에 의한 차별 내지 우대에 대해서도 확대 적용할 것인지의 문제다.

(1) 간접적 차별

특별한 차별금지사유에 해당하는 경우 법적 차별이 금지된다. 하지만 차별금지는 법적 불평등, 즉 간접적 차별도 금지하는 것으로 확대해석하여야 한다. 만약 법적인 직접 차별만 금지한다면 우회적인 차별에 대해서는 보호될 수 없기 때문이다. 따라서 차별금지사유에 직접 관련되는 것만 금지되는 것으로 보아서는 안 된다. 오히려 특정집단에 대한 법적 우대로 다른 집단에는 은폐된 간접적·사실적 차별이 되는 경우에도 특별평등권의 적용범위에 포함해야 한다. 차별금지사유와 명백히 관련된 것은 직접 차별로 금지되지만 차별개념을 광의로 해석하여 특별평등권의 보호대상에 대한 사실적 불평등인 간접 차별도 금지되어야 한다.

(2) 국가의 평가에 의한 차별

차별개념은 또한 목적론적으로 협의로 해석해야 하는 경우도 있다. 예컨대, 헌법 제11조 제1항 제2문의 성별, 종교, 사회적 신분의 차별금지사유 중에서 성별을 생물학적으로 비교하여 남성에 한하여 병역의무를 부과하는 것이 여성에 대한 특권을 인정한 것은 아니다. 차별금지란 가치평가를 전제로 하기 때문이다. 즉 차별금지는 정의롭지 못한 특권부여나 비하행위를 금지하는 것을 내용으로 하는 점은 불가침의 인간존엄과 밀접한 관계에 있는 것을 방증하는 것이다. 차별금지는 개성에 상관없이 모든 인간을 동등하게 평가하는 것이기 때문이다.

이러한 점에서 헌법 제11조 제1항 제2문의 특별평등권은 특정 집단에 대한 과잉 또는 과소평가하는 것 예컨대, 낙인을 찍는 것과 같은 행위를 금지한다. 특별평등권에 관한 이 규정은 성별, 종교, 사회적 신분에 대한 차별입법을 부정하는 소극적 권한규범으로 이해해서는 안 된다. 법적 차별금지는 일반적 평등원리의 심사대상이기 때문에 특별평등권으로는 그 대신에 입법의 은폐된 목적으로 인하여 특권부여나 차별을 초래하는 것인지를 심사하여야 한다.

특별평등권의 경우는 일정한 차별금지사유에 해당하는 경우 차별로 간주하기 때문에 일반적 평등원리와 달리 법적으로 비교 가능한 집단이 이미 전제되어 있다. 하지만 현실적으로도 존재하는 지 여부에 대하여는 심사를 하여야 한다. 예컨대, 모성보호규정(헌법 제36조 제2항)에 따라 미혼모에 대한 보호입법은 미혼부에 대한 사실적 차별을 초래하였으므로 입법의 정당성심사를 하여야 한다.

이와 다른 문제로 예컨대, 공직에서 여성할당제, 법학전문대입학에 경제적 사정을 고려한 전형제 등과 같이 소수자에 대한 적극적 평등실현조치가 있다. 이 경우도 비교집단을 이미 전제로 한다. 따라서 특별평등권의 차별금지 내지 우대보호로 인해 '역차별'이 문제될 수 있으므로 입법에 대한 정당성심사를 할 수 있다. 하지만 역차별은 헌법적으로 금지되는 것이 아니다.

2. 차별금지사유에 대한 엄격심사의 선별방법

헌법 제11조 제1항 제2문에서 성별, 종교, 사회적 신분으로 인한 차별금지를 규정한 목적을 고려하면 이에 대한 불평등대우는 금지하여야 한다. 따라서 이러한 차별금지사유에 위반한 불평등조치에 대하여는 헌법재판소가 평등위반심사를 하여야 한다. 하지만 그 심사강도의 선정에 있어서는 다양한 주장이 제시되고 있다. 차별금지사유를 제한적 열거로 보아 엄격심사를 주장하는 견해,[34] 예시로 보아 엄격심사와의 관련성을 부인하는 견해,[35] 엄격심사기준이지만 가치 평가로 대상을 결정하여야 한다는 견해[36]가 그것이다. 일반적 평등권과 구분하여 특별평등권을 규정한 취지를 고려하면 세 번째의 엄격심사기준과 관련된 것으로 해석하는 견해가 타당하다. 하지만 엄격심사기준으로 하는 성별, 종교, 사회적 신분에 대한 차별입법을 선별하는 방법에 대하여는 좀 더 논의할 필요가 있다.

이는 살펴본 차별개념에 대한 목적론적 해석에서 선별방법을 강구하는 것이 타당하다고 판단된다. 우선 제1단계에서는 법적 의미에서 차별이나 특권을 부여

---

34) 한수웅, 전게서, 555면; 황도수, 헌법재판의 심사기준으로서 평등, 서울대 박사학위논문, 1996, 164면 이하.

35) 김철수, 전게서, 479면; 헌재결 2009. 2. 26. 2006헌마626, 판례집 21-2(상), 227면 등.

36) 전광석, 전게서, 302면 이하.

한 것인지를 심사하여야 한다. 이에 해당되는 것으로 국가권력의 행사가 차별금지사유와 직접 관련되거나 적어도 간접적으로 관련되어 비교집단에 법적으로 이익 또는 불이익을 초래한 경우이어야 한다. 특별평등권침해심사에서는 원칙적으로 차별금지사유에 대한 직접적 불평등대우를 금지하고 금지사유에 의한 간접 차별입법의 필요성을 심사하는 것이다. 제2단계로는 불평등대우가 예외로 정당화될 수 있는지를 비례의 원칙에 의하여 엄격 심사한다.

제11조 제1항 제2문의 특별평등권의 경우 법률유보 없는 기본권의 한계와 같이 실제적 조화의 원칙에 의해 해결한다. 제1문의 일반 평등원리와 달리 비례의 원칙의 심사요소에 따라 완전하게 심사할 수 있다. 그 중 필요성심사가 핵심인 바 성별에 의한 차별금지의 경우 남녀의 생리적 차이를 고려한 (예컨대, 여성만 강간죄의 객체, 남성만의 병역의무 등) 성적 차별입법의 경우 목적달성을 위해 차별이 강제되는 경우에나 허용된다. 만약 차별금지사유를 위반하지 않는 보다 덜 차별적인 수단 내지 차별취급이 제한적으로 나타날 수 있는 수단이 있다면 필요성을 부인할 수 있다. 균형성 심사는 엄격하게 실제적 조화의 원칙에 따라야 한다.

적극적 평등실현조치는 헌법에 특별히 우대보호 내지 차별금지를 규정한 경우에나 가능하다. 역차별이 문제되기 때문이다. 예컨대, 근로에 있어서 연소자보호(제32조 제5항), 국가유공자의 근로에 있어서 우선적 기회부여(제32조 제6항), 모성보호(제36조 제2항) 등이다.

이들은 생존권적 기본권으로 분류되는 것으로 성별, 종교, 사회적 신분에 의한 특별평등권의 보호와 구별하기 어렵다. 양자 모두 법적 불평등뿐만 아니라 사실적 불평등도 조정하는 것을 목표로 하기 때문이다.

적극적 평등실현조치로 여성할당제의 경우 여성에 대한 특별보호의 헌법규정이외에 두 가지 전제조건이 충족되어야 실시할 수 있다. 우선 조정할 수 있는 사실상의 불평등이 있어야 한다. 다음으로 양성의 현실적 평등을 목표로 여성을 모든 생활영역에서 우대하는 방법으로 조치를 실시해서는 안 되고 기회균등을 촉진하는 방법으로 실시하여야 한다. 즉 남성에게도 기회를 부여하지 않으면 안 된다. 따라서 할당제는 남성과 동등한 조건하에 남성보호의 예외조항을 전제하는 경우에 허용된다. 예컨대, 미혼모 보호입법의 경우 예외적으로 미혼부에도 준용조항을 마련해야 한다. 이것이 공동체 우호적 헌법해석이기 때문이다.

제 8 장 방 어 권

제 1 절 신체의 자유

Ⅰ. 신체의 자유의 기본권체계 내에서 기능

1. 국가권력에 대한 방어권

신체의 자유는 인권의 역사에서 국가권력과 지배자의 강압에 의하여 침해받아 왔다. 따라서 신체의 자유에 대한 보장은 국가공권력으로부터의 보장이 중핵을 이루고 있다. 신체의 자유는 국가형벌권의 행사에 의하여 침해될 여지가 많기 때문에, 우리 헌법은 국가형벌권의 행사로 신체의 자유에 대한 불가피한 제한을 인정하면서도, 그와 동시에 국가형벌권의 부당한 행사에 의하여 발생할 수 있는 신체의 자유의 침해를 방지하기 위하여 그 한계를 구체적으로 정하고 있다. 즉, 헌법 제12조 제1항 전문은 "모든 국민은 신체의 자유를 가진다."라고 선언하면서, 이를 구체적으로 보장하기 위하여, 같은 항 후문에서 "누구든지 법률에 의하지 아니하고는 체포 · 구속 · 압수 · 수색 또는 심문을 받지 아니하며, 법률과 적법한 절차에 의하지 아니하고는 처벌 · 보안처분 또는 강제노역을 받지 아니한다."라고 규정하여 신체의 자유를 보장하기 위한 적법절차의 원칙을 명시하고 있고, 제12조 제3항 본문은, "체포 · 구속 · 압수 또는 수색을 할 때에는 적법한 절차에 따라 검사의 신청에 의하여 법관이 발부한 영장을 제시하여야 한다."라고 규정함으로써 신체의 자유에 대한 제한은 법관의 영장에 의하여야만 한다는 영장주의를 채택하고 있다. 또한 헌법 제27조 제4항은 "형사피고인은 유죄의 판결이 확정될 때까지는 무죄로 추정된다."라고 규정하여 무죄추정의 원칙[1)]을 천명하고 있다.

---

1) 헌재결 2005. 5. 26. 2001헌마728, 판례집 17-1, 709. 우리 헌법은 제27조 제4항에서 "형사피고인은 유죄의 판결이 확정될 때까지는 무죄로 추정된다."고 규정하고 있고, 이러한 헌법정신을 이어받아 형사소송법 제275조의2도 같은 내용을 규정함으로써 이른바 무죄추정의 원칙을 제도적으로 보장하고 있다. 그리고 이러한 입법의 정신은 비단 법에 명시된 피고인뿐만 아니라 절차의 전단계

2. 법치국가원리에 의한 기본권의 보장

전술한 바와 같이 신체의 자유제한에 대한 강제처분의 경우 미국이나 유럽국가와 마찬가지로 법률주의와 적법절차원칙을 헌법에 명문화하여 국가권력행사의 중요한 원칙으로 자리매김하고 있다. 이는 독일 등 유럽국가에서는 1215년 영국의 마그나카르타(대헌장) 이후 법치국가원리의 내용으로 정립되었다.[2] 따라서 국가권력이 자의적으로 개인을 구금해서는 안 된다. 자유국가에서 신체의 자유를 보장받는 자유 시민으로 살 수 있다는 개인적인 신뢰는 주관적 공권이자 민주헌법국가의 전제조건이기 때문이다.

Ⅱ. 신체의 자유의 보호범위 — 신체활동의 자유만, 생명권과 건강권은 별개의 기본권

신체의 자유는 그 보장범위가 불명확한 기본권으로 판단할 수 있다. 신체활동의 임의성이외에 신체의 완전성 내지 건강권, 생명권도 포함될 지가 불분명하기 때문이다. 그렇지만 신체의 자유는 행복추구권과 같은 일반적 기본권은 아니고 특별기본권으로 규정한 것이다. 따라서 그 보호내용에 대하여는 역사적·체계적 해석에 의하여 판단하여야 한다.

기본권체계에서 신체의 자유는 전술한 바와 같이 인권사적 측면에서 국가권력에 대한 상대적 방어권으로서 본질을 갖는 점에서 그 밖에 절대적 평등권 등 복합적 성격의 생명권과 구분된다. 또한 우리 헌법은 신체의 자유와 국가의 국민보건의무 내지 건강권(제36조 제3항)을 구분하여 규정하고 있다. 이러한 점에서 신체의 자유는 신체활동의 임의성을 보호내용으로 하는 것에 한정해야 할 것이다.

에 있는 피의자에 대하여도 적용된다고 보아야 할 것이다.

2) 헌재결 1992. 12. 24. 92헌가8, 판례집 4, 853, 876 참조.

Ⅲ. 신체의 자유의 실체적 보장

1. 책임원칙

책임원칙은 기본권의 최고이념인 인간의 존엄과 가치(헌법 제10조)에 근거하여 신체의 자유에서 구체화된 것으로, 형벌은 범행의 경중과 행위자의 책임이 정확히 비례되어야 함을 뜻한다. 헌법에서 "모든 국민은 자기의 행위가 아닌 친족의 행위로 인하여 불이익한 처우를 받지 아니한다."(제13조 제3항)고 자기책임이나 개인책임에 위배되는 연좌제를 금지하고 있는 것은 바로 그 한 예에 속한다.

2. 죄형법정주의

(1) 헌법적 근거

이는 헌법 제12조 제1항 후문의 "누구든지 (…) 법률과 적법한 절차에 의하지 아니하고는 처벌, 보안처분 또는 강제노역을 받지 아니한다."는 규정과 행위시법주의를 규정한 헌법 제13조 제1항에 근거한다고 보는 견해[3]와 헌법 제12조 제1항과 비례원칙을 규정한 헌법 제37조 제2항을 근거로 보는 견해가 있다.[4] 헌법재판소는 학계의 다수 견해와 마찬가지로 죄형법정주의를 법치국가원리의 한 요소로 파악하고 헌법 제12조 제1항 후문과 제13조 제1항에 근거한 것으로 보고 있다.[5]

(2) 적용범위

죄형법정주의는 비난받을 만한 책임 있는 고권적 작용을 내용으로 하는 모든 국가적 조처에 적용되어야 한다. 따라서 형사법분야는 물론, 개별법규의 목적을 추구하기 위한 일정한 제한 및 징계조치에 있어서도 죄형법정주의는 적용된다. 하지만 헌법재판소는 행정질서벌은 죄형법정주의의 규율대상이 아니라[6]

---

3) 허영, 『한국헌법론』, 387면; 권영성, 『헌법학원론』, 법문사, 2001, 396면; 김철수, 『헌법학신론』, 578면; 김일수, 전게서, 66면 이하; 박상기, 『형법총론』, 박영사, 1999, 19면.

4) 최대권, 『헌법학강의』, 박영사, 2001, 245면.

5) 헌재결 1999. 2. 25. 선고 97헌바3; 1991. 7. 8. 선고 90헌가70.

6) 헌재결 1998. 5. 28. 96헌바83; 1995. 9. 28. 93헌바50. 「죄형법정주의는 무엇이 범죄이며 그에 대한 형벌이 어떠한 것인가는 국민의 대표로 구성된 입법부가 제정한 법률로써 정하여야 한다는

하고 있으나 국민의 기본권을 제한하는 점은 형벌과 동일하고, 입법자의 입법형성권에 의해 엄격한 죄형법정주의 적용을 회피하여 형벌의 행정질서벌화[7]를 초래할 위험이 있다는 점에서 헌법재판소의 입장은 시정되어야 할 것이다.

(3) 법규명령, 조례 및 조약에 의한 형벌법규제정의 문제

죄형법정주의에서 말하는 법률이란 국회가 제정하는 형식적 의미의 법률만을 의미하는 것은 아니다. 범죄와 형벌에 관한 사항에 있어서도 위임입법의 근거와 한계에 관한 헌법 제75조는 적용되는 것이고 이에 따라 구체적으로 수권위임을 받은 범위 내에서는 법규명령, 조례로도 형벌규정은 제정될 수 있다.[8] 현행 지방자치법 제22조 단서에서도 조례로 법률의 위임에 의한 형벌을 부과할 수 있다고 규정하고 있다. 다만 현행 지방자치법 제27조에서는 구 법상 조례로 형벌을 과할 수 있다는 규정이 삭제되고 천만 원 이하의 과태료를 부과할 수 있다는 규정만 남겨놓고 있다. 이는 전자(제22조)의 규정취지와 일관되게 죄형법정주의에 따라 법률의 위임 없이는 형벌부과는 불가능함을 확인해 준 것이다.[9]

적법하게 체결·공포된 조약은 국내법과 같은 효력을 갖게 되므로(헌법 제6조 제1항), 그로 인하여 새로운 범죄를 구성하거나 범죄자에 대한 처벌이 가중된다 하더라도 죄형법정주의의 위반은 아니다.[10]

원칙인데, 부동산등기특별조치법 제11조 제1항 본문 중 제2조 제1항에 관한 부분이 정하고 있는 과태료는 행정상의 질서유지를 위한 행정질서벌에 해당할 뿐 형벌이라고 할 수 없어 죄형법정주의의 규율대상에 해당하지 아니한다.」 이에 반해 행정질서벌도 죄형법정주의의 적용범위에 포함시키는 견해로는 홍정선, 행정법원론(상), 전면개정판, 박영사, 2000, 456, 457 면, 옆번호 1309, 1310.

7) 예컨대, 지방자치법 제20조의 일천만원의 과다한 과태료는 실질적으로 벌금형과 동일한 효과를 갖는다고 볼 수 있다.

8) 헌법재판소는 이를 긍정하면서 다만 법률에 의한 처벌법규의 위임의 한계에 대하여 다음과 같이 강조하고 있다: 「헌법이 특히 인권을 최대한 보장하기 위하여 죄형법정주의와 적법절차를 규정하고, 법률에 의한 처벌을 강조하고 있는 기본권보장 우위사상에 비추어 바람직하지 못한 일이므로, 그 요건과 범위가 보다 엄격하게 제한적으로 적용되어야 하는바, 따라서 처벌법규의 위임을 하기 위하여는 첫째, 특히 긴급한 필요가 있거나 미리 법률로써 자세히 정할 수 없는 부득이한 사정이 있는 경우에 한정되어야 하며, 둘째, 이러한 경우에도 법률에서 범죄의 구성요건은 처벌대상행위가 어떠한 것일 것이라고 예측할 수 있을 정도로 구체적으로 정하고, 셋째, 형벌의 종류 및 그 상한과 폭을 명백히 규정하여야 하되, 위임입법의 위와 같은 예측가능성의 유무를 판단함에 있어서는 당해 특정 조항 하나만을 가지고 판단할 것이 아니고 관련 법조항 전체를 유기적·체계적으로 종합하여 판단하여야 한다.」 헌재 1997. 5. 29. 선고 94헌바22 결정.

9) 이와 반대로 법률의 위임여부와 관계없이 조례로 형벌을 제정할 수 있는 것은 헌법 제117조 제1항에 근거한 권한이라는 견해가 있다. 김순태, "조례상의벌칙규정과 죄형법정주의", 『입법조사연구』 제234호(1995. 8.), 57면 이하.

10) 헌재결 1998. 11. 26. 선고 97헌바65에서는 마라케쉬협정의 국내법적 효력을 인정하였다.

(4) 유추해석금지와 관습법의 형법법원성부인

죄형법정주의는 국가형벌권의 자의적인 행사로부터 개인의 자유와 권리를 보호하기 위하여 죄와 형을 법률로 정할 것을 요구하고, 이로부터 파생된 유추해석금지의 원칙은 피고인 등에게 불리하게 성문규정이 표현하는 본래의 의미와 다른 내용으로 유추해석함을 금지하는 것이다.[11] 이는 헌법상 인간의 존엄과 가치(제10조), 형식적 죄형법정주의(제12조 제1항), 적법절차의 원리(제12조 제1항, 제3항), 무죄추정권(제27조 제4항)에 기인한 것으로 볼 수 있다. 헌법재판소는 헌법소원사건이 심판에 회부된 경우 심판대상인 피의사실에 대한 공소시효가 정지되는지 여부에 대하여 유추해석금지원칙에 따라 소극적으로 보고 있다.[12] 하지만 헌법재판소 초기결정인[13] 노동쟁의조정법 제13조의 2의 쟁의행위에의 제3자 개입금지조항에서 볼 수 있듯이 현실적으로 금지되는 형벌법규의 유추해석과 허용되는 법관의 보충(확장)해석의 한계를 명확히 구분하는 것은 쉽지 않다.[14]

관습헌법은 영국, 뉴질랜드 등 불문헌법국가의 중요한 법원이 되며, 기본권이 자연법원리에 근거한 성질이 강한 만큼 그 법원성을 인정하는 것이 헌재결정[15]이자 다수의 견해[16]이다. 하지만 헌법과 달리 관습형법에 의한 범죄의 구성요건을 신설하는 것은 (잠재적) 범인인 국민의 기본권을 제한하므로 관습법을 형법의 법원으로 인정하는 것은 엄격히 금지되어 있다.

(5) 명확성의 원칙(일반개념과 불확정 법개념의 사용문제)

범죄의 구성요건은 일반국민이 일의적으로 명확히 알 수 있도록 규정해야

---

11) 헌재결 1997. 5. 29. 선고 96헌가17결정; 1990. 11. 19. 선고 90헌가48; 대판 1992. 10. 13. 선고 92 도 1428.

12) 헌재결 1993. 9. 27. 선고 92헌마284. 「법률에 명문으로 규정되어 있지 아니한 경우 다른 제도인 형사소송법상의 재정신청에 관한 규정을 유추적용하여 공소시효의 정지를 인정하는 것은 피의자의 법적 지위의 안정을 법률상 근거 없이 침해하는 것이 되며, 나아가서는 헌법상의 적법절차주의, 죄형법정주의에 반하여 기소되고 처벌받는 결과도 생길 수 있을뿐더러, 이는 당재판소가 사실상 입법행위를 하는 결과가 되므로 헌법소원사건이 심판에 회부된 경우라고 하더라도 심판대상인 피의사실에 대한 공소시효는 정지되지 아니한다」

13) 이를 입증하는 것으로는 특히 헌재결 1990. 1. 15. 선고 89헌가103 볼 것.

14) 유추해석과 확장해석의 한계가 문제되는 대법원판례로 1996. 2. 23. 선고 95도2646; 1996. 2. 23. 선고 95도2914; 1996. 6. 11. 선고 96도791.

15) 헌재결 2004. 10. 21. 2004헌마554 등, 판례집 16-2하, 1면 이하.

16) 허영, 한국헌법론, 35면; 김철수, 전게서, 112면; 권영성, 전게서, 21면; 최대권, 전게서, 44면 이하.

하는 것은 생활규범과 제재규범으로서 형법의 기능과 관련되어 있다. 또한 여느 법규범보다 기본권침해의 진지성이 가장 크기 때문에 필수적으로 요청되는 사항이다. 하지만 구체적인 상황을 모두 포섭하여 구성요건화 할 수 없는 입법기술적 한계와 범죄상황에 따라 처벌규정도 절대적으로 한정할 수 없는 현실적 한계 때문에 명확성의 원칙도 이 범위 내에서 충족될 수 밖에 없다.[17]

법률위임으로 법규명령 및 조례가 형벌법규를 제정하도록 하는 것도 명확성의 요청에 따라 개별, 구체적으로 범위를 한정하여야 함(헌법 제75조)은 물론이다.[18]

(6) 형벌불소급원칙

(가) 헌법적 근거

형벌불소급원칙은 범죄행위시의 형법을 적용해야 함을 의미하는 것으로 국민의 생활규범으로서 형법의 기능에 따른 것이다.[19] 따라서 헌법 제13조 제1항 전단 및 형법 제1조 제1항에서는 이를 명문화하고 있다. 헌법은 나아가 현대복지국가에서 필수불가결한 권리인 재산권 및 참정권보호를 위하여 이를 제한하는 소급입법도 금지(제13조 제2항)하고 있다.

(나) 소급입법의 구분과 문제점

'소급입법'은 신법이 이미 종료된 사실관계나 법률관계에 적용되는 '진정소급입법'과 현재 진행 중인 사실관계나 법률관계에 적용되는 '부진정소급입법'으로 구분된다. '진정소급입법'은 헌법상 원칙적으로 허용되지 않고 특단의 사정이 있는 경우에만 예외적으로 허용된다. 여기서 특단의 사정이란 첫째, 일반적으로 국민이 소급입법을 예상할 수 있었거나 둘째, 법적 상태가 불확실하고 혼란스러워 보호할 만한 신뢰이익이 적은 경우 셋째, 소급입법에 의한 당사자의 손실이

---

17) 헌재결 1997. 9. 25. 선고 96헌가16; 1996. 12. 26. 선고 93헌바65; 1996. 8. 29. 선고 94헌바15; 1995. 5. 25. 선고 93헌바23; 1992. 2. 25. 89헌가104 결정. 명확성원칙에 반한 결정으로는 1992. 4. 14. 선고 90헌바23 — 국가보안법 제9조 제2항; 1995. 9. 28. 선고 93헌바50 — 특정범죄가중처벌 등에 관한 법률 제4조; 1997. 9. 25. 선고 96헌가16 — 건축법 제79조 제4호 중 "제26조의 규정에 위반한 자" 부분; 1998. 10. 15. 선고 98헌마168 — 가정의례에 관한 법률 제4조 제1항 제7호에 위반하는 자를 처벌하는 동법 제15조 제1항 제1호; 1998. 3. 26. 선고 96헌가20 — 노동조합법 제46조의 3.

18) 위임입법의 명확성원칙에 반하여 법규명령에 벌칙사항을 규정하도록 하여 위헌선언된 헌법재판소결정으로 1991. 7. 8. 선고 91헌가4; 1995. 10. 26. 선고 93헌바62; 1996. 2. 29. 94헌마213; 대법원 판결로는 1991. 2. 13. 90초38.

19) 헌재결 1991. 7. 8. 선고 91헌가4.

없거나 아주 경미한 경우 넷째, 신뢰보호의 요청에 우선하는 심히 중대한 공익상의 사유가 소급입법을 정당화하는 경우[20]를 말한다. 반면에 '부진정소급입법'은 원칙적으로 허용되지만 소급효를 요구하는 공익상의 사유와 신뢰보호 요청 사이의 교량 과정에서 신뢰보호의 관점이 입법자의 입법형성권에 일정한 제한을 가하게 된다는 데 차이가 있다.[21]

하지만 이러한 소급입법의 구분은 질적 구분이 아닌 양적 구분에 의한 것으로 신뢰이익의 보호의 필요성이 있는 지 여부를 기준으로 해야 한다는 헌재결정[22]도 있다. 이러한 관점에서 형벌불소급원칙의 적용범위를 형법상의 형벌과 진정소급입법으로 이중으로 한정하는 것은 법치국가원리의 정의에 반하는 문제가 있다.

(다) 적용범위

형벌불소급원칙은 형벌에만 적용되고 보안처분[23] 및 공소시효[24]에는 적용되지 않는다고 보는 판례와 학설이 있다. 그러나 헌법 제12조 제1항에는 보안처분도 죄형법정주의가 적용된다 하고 있으며,[25] 공소시효도 — 정치적 목적을 가지고 입법한 5·18 민주화운동 등에 관한 특별법 제2조 등에 대한 위헌제청사건을 배제하고 생각한다면 — 일반적으로 잠재적 범인의 신뢰보호와 권력분립원칙상 입법권행사에는 한계가 있다는 점에서 형벌불소급원칙의 적용범위에 포함시켜야 할 것이다. 요컨대 형벌불소급원칙을 헌법에 명문으로 규정한 이유는 실질적으로 형벌권을 행사하여 기본권을 제한할 수 있는 모든 경우에 적용되어야 함을 의미한다.[26]

---

20) 헌재결 1999. 7. 22. 97헌바76 등, 판례집 11-2, 175

21) 헌재결 2001. 4. 26. 99헌바55, 판례집 13-1, 869, 884; 2002. 7. 18. 99헌마574, 판례집 14-2, 29, 43 참조.

22) 헌재결 1995.10.26. 94헌바12. 따라서 세법의 부진정소급입법의 경우 일반적으로 과거에 시작된 구성요건사항에 대한 신뢰는 더 보호될 가치가 있는 것이므로, 신뢰보호의 원칙에 대한 심사는 장래 입법의 경우보다 일반적으로 더 강화할 필요가 있다.

23) 대법원 1997. 6. 13. 선고 97도703 판결.

24) 김일수, 전게서, 70면; 배종대, 『형법총론』, 홍문사, 1996, 104면; 이재상, 전게서, 18면; Tiedemann, aaO., S. 38 f.; 헌재 1996. 2. 16. 선고 96헌가2등 — 5·18 민주화운동 등에 관한 특별법 제2조 등 위헌제청 결정에서 「공소시효는 "행위의 가벌성" 즉 형사소추가 "언제부터 어떠한 조건하에서" 가능한가의 문제에 관한 것이기에 죄형법정주의 및 형벌불소급의 원칙의 적용범위에 포함되는 것은 아니다.」고 판시하고 있다.

25) 동지 김일수, 전게서, 70면.

26) 헌법재판소는 일찍이 보안처분인 구 사회보호법상 '보호감호'에 대하여 '상습범 등에 대한 보안처분의 하나로서 신체에 대한 자유의 박탈을 그 내용으로 하는 보호감호처분은 형벌과 같은 차원에서의 적법한 절차와 헌법 제13조 제1항에 정한 죄형법정주의의 원칙에 따라 비로소 과해질

따라서 이는 실체법적 형벌규정은 물론 절차법적으로 형벌선고와 관련된 규정에도 타당해야 한다고 생각한다.[27] 최근 헌재결정에서도 노역장유치조항을 시행일 이후 최초로 공소제기되는 경우부터 적용하도록 한 형법 부칙 제2조 제1항이 형벌불소급원칙에 위반되는지 여부에 대하여 적극적으로 판시[28]하고 있다.

3. 이중처벌금지원칙과 일사부재리원칙

(1) 헌법적 근거

우리 헌법은 법적 안정성과 실질적 정의 중 전자에 중점을 두어 이중처벌금지원칙과 일사부재리원칙을 헌법 제13조 제1항 후문에서 "모든 국민은 (…) 동일한 범죄에 대하여 거듭 처벌받지 아니한다."고 규정하고 있다. 이 원칙들은 형사판결이 확정되어 기판력이 발생하면 동일한 사건에 대하여 거듭 심판할 수 없다는 것으로 죄형법정주의에 포함되는 것은 아니다. 헌법은 "동일한 범죄"가 무엇인지 정의하고 있지 않으나 이는 범죄의 성립요건 중 구성요건에 해당하는 "동일한 행위"를 의미하는 것으로, 동일한 행위인지의 여부는 기본적 사실관계가 동일한지 여부에 의하여 가려야 할 것이다.

(2) 적용범위

이중처벌금지원칙을 정한 헌법 제13조 제1항 소정의 "처벌"의 의미에 대하여 헌법재판소는 "처벌"은 원칙적으로 범죄에 대한 국가의 형벌권실행으로서의 과벌을 의미하는 것이고, 국가가 행하는 일체의 제재나 불이익처분을 모두 포함된다고 할 수는 없다[29]고 해석하고 있다. 따라서 형사처벌과 과태료,[30] 보호감호

수 있는 것이라 할 수 있고, 따라서 그 요건이 되는 범죄에 관한 한 소급입법에 의한 보호감호처분은 허용될 수 없다.'고 판시하여 '형법이 규정한 형벌' 외의 제재에 대해서도 형벌불소급원칙이 적용될 수 있음을 밝힌 바 있다(헌재 1989. 7. 14. 88헌가5등 참조). 그 후에도 헌법재판소는 '보안처분이라 하더라도 형벌적 성격이 강하여 신체의 자유를 박탈하거나 박탈에 준하는 정도로 신체의 자유를 제한하는 경우에는 형벌불소급원칙이 적용된다.'고 판시하고 있다(헌재 2012. 12. 27. 2010헌가82등; 헌재 2014. 8. 28. 2011헌마28등 참조).

27) 그 밖에 실체법과 절차법은 상호 관련되어 있고 "서로 일치되는 하나의 법체계"를 형성한다는 것을 들 수 있다. 이에 관하여는 BVerfGE 86, 288(320 f.).

28) 헌재결 2017. 10. 26. 2015헌바239 등, 판례집 29-2하, 17 [위헌] 형벌불소급원칙에서 의미하는 '처벌'은 형법에 규정되어 있는 형식적 의미의 형벌 유형에 국한되지 않으며, 범죄행위에 따른 제재의 내용이나 실제적 효과가 형벌적 성격이 강하여 신체의 자유를 박탈하거나 이에 준하는 정도로 신체의 자유를 제한하는 경우에는 형벌불소급원칙이 적용되어야 한다. 노역장유치는 그 실질이 신체의 자유를 박탈하는 것으로서 징역형과 유사한 형벌적 성격을 가지고 있으므로 형벌불소급원칙의 적용대상이 된다.

29) 헌재결 1994. 6. 30. 선고 92헌바38 결정.

처분과 형벌의 부과,[31] 형벌과 보안처분[32]의 부과는 이중처벌금지원칙에 반하지 않는다. 그러나 행정형벌과 행정질서벌로서 과태료를 병과하는 것은 목적과 기능이 중복되므로 이중처벌금지원칙에 반하다 할 것이다.[33]

(3) 실질적 기판력의 한계와 재심

이중처벌금지원칙과 일사부재리원칙은 형사판결이 확정되어 실질적 기판력이 발생하면 동일한 사건에 대하여 거듭 심판할 수 없다는 것을 목적으로 하므로 무죄나 유죄판결이 선고된 후 형사절차를 계속하는 것은 금지된다. 하지만 기판력 있는 판결이 종결된 후 피고인의 이익을 위한 재심은 실질적 정의추구의 관점에서 그 사유를 한정하여(형사소송법 제420조 이하) 제도화하고 있으므로 허용된다 할 것이다. 다만 명문의 규정을 넘어 재심사유의 확대해석은 헌법상의 일사부재리원칙의 관점에서 문제가 될 수 있다.

헌법재판소는 형법상 누범가중규정(제35조)은 일사부재리원칙에 반하여 피고인의 기본권을 침해하는 것이 아니라 보고 있다.[34]

Ⅳ. 신체의 자유의 제도적·절차적 보장

1. 적법절차의 원리 — 형사법분야에서 시작하여 일반법의 입법 및 해석원리로의 기능 확대

적법절차원리는 헌법 제12조 제1항, 제3항에 근거한 것으로 원래 형사법에서 강조되었다. 하지만 오늘날 적법절차원칙은 형사소송절차에 국한하지 않고 모든 국가작용에 대하여 문제된 법률의 실체적 내용이 합리성과 정당성을 갖추고 있는지 여부를 판단하는 기준으로 확대되었다.[35] 신체의 자유와 관련하여 적법절차원칙은 주로 형사소송법과 형법에서 절차 및 실체적 규정내용이 공정성·합리성·정당성에 위반되어서는 안 된다는 것으로 작용한다. 즉 원래 due process

30) 헌재결 1994. 6. 30. 선고 92헌바38 결정; 대판 1996. 4. 12. 선고 96도 158.
31) 헌재결 1996. 11. 28. 선고 95헌바20; 1989. 7. 14. 88헌가5 등 결정; 대판 1990. 3. 27. 선고 90도135 판결.
32) 헌재결 1997. 11. 27. 선고 92헌바28.
33) 헌재결 1994. 6. 30. 선고 92헌바38.
34) 헌재결 1995. 2. 23. 선고 93헌바23.
35) 헌재결 1992. 12. 24. 92헌가8 등 참조.

of law에서 due process of due law로 확대된 것으로 정의관념에 합치하는 형사법일 것을 요구한다. 헌법재판소는 이를 형사절차법[36]과 실체법[37]의 위헌여부를 판단하는 기준으로 삼아 다수의 결정을 하고 있다

2. 법률주의

법률주의는 헌법 제12조 제1항에서 "누구든지 법률에 의하지 아니하고는 체포·구속·압수·수색 또는 심문을 받지 아니하며, 법률과 적법한 절차에 의하지 아니하고는 처벌·보안처분 또는 강제노역을 받지 아니한다."라고 규정하여 법률에 의한 강제처분과 처벌을 정당화 하고 있다. 하지만 전술한 바와 같이 죄형법정주의에서 법률은 형식적 의미의 법률에 국한하지 않고 헌법 제37조 제2항의 기본권제한입법도 본질사항에 대한 의회유보하에 위임입법, 조례에 의한 처벌도 예외적으로 허용될 수 있다.[38] 그 예외의 기준으로 헌재는 "헌법 제75조는 위임입법의 필요성을 인정하면서 동시에 그 범위와 한계를 정하고 있다. 즉 법률의 대통령령에 대한 위임은 반드시 구체적·개별적으로 한정된 사항에 대하여 행하여져야 하고 일반적·포괄적인 위임을 하여서는 아니 된다. 특히 우리 헌법 제12조 및 제13조에서 천명하고 있는 죄형법정주의 원칙상 처벌법규에 관한 위임입법은 특히 긴급한 필요가 있거나 미리 법률로써 자세히 정할 수 없는 부득이한 사정이 있는 경우에 수권법률에 처벌대상인 행위가 어떠한 것일 거라고 예측할 수 있을 정도로 구체적으로 규정되고 형벌의 종류 및 그 상한과 폭이 명백하여야만 죄형법정주의에 반하지 않는다."고 판시[39]하고 있다.

---

36) 헌재결 1997. 5. 29. 선고 96헌가17; 1996. 12. 26. 선고 94헌바1; 1993. 12. 23. 선고 93헌가2; 1992. 12. 24. 92헌가8 결정 등 다수.

37) 헌재결 1995. 3. 23. 선고 92헌가14-노동조합법 제46조; 1989. 7. 14. 선고 88헌가5등 (병합) 결정-사회보호법 제5조 제1항; 헌재 1997. 8. 21. 선고 93헌바60결정의 다수의견에 대한 반대의견(김문희. 황도연)에서 강도상해죄(형법 제337조)의 법정형 하한이 적법절차를 위반하였다는 주장이 있다.

38) 헌재결 2003. 11. 27. 2002헌마193, 판례집 15-2하, 311. 군행형법 제15조는 제2항에서 수용자의 면회는 교화 또는 처우상 특히 부적당하다고 인정되는 사유가 없는 한 이를 허가하여야 한다고 규정하여 면회의 횟수를 제한하지 않는 자유로운 면회를 전제로 하면서, 제6항에서 "면회에의 참여……에 관하여 필요한 사항은 대통령령으로 정한다."라고 규정함으로써, 면회에의 참여에 관한 사항만을 대통령령으로 정하도록 위임하고 있고 면회의 횟수에 관하여는 전혀 위임한 바가 없다. 따라서 이 사건 시행령규정이 미결수용자의 면회횟수를 매주 2회로 제한하고 있는 것은 법률의 위임 없이 접견교통권을 제한하는 것으로서, 헌법 제37조 제2항 및 제75조에 위반된다.

39) 헌재결 2004. 9. 23. 2002헌가26 판례집 16-2, 394, 399; 헌재 1995. 10. 26. 93헌바62, 판례집 7-2, 419, 429; 헌재 1996. 2. 29. 94헌마213, 판례집 8-1, 147, 158-159.

3. 영장주의

헌법은 제12조 제3항에서 영장주의에 관하여 "체포 · 구속 · 압수 또는 수색을 할 때에는 적법한 절차에 따라 검사의 신청에 의하여 법관이 발부한 영장을 제시하여야 한다."라고 규정하고 있다. 신체의 자유에 대한 강제처분에는 법률유보가 아닌 법관유보에 의한 사전영장주의를 원칙으로 하고 있다. 이는 행정부에 의한 기본권침해를 사전에 예방하기 위하여 권력분립의 원칙에 의하여 사법부의 독립적인 판단에 의해서만 강제처분이 허용되는 것을 의미한다. 따라서 사전영장주의에 대한 예외로서 현행범과 장기 3년 이상의 해당하는 죄를 범하고 도피 또는 증거인멸의 염려(제12조 제3항 단서)가 있는 준현행범에 대한 판단은 엄격하게 해야 한다.

4. 변호인의 조력을 받을 권리

헌법 제12조 제4항은 "누구든지 체포 또는 구속을 당한 때에는 변호인의 조력을 받을 권리를 가진다."고 규정하고 있다. 헌재는 변호인의 조력을 받을 권리에 대하여 "무죄추정을 받고 있는 피의자 · 피고인에 대하여 신체구속의 상황에서 생기는 여러 가지 폐해를 제거하고 구속이 그 목적의 한도를 초과하여 이용되거나 작용하지 않게끔 보장하기 위한 것으로 여기의 '변호인의 조력'은 '변호인의 충분한 조력'을 의미한다."고 하며 변호인의 접견권은 헌법 제37조 제2항에 의해서도 제한할 수 없는 절대적 기본권으로서 변호인과 피의자의 접견시 수사관입회는 위헌으로 판시[40]하였다. 변호인의 조력을 받을 권리는 구속[41] 및 불구속 피의자·피고인에게 포괄적으로 인정되는 기본권[42]이며 변호인의 수사서류 열람 · 등사권은 변호인의 조력을 받을 권리의 구성요소[43]로서 기소 전 체포 · 구속적부심단계에서의 수사기록열람 · 등사청구거부,[44] 법원의 수사서류 열람·등사 허용 결정 이후 해당 수사서류에 대한 열람은 허용하고 등사만을 거부한 행위[45]도 위헌이라 하였다. '미결수용자가 변호인에게 보내는 서신'은 '절대적 검열

---

40) 헌재결 1992. 1. 28. 91헌마 111.
41) 대법원 2003. 11. 11. 자 2003모402 결정.
42) 헌재결 2004. 9. 23. 2000헌마138, 판례집 16-2상, 543.
43) 헌재결 2010. 6. 24. 2009헌마257, 판례집 22-1하, 621.
44) 헌재결 2003. 3. 27 선고 2000헌마474.
45) 헌재결 2017. 12. 28. 2015헌마632, 판례집 29-2하, 417.

금지'의 대상으로 이를 무봉함 제출하도록 하는 것[46]과 변호인이 피의자신문에 자유롭게 참여할 수 있는 권리로서 피의자신문에 참여한 변호인인 청구인에게 피의자 후방에 앉으라고 요구한 행위[47]도 같은 이유로 위헌이라 하였다. 하지만 CCTV 관찰행위, 서류 확인 및 등재행위[48]는 변호인의 조력을 받을 권리에 대한 정당한 제한으로 판시하였다.

5. 체포·구속적부심사제와 체포·구속이유 등 고지제도

체포·구속적부심사제와 체포·구속이유 등 고지제도는 헌법 제12조 제6항과 제5항에서 규정하고 있다. 이는 신체의 자유의 절차적 보장에 관한 제도로서 사적자치에 의한 기본권포기의 대상이 될 수 없다. 국가권력은 절차적 정당성 준수해야 하고 부당결부도 금지되기 때문이다. 체포·구속적부심사제와 체포·구속이유 등 고지를 포기하는 것은 국가의 객관적인 기본권의 보장의무를 이행하지 않는 것으로 포기의 효력은 발생하지 않는다고 할 수 있다.

6. 자백의 증거능력제한

'자백은 증거의 왕'이라는 표현이 있듯이 자백강요수사는 오랜 수사기관의 관행이었다. 이러한 불합리한 관행을 제거하기 위하여 증거재판주의에 의하여 임의성 없는 자백의 증거능력을 제한하는 규정을 헌법 제12조 제7항과 형사소송법 제309조에서 마련하였다.

현행법상 임의성 없는 자백으로 의제되는 것은 고문·폭행·협박·신체구속의 부당한 장기화로 인한 자백, 기망 기타 방법에 의한 자백을 말한다(헌법 제12조 제7항과 형사소송법 제309조). 전자는 강요된 자백의 예시이고, 후자는 유도적 방법에 의한 자백을 말한다. 고문·협박 등과 자백 사이에 인과관계의 존재를 요하는가에 관해서는 적극설과 소극설이 대립되고 있으나, 대법원[49]은 적극설의 태도를 취하고 있다. 또한 임의성에 대한 입증책임은 증거능력 있는 자백으로 인정받으려는 검사가 부담해야 한다. 임의성 없는 자백의 증거능력을 부정하는 취지가 허위진술을 유발 또는 강요할 위험성이 있는 상태하에서 행하여진 자백은 그 자체로 실체적 진실에 부합하지 아니하여 오판의 소지가 있을 뿐만 아니

46) 헌재결 2012. 2. 23. 2009헌마333, 판례집 24-1상, 280 — 이동흡의 한정위헌의견.
47) 헌재결 2017. 11. 30. 2016헌마503, 판례집 29-2하, 224.
48) 헌재결 2016. 4. 28. 2015헌마243, 판례집 28-1하, 122.
49) 대법원 1998. 4. 10. 선고 97도3234.

라 그 진위 여부를 떠나서 자백을 얻기 위하여 피의자의 기본권을 침해하는 위법부당한 압박이 가하여지는 것을 사전에 막기 위한 것이기 때문이다.

제 2 절 거주·이전의 자유

Ⅰ. 헌법규정 및 연혁

헌법 제14조는 "모든 국민은 거주·이전의 자유를 가진다."고 거주·이전의 자유를 명문으로 규정하고 있다. 연혁적으로 거주·이전의 자유는 바이마르(Weimar) 공화국 헌법 제111조[50]에서 유래한다. 거주·이전의 자유는 인격권발현과 다른 기본권행사의 전제로서 보장된 기본권이란 특성을 갖는다. 따라서 거주·이전의 자유의 복합적 성격으로 인하여 그 제한에 있어서는 특별한 주의가 요구된다. 이론적으로도 신체의 자유, 일반적 행동자유권, 집회의 자유와의 구별에서 어려움이 있다. 이는 기본권제한의 다양한 한계와 관련하여 체계적인 구별이 요구된다.

Ⅱ. 거주·이전의 개념

거주·이전의 자유는 상시적인 주거지를 선택할 자유를 보호한다. 하지만 그 밖에 신체이동의 자유를 어느 정도 거주·이전의 자유에 포함할지 여부에 대하여는 논란이 되고 있다. 즉 국내이전 이외에 국외이전의 자유를 보호범위에 포함시킬지 여부다.

거주이전의 자유의 보호범위를 넓게 보는 견해는 국내에서 여하한 장소를 방문할 권리, 즉 자신이 원하는 곳을 갈 수 있는 자유를 포함한다. 따라서 이동수단의 선택뿐만 아니라 여행이나 산책도 해당된다. 이 견해에 의하면 경찰의 퇴거조치는 거주·이전의 자유제한사유로는 정당화될 수 없다. 일반적 행동자유(헌법 제10조)와 거주·이전의 자유의 구분을 체재시간의 길이 내지 체제장소의 중요성을 기준으로 상대적인 판단하는 것은 불명확하다는 단점이 있다.

---

50) 모든 독일인은 연방 전체에서 이전의 자유를 향유한다. 누구든지 연방의 원하는 장소에서 체류하고 정주하며 토지를 구입하고 생업에 종사할 권리를 갖는다. 그 제한은 연방 법률에 의한다.

따라서 거주 · 이전의 자유의 보호범위를 거주이전의 목적을 고려하여 기능적으로 설정하는 것이 보다 명료한 것으로 판단된다. 즉 거주이전의 목적으로 '생활의 근거지를 이전'하는 것으로 기능적 개념정의를 할 필요가 있다. 예컨대, 독일헌법에서는 거주 · 이전의 자유의 제한사유의 하나로 충분할 생활의 근거지(ausreichende Lebensgrundlage)가 될 수 없는 곳을 열거하고 있다. 또한 연방헌재[51]는 체재지와 주거의 선택이 거주 · 이전의 자유에는 포함된다고 하며 이에는 제2의 부속주거지와 노숙자나 유목민의 이동주거지도 해당된다고 한다.

Ⅲ. 거주 · 이전의 자유의 보호범위

헌재결정[52]과 학설[53]에 의하면 거주이전의 자유의 보호범위에는 국내거주 · 이전의 자유, 국외이주 · 해외여행의 자유와 국적변경의 자유를 포괄하여 넓게 보고 있다. 이는 내국인의 경우를 전제로 한 것으로 외국인의 경우는 입국의 자유는 제한되나 출국의 자유는 원칙적으로 허용된다고 한다. 외국인의 경우 입국의 자유를 제한한 것은 국적변경 내지 망명의 자유를 제한하기 위한 것으로 해석된다.

전술한 바와 같이 거주이전의 목적으로 '생활의 근거지를 이전'하는 것으로 거주이전의 개념을 기능적으로 정의하는 입장에서 국외이주와 국외여행의 자유를 구분하지 아니하고 내국인의 거주이전의 자유의 보호범위로 판단하는 것은 타당하지 않다. 국외이주는 거주이전의 자유로 볼 수 있으나 해외여행의 자유는 생활의 근거지를 이전할 의사 없이 단순히 여행하는 것에 불과하여 일반적 행동자유권에 속하는 것으로 보는 것이 타당하다.

기능적으로 보호범위를 설정하는 입장에서 거주이전의 자유는 적극적 보호

---

51) BVerfGE 110, 177, 190. 강제이주자들의 거주 · 이전의 자유.

52) 헌재결 2004. 10. 28. 2003헌가18, 판례집 16-2하, 86. 거주·이전의 자유는 국가의 간섭없이 자유롭게 거주와 체류지를 정할 수 있는 자유로서 정치·경제·사회·문화 등 모든 생활영역에서 개성신장을 촉진함으로써 헌법상 보장되고 있는 다른 기본권들의 실효성을 증대시켜주는 기능을 한다. 구체적으로는 국내에서 체류지와 거주지를 자유롭게 정할 수 있는 자유영역뿐 아니라 나아가 국외에서 체류지와 거주지를 자유롭게 정할 수 있는 '해외여행 및 해외 이주의 자유'를 포함하고 덧붙여 대한민국의 국적을 이탈할 수 있는 '국적변경의 자유' 등도 그 내용에 포섭된다고 보아야 한다. 따라서 해외여행 및 해외이주의 자유는 필연적으로 외국에서 체류 또는 거주하기 위해서 대한민국을 떠날 수 있는 "출국의 자유"와 외국체류 또는 거주를 중단하고 다시 대한민국으로 돌아올 수 있는 '입국의 자유'를 포함한다.

53) 김철수, 전게서, 665면; 한수웅, 전게서, 627면.

내용으로 개인적 재산을 이전할 가능성을 갖고 거주이전을 하는 것을 보호하고, 소극적 보호내용은 강제이주에 대하여 보호를 요구할 수 있는 고향에의 권리(Recht auf Heimat)를 말한다. 이러한 점에서 국내체류 외국인의 경우 출국의 자유는 원칙적으로 보장되는 것이다. 이는 거주이전의 자유를 국가내적인 실정권으로 보는 것은 타당하지 못하고 인간존엄에 기초한 인권으로 파악해야 하는 근거가 된다.

Ⅳ. 거주이전의 자유의 공간적 보호범위와 탈북주민의 입국

우선 역사적으로 보면 국내이전과 해외이전은 구분하였다. 바이마르헌법은 각각 병렬적인 기본권으로 규정(제111조—국내이전, 제112조 — 국외이전)하여 이를 방증하고 있다. 그러나 역사적 고찰도 국내와 국외이전의 자유를 모두 기본권으로 보장하고 있고 전술한 바와 같이 거주이전의 자유에서 국외이전의 자유를 배제하는 것도 설득력도 없다. 독일의 경우 통일전 동서독 분단시에 동독주민의 서독입국을 제한하기 위하여 거주이전의 자유의 공간적 영역을 국내에 한정할 필요가 있었다. 그러나 우리의 경우 헌법의 영토적 효력범위에 북한이 포함되어 탈북주민의 입국을 정치적 망명권의 행사나 경제적 난민의 입국이 아니라 입국의 자유로 보호해야 하는 것으로 대법원[54]이 판시하고 있다.

다음으로 거주이전의 개념을 기능적으로 해석하여 '생활의 근거지를 이전'하는 것으로 보아야 한다는 입장에서 국외에서 주거지를 선택하여 생활할 자유를 제재할 이유가 없다. 이러한 점에서 거주이전의 자유의 공간적 보호범위는 북한을 포함한 국내는 물론 국외를 포함하는 개방적인 헌법해석이 요청된다.

---

54) 대판 1996. 11. 12. 선고 96누1221. 조선인을 부친으로 하여 출생한 자는 남조선과도정부법률 제11호 국적에관한임시조례의 규정에 따라 조선국적을 취득하였다가 제헌헌법의 공포와 동시에 대한민국 국적을 취득하였다 할 것이고, 설사 그가 북한법의 규정에 따라 북한국적을 취득하여 중국 주재 북한대사관으로부터 북한의 해외공민증을 발급받은 자라 하더라도 북한지역 역시 대한민국의 영토에 속하는 한반도의 일부를 이루는 것이어서 대한민국의 주권이 미칠 뿐이고, 대한민국의 주권과 부딪치는 어떠한 국가단체나 주권을 법리상 인정할 수 없는 점에 비추어 볼 때, 그러한 사정은 그가 대한민국 국적을 취득하고 이를 유지함에 있어 아무런 영향을 끼칠 수 없다고 한 원심판결을 수긍한 사례.

V. 제 한

거주이전의 자유를 제한하는 방법으로는 직접적 제한[55]은 물론 간접적 제한도 가능하다. 생활의 근거지이전을 세금이나 생활환경 등에 의해 간접적으로 불가능하게 하는 것이 그것이다. 예컨대, 대도시의 인구집중 및 공해방지를 목적으로 법인에 등록세를 중과세하고 있는 지방세법,[56] 법무부령이 정하는 금액 이상의 추징금을 납부하지 아니한 자에게 출국을 금지할 수 있도록 한 출입국관리법,[57] 법무부장관으로 하여금 거짓이나 그 밖의 부정한 방법으로 귀화허가를 받은 자에 대하여 그 허가를 취소할 수 있도록 규정하면서도 그 취소권의 행사기간을 따로 정하고 있지 아니한 국적법[58] 등을 들 수 있다.

제3절 직업의 자유

I. 직업의 자유의 기능

헌법 제15조는 직업선택의 자유를 규정하고 있는데 이는 자기가 선택한 직업에 종사하여 이를 영위하고 언제든지 임의로 그것을 전환할 수 있는 자유로서 민주주의·자본주의 사회에서는 매우 중요한 기본권의 하나다. 왜냐하면 직업선택의 자유는 근세 시민사회의 출범과 함께 비로소 쟁취된 기본권으로서 중세 봉건적 신분사회에서는 인정될 수 없었던 것이며 현대사회에서도 공산주의 국가에서는 원칙적으로 인정되지 않는 기본권이기 때문이다.

직업의 자유는 개인적 기본권으로서의 성격과 경제적 기본권으로서의 성격을 갖는다. 이러한 점에서 헌재는 헌법 제15조의 직업선택의 자유는 특정인이나 특정 집단에 의한 특정 직업 또는 직종의 독점을 배제하고 자유경쟁을 통한 개성신장의 수단으로 보는가 하면,[59] 외국인의 직업의 자유는 정책적으로 판단하

---

55) 헌재결 2008. 6. 26. 2007헌마1366, 판례집 20-1하, 472.
56) 헌재결 1996. 3. 28. 94헌바42, 판례집 8-1, 199.
57) 헌재결 2004. 10. 28. 2003헌가18, 판례집 16-2하, 86.
58) 헌재결 2015. 9. 24. 2015헌바26, 판례집 27-2상, 604.
59) 헌재결 2010. 4. 29. 2007헌마910, 판례집 22-1하, 97.

여 그 내용을 구성할 입법자의 광범위한 재량을 인정[60]하고 있다.

Ⅱ. 직업의 개념

직업의 자유에 의한 보호의 대상이 되는 '직업'은 '생활의 기본적 수요를 충족시키기 위한 계속적 소득활동'을 의미하며 그러한 내용의 활동인 한 그 종류나 성질을 묻지 아니한다.[61] 따라서 직업의 개념표지들은 개방적 성질을 지녀 엄격하게 해석할 필요는 없다.

1. 소득활동

'소득활동'은 직업의 필수적 개념요소다. 따라서 단순한 여가활동이나 취미활동은 일반적 행동자유권에 의해 보호되나 직업의 개념에는 포함되지 않는다. 하지만 겸업이나 부업은 삶의 수요를 충족하기에 적합한 경우이므로 직업에 해당한다.[62] 직업의 자유는 소득활동을 보호하는 것으로 소득의 결과에 대한 존속보호를 내용으로 하는 재산권과는 구별된다.

2. 계 속 성

'계속성'이란 주관적으로 활동의 주체가 어느 정도 계속적으로 해당 소득활동을 영위할 의사가 있고, 객관적으로도 그러한 활동이 계속성을 띨 수 있으면 족하다. 계속성이란 직업적 경험을 동반하는 것으로 혼합적 성격의 운송계약, 회원권매매와 같은 계속거래계약은 이에 속한다. 하지만 채권계약과 같이 일회적인 계약자유를 행사하는 것은 직업의 자유의 보호범위에 속하는 것은 아니다. 계속성은 자발적이든 비자발적이든 상관없으므로 휴가기간 중에 하는 일, 수습직으로서의 활동도 이에 포함될 수 있다.[63]

60) 헌재결 2011. 9. 29. 2007헌마1083, 2009헌마230·352(병합).

61) 헌재결 2003. 9. 25. 2002헌마519, 판례집 15-2상, 454; 1993. 5. 13. 92헌바80, 판례집 5-1, 365, 374); 1989.11.20. 선고, 89헌가102; 1990.10.8. 선고, 89헌가89; 1990.10.15. 선고, 89헌마178; 1990.11.19. 선고, 90헌가48; 1991.6.3. 선고, 89헌마204 등.

62) 헌재결 2003. 9. 25. 2002헌마519, 판례집 15-2상, 454

63) 헌재결 2003. 9. 25. 2002헌마519, 판례집 15-2상, 454

3. 생활수단성

'생활수단성'은 직업의 전형적인 개념요소다. 개인이 기업을 설립하여 생활수단을 영위하는 경우 법인의 직업의 자유의 주체성을 인정할 수 있게 된다.

생활수단으로서 직업은 개인에게 정신적· 물질적 요소로 구성되어 있다. 이 두 가지 요소를 내포한 이상적인 직업이란 첫째, 사회적으로 승인된 직업상에 부합하는 전형적인 직업 둘째, 직업교육을 이수하고 전문자격을 요구하는 직업 셋째, 생활수단으로서 계속 수행하는 본업 넷째, 인격발현을 할 수 있는 직업이다. 하지만 이러한 이상적인 직업유형의 일부에 해당하거나 유사한 소득활동도 직업의 자유의 보호범위에 포함되는 것은 물론이다.

위 개별적 기준에 대한 해석은 다음과 같다. 첫째, 사회적으로 승인된 전형적인 직업은 독자성을 갖는 소득활동으로 직업선택의 자유로 보호할 수 있다. 그러나 전형적인 직업이 아니라도 직업선택의 자유의 보호범위에서 배제되는 것은 아니다. 비전형적인 소득활동이라도 보호의 필요성이 있기 때문이다. 다만 전형적인 직업과 비전형적인 직업에 대한 법적 보호수준에 대하여는 직업의 자유를 기준으로 그 정당성을 심사할 수 있다.

둘째, 해당교육을 이수하여 전문자격을 요구하는 직업도 직업으로서 독자성을 인정할 수 있는 적극적인 징표다. 하지만 자격증을 요구하지 않는 근로라도 직업의 자유에 의해 보호된다. 모든 근로는 원칙적으로 동일한 가치를 갖는 소득활동으로 존중을 받아야 한다. 헌법 제10조의 (행복추구권에서 파생된) 일반적 행동자유권에 의해 보호되는 단순한 여가활동이라도 특별한 능력을 갖춘 경우 수익을 얻을 수 있다. 셋째, 하지만 여가활동이 법적인 의미에서 직업으로 보호를 받으려면 그 밖의 다른 기준 즉, 사회적인 직업상에 부합하는 활동이거나 주된 소득활동이어야 한다. 소득활동의 계속성요건은 엄격하게 해석할 필요는 없지만 전문적 활동으로 수행되어야 한다. 예컨대, 음대교수가 과외활동으로 소득을 올리는 것을 들 수 있다. 이 경우 전술한 바와 같이 겸업이나 부업으로서 삶의 수요를 충족하기에 적합한 경우이므로 직업에 해당한다.[64]

넷째, 결국 직업수행자의 자신의 직업에 대한 정신적 요소는 인격발현수단으로서 소득활동을 평가할 수 있는 적극적인 징표로 기능한다는 점이다. 특정 활동으로도 사람의 동일성을 식별할 수 있다면 의심스러운 경우 직업의 자유의 보

64) 헌재결 2003. 9. 25. 2002헌마519, 판례집 15-2상, 454.

호범위로 보아야 한다. 직업의 개념표지의 개방성으로 인해 소득활동이 주관적으로 만족스럽거나 행복할 것까지 요구하는 것은 아니다. 여가활동에서 만족을 얻더라도 직업이 될 수 없는 것은 이를 방증한다. 하지만 전형적인 직업상에 부합하지 않는 소득활동이나 부업이라도 전문적인 활동이나 자격증을 요하는 활동은 직업으로 인정할 수 있다. 예컨대, 대학생의 본업은 학업수행이라 하더라도 방학기간을 이용하여 또는 휴학 중에 학비 등을 벌기 위해 학원강사로서 일하는 행위는 직업[65]이다.

4. 공공무해성 또는 자격요건의 구비여부

직업의 개념요소로 공공무해성을 들고 있는 견해[66]가 있는바 헌재는 직업의 개념요소로 전술한 생활수단으로서 계속적인 소득활동이면 충분한 것으로 공공무해성 내지 자격요건구비는 불필요한 것으로 판시하고 있다. 예컨대, 성매매,[67] 성매매알선[68](성매매처벌법 제2조), 무면허 의료행위(보건범죄단속법 제5조),[69] 상습절도 · 강도(형법 제332조), 영리목적의 약취유인 · 인신매매[70](형법 제288조 제1, 2항, 제289조 제2항), 상습 장물취득알선(형법 제363조) 등이 이에 해당된다.

하지만 공공무해성 내지 자격요건은 전술한 바와 같이 사회에서 이상적인 직업을 판단하는 '일반적 기준'에 속한다. 따라서 헌재는 직업의 개념요소를 개방적으로 보면서도 직업선택의 자유제한의 정당성판단에 '일반적 기준'을 적극적 징표로 활용하고 있다.

Ⅲ. 보호내용

1. 직업선택과 직업행사의 자유

직업의 자유에 관하여 헌법은 "직업선택의 자유"만을 언급(제15조)하고 있지만 개방적인 직업의 개념에 상응하여 직업의 선택과 선택한 직업의 행사를 보호내용으로 하는 포괄적인 기본권이다. 따라서 직업의 자유의 법적 제한으로 인하

---

65) 헌재결 2003. 9. 25. 2002헌마519, 판례집 15-2상, 454.
66) 권영성, 전게서, 574면.
67) 헌재결 2016. 3. 31. 2013헌가2, 판례집 28-1상, 259.
68) 헌재결 2016. 9. 29. 2015헌바65, 판례집 28-2상, 403.
69) 헌재결 2013. 6. 27. 2010헌마658, 판례집 25-1, 556.
70) 헌재결 2006. 5. 25. 2005헌바4, 판례집 18-1하, 70.

여 사실상 향유할 수 없는 경우를 대비하여 헌법에서 직업의 자유를 보장하고 있는 것이다. 하지만 직업선택과 행사는 모두 헌법 제37조 제2항의 기본권제한의 법률유보에 의하여 동일하게 한계를 갖는다.[71] 헌재는 이러한 규정형식을 존중하면서도 직업의 자유주체에게 직업선택과 행사의 실질적인 효과에서는 다른 점에 착안하여 보호의 강도를 달리하는 소위 '단계이론'을 개발하였다. 즉 직업행사의 자유에 대한 제한의 경우 인격발현에 대한 침해의 효과가 일반적으로 직업선택 그 자체에 대한 제한에 비하여 작기 때문에, 그에 대한 제한은 보다 폭넓게 허용된다고 할 수 있다.[72] 그리고 직업선택의 자유에 대한 제한이 문제되는 경우에 있어서도 일정한 주관적 사유를 직업의 개시 또는 계속수행의 전제조건으로 삼아 직업선택의 자유를 제한하는 경우보다는 직업의 선택을 객관적 허가조건에 걸리게 하는 방법으로 제한하는 경우에 침해의 심각성이 더 크므로 보다 엄밀한 정당화가 요구된다.[73]

2. 직업교육장선택의 자유

살펴본 바와 같이 직업교육을 이수하고 전문자격을 요구하는 직업은 정신적·물질적 요소를 모두 내재하는 이상적인 직업으로 판단하기에 대부분의 직업의 선택과 행사는 그에 상응하는 교육을 이수하는 것이 중요하다. 적합한 교육체계를 국가가 제공했을 때 국민은 직업의 자유를 효과적으로 행사할 수 있다. 따라서 직업의 자유의 보호내용에는 직업교육장선택의 자유도 포함된다. 이는 다양한 직업교육장들 중에서 선택과 수료 및 졸업시험에서의 기회균등을 의미한다. 직업선택의 자격조건으로 중요한 의미를 갖는 예컨대, 법학전문대, 약학대 등의 입학과 자격시험 등의 기회불균등에 대해서는 직업의 자유침해를 주장 할 수 있다.

---

71) 헌재결 1989. 11. 20. 89헌가102, 판례집 1, 329, 336; 1996. 8. 29. 94헌마113, 판례집 8-2, 141, 154; 2002. 9. 19. 2000헌바84, 판례집 14-2, 268, 277 참조.

72) 헌재결 2008. 11. 27. 2005헌마161 등, 판례집 20-2하, 290; 헌재 2002. 7. 18. 99헌마574, 판례집 14-2, 29, 40 참조.

73) 헌재결 2002. 4. 25. 2001헌마614, 판례집 14-1, 410. 이 사건 법률조항은 청구인들과 같이 경비업을 경영하고 있는 자들이나 다른 업종을 경영하면서 새로이 경비업에 진출하고자 하는 자들로 하여금 경비업을 전문으로 하는 별개의 법인을 설립하지 않는 한 경비업과 그밖의 업종간에 택일하도록 법으로 강제하고 있다. 이와 같이 당사자의 능력이나 자격과 상관없는 객관적 사유에 의한 제한은 월등하게 중요한 공익을 위하여 명백하고 확실한 위험을 방지하기 위한 경우에만 정당화될 수 있고, 따라서 헌법재판소가 이 사건을 심사함에 있어서는 헌법 제37조 제2항이 요구하는바 과잉금지의 원칙, 즉 엄격한 비례의 원칙이 그 심사척도가 된다.

현실적으로 의미 있는 것은 직업의 자유의 방어권적 성격이외에 기회균등의 보장의 한계다.

우선 직업교육장에 대한 국가의 사실상 독점이 있더라도 수요에 따라 교육장을 설치할 의무가 있는 것은 아니다. 그렇지만 국가는 현재 교육기관의 시설, 교육능력 등을 고려하여 균등한 기회를 제공할 수 있도록 배려하여야 한다. 직업교육장선택의 자유는 원래의 주관적 공권으로서 생존권은 아니며 다만 자유권실현의 방법적 기초인 일반적 평등원리(헌법 제11조 제1항 제1문)와 결합하여 파생적인 급부권의 성격을 갖는 것에 불과하기 때문이다.

다음으로 국가의 자격시험은 직업의 자유에 대한 간접적인 제한이 될 수 있다. 시험실시는 물론 학점도 마찬가지다. 변호사, 의사 등의 국가의 자격시험은 교육장입학선발에서 자격증 부여에 이르기 까지 응시자간 상대평가로 결정한다. 국가는 자격결정에서 있어서 전문적이고 하자 없는 평가로 기회균등에 적합하여야 한다는 것을 헌법은 명하고 있다. 이는 자격시험의 하자에 대한 사법판단의 범위와 한계로 나타난다.[74]

3. 직장선택(전직)의 자유

직업의 자유에는 근로자의 거주이전의 자유의 일환으로 볼 수 있는 직장선택 내지 전직의 자유를 보호내용으로 한다. 이는 내국인의 경우 광의의 직업선택의 자유에 내포되어 현실적으로 큰 의미가 있지 않다. 하지만 외국인의 경우 경제적 기본권의 성격상 제한을 할 수 있다는 점에서 보호수준에 대한 내국인과의 차등이 나타나고 있다. 이러한 점에서 헌재[75]는 외국인근로자의 경우 3년의 체류기간 동안 3회까지만 사업장변경을 허용하는 외국인근로자의 고용 등에 관한 법률에 대해 합헌성을 인정하였다.

4. 경쟁의 자유의 포함 여부와 보호범위

직업의 자유의 보호범위에는 경업자의 경쟁을 배제하여 줄 것을 국가에 대하여 청구할 권리는 포함되어 있지 않다. 직업의 자유는 오히려 국가에 의한 시장에의 진입금지로 인하여 경쟁의 자유제한이 문제될 수 있다. 따라서 헌법상

---

74) BVerfGE 84, 59 ff.; 80, 1 ff.

75) 헌재결 2011. 9. 29. 2007헌마1083, 2009헌마230·352(병합). 입법자가 외국인력 도입에 관한 제도를 마련함에 있어서는 내국인의 고용시장과 국가의 경제상황, 국가안전보장 및 질서유지 등을 고려하여 정책적인 판단에 따라 그 내용을 구성할 보다 광범위한 입법재량이 인정된다.

직업의 자유는 국가에 의한 자유경쟁에의 참여를 보호하여 줄 것을 청구하는 것에서 의미를 찾아야 한다. 결국 자유경쟁의 보호여부와 범위는 직업의 자유의 개인적 성격과 경쟁의 공동체적 성격을 고려하여 직업의 자유를 현저하게 제한하여 경쟁을 왜곡하는 경우에만 직업의 자유의 보호범위에 해당된다고 보아야 한다. 그렇지 않은 경우에는 일반적 행동자유권의 제약에 불과한 것이다. 헌재도 공적업무의 분배에 관하여 경원자의 일방을 지정함으로써 사경제 주체간의 경쟁조건에 영향을 미치고 이로써 기업의 경쟁의 자유를 제한하는 것임이 명백한 경우에는 보충적으로 기본권에 의한 보호가 필요하다고 보고 있고[76], 또한 재정지원혜택에 있어서 서로 경업관계에 있는 일방을 지정한 것도 직업의 자유의 보호내용으로 경쟁의 자유제한으로 보았다.[77]

5. 소극적인 직업의 자유로서 강제노동이나 근로의무의 금지

직업의 자유의 소극적인 행사로서 직업을 갖지 않을 자유도 포함된다. 이는 직업의 강제 내지 강제노동의 금지로서 내국인의 기본권으로서 직업의 자유와 달리 외국인에게도 보장되는 인권적 성격을 갖는다. 유럽인권협약 제4조 제2, 3항과 유럽기본권헌장 제5조 제2항에서도 절대보장의 인간의 존엄과 체계적 연계에서 독자적인 인권으로 보장하고 있고 독일헌법은 직업의 자유에 대한 특별규정으로서 제12조 제2, 3항에서 상대적 기본권으로 규정하고 있다. 우리 헌법은 제12조 제1항에서 신체의 자유와 관련하여 법률과 적법절차에 의한 강제노역을, 헌법 제32조 제2항에서 국민의 근로의무를 규정하고 그 내용과 조건에 대한 국가의 법률제정의무를 부과하고 있다. 이는 국가에 의한 강제노역 내지 근로의무의 직접적 강제를 금지하여 기본권으로 보장하고 그 제한과 형성의 필요성이 있다하더라도 법률과 적법절차 내지 의회유보에 의해서만 제한을 허용한 것이다.[78] 이는 적극적인 직업의 자유에 대한 제한이 헌법 제37조 제2항에 의한

---

76) 헌재결 1998. 4. 30. 97헌마141, 판례집 10-1, 496. 따라서 일반법규에서 경쟁자를 보호하는 규정을 별도로 두고 있지 않은 경우에도 기본권인 경쟁의 자유가 바로 행정청의 지정행위의 취소를 구할 법률상의 이익이 된다 할 것이다. 그러므로 청구인은 국세청장의 지정처분의 취소를 구하는 행정소송을 제기할 수 있고, 이러한 행정소송절차는 청구인이 침해되었다고 주장하는 기본권을 효율적으로 구제할 수 있는 권리구제절차라 할 것이다. 따라서 그러한 구제절차를 거치지 아니하고 제기된 이 사건 국세청고시에 대한 헌법소원 심판청구는 보충성요건이 결여되어 부적법하다.

77) 헌재결 2005. 6. 30. 2003헌마841, 판례집 17-1, 996. 연합뉴스사에 대한 혜택의 부여로 인하여 다른 뉴스통신사의 경우 연합뉴스사와의 뉴스통신시장에서의 경쟁이 제한된다.

78) 강제노동은 포괄적으로 이해하여 예컨대, 경제활성화를 위해 국가가 근로자를 모집하여 강제노동을 시키는 것도 이에 속한다. 하지만 직업선택의 자유제한에 이르지 않는 단순한 직업행사

일반적 법률유보사항인 것에 비해 가중된 법률유보사항으로 하여 독일과 마찬가지로 특별한 기본권으로 보장하려는 취지로 해석된다.

Ⅳ. 제 한

1. 단계이론과 그 문제점

단계이론이란 헌재가 당구장결정[79]에서 최초로 개발한 것으로 살펴본 직업의 자유의 보호내용에 따라서 그 제한의 진지성이 작은 것에서부터 큰 것에 이르기까지 제한의 가능성을 상대적으로 판단하여 심사의 기준을 정하는 것을 말한다. 즉 직업선택의 자유에는 직업선택의 자유, 직업수행의 자유, 전직의 자유 등이 포함되며 직업결정의 자유에도 주관적인 자격인 능력에 의한 직업선택의 자유와 이와 상관없는 허가나 인가제 등에 의한 객관적인 직업선택의 자유로 구분할 수 있다. 이를 단계적으로 구분하여 직업수행의 자유는 직업선택의 자유나 전직의 자유에 비하여 제한의 진지성이 가장 적은 경우로 상대적으로 가장 넓은 법적 제한이 가능하다. 직업선택의 자유중에서도 주관적인 능력으로 극복할 수 있는 직업선택의 자유는 이와 상관없는 객관적인 직업선택의 자유보다 상대적으로 넓은 법적 제한이 가능하지만 당사자의 능력이나 자격과 상관없는 객관적 사유에 의한 직업선택의 자유제한은 월등하게 중요한 공익을 위하여 명백하고 확실한 위험을 방지하기 위한 경우에만 정당화될 수 있다.

단계이론은 하지만 주관적인 직업선택과 객관적인 직업선택의 구별을 전제로 하고 있으나 상대적인 것에 불과한 문제점이 있다.[80] 예컨대, 허가나 인가제는 법적 조건의 충족을 조건으로 권한을 부여하거나 설정하여 주는 것이므로 개인적인 노력에 의하여 극복할 수 있는 주관적인 제한으로 볼 수 있다. 시험합격을 전제로 직업선택을 할 수 있는 변호사, 의사, 공무원 등의 경우에도 응시자격이나 선발인원 등의 법적 조건으로 인하여 직업선택이 제한되었다고 볼 수 있는 것이다. 이러한 점에서 헌재는 직업의 자유제한의 독자적인 심사기준인 단계이론과 병행하여 기본권제한의 일반적인 심사기준인 비례의 원칙을 활용하고 있다.

의 자유를 제한하는 것은 강제노동에서 제와 할 수 있다고 보아야 한다. 하지만 강제노동과 자유롭게 선택한 직업행사의 자유제한의 한계가 명료한 것은 아니다.

79) 헌재결 1993. 5. 13. 92헌마80.

80) T. Hebeler, 40 Probleme aus dem Staatsrecht, 2. Aufl., Köln, München, 2008, S. 75 ff.

2. 단계이론과 비례의 원칙의 비교

단계이론에 의한 심사와 비례의 원칙의 심사를 비교하면 다음과 같다. 기본권제한의 진지성이 가장 작은 직업의 수행의 자유에 대한 제한은 비례의 원칙의 수단의 적절성심사로, 주관적 사유에 의한 직업선택의 자유제한은 공익에 위험발생의 개연성을 방지하기 위한 피해의 최소성심사로, 객관적인 직업선택의 자유는 공익에 명백하고 현존하는 위험발생을 방지하기 위한 법익의 균형성심사에 집중하게 된다.

제 4 절 주거의 자유

Ⅰ. 주거의 자유의 기본권체계 내에서의 기능

주거는 일반적 인격권의 공간적 측면을 보호한다. 따라서 주거의 자유(헌법 제16조)는 인간존엄과 연계하여 일반적 행동자유권의 특별기본권이다. 구체적으로 상황에 따라 사적영역의 핵심내용을 공개하는 경우, 예컨대 부부간의 절대보호해야 하는 주거에서 은밀한 관계 등 인간존엄의 침해와 경합된다. 일반적 인격권은 '공개된 무대'에서 자기표현권을 보호하는 반면 주거의 자유는 인간이 '연기자'로서 필요로 하는 무대 뒤의 은폐된 공간을 보호한다. 인간은 그 공간에서 무대에의 출현여부와 다음 장면에서 연기할 내용을 준비하는 등에 대해 침잠하며 머물러 있는 것이다.

주거는 개인정보의 보호공간으로 기능한다. 자신의 주거에서 인간은 신상이나 행태에 관한 자기정보를 국가의 감시로부터 은닉할 수 있다. 주거는 인간의 은밀한 사적공간일 뿐만 아니라 신상정보, 사업서류, 과세자료 등을 보관하기 위한 장소로서 활용되기도 한다. 주거의 자유는 이러한 장소에의 출입이나 감시로부터 보호하는 기능을 한다.

주거의 자유는 공간적 보호를 하는 반면에 통신의 자유는 주거에서의 통신수단을 보호한다. 즉 주거의 자유는 통신의 자유와 달리 주거에서의 어떠한 권리도 포함되지 않는다. 예컨대, 임대료지급을 지연하는 임차인에 대한 임대인의 자기목적에 의한 주거수색은 주거의 자유에 의해 행사할 수 없다. 다만 재산권에 근거한 행사가능성이 있을 뿐이다.

Ⅱ. 법적 성격

주거의 자유는 개방되지 않은 사적 공간인 주거를 공권력이나 제3자에 의해 침해당하지 않도록 함으로써 국민의 사생활영역을 보호하기 위한 권리를 말한다.[81] 이러한 주거의 자유는 자유권적 기본권으로 소극적인 성격을 갖는다. 주거는 개인정보의 보호공간으로 기능을 수행한다는 점에서 자연인은 물론 법인도 향유주체다.

Ⅲ. 보호내용

1. 주거의 불가침 — 주거의 개념의 기능적 이해

주거의 개념은 기능적으로 파악해야 한다. 이는 두 가지의 보호필요성에 기인한다. 우선 주거의 사적공간으로서 보호기능이다. 주거에는 임대차나 소유목적의 건축물뿐만 아니라 캠핑카나 텐트와 같이 개인적인 휴식의 공간도 포함된다. 또한 호텔이나 병원의 객실과 같은 임시거처, 발코니, 다용도실, 창고, 정원과 같은 주변 내지 부속공간도 마찬가지다. 하지만 공중의 출입에 개방된 공간인 호텔로비, 교도소 방문객실 등은 주거가 아니다.

다음으로 주거는 개인정보의 보호기능을 수행하는 곳으로 사무실, 가정이나 관청의 집무실, 기본권주체인 사법인도 주거가 될 수 있다. 따라서 주거의 자유는 인간의 권리이므로 자연인에게만 인정된다는 일부 학설[82]은 기능적 주거개념에 의하면 타당하지 않다.

하지만 공중에 개방된 영업시간의 레스토랑, 백화점은 주거가 아니다. 이는 영업장소로서 직업수행의 자유와 특별한 관련성을 갖는 점과 인격발현과 개인정보보호를 위해 필요한 경우 영업장소라도 주거로서의 기능이 필요한 경우를 고려한 것이다.

살펴본 바와 같이 주거의 기능적 이해에 의하면 사무실까지 주거로 포함할

---

81) 헌재결 2015. 11. 26. 2013헌바415, 판례집 27-2하, 191.

82) 김철수, 전게서, 709면.

수 있는 반면에 영업시간에 사무실에 단순한 방문이나 구경으로는 주거의 자유제한으로 보지 않는다. 다만 영업시간이라도 압수나 수색의 경우에는 정보보호기능을 하는 주거의 자유제한이 된다. 제한의 정당성은 가중적 법률유보로 검사의 신청에 의하여 법관이 발부한 영장제시(헌법 제16조)를 조건으로 인정된다.

주거란 사적인 휴식과 정보의 보호를 할 수 있는 공간이다. 따라서 법인과 사무실도 주거에 포함된다. 이러한 주거의 기능을 고려하여 독일헌법(제13조)은 주거의 자유를 보호하기 위하여 옥외도청을 엄격하게 제한하는 상세한 규정을 두고 있다.

2. 영장주의

주거의 자유제한에 관한 영장주의에 관하여 헌법은 제16조에서는 "주거에 대한 압수나 수색을 할 때에는 검사의 신청에 의하여 법관이 발부한 영장을 제시하여야 한다."라고 규정하고 있다. 따라서 주거공간에 대한 압수·수색은 그 장소에 혐의사실 입증에 기여할 자료 등이 존재할 개연성이 충분히 소명되어야 그 필요성을 인정할 수 있다.

헌법 제12조 제3항과는 달리 헌법 제16조 후문은 "주거에 대한 압수나 수색을 할 때에는 검사의 신청에 의하여 법관이 발부한 영장을 제시하여야 한다."라고 규정하고 있을 뿐 영장주의에 대한 예외를 명문화하고 있지 않다. 그러나 헌법 제12조 제3항과 헌법 제16조의 관계, 주거 공간에 대한 긴급한 압수·수색의 필요성, 주거의 자유와 관련하여 영장주의를 선언하고 있는 헌법 제16조의 취지 등을 종합하면, 헌법 제16조의 영장주의에 대해서도 그 예외를 인정하되, 이는 ① 그 장소에 범죄혐의 등을 입증할 자료나 피의자가 존재할 개연성이 소명되고, ② 사전에 영장을 발부받기 어려운 긴급한 사정이 있는 경우에만 제한적으로 허용될 수 있다고 보는 것이 타당하다. 이는 학설상 인정하는 행정상 즉시강제에 대한 영장주의의 예외인정의 기준을 준용한 것이다. 이러한 점에서 형사소송법 제216조 제1항 제1호 중 제200조의2에 관한 부분은 체포영장을 발부받아 피의자를 체포하는 경우에 필요한 때에는 영장 없이 타인의 주거 등내에서 피의자 수사를 할 수 있다고 영장주의의 예외를 규정한 것은 헌법에 합치하지 않는다.[83)]

---

83) 헌재결 2018. 4. 26. 2015헌바370 등, 공보 제259호, 687. 형사소송법 제216조 제1항 제1호 중 제200조의2에 관한 부분은 앞서 본 바와 같이 별도로 영장을 발부받기 어려운 긴급한 사정이 있는

제 5 절 사생활의 비밀과 자유

Ⅰ. 헌법규정과 연혁

헌법 제17조는 "모든 국민은 사생활의 비밀과 자유를 침해받지 아니한다."라고 사생활의 비밀과 자유를 규정하고 있다. 이는 인간의 존엄성과 행복추구권을 실질적으로 보장하기 위하여 사생활의 영역을 내용적으로 보장하는 기능을 한다.

사생활의 비밀과 자유는 독일과 미국헌법에서는 명문으로 규정하고 있지 않고 인격권이나 판례로 인정되어 있다. 그러나 우리는 1980년 제5공화국 헌법에서 최초로 규정한 것을 현행헌법에서도 동일한 내용으로 유지하고 있다.

Ⅱ. 의의와 법적 성격

1. 사생활보호의 필요성

정보사회의 도래로 제4차 산업혁명의 시대에 접어들고 있다. 정보화는 우리에게 신속, 간편 등의 이점이 있는 반면 컴퓨터 통신망, 데이터베이스, CCTV 등에 의해 우리의 사생활은 판옵티콘(panopticon)이 되어 프라이버시의 침해가 일상화 되고 있다. 이러한 점에서 사생활보호의 필요성은 더욱 요구되어 각종 보호입법이 제정되고 있다. 개인정보보호법, 정보통신망 이용촉진 및 정보보호 등에 관한 법률, 위치정보의 보호 및 이용 등에 관한 법률, 디엔에이신원확인정보의 이용 및 보호에 관한 법률 등이 그것이다.

2. 인접개념과 구별

사생활의 비밀과 자유는 프라이버시권으로서 주거의 자유, 통신의 자유에 대

지 여부를 구별하지 아니하고 피의자가 소재할 개연성만 소명되면 영장 없이 타인의 주거 등을 수색할 수 있도록 허용하고 있다. 이는 체포영장이 발부된 피의자가 타인의 주거 등에 소재할 개연성은 소명되나, 수색에 앞서 영장을 발부받기 어려운 긴급한 사정이 인정되지 않는 경우에도 영장 없이 피의자 수색을 할 수 있다는 것이므로, 헌법 제16조의 영장주의 예외 요건을 벗어나는 것으로서 영장주의에 위반된다.

한 일반규정이다. 따라서 주거의 자유, 통신의 자유는 특별한 사적 영역으로 헌법이 개별적인 기본권으로 보호하므로 사생활의 비밀과는 특별과 일반기본권의 관계에 있다.[84] 이들 사생활의 자유의 핵심에 해당 하는 것은 인격권으로 구분할 수 있다. 즉 사생활의 비밀과 자유≤Privacy권(주거의 불가침, 통신의 불가침 등)〈인격권으로 요약할 수 있다.

3. 법적 성격

사생활의 비밀과 자유의 법적 성격에 대해서는 자유권 및 청구권의 복합적 성격으로 보는 학설과 소극적인 자유권으로 보는 학설[85]이 있다. 사생활의 비밀과 자유는 헌법의 규정체계상 여타의 자유권과 특별히 구별할 필요가 없으므로 소극적인 자유권으로 보는 것이 타당하다. 다만 사생활보호의 적극적인 청구권적 성격은 헌법 제10조의 인간존엄과 행복추구권 등에 근거한 개인정보자기결정권의 성격으로 구분하는 것이 체계적이라 본다.

Ⅲ. 보호내용

1. 사생활의 비밀영역에 대한 권리

사생활의 비밀을 본인의 의사에 반하여 파악되는 것과 파악된 사생활의 비밀내용이 공개되는 것을 금지하는 것을 요구할 수 있는 권리를 말한다.

2. 사생활의 자유의 불가침을 보장받을 수 있는 권리

사생활의 자율성을 방해 또는 간섭받지 않고 평온한 사생활을 유지하고 자신이 원하는 방향으로 사생활을 적극적으로 형성・전개할 수 있는 권리를 말한다.

3. 인격적인 감정세계의 존중의 권리와 정신적인 내면생활이 침해받지 아니할 권리

인간의 내면적 가치를 침해 받지 아니할 권리를 말한다. 스팸전화나 문자, 스토킹 등에 의한 사생활을 침해가 이에 해당된다.

---

84) 헌재결 2001. 3. 21. 2000헌바25, 판례집 13-1, 652, 658 참조.

85) 성낙인, 전게서, 1264면.

4. 개인의 양심영역이나 성적 영역과 같은 내밀한 보호영역

부부간의 침실생활, 일기장의 공개 등이 이에 해당하는 바 이는 사생활의 핵심에 해당하는 것으로 인간의 존엄과 밀접한 절대적인 사생활의 본질내용을 이룬다.

Ⅳ. 사생활의 비밀과 자유와 언론의 자유의 충돌의 해결

사생활의 비밀과 자유와 언론의 자유 내지 알권리간의 충돌의 경우 해결방법은 충돌하는 기본권의 규범조화적 해결을 원칙으로 하므로 입법에 의한 조정을 우선으로 한다. 그 다음 입법의 하자가 있는 경우 헌재가 보충적으로 특수한 비례의 원칙인 과소보호금지원칙 등에 의한 해결을 도모해야 한다. 이 경우 일부 학설[86]과 판례[87]는 권리포기의 이론(일정한 사정하에서는 사생활의 비밀과 자유를 포기한 것으로 간주한다는 이론), 공익의 이론(국민의 알권리의 대상이 되는 것은 공익이 된다는 이론), 공적 인물의 이론(사회적 지위에 사생활의 비밀과 자유는 상대화된다는 이론) 등의 규범조화의 해결방안을 제시하고 있다.

제 6 절 개인정보자기결정권

Ⅰ. 의 의

개인정보자기결정권은 자신에 관한 정보가 언제 누구에게 어느 범위까지 알려지고 또 이용되도록 할 것인지를 그 정보주체가 스스로 결정할 수 있는 권리, 즉 정보주체가 개인정보의 공개와 이용에 관하여 스스로 결정할 권리를 말한다.

---

86) 권영성, 전게서, 461면.

87) 헌재결 1999. 6. 24. 97헌마265, 판례집 11-1, 768면 이하. - 공적 인물의 이론

Ⅱ. 헌법적 근거

1. 학설과 판례

개인정보자기결정권의 헌법적 근거에 대해서 외국에서는 인간존엄과 일반적 행동자유권(독일), 프라이버시권(미국), 행복추구권(일본)을 근거로 제시하고 있다. 이와 유사하게 우리도 인간존엄성,[88] 사생활의 자유,[89] 인간존엄과 사생활의 자유 등 복합적 기본권이라는 주장[90]이 있다.

헌재[91]는 헌법 제17조의 사생활의 비밀과 자유, 헌법 제10조 제1문의 인간의 존엄과 가치 및 행복추구권에 근거를 둔 일반적 인격권 또는 위 조문들과 동시에 우리 헌법의 자유민주적 기본질서 규정 또는 국민주권원리와 민주주의원리 등에 근거한 독자적 기본권으로 판시하고 있다.

2. 사　견

인간존엄은 개별기본권이 아닌 그 이념적 기초로서 헌법원리로 보는 입장에서 개인정보자기결정권의 헌법적 근거로 볼 수 없다. 개인정보자기결정권의 보호내용은 아래에서 보듯이 다양하고 이는 표현의 자유, 사생활의 자유, 인격권 등과 관련된 정신적 자유로서 인간존엄과 밀접한 본질내용으로 구성되어 있는 점에서 독자적 기본권으로 보고자 한다. 이는 개인정보자기결정권의 본질내용에 대한 의회유보를 강조하기 위함이다.

---

88) 한수웅, 전게서, 525면.

89) 성낙인, 헌법학, 1272면.

90) 전광석, 전게서, 336면.

91) 헌재결 2005. 5. 26. 99헌마513, 판례집 17-1, 668, 683; 2009. 10. 29. 2008헌마257, 판례집 21-2하, 372; 헌재 2012. 7. 26. 2010헌마446; 2014. 7. 24. 2013헌마423등 참조. 개인정보자기결정권의 헌법상 근거로는 헌법 제17조의 사생활의 비밀과 자유, 헌법 제10조 제1문의 인간의 존엄과 가치 및 행복추구권에 근거를 둔 일반적 인격권 또는 위 조문들과 동시에 우리 헌법의 자유민주적 기본질서 규정 또는 국민주권원리와 민주주의원리 등을 고려할 수 있으나, 개인정보자기결정권으로 보호하려는 내용을 위 각 기본권들 및 헌법원리들 중 일부에 완전히 포섭시키는 것은 불가능하다고 할 것이므로, 그 헌법적 근거를 굳이 어느 한 두개에 국한시키는 것은 바람직하지 않은 것으로 보이고, 오히려 개인정보자기결정권은 이들을 이념적 기초로 하는 독자적 기본권으로서 헌법에 명시되지 아니한 기본권이라고 보아야 할 것이다.

Ⅲ. 보호범위

1. 익명표현의 자유

익명권이라고도 하며 정보주체가 국가, 기업, 사인 등의 제3자와 온라인 교섭 또는 표현을 할 때 불필요하게 자신의 신원을 밝히지 않고 표현을 할 수 있는 권리를 말한다. 헌재는 표현의 자유의 보호내용에는 익명 또는 가명으로 자신의 사상이나 견해를 표명하고 전파할 익명표현의 자유가[92]고 있고 이는 인터넷상의 익명 표현된 개인정보를 조사 · 수집 · 보관 · 처리 · 이용 등의 행위를 하는 게시판이용자들과 정보통신제공자들에게는 모두 원칙적으로 개인정보자기결정권의 보호범위로 판시[93]하고 있다.

2. 수집제한청구권(목적구속)

정당한 수집목적을 위하여 필요한 범위 내에서 공정하고 합리적인 방식으로 정보주체의 동의하에 수집되어야 하는 것을 말한다. 개인정보를 수집하려면 그 목적이 명확히 제시되어야 하고, 수집된 정보를 이용할 때 그 목적이 수집목적과 같은 경우에는 정보주체의 별도의 동의를 얻을 필요가 없지만 그 목적이 각각 다르거나 수집된 정보를 제3자에게 전달하려면 별도로 정보주체의 동의를 얻어야 한다. 개인정보는 이용목적에 필요한 범위 내에서 정확하고 안전하며 최신의 것이어야 하므로 이를 담보하기 위하여 정보주체가 관여할 수 있어야 한다. 개인정보는 분실 또는 권한 없는 접근 · 파괴 · 사용 · 변경 · 공개 등의 위험으로부터 합리적인 안전보장장치에 의하여 보호되어야 한다.

3. 정보열람 · 정정청구권

정보열람청구권이란 정보접근권이라고도 하며 타인에 의하여 처리되고 있는 개인정보의 내용에 대하여 정보주체가 자신에 관한 정보의 열람을 청구할 수 있는 권리를 말한다. 정보정정청구권이란 정보주체가 자신에 관한 정보를 열람한 결과 정보내용이 부정확하거나 불완전한 것일 경우에 이에 대한 정정을 요구할 수 있는 권리를 말한다.

---

92) 헌재결 2010. 2. 25. 2008헌마324등, 판례집 22-1상, 347, 363.
93) 헌재결 2012. 8. 23. 2010헌마47 등, 판례집 24-2상, 590.

4. 정보처리금지와 분리청구권

정보처리금지청구권이란 기본적인 정보처리원칙이 충족되지 않는 경우에는 개인정보의 이용, 제공 등의 정보처리를 금지할 수 있는 권리를 말하고, 분리청구권이란 특정목적을 위해 수집된 개인정보는 다른 기관에서 다른 목적을 위해 수집된 개인정보와 원칙적으로 통합되지 않고 분리된 상태로 유지될 것을 요구할 수 있는 권리를 말한다.

5. 정보차단 · 삭제청구권

정보차단청구권이란 개인정보 제공자가 정보보유기관에 대해 자신의 정보에 대한 일반인이나 그 밖에 권한 없는 자의 불법적인 접근을 지속적으로 막아 줄 것을 요구할 수 있는 권리를 말하고, 정보삭제청구권이란 정보보유기관이 법에 규정된 의무를 위반하거나 법의 취지에 반하여 개인정보를 부당하게 이용할 경우 정보주체가 자기정보의 삭제를 요구할 수 있는 권리를 말한다. 최근에 주장하는 잊혀질 권리(Right to be forgotten)가 이에 속하는 것으로 볼 수 있다.

Ⅳ. 제 한

개인정보자기결정권은 보호내용이 법률에 의해 형성되는 것으로 의회유보와 특수한 비례의 원칙으로 과소보호금지원칙을 기준으로 할 필요가 있다. 그러나 현재는 법률에 근거한 제한과 이에 대한 과잉금지원칙을 기준으로 합리성 심사에 그치는 결정을 하는 경향이 일반적이다. 예컨대, CCTV설치에 의한 교도관의 계호활동대체의 특별한 법적 근거가 없더라도 일반적인 계호활동을 허용하는 법률규정에 의하여 허용된다[94]고 보는 가하면, 경찰청장의 지문정보의 전산화 및 범죄수사에 이용에 주민등록법시행령과 시행규칙에 근거한 것으로 정당성을 인정한 것 [95] 등을 들 수 있다. 개인정보자기결정권의 제한은 정보주체의 동의에 의해서만 정당화되는 목적구속의 원칙에 관점에서 타당하지 않은 결정이다.

---

94) 헌재결 2008. 5. 29. 2005헌마137 등, 판례집 20-1하, 187.

95) 헌재결 2005. 5. 26. 99헌마513 등, 판례집 17-1, 668.

제 7 절 통신의 자유

Ⅰ. 헌법규정과 연혁

헌법 제18조는 "모든 국민은 통신의 비밀을 침해받지 아니한다."라고 규정하여 통신의 비밀보호를 그 핵심내용으로 하는 통신의 자유를 기본권으로 보장하고 있다. 통신의 자유를 기본권으로서 보장하는 것은 사적 영역에 속하는 개인 사이의 의사소통을 사생활의 일부로서 보장하겠다는 취지에서 비롯된 것이다.[96] 나아가 통신의 자유는 사회구성원 상호간에 의사와 정보 교환이 원활히 이루어질 수 있도록 촉진하기 위한 것이므로 현대사회에 있어서는 정치·경제·사회·문화의 모든 영역에서 중요한 의미를 갖는다.[97] 통신의 자유는 비교법적으로 Weimar 헌법(제117조)에서 최초로 규정하였다. 미국 연방대법원은 감청을 수정헌법 제4조가 규정하고 있는 압수·수색의 객체로 보아 전기통신프라이버시법(The Electronic Communications and Privacy Act)은 일상대화만이 아니라 유선통화와 전기통신의 감청 등 모든 형태의 대화감청을 테러 등 국가안보와 직결된 내용 외에는 원칙적으로 금지하고 있다. 통신비밀보호법, 우편법, 전기통신기본법 등이 통신의 비밀에 관한 구체화법이다.

Ⅱ. 사생활의 자유에 대한 특별기본권

개인과 개인간의 관계를 전제로 하는 통신은 다른 사생활의 영역과 비교해볼 때 국가에 의한 침해의 가능성이 매우 큰 영역이라 할 수 있다. 왜냐하면 오늘날 개인과 개인간의 사적인 의사소통은 공간적인 거리로 인해 우편이나 전기통신을 통하여 이루어지는 경우가 많은데, 이러한 우편이나 전기통신의 운영이 전통적으로 국가독점에서 출발하였기 때문이다. 사생활의 비밀과 자유에 포섭될 수 있는 사적 영역에 속하는 통신의 자유를 헌법이 별개의 조항을 통해서 기본

96) 헌재결 2011. 8. 30. 2009헌바42, 판례집 23-2상, 286; 헌재 2001. 3. 21. 2000헌바25, 판례집 13-1, 652, 658.

97) 헌재결 2011. 8. 30. 2009헌바42, 판례집 23-2상, 286.

권으로 보호하고 있는 이유는, 이와 같이 국가에 의한 침해의 가능성이 여타의 사적 영역보다 크기 때문이라고 할 수 있다.[98]

Ⅲ. 보호목적의 변화와 내용

통신의 자유의 목적은 격지자간 통신의 비밀을 보장하는 것이다. 따라서 통신의 자유는 참가자간 소통의 장소를 보호하는 집회의 자유, 소통의 내용을 보호하는 언론·출판의 자유와 구별된다. 통신의 자유는 통신내용의 비밀뿐만 아니라 통신 사실여부도 포함한다. 후자의 소위 '통신일자'는 감청기관의 업무에서 중요한 자료가 된다. 하지만 통신의 자유는 통신과정만 보호한다. 통신내용을 수신자가 보관하거나 녹음한 경우에는 개인정보자기결정권이나 경우에 따라 주거의 자유에 의해 보호될 수 있다. 헌재결정에서도 사회의 급격한 발전에 따라 격지자간 소통은 더욱 중요해져서 이와 관련된 보호필요성도 강조되고 있다. 사회적 중요성 이외에도 우체국의 민영화와 통신수단의 기술적 발전 등으로 헌법변천의 문제를 제기한다. 통신의 자유는 신서와 전신, 전화, 텔렉스 등 원격통신 및 우편의 비밀을 보호내용으로 한다.[99]

1. 신서의 비밀

이는 소통목적의 정보의 문자기록을 보호내용으로 한다. 전통적 견해에 의하면 신서에는 특정 수신인을 반드시 대상으로 개인정보에 관한 문자기록으로만 이해하여 엽서는 포함되지만 광고지나 소포는 제외하고 있다. 이는 대량인쇄물과 연속된 편지송부를 실제적으로 구분하는 것은 쉽지 않다는 점에서 수긍하기 어렵다. 일반적 인격권에 의한 정보보호와 통신의 자유에 의한 정보보호는 각각 독자적인 보호내용이라는 점에서도 좁게 해석할 필요는 없다고 본다.

---

98) 헌재결 2001. 3. 21. 2000헌바25, 판례집 13-1, 652.

99) 허영 교수는 신서, 전신, 전화 텔렉스 등의 검열이나 도청을 금지하고, 나아가 발신에서부터 수신에 이르기까지의 비밀이 침해되는 것을 금지하는 것을 보호내용으로 한다고 한다. 그 구체적 내용으로는 열람금지(Einsichtsvervot), 누설금지(Mitteilungvervot), 정보금지(Auskunftsvfervot)를 들고 있는 있다. 열람금지란 통신이 내용을 알기 위해서 통신물을 열거나, 또는 읽거나 도청하는 행위를 금하는 것이고, 누설금지란 통신업무 때문에 알게 된 사실을 남에게 알리는 행위를 금하는 것이고, 정보금지란 통신업무내용을 정보활동의 목적에 제공하거나 제공받으려는 행위를 금지하는 것이다. 허영, 한국헌법론, 431면.

2. 우편의 비밀

신서의 개념을 좁게 해석하여 나타나는 흠결을 전통적 견해는 모든 종류의 우편물을 포괄하는 우편의 비밀보장으로 해결한다. 현대사회에서 매체에 의한 소통은 사실상 중요할 뿐만 아니라 정보교환을 용이하게 하는 수단으로 독자적 기능을 갖는다.

이는 다른 기본권 특히 정치 · 경제적 자유를 행사할 수 있는 기초를 제공한다. 따라서 통신시설과 종사자들도 통신의 자유의 향유주체다.

3. 전신 · 전화통신의 비밀

전신 · 전화통신의 비밀의 요소에는 무선전달과 사인운영의 전화통신시설에 대한 기본권이 포함되어 있다. 따라서 e-mail과 sms는 신서가 아니라 전신 · 전화통신의 비밀보호에 해당된다. 즉 이 경우에도 통신과정의 제한은 허용되지 않는다. 격지자간 실시간 채팅은 집단소통 내지 잠재적 집회의 기능을 수행하지만 집회의 자유가 아니라 통신의 자유의 보호범위에 속한다.

Ⅳ. 제　　한

1. 신서의 비밀

헌재는 미결수용자와 변호인 사이의 서신검열을 할 수 있는 예외조건이 갖추어져 있지 않은 경우임에도 원칙적으로 검열을 허용하도록 해석한 범위에서 구 행형법은 통신의 자유를 침해한다고 결정[100]하였다. 예외적으로 검열이 허용될 수 있는 경우란 첫째, 교도소측에서 상대방이 변호인이라는 사실을 확인할 수 있어야 하고, 둘째, 서신을 통하여 마약 등 소지금지품의 반입을 도모한다든가 그 내용에 도주·증거인멸·수용시설의 규율과 질서의 파괴 · 기타 형벌법령에 저촉되는 내용이 기재되어 있다고 의심할 만한 합리적인 이유가 있는 경우가 아니어야 한다.

수용자가 밖으로 내보내는 모든 서신을 봉함하지 않은 상태로 교정시설에 제출하도록 규정하고 있는 '형의 집행 및 수용자의 처우에 관한 법률 시행령'에

---

100) 헌재결 1995. 7. 21. 92헌마144, 판례집 7-2, 94.

대하여 통신 비밀의 자유를 침해한다고 결정[101]하였다. 하지만 수용자가 작성한 집필문의 발신과 수신을 금지하는 것으로 규정한 '형의 집행 및 수용자의 처우에 관한 법률'은 통신의 자유를 침해하지 않는다고 결정[102]하였다.

2. 전신 · 전화통신의 비밀

통신제한조치기간의 연장을 허가함에 있어 총연장기간 또는 총연장횟수의 제한을 두지 아니한 통신비밀보호법에 대한 헌법불합치결정,[103] 방송통신위원회의 주식회사 케이티 외 9개의 정보통신서비스 제공자들에게 'twitter.com/○○'에 대한 접속을 차단하도록 하는 내용의 시정요구에 대한 각하결정[104] 등이 이에 해당된다.

Ⅴ. 통신의 자유와 감청의 문제

1. 의 의

"감청"이라 함은 전기통신에 대하여 당사자의 동의없이 전자장치 · 기계장치 등을 사용하여 통신의 음향 · 문언 · 부호 · 영상을 청취 · 공독하여 그 내용을 지득 또는 채록하거나 전기통신의 송 · 수신을 방해하는 것을 말한다(통신비밀보호법 제2조 제7호).

2. 허용요건

감청의 허용요건에 대하여 통신비밀보호법 제3조에서는 환부우편물등의 처

---

101) 헌재결 2012. 2. 23. 2009헌마333, 판례집 24-1상, 280. 시행령조항은 교정시설의 안전과 질서유지, 수용자의 교화 및 사회복귀를 원활하게 하기 위해 수용자가 밖으로 내보내는 서신을 봉함하지 않은 상태로 제출하도록 한 것이나, 이와 같은 목적은 교도관이 수용자의 면전에서 서신에 금지물품이 들어 있는지를 확인하고 수용자로 하여금 서신을 봉함하게 하는 방법, 봉함된 상태로 제출된 서신을 X-ray 검색기 등으로 확인한 후 의심이 있는 경우에만 개봉하여 확인하는 방법, 서신에 대한 검열이 허용되는 경우에만 무봉함 상태로 제출하도록 하는 방법 등으로도 얼마든지 달성할 수 있다고 할 것인바, 위 시행령 조항이 수용자가 보내려는 모든 서신에 대해 무봉함 상태의 제출을 강제함으로써 수용자의 발송 서신 모두를 사실상 검열 가능한 상태에 놓이도록 하는 것은 기본권 제한의 최소 침해성 요건을 위반하여 수용자인 청구인의 통신비밀의 자유를 침해하는 것이다.

102) 헌재결 2016. 5. 26. 2013헌바98, 판례집 28-1하, 234.

103) 헌재결 2010. 12. 28. 2009헌가30, 판례집 22-2하, 545.

104) 헌재결 2014. 4. 24. 2011헌마655.

리, 수출입우편물에 대한 검사, 구속 또는 복역중인 사람에 대한 통신, 파산선고를 받은 자에 대한 통신, 혼신제거 등을 위한 전파감시를 규정하고 있다. 또한 통신비밀보호법 제5조에서는 범죄수사를 위한 통신제한조치의 허가요건을 규정하고 형법상의 국가적 법익에 관한 범죄, 사회적 법익에 관한 범죄의 대부분과 개인적 법익에 관한 범죄인 절도 강도, 사기, 공갈 등에 이르기까지 감청을 할 수 있는 것으로 광범위하게 규정하고 있다. 감청기간의 연장에 대하여 통신비밀보호법 제6조 제7항에서 총연장기간 또는 총연장횟수의 제한을 두지 아니하여 법원이 기간의 제한 없이 연장허가를 허용할 수 있도록 입법의 하자는 헌법불합치[105]로 선언된 바도 있다.

3. 평 가

위 규정은 통신비밀보호에 대한 예외로서 감청의 대상이 너무 광범위하여 기본권제한의 한계를 유월한 위헌입법인 것이다. 입법론적으로는 현대사회에서 통신에 의존한 사적 업무 등 통신의 자유의 기본권의 전제조건으로서의 기능이 증대하는 것을 감안하여 독일헌법 제13조와 같이 감청의 허용요건을 헌법에 규정하는 것이 바람직하다.

제 8 절 양심의 자유

Ⅰ. 헌법규정 및 연혁

헌법은 제19조에서 "모든 국민은 양심의 자유를 가진다."라고 하여 양심의 자유를 국민의 기본권으로 보장하고 있다. 양심의 자유는 종교의 자유와 함께 정신적 자유에 속하는 것으로 독일(제4조), 러시아(제28조), 그리스(13조), 멕시코(제24조), 남아공(제15조) 등은 같은 조문서 규정한다. 우리도 제헌헌법에서는 양심과 종교의 자유를 함께 규정하였으나 제3공화국 헌법(1962년)에서 분리하여 규정한 것이 현행헌법에서도 유지되고 있다. 본서에서도 규정형식을 고려하여 구분하여 설명하지만 이론적으로는 정신적 자유권이라는 점에서 일치하는 내용

105) 헌재결 2010. 12. 28. 2009헌가30, 판례집 22-2하, 545.

이 많다. 따라서 양심의 자유에서 설명한 상당부분은 종교의 자유에서도 타당하다.

Ⅱ. 양심의 개념과 자유보장

양심이란 선과 악에 대한 내심의 도덕적 결정으로서 어떤 일의 옳고 그름을 판단함에 있어서 그렇게 행동하지 아니하고는 자신의 인격적인 존재가치가 허물어지고 말 것이라는 강력하고 진지한 마음의 소리로서 절박하고 구체적인 양심이다. 즉 양심이란 시비선악에 대한 내면의 법관이다. 헌법이 양심의 자유를 기본권으로서 보호하는 근본적 취지는, 우선 헌법이 최고의 가치로 상정하고 있는 인간으로서의 존엄과 가치의 바탕이 되는 개인적 양심을 보장하기 위한 것이며, 나아가 대다수의 사회구성원과 생각을 달리하고 다른 윤리적 가치관을 가진 소수의 국민을 관용으로 받아들임으로써 민주사회에 있어서의 다양성과 개별화를 보장하여 우리사회의 동화적 통합을 추구하기 위한 것이다.[106]

Ⅲ. 양심의 자유의 보호내용

헌법 제19조가 보장하는 양심의 자유에 있어서의 양심에는 세계관·인생관·주의·신조 등은 물론이고 나아가 널리 개인의 인격형성에 관계되는 내심에 있어서의 가치적·윤리적 판단도 포함된다. 그러므로 양심의 자유는 널리 사물의 시시비비나 선악과 같은 윤리적 판단에 국가의 간섭을 받지 않을 내심의 자유는 물론, 이와 같은 윤리적 판단을 국가권력에 의하여 외부에 표명하도록 강제되지 않을 자유까지 포괄한다.[107]

양심의 자유(헌법 제19조)는 크게 양심형성의 내면적 자유와 이를 실현하는 외면적 자유영역으로 나누어 볼 수 있다.

---

106) 헌재결 2011. 8. 30. 2008헌가22 등, 판례집 23-2상, 174; 1997. 3. 37. 선고 96헌가11; 2002. 4. 25. 선고 95헌마170 — 준법서약제.

107) 헌재결 1991. 4. 1. 선고 89헌마160 — 사죄광고, 1998. 7. 16. 95헌바36 — 국가보안법, 99헌마513·2004헌마190.

1. 양심내면의 자유(forum internum)

양심내심의 자유는 양심형성의 자유를 말한다. 이는 헌법 제21조의 일반적인 사상의 자유에 대한 특별기본권으로서 외부로부터의 부당한 간섭이나 강제를 받지 않고 개인의 내심영역에서 양심을 형성하고 양심상의 결정을 내리는 자유를 의미한다. 양심형성의 자유는 내심에 머무르는 한 절대적으로 보호되는 기본권이다.

2. 양심외면의 자유(forum externum)

양심외면의 자유는 양심을 표명하거나 또는 양심을 표명하도록 강요받지 아니할 양심표명 내지 고백의 자유를 말한다. 이는 헌법 제21조의 표현의 자유에 대한 특별기본권으로 예컨대, 양심고백은 언어, 문장 또는 상징물착용으로 나타난다. 예컨대, 이는 공립학교 교사의 히잡착용, 교실에 십자가부착으로 학생들의 소극적인 양심 내지 종교의 자유와 충돌하게 되는 경우이다.

양심적 결정에 의한 행동할 자유도 널리 양심외면의 자유에 속하나 타인의 양심이나 종교이외의 이종기본권과 충돌할 수 있다는 점에서 이하에서 구별하여 설명한다.

3. 양심적 결정에 따른 행동의 자유

양심의 자유는 기본권주체의 주관적 의사를 기준으로 보호범위를 결정하여야 한다. 국가는 다만 중립성의 원칙에 따라야 한다. 이러한 점에서 양심적 결정에 따른 행동의 자유의 보호범위로 하지 않는다면 양심의 자유를 내면적으로만 보호하는 것은 의미가 없다. 대안 즉 선택의 여지없는 양심적 명령에 의한 행동은 보호해야 한다. 다만 이에 대해서는 개연성통제의 의미에서 설명의무를 부담하게 한다. 양심의 자유 중 양심형성의 자유와 달리 양심적 결정을 외부로 표현하고 실현할 수 있는 권리인 양심실현의 자유는 법질서에 위배되거나 타인의 권리를 침해할 수 있기 때문에 법률에 의하여 제한될 수 있는 상대적인 자유이기 때문이다.

이러한 점에서 지방법원[108]에서 양심적 병역거부권을 주장하여 병역거부를 하는 자에 대하여 설명의무를 부과하여 무죄를 선고한 것은 적절한 것이다. 헌

108) 광주지법 2016. 10. 18. 선고 2015노1181 판결.

법재판소는 종래 3세 차례의 결정[109]에서는 병역법 제88조 제1항(처벌조항)[110]만을 대상으로 하여 합헌결정을 하였지만 최근 일반법원의 법률해석권을 존중하는 결정을 선고한 바 있다. 즉 최근 결정[111]에서는 병역법 제5조(병역종류조항)도 심판대상으로 삼아 양심적 병역거부자를 위한 대체복무종류를 마련하지 하지 않은 부진정 입법부작위에 대해 헌법불합치결정을 하였다.

제 9 절 종교의 자유

Ⅰ. 기능과 헌법규정

종교의 자유는 양심의 자유와 함께 정신적 자유에 속하는 것으로 종교집단 간의 갈등을 헌법으로 해결하는 평화질서를 부여하는 중요한 의미를 갖는다. 종교전쟁(1618-1648)을 거친 유럽에서는 물론 우리에게도 종교의 자유는 국가의 종교적 평화의 촉진·유지기능을 수행하는 데 필수불가결한 기본권이다.

이러한 점에서 우리 헌법 제20조에서는 "모든 국민은 종교의 자유를 가진다(제1항). 국교는 인정되지 아니하며, 종교와 정치는 분리된다(제2항)."고 규정하고 있다. 종교의 자유와 구분하여 국교부인과 정교분리를 선언하고 있는 점은 후자가 전자의 당연규정이 아니라는 것을 헌법제정자가 제시하고자 했다는 점에서 살펴보기로 한다.

Ⅱ. 종교의 자유와 국교부인과 정교분리의 원칙

전술한 바와 같이 우리 헌법은 국교부인과 정교분리를 제도화하여 종교적 평화질서를 추구하는 현대국가의 경향을 수용하고 있다. 신의 은총에 의한 신정정치 대신에 국가의 통합기능이 대신하게 되었다. 즉 종교의 자유를 보장함으로

109) 헌재결 2004. 8. 26. 2002헌가1; 2004. 10. 28. 2004헌바61; 2011. 8. 30. 2008헌가22, 2009헌가7·24, 2010헌가16·37, 2008헌바103, 2009헌바3, 2011헌바16(병합).

110) 병역법 제88조(입영의 기피 등) ① 현역입영 또는 소집 통지서(모집에 의한 입영 통지서를 포함한다)를 받은 사람이 정당한 사유 없이 입영일이나 소집기일부터 다음 각 호의 기간이 지나도 입영하지 아니하거나 소집에 응하지 아니한 경우에는 3년 이하의 징역에 처한다. 1. 현역입영은 3일 2. 공익근무요원소집은 3일.

111) 헌재결 2018. 6. 28. 2011헌바379.

써 인간이 종교적 내지 무종교적 내적 확신에 기여하는 만큼 정치질서의 평화는 달성될 수 있는 것이다. 이러한 범위에서 종교의 자유는 "국민의 정착지"인 국가의 공권력행사에도 도움이 될 수 있다. 국가는 종교집단에 대한 승인과 함께 교육적, 평화적, 만족적, 사회적, 문화적인 종교공동체의 질서기능을 활용할 수도 있다.

국가와 종교의 관계는 현대헌법국가에서 다양하게 나타난다. 즉 국교를 인정하는 덴마크(헌법 제4조), 아이슬란드(헌법 제62조), 국교는 부인하되 종교공동체에 과세를 위하여 공법인으로 하는 독일(헌법 제4조), 정교분리를 선언하는 프랑스(헌법 제2조), 우리와 같이 국교부인과 정교분리를 제도화하는 방법이 그것이다. 이와 같은 내용이 종교의 자유에서 당연히 도출되는 것은 아니다.

국교부인과 정교분리의 제도보장에서 국가의 종교적 중립성과 공평성의 원칙이 나온다. 자유주의와 다원주의를 추구하는 헌법에서 종교의 자유의 보호범위와 관련하여 위 두 가지 원칙 즉 국가의 종교적 중립성과 종교문제에서 차별금지인 공평성을 강조하지 않을 수 없다. 종교의 자유는 국가의 종교행사의 자유에 대한 침해의 방어수단이자 특정종교에 대한 우대를 예방하는 기능을 수행한다. 종교의 자유에서 자유와 평등의 요소는 개인에게 정신적 자유를 근본적으로 동등하게 보장한다. 여기서도 기본권의 이중적 기능이 나타나 즉 개인적으로 평등한 종교의 자유를 향유하게 된다.

국가의 종교적 중립성은 특별평등권의 차별금지사유(헌법 제11조 제1항 제2문)에서도 강조되고 있다. 따라서 종교나 세계관에 대한 국가의 가치판단은 금지된다. 이는 절대적인 것이다. 헌재도 기반시설부담금을 부과대상의 예외로 교회시설을 규정하지 않은 것에 대한 헌법소원결정[112]에서 같은 취지로 기각결정을 한 바 있다.

112) 헌재결 2010. 2. 25. 2007헌바131 등, 판례집 22-1상, 104. 종교의 자유에서 종교에 대한 적극적인 우대조치를 요구할 권리가 직접 도출되거나 우대할 국가의 의무가 발생하지 아니한다. 종교시설의 건축행위에만 기반시설부담금을 면제한다면 국가가 종교를 지원하여 종교를 승인하거나 우대하는 것으로 비칠 소지가 있어 헌법 제20조 제2항의 국교금지·정교분리에 위배될 수도 있다고 할 것이므로 종교시설의 건축행위에 대하여 기반시설부담금 부과를 제외하거나 감경하지 아니하였더라도, 종교의 자유를 침해하는 것이 아니다.

Ⅲ. 종교의 개념과 보호내용

헌법상 종교는 초인적인 절대자에 대한 귀의, 즉 초월적인 관계라는 특징으로 인하여 개인에 따라 신과 피안에 대한 관념은 상대적이다. 흔히 종교란 신과 내세(피안)에 대한 '내적인 확신'의 집합개념[113]이라 한다. 하지만 종교의 개념에서 개인적인 확신은 필수요건은 아니다. 이는 양심의 개념을 선과 악에 대한 내면적인 것으로 보호하는 것과 차이가 있다. 다만 절대자와 내세에 대한 '내적인 확신'은 미신이 아닌 '종교'라는 설명을 용이하게 해주는 기능을 수행할 수 있는 것이다.

종교의 자유는 양심의 자유와 마찬가지로 정신적 자유에 속하는 것으로 종교내면의 자유(forum internum)로서 신앙의 자유와 종교외면의 자유(forum externum)로서 신앙고백의 자유 및 종교적 결정에 따라 행동할 자유 즉 종교적 집회・결사의 자유, 종교선교 및 포교의 자유가 있다. 특히 종교적 결정에 따라 행동할 자유는 타인의 기본권과 충돌할 수 있는 여지가 많다. 예컨대, 고교평준화 제도에 의해 종립학교에 강제 입학된 학생의 종교의 자유와 충돌하는 경우가 이에 해당된다. 이는 기본권충돌의 일반이론에 의하여 입법적으로 해결하는 것을 원칙으로 하지만 그 흠결시에는 대법원[114]과 헌재[115]가 보충적으로 개입하여 해결하여야 한다.

---

113) 허영, 한국헌법론, 446면.

114) 대법원 2010. 4. 22. 선고 2008다38288 전원합의체 판결.

115) 헌재결 2010. 2. 25. 2007헌바131 등, 판례집 22-1상, 104. 기반시설부담금은 종교시설의 건축행위에 금전적인 부담을 가하여 종교적 행위의 자유를 제한하는데, 종교적 행위의 자유는 내심의 신앙의 자유와는 달리 절대적 자유가 아니라 질서유지와 공공복리를 위하여 법률로 제한할 수 있다(헌재 2001. 9. 27. 2000헌마159, 판례집 13-2, 353, 361). 법 제6조 제1항, 제2항, 제7조 제1항 본문, 제9조 제1항, 제4항이 종교시설의 건축에 제한을 가하기 위한 입법목적으로 제정되었다거나 법문상 종교시설의 건축만을 규율하고 있는 것이 아니고, 특정한 종교를 목적으로 입법한 것이 명백하거나 실제 법 집행의 효과가 종교시설의 건축행위에만 미치는 경우도 아니다. 그렇다면, 기반시설부담금의 부과가 종교시설의 건축행위에 부담을 주었다고 하더라도, 이는 중립적이고 일반적으로 적용되는 법률이 우연히 종교시설에 적용된 것에 불과하다.

제10절 언론·출판의 자유

Ⅰ. 민주주의실현을 위한 소통의 자유로서의 의의

언론·출판의 자유에 속하는 의사표현, 보도, 방송, 영화의 자유, 알권리는 정신적 내용의 자유를 대상으로 다원화된 경쟁사회에서 소통을 공통적인 목적으로 한다. 소통의 자유는 아주 보편적으로 새로운 인식에 개방적이어서 다원화된 사회의 학습능력을 강화하게 된다. 특히 대의민주주의에서 공적여론을 형성하는 것은 매우 중요하다. 민주주의는 공선된 의원의 활동만으로 실현되는 것이 아니라 정치적 의사형성과 비판을 가능하게 하는 사회의 공개된 의사소통에 달려 있다. 따라서 표현의 자유의 목적인 사상의 자유로운 교환이 민주주의실현에 중요한 본질이지만 이것만으로 완성되는 것은 아니다.

헌법 제21조 제1항의 표현의 자유는 민주주의실현을 위한 공적 기능을 수행하는 객관적 성격이 강한 기본권으로 스멘트의 통합론에서는 여타 주관적 성격의 기본권과 비교되는 표현의 자유의 우월적 지위를 인정하고 있다. 따라서 제21조 제1항의 표현의 자유와 제4항[116]의 타인의 명예나 권리 또는 공중도덕이나 사회윤리와 충돌의 경우 그 형량시에 공적 기능을 고려하여야 한다. 예컨대, 공중에 중요한 정신적인 의견교환에 기여할 수 있는 의사표현일수록 그 가치는 더욱 높게 인정된다. 의사표현의 자유의 보호대상인 의사에 대한 가치판단은 절대 금지된다.

의사표현의 자유의 중요성은 구체적인 의사가 아니라 그 토론의 주제에 있다. 종래에 알지 못했던 사실도 의사표현으로 보호해야 하기 때문에 잠재적인 공익추구의 가능성만으로 충분하다. 예컨대, 공익목적을 갖고 퇴폐적이지 않은 그림으로 표현한 충격광고를 하는 것도 이에 속한다. 순수 경제적 목적으로 이

116) 헌법 제21조 ① 모든 국민은 언론·출판의 자유와 집회·결사의 자유를 가진다.
② 언론·출판에 대한 허가나 검열과 집회·결사에 대한 허가는 인정되지 아니한다.
③ 통신·방송의 시설기준과 신문의 기능을 보장하기 위하여 필요한 사항은 법률로 정한다.
④ 언론·출판은 타인의 명예나 권리 또는 공중도덕이나 사회윤리를 침해하여서는 아니 된다. 언론·출판이 타인의 명예나 권리를 침해한 때에는 피해자는 이에 대한 피해의 배상을 청구할 수 있다.

미지광고를 하는 것도 표현의 자유의 객관적 기능인 민주주의의 여론형성에 기여할 수 있기 때문에 보호범위에 속한다. 의사표현의 자유는 정치적 기능을 갖는 점에서 보호범위에 제한을 가하기 어렵다. 오락도 소통을 위한 것이라면 포함될 수 있다. 의사표현의 자유는 개인의 인격발현의 기능도 갖기 때문이다. 정치주제를 다루는 매체뿐만 아니라 스포츠나 연예보도의 주제도 포함된다. 가치여부와 상관없이 의사표현은 보호된다.

소통의 자유는 정치적 기본권과 경제적 기본권의 행사에 있어서도 중요하다. 단순 오락이나 특히 경제적 목적의 광고[117]도 상품에 대한 의사형성을 목적으로 하는 한 보호범위에 속한다. 표현의 자유는 정치, 경제, 정신의 세 가지 측면에서의 발현과 관련되어 있다. 표현의 자유의 사회적 의미는 보다 나은 사상을 구현하고 사고의 질적 향상을 위한 경쟁의 기회를 부여하는 데 있다. 법조인은 지식과 논리적 표현으로 직업을 수행하고 권력을 획득할 수 있다. 방송의 자유는 시장독점적 지위를 남용하는 것을 방지하기 위하여 정신적 자유의 기회균등을 목적으로 한다.

Ⅱ. 보호범위

1. 의사표현과 전달의 자유

(1) 의사란 가치판단과 사실주장을 모두 포함

의사표현의 자유란 자신의 의견을 말, 글, 그림 등으로 자유롭게 표현하고 전파할 수 있는 권리를 말한다. 여기서 의사의 개념에 대해 가치판단에 국한해야 한다는 협의설[118]과 사실주장을 포함하여 넓게 해석하여야 한다는 광의설[119]이 대립되고 있다. 협의설은 의사표현의 자유의 민주주의의 여론형성기능을 고려하여 가치판단이 아닌 단순한 사실주장은 제외하여야 한다는 것이다. 하지만 가치판단을 표현하는 것이라면 그 대상과 내용이 정치적 · 비정치적인지, 공적 · 사적인지, 합리적 · 비합리적인지는 중요하지 않을 뿐만 아니라 헌법 제21조 제4항의 타인의 명예를 침해하지 않는 한 모욕적 언사도 가능하다고 한다. 광의설은 첫

117) 광고물은 사상 · 지식 · 정보 등을 불특정 다수인에게 전파하는 것으로서 헌법 제21조 제1항이 보장하는 언론 · 출판의 자유에 의해 보호받는 대상이다. 헌재결 2014. 9. 25. 2013헌바28, 판례집 26-2상, 477; 2002. 12. 18. 2000헌마764 참조.

118) Huster, NJW 1996. 487.

119) Schutze-Fielitz, in: Dreier, GG, Bd. 1. 2. Aufl. zu Art. 5. RN 65 f.

째, 표현의 자유의 보호범위에는 개인의견은 물론 정보와 사상의 자유에 의한 모든 의견이 이에 속한다. 둘째, 공적논의에서 사실주장은 가치판단보다 중요하지 않다고 볼 수 없을 뿐만 아니라 가치판단의 전제가 된다. 셋째, 단순한 사실주장과 의사형성의 근거로서 사실주장은 구분하기 어렵다는 점에서도 사실주장을 표현의 자유의 보호범위에서 배제할 수 없다고 한다.

판단컨대 헌법의 표현의 자유의 보호범위에 대한 제한입법인 형법에는 명예훼손(제307조), 사자의 명예훼손(제308조), 출판물에 의한 명예훼손(제309조)의 경우 사실주장에 대해서도 형사처벌의 구성요건으로 하고 있다. 모욕죄도 구성요건으로 공연히 사람을 모욕한 것으로 규정하여 사실주장을 전제로 한 가치판단에 의한 모욕을 포함하여야 한다는 점이다. 헌재도 종래[120]에 언론·출판의 자유의 보호영역에 해당하지 아니한다는 취지로 판시한 우리 재판소의 의견을 변경한다고 하며 저속한 표현 이외에 음란한 표현,[121] '허위사실의 표현'[122]도 표현의 자유의 보호범위에 속한다고 하며 보호범위를 넓게 해석하는 판시를 하는 경향을 나타나고 있다. 이러한 점에서 광의설이 타당하다.

(2) 보호범위의 세 가지 제한

표현의 자유는 객관적인 정신적 교류와 사상경쟁을 보호한다. 이러한 기능적 이해에 근거하여 보호범위에 세 가지 제한이 있다.

첫째, 객관적으로 옳지 않은 것으로 판명된 사실, 어느 누구도 주장하지 않은 사실은 보호되지 않는다.

둘째, 표현의 자유에 의해서 보호되는 의사표현과 전달은 정신적 과정으로서만 소통을 보호하는 것으로 그 기술적 매개수단이 말, 글, 그림 등 어느 것이든 상관없다. 따라서 정신적 과정에 대한 신뢰를 할 수 없는 강요, 압박, 폭력 등의

120) 헌재결 1998. 4. 30. 95헌가16, 판례집 10-1, 327, 340-341.

121) 헌재결 2006헌바109 음란표현이 언론·출판의 자유의 보호영역에 해당하지 아니한다고 해석할 경우 음란표현에 대하여는 언론·출판의 자유의 제한에 대한 헌법상의 기본원칙, 예컨대 명확성의 원칙, 검열 금지의 원칙 등에 입각한 합헌성 심사를 하지 못하게 될 뿐만 아니라, 기본권 제한에 대한 헌법상의 기본원칙, 예컨대 법률에 의한 제한, 본질적 내용의 침해금지 원칙 등도 적용하기 어렵게 되는 결과, 모든 음란표현에 대하여 사전 검열을 받도록 하고 이를 받지 않은 경우 형사처벌을 하거나, 유통목적이 없는 음란물의 단순소지를 금지하거나, 법률에 의하지 아니하고 음란물출판에 대한 불이익을 부과하는 행위 등에 대한 합헌성 심사도 하지 못하게 됨으로써, 결국 음란표현에 대한 최소한의 헌법상 보호마저도 부인하게 될 위험성이 농후하게 된다는 점을 간과할 수 없다.

122) 헌재결 2010. 12. 28. 2008헌바157 등, 판례집 22-2하, 684 — 재판관 이강국, 재판관 이공현, 재판관 조대현, 재판관 김종대, 재판관 송두환의 과잉금지원칙 위반 여부에 관한 보충의견.

행동방식이 수반된 표현은 보호되지 않는다. 이는 집회의 자유에 의해 보호되는 집회도 평화적 집회에 국한되는 것을 유추한 것이다. 그러나 공개적인 불매운동도 물리적 폭력을 직접 행사하려는 것은 아니기 때문에 표현의 자유의 보호범위에 속한다.

셋째, 객관적으로 논쟁의 대상이 될 수 없는 악의적인 가치판단은 제외한다. 고의적인 인격비하 즉 험담과 욕설은 절대적으로 보호되어야 하는 인간존엄에 반하는 것으로 표현의 자유의 보호범위에서 제외된다.

결국 의사란 평화적인 논쟁에서 소통수단이 될 수 있는 가치판단과 사실을 말한다.

(3) 암묵적인 사상의 자유로서 의사형성

표현의 자유는 의사표현과 전달을 보호범위로 할 뿐만 아니라 스스로 의사를 형성할 자유도 그 보호내용으로 한다. 이는 유럽인권협약 제10조 제1항에서 표현의 자유는 보도와 사상의 수용과 전달에 관한 자유를 포함한다고 규정하고 있는 점을 고려한 것이다.

2. 알권리 내지 정보의 자유

알권리 내지 정보의 자유란 헌법에 명문으로 규정된 기본권은 아니지만 헌재결정[123]에서 표현의 자유에 근거하여 도출한 불문기본권이다. 이는 일반적으로 접근할 수 있는 정보원으로부터 의사형성에 필요한 정보를 수집하고, 수집된 정보를 취사·선택할 수 있는 자유를 말한다. 이는 정보수신인의 입장에서 소통을 보호해야 한다는 관점에서 정보원에 대한 판단을 하여야 한다. 하지만 헌재결정[124]과 전통적 견해에 의하면 정보원이란 정보수집자가 정보제공의 목적으로 특정된 정보제공의 대상과 수신인의 범위를 결정한다고 본다. 그리고 이는 공개행정에 위반되는 것이 아니라 한다.

하지만 유럽기본권헌장 제10조 제1항에 의하면 정보의 자유는 원칙적으로 정보체계를 보장하여야 한다. 유럽기본권헌장 제11조 제1항도 국제법과 유럽공

---

123) 알권리는 표현의 자유와 표리일체의 관계에 있고 정보의 공개청구권은 알권리의 당연한 내용이 되는 것이다. 그리하여 알권리는 헌법 제21조에 의하여 직접 보장되고 그 밖에도 국민주권주의(헌법 제1조), 인간의 존엄과 가치(헌법 제10조), 인간다운 생활을 할 권리(헌법 제34조 제1항)와도 관련이 있다. 헌재 2010. 12. 28. 2009헌바258, 판례집 22-2하, 721.

124) 헌재결 2010. 12. 28. 2009헌바258, 판례집 22-2하, 721.

동체의 지침의 영향으로 일반 법률에서는 이미 알권리의 대상으로 공개되는 정보의 범위 확대하였다. 알권리는 민주국가와 법치국가의 공개성, 투명성보장을 실현할 수 있는 기능을 하여야 한다.

따라서 일반적으로 접근할 수 있는 정보원이란 민주적 법치국가원리에 따라 불특정 다수인에 제공될 수 있도록 특정된 정보를 말한다.

3. 미디어의 자유(보도의 자유, 매스컴의 자유, 신문·방송의 자유)

살펴본 바와 같이 의사표현의 자유의 전달매체는 제한이 없는 반면에 미디어의 자유는 통신, 방송과 신문으로 특별히 전달매체를 제한하고 있다. 이는 소통수단의 방어권으로서 통신의 자유(제18조), 소통의 장소를 보호하는 집회의 자유(제21조), 신뢰할 수 있는 소통의 장소를 보호하는 주거의 자유(제16조), 정보주체가 정보의 소통에 관하여 자기 스스로 결정할 수 있는 개인정보자기결정권과도 구별된다. 미디어의 자유는 객관적인 표현매체에 국한하여 매스컴종사자를 보호하는 반면에 의사표현의 자유는 주관적인 표현내용에 중점을 두며 알권리(정보의 자유)는 정보수신인을 보호하는 것으로 구별할 수 있다. 하지만 미디어의 자유를 의사표현의 자유, 알권리와 구별하는 것은 현실적으로 그 제한의 한계원리가 동일하게 적용되기 때문에 그 실익은 크지 않다.

미디어의 전통적인 기능은 불특정다수인에게 시공을 초월하여 소통을 목적으로 하는 것으로 단순히 개인적 소통을 목적으로 하는 통신의 자유와는 구별된다. 미디어는 지역, 학교신문과 같이 제한적인 소통을 목적으로 할 수도 있다. 따라서 디지털시대에 공적인 소통과 사적인 소통의 구별이 상대화되고 있어서 일정한 구별기준을 제시하고자 한다.

미디어의 자유는 편집의 형식으로 최소한 체계적인 정보를 제공하거나 이를 위한 활동을 말한다. 미디어는 의사표현의 자유와 구별하여 민주주의의 여론형성에 독자적으로 중요한 기능을 수행한다. 즉 정치적 의사형성과 선거행태에 중대한 영향을 미칠 수 있다. 헌법의 체계적 해석에 의하여 민주주의원리는 미디어자유의 해석에 반영되어야하기 때문이다. 이러한 점에서 다원화된 공개정치과정으로서 윤곽질서를 헌법의 내용으로 하는 미디어자유의 보호에 관한 미디어법의 형성에 있어서도 반영된다. 헌재결정[125]에 의하면 미디어의 자유는 법제도

125) 헌재결 1999. 5. 27. 98헌바70, 판례집 11-1, 633. 텔레비전방송수신료의 금액에 대하여 국회가 스스로 결정하거나 결정에 관여함이 없이 한국방송공사로 하여금 결정하도록 한 한국방송공사

에 의해 형성된 기본권으로서의 특징을 갖는다. 하지만 제도적 기본권이란 성격도 주관적 공권으로서의 미디어종사자들의 기본권을 보호하는 것이 우선되어야 한다. 예컨대, 미디어 종사자의 편집·편성권과 소유자의 경영권의 충돌에서 기본권의 대사인적 효력이나 보호의무를 논하지 않더라도 미디어종사자들의 우선적 보호가 요구되는 것은 바로 미디어의 민주주의실현에 기여하는 공익적 기능에서다.

미디어에의 접근 이용권으로서 소위 액세스권은 언론매체에 접근하여 자신의 의사를 표현하기 위해 언론매체를 이용할 수 있는 권리이다. 액세스권에는 자기와 관계가 있는 보도에 대한 반론 내지 해명의 기회를 요구할 수 있는 반론권 및 해명권이 있다. 이는 민주주의의 여론형성기능에 의한 소극적 표현 내지 정보의 자유의 일환으로서 보호되는 것으로 미디어의 자유와는 구별되어야 한다.

4. 소극적 의사표현의 자유와 소극적 정보의 자유

타인의 의사를 단순히 사자로서 전달하는 것이 아니라 자신의 의사로 전달을 강제하는 것은 소극적인 표현의 자유제한으로 볼 수 있다. 이는 타인의 의사전달이 소통에 도움이 되어야 하고 왜곡되어서는 안 된다는 것에 기인한다. 동의하지 않는 의사를 전달을 한다면 최소한 양해한 것으로 오인할 여지가 있다. 국가의 담배해독에 대한 경고를 담뱃갑에 인쇄할 것을 강제하는 것은 소극적 표현의 자유제한이다. 다만 국가의 생명·건강에 대한 보호의무에 의해 정당화된다면 그 제한의 정당성은 인정될 수 있다.

이는 정보로부터 보호되거나 정보를 제공하지 않을 자유란 의미에서 소극적인 정보의 자유에서도 마찬가지다. 예컨대, 라돈 침대, 쓰레기 만두소 등에 대한 국가의 경고는 소극적인 정보의 자유의 제한이다. 하지만 소극적인 정보의 자유제한으로 피해를 당한 사인은 국가의 보호의무위반을 주장할 수는 없다. 이는 표현의 자유의 보호목적인 의사소통을 저해하기 때문이다. 다만 사인의 잘못된 주장에 대해서는 인격권침해로, 국가의 경고에 대해서는 사실적 기본권제한으로 구제방법을 택할 수 있을 뿐이다.

법 제36조 제1항이 법률유보원칙에 위반되는지 여부(적극).

Ⅲ. 언론·출판의 자유제한의 합헌성판단기준

1. 사전허가나 검열제의 금지

사전허가나 검열이란 그 명칭이나 형식과 관계없이 실질적으로 행정권이 주체가 되어 사상이나 의견 등이 발표되기 이전에 예방적 조치로서 그 내용을 심사 선별하는 것을 말한다.[126] 헌법재판소[127]는 헌법이 금지하는 사전검열의 요건으로 다음 네 가지를 제시하고 있다. 첫째, 일반적으로 허가를 받기 위한 표현물의 제출의무가 존재할 것, 둘째, 행정권이 주체가 된 사전심사절차가 존재할 것, 셋째, 허가를 받지 아니한 의사표현을 금지할 것, 넷째, 심사절차를 관철할 수 있는 강제수단이 존재할 것을 제시하고 있다. 이러한 사전검열은 법률로써도 불가능한 것으로서 절대적으로 금지된다.

사전검열이 금지되는 이유는 언론·출판에 대하여 사전검열이 허용될 경우에 국민의 의사표현의 독창성과 창의성을 침해하여 정신생활에 미치는 위험이 크고 행정기관이 집권자에게 불리한 내용의 표현을 사전에 억제함으로써 이른바 관제의견이나 지배자에게 무해한 여론만이 허용되는 결과를 초래할 염려가 있기 때문에 헌법이 절대적으로 금지한다.

헌재는 사전검열에 해당되는 것으로 영상물등급위원회에 의한 등급분류보류제도,[128] 상영 전 공연윤리위원회의 심의,[129] 의사협회의 의료광고의 사전심의,[130]

---

126) 헌재결 2001. 8. 30. 2000헌가9, 판례집 13-2, 134.

127) 헌재결 1996. 10. 31. 94헌가6; 헌재 2008. 6. 26. 2005헌마506 ; 헌재 2015. 12. 23. 2015헌바75등.

128) 헌재결 2001. 8. 30. 2000헌가9, 판례집 13-2, 134. 영화진흥법 제21조 제4항; 2008. 10. 30. 2004헌가18, 판례집 20-2상, 664 — 영상물등급위원회에 의한 등급분류보류는 비디오물 등급분류의 일환으로 유통 전에 비디오물을 제출받아 그 내용을 심사하여 이루어질 뿐 아니라, 영상물등급위원회는 그 위원을 대통령이 위촉하고, 위원회의 운영에 필요한 경비를 국고에서 보조할 수 있으며, 국고 예산 등이 수반되는 사업계획 등은 미리 문화관광부장관과 협의하도록 규정하고 있고, 등급을 분류받지 아니한 비디오물은 유통이 금지되어 등급분류가 보류된 비디오물이나 등급분류를 받지 아니한 비디오물에 대하여 문화관광부장관 등은 관계공무원으로 하여금 이를 수거하여 폐기하게 할 수도 있고 이를 유통 또는 시청에 제공한 자에게는 형벌까지 부과될 수 있으며, 등급분류보류의 횟수제한이 설정되어 있지 않아 무한정 등급분류가 보류될 수 있다. 따라서, 영상물등급위원회는 실질적으로 행정기관인 검열기관에 해당하고, 이에 의한 등급분류보류는 비디오물 유통 이전에 그 내용을 심사하여 허가받지 아니한 것의 발표를 금지하는 제도, 즉 검열에 해당되므로 헌법에 위반된다.

129) 헌재결 1996. 10. 4. 93헌가13 등, 판례집 8-2, 212. 영화법 제12조 제1항, 제2항 및 제13조 제1항이 규정하고 있는 영화에 대한 심의제의 내용은 심의기관인 가 영화의 상영에 앞서 그 내용을 심사하여 심의기준에 적합하지 아니한 영화에 대하여는 상영을 금지할 수 있고, 심의를 받지

방송위원회로부터 위탁을 받은 한국광고자율심의기구의 텔레비전 방송광고의 사전심의[131] 등을 제시하고 있다. 하지만 헌재는 인터넷게시판에서의 본인확인제에 대해서는 게시 글의 내용에 따라 규제를 하는 것이 아니고, 정보통신서비스 제공자의 삭제의무를 규정하고 있지도 않은바, 의견발표 전에 국가기관에 의하여 그 내용을 심사, 선별하여 일정한 사상표현을 저지하는 사전적 내용심사로는 볼 수 없으므로 사전검열금지원칙에 위배된다고 할 수 없다[132]고 보았다.

2. 이중기준의 원칙

이중기준의 원칙은 기본권의 보호내용을 신체·정신적 기본권과 재산적·경제적 기본권으로 구분하여 전자의 기본권은 침해로 인해 원상회복이 사실상 불가능한 점을 고려하여 제한의 합헌성 판단기준을 엄격하게 적용하여야 하는 반면에 후자의 기본권은 관대하게 적용하여 국가의 재량의 범위를 비교적 넓게 인정하여야 한다는 것이다. 이는 표현의 자유를 포함한 기본권제한입법에 있어서 적용되어야 할 일반적인 2중기준의 원칙으로 미연방대법원이 개발한 것이다. 우리 헌재는 화재로 인한 재해보상과 보험가입에 관한 법률 제5조 제1항에 대한 위헌소원결정[133]에서 이중기준원칙에 의한 심사를 수용한 바 있다.

아니하고 영화를 상영할 경우에는 형사처벌까지 가능하도록 한 것이 그 핵심이므로 이는 명백히 헌법 제21조 제1항이 금지한 사전검열제도를 채택한 것이다.

130) 헌재결 2015. 12. 23. 2015헌바75, 판례집 27-2하, 627. 의료광고의 사전심의는 보건복지부장관으로부터 위탁을 받은 각 의사협회가 행하고 있으나 사전심의의 주체인 보건복지부장관은 언제든지 위탁을 철회하고 직접 의료광고 심의업무를 담당할 수 있는 점, 의료법 시행령이 심의위원회의 구성에 관하여 직접 규율하고 있는 점, 심의기관의 장은 심의 및 재심의 결과를 보건복지부장관에게 보고하여야 하는 점, 보건복지부장관은 의료인 단체에 대해 재정지원을 할 수 있는 점, 심의기준·절차 등에 관한 사항을 대통령령으로 정하도록 하고 있는 점 등을 종합하여 보면, 각 의사협회는 행정권의 영향력에서 벗어나 독립적이고 자율적으로 사전심의업무를 수행하고 있다고 보기 어렵다. 따라서 이 사건 법률규정들은 사전검열금지원칙에 위배된다.

131) 헌재결 2008. 6. 26. 2005헌마506, 판례집 20-1하, 397. 한국광고자율심의기구는 행정기관적 성격을 가진 방송위원회로부터 위탁을 받아 이 사건 텔레비전 방송광고 사전심의를 담당하고 있는바, 한국광고자율심의기구는 민간이 주도가 되어 설립된 기구이기는 하나, 그 구성에 행정권이 개입하고 있고, 행정법상 공무수탁사인으로서 그 위탁받은 업무에 관하여 국가의 지휘·감독을 받고 있으며, 방송위원회는 텔레비전 방송광고의 심의 기준이 되는 방송광고 심의규정을 제정, 개정할 권한을 가지고 있고, 자율심의기구의 운영비나 사무실 유지비, 인건비 등을 지급하고 있다. 그렇다면 한국광고자율심의기구가 행하는 방송광고 사전심의는 방송위원회가 위탁이라는 방법에 의해 그 업무의 범위를 확장한 것에 지나지 않는다고 할 것이므로 한국광고자율심의기구가 행하는 이 사건 텔레비전 방송광고 사전심의는 행정기관에 의한 사전검열로서 헌법이 금지하는 사전검열에 해당한다.

132) 헌재결 2012. 8. 23. 2010헌마47 등, 판례집 24-2상, 590.

133) 헌재결 1991. 6. 3. 89헌마204, 판례집 3, 268

3. 명백하고 현존하는 위험의 원칙

언론·출판의 자유를 제한하는 입법은 명백하고 현존하는 위험의 원칙에 의해 정당성을 판단하여야 한다. 이 원칙도 미연방대법원이 개발한 것으로 위험의 '명백성'이란 위험발생의 개연성을 '현존'이란 위험의 시간적 근접성을 말한다. 이는 표현의 자유제한 입법에 대한 위험경향의 원칙에 의한 심사보다 엄격한 심사기준이다. 우리 헌재도 반국가단체나 그 구성원 또는 그 지령을 받은 자의 활동을 찬양·고무하는 자에 대한 처벌규정인 국가보안법 제7조 제1, 5항에 대한 위헌법률심판에서 한정합헌결정을 하면서 "국가의 존립·안전을 위태롭게 하거나 자유민주적 기본질서에 위해를 줄 명백한 위험이 있을 경우에만 축소적용되는 것으로 해석한다면 헌법에 위반되지 아니한다."[134]고 판시하며 표현의 자유제한에 대한 명백하고 현존하는 위험의 원칙을 심사기준으로 수용하였다. 이 기준은 협의의 비례의 원칙인 법익의 균형성심사에서 기본권제한입법에 의한 공익이 명백하고 현존하는 위험을 방지하기 위한 것이어야 한다는 엄격심사기준으로 활용되고 있다.[135]

4. 명확성의 원칙(과도 광범성이론, 막연하기 때문에 무효이론)

표현의 자유의 민주주의의 여론형성 기능을 고려하여 그 제한입법의 내용은 명확해야 하며 막연하면 무효가 된다. 표현의 자유를 제한하는 입법의 수범자는 국민이므로 명확성여부의 판단주체는 일반인을 기준으로 하여야 한다. 헌재가 표현의 자유제한입법이 명확성의 원칙에 반하는 것으로 공익을 해할 목적으로 전기통신설비에 의하여 공연히 허위의 통신을 한 자를 형사처벌하는 전기통신기본법 제47조 제1항,[136] 공공의 안녕질서 또는 미풍양속을 해하는 내용의 통신을 금하는 전기통신사업법 제53조 제1항[137] 등이 있다. 소수의 반대의견으로 명

---

134) 헌재결 1990. 4. 2. 89헌가113, 판례집 2, 49; 헌재 2014. 12. 19. 2013헌다1, 판례집 26-2하, 1.

135) 예컨대, 헌재결 2002. 4. 25. 2001헌마614, 판례집 14-1, 410. 경비업을 경영하고 있는 자들이나 다른 업종을 경영하면서 새로이 경비업에 진출하고자 하는 자들로 하여금 경비업을 전문으로 하는 별개의 법인을 설립하지 않는 한 경비업과 그밖의 업종간에 택일하도록 법으로 강제하고 있다. 이와 같이 당사자의 능력이나 자격과 상관없는 객관적 사유에 의한 제한은 월등하게 중요한 공익을 위하여 명백하고 확실한 위험을 방지하기 위한 경우에만 정당화될 수 있고, 따라서 헌법재판소가 이 사건을 심사함에 있어서는 헌법 제37조 제2항이 요구하는바 과잉금지의 원칙, 즉 엄격한 비례의 원칙이 그 심사척도가 된다.

136) 헌재결 2010. 12. 28. 2008헌바157 등, 판례집 22-2하, 684.

137) 헌재결 2002. 6. 27. 선고 99헌마480.

확성원칙위반을 주장한 것으로는 형법 제311조 모욕죄에 대한 결정[138]이 있다.

5. 표현의 자유의 단계적 보호

(1) 표현내용과 방법의 구분에 의한 보호의 차등

헌재는 표현의 자유제한의 대상을 표현내용과 표현방법으로 구분하여 단계적 보호를 한다. 즉 표현내용에 대한 규제입법은 국가의 중립성원칙에 반하는 것으로 엄격심사를 하고, 표현방법에 대한 규제입법은 합리성심사를 하는 것이다. 이에 관한 헌재결정으로는 교통수단을 이용하여 타인의 광고를 할 수 없도록 하고 있는 옥외광고물등관리법시행령 규정에 대한 합헌결정[139]이 있다.

(2) 상업광고와 정치적 표현에 대한 보호의 차등

헌재는 상업광고와 정치적 표현의 제한입법을 구분하여 과잉금지원칙에 의한 심사에서 단계적 보호를 하고 있다. 즉 헌재는 "의료광고도 상업광고의 하나로서 표현의 자유의 보호영역에 속하지만, 사상이나 지식에 관한 정치적, 시민적 표현 행위와는 차이가 있으며, 직업수행의 자유는 직업선택의 자유에 비해 인격발현과 개성 신장에 미치는 효과가 중대한 것은 아니다. 그러므로 심판대상조항에 대한 과잉금지원칙 위배 여부를 심사함에 있어, 침해의 최소성 원칙은 같은 목적을 달성하기 위하여 달리 덜 제약적인 수단이 없을 것인지 혹은 입법목적을 달성하기 위하여 필요한 최소한의 제한인지를 심사하기보다는 '입법목적을 달성하기 위하여 필요한 범위 내의 것인지'를 심사하는 정도로 완화하는 것이 상당하다"고 판시[140]한 바 있다.

---

138) 헌재결 헌재 2013. 6. 27. 2012헌바37, 판례집 25-1, 506.

139) 헌재결 2002. 12. 18. 2000헌마764, 판례집 14-2, 856. 국가가 개인의 표현행위를 규제하는 경우, 표현내용에 대한 규제는 원칙적으로 중대한 공익의 실현을 위하여 불가피한 경우에 한하여 엄격한 요건 하에서 허용되는 반면, 표현내용과 무관하게 표현의 방법을 규제하는 것은 합리적인 공익상의 이유로 폭넓은 제한이 가능하다.

140) 헌재결 2014. 9. 25. 2013헌바28, 판례집 26-2상, 477; 2005. 10. 27. 2003헌가3.

제11절 집회의 자유

Ⅰ. 집회의 자유의 기능

집회의 자유는 언론 · 출판의 자유와 마찬가지로 의사소통을 위한 기본권(Kommunikationsgrundrecht)이다. 집회는 교육, 의사, 정보, 종교나 예술적 감정도 교환하고 발표하는 광장(Forum)이 될 수 있기 때문이다. 따라서 집회의 자유는 개별기본권의 행사와 밀접한 관련을 갖는다. 이 경우 집회의 자유는 공동체내에서 개별기본권행사를 위한 자유로운 공간을 제공하는 기능을 한다. 이는 기본권의 양면성을 분명히 파악할 수 있는 예로 볼 수 있다. 즉 헌법상 기본권은 비정치적인 자유로운 방어권적 성격만이 아닌 공동체의 구성원으로서 각자의 역할을 인식하면서 발현될 수 있는 정치 · 사회학적 의미의 가치체계로서의 성격을 함께 갖고 있는 것이다. 이러한 점에서 헌법은 공동체내에서 개성의 발현, 즉 '인간에 의한 인간의 발현'을 원칙적으로 보호하고 있다. 언론 · 출판의 자유는 소통의 내용적 자유를 보호하는 것으로 소통의 내용을 이유로 집회를 금지하는 것은 언론·출판의 자유의 제한으로 보아야 한다. 옥내집회의 공간이 주거라면 이곳에서의 소통은 주거의 자유에 의해 보호될 수 있다. 집회의 자유는 집회참가자의 소통을 보호하는 반면에, 통신의 자유는 소통수단에 대한 보호를 하는 점에서 구별된다.

이러한 견지에서 헌재도 집회의 자유의 기능에 대하여 다음과 같이 판시[141]하고 있다: 인간의 존엄과 가치를 최고의 헌법적 가치로 삼고 있는 헌법질서 내에서, 집회의 자유는 국민들이 타인과 정보와 의견을 교환하며 집단적으로 의사표현을 할 수 있게 함으로써 동화적 통합을 촉진하는 기능을 하며, 선거와 선거 사이의 기간에 유권자와 대표 사이의 의사를 연결하고, 대의기능이 약화된 경우 직접민주주의의 수단으로 기능하며, 소수 집단에게 의사표현의 수단을 제공한다는 점에서 대의제 민주국가에서 언론 · 출판의 자유와 더불어 필수적 구성요소가 된다. 헌법이 집회의 자유를 보장한 것은 관용과 다양한 견해가 공존하는 다원적인 '열린 사회'에 대한 헌법적 결단이라고 할 수 있다.

---

141) 헌재결 2018. 5. 31. 2013헌바322, 2016헌바354, 2018헌가9, 2018헌가3, 2018헌가4, 2017헌바360, 2017헌바398, 2017헌바471(병합).

Ⅱ. 집회의 개념과 종류

1. 집회의 개념

집회란 공동의 목적을 가진 다수인의 일시적인 모임을 말한다. 이에 대하여 구체적으로 살펴본다.

(1) 공동의 목적

집회의 개념요소로 공동의 목적에 대한 해석론도 다음과 같이 다양하다. 공적 관심사를 표현하기 위한 목적으로 한정하는 협의설, 공적· 사적사항의 구별 없이 모든 사항을 논의하기 위한 목적으로 보는 광의설, 내면적 유대에 의한 모든 의사접촉으로 보는 최광의설이 그것이다.[142] 역사적으로 집회의 자유를 위한 투쟁이 공적사항에서 출발했다는 점을 근거로 좁게 한정하는 견해는 사적사항에 대한 모임도 집회로서 보호할 가치가 있으므로 배제하는 것은 타당하지 않다. 또한 여하한 사항을 논의하고 표현하지 않는 집회라도 집회로서 보호할 필요가 있다. 내적 연대라는 공동의 목적이외에 집회에서의 특정한 내용에 대한 논의여부는 필요 없다고 보아야 한다. 예컨대, 일반관객들의 연극관람은 집회가 아니지만 여고생들이 수업의 일환으로 단체로 연극관람을 하는 것은 집회라 할 수 있다. 이러한 점에서 최광의설이 타당하다.

(2) 다수인

집회란 공동의 목적을 가진 다수인의 일시적인 회합을 말한다. 다수란 2인설, 3인설이 있으나 2인설이 타당하다. 3인설은 사법상의 사단법인설립에 최소 3인의 발기인, 주식회사 이사회의 최소 이사수이나 헌법상의 집회를 사법상의 기관과 동일시할 필요는 없다. 근래의 개정상법은 경제적 현실을 고려하여 1인 주식회사도 설립할 수 있도록 하고 있는 것과 집시법의 적용대상에서 제외되는 1인 집회를 고려하면 최소 2인 이상이면 족하다고 보아야 한다.

(3) 일시적 모임

집회의 개념요소로 일시적 모임은 계속적 모임인 결사와 구별되는 표지다. 이러한 점에서 집시법에서의 집회의 신고제는 질서유지를 위한 소극적인 성격

---

142) 허영, 전게서, 629면.

을 갖는 것으로 우발적인 집회의 경우에 긴급성을 고려하여 신고대상에서 제외하여야 한다. 대법원도 같은 취지의 판시[143]를 하고 있다.

2. 집회의 종류

집회의 종류는 평화 · 폭력, 주 · 야간, 옥내 · 옥외, 공개 · 비공개 집회 등 다양하다.

평화집회란 집시법에 의하면 폭력집회가 아닌 집회를 말한다. 폭력집회란 실정법상의 모든 법익을 침해하는 집회가 아닌 형법상의 법익을 침해하는 집회를 의미하는 것으로 해석할 여지가 있다. 하지만 형법상의 위법행위와 폭력집회를 동일시 할 수는 없다. 형법위반의 범죄는 입법자의 재량에 의해 결정되기 때문이다.

집시법에서 폭력집회란 집단적인 폭력, 협박, 손괴, 방화 등으로 공공의 안녕질서에 직접적 위협을 끼칠 것이 명백한 집회를 말한다. 즉 폭력이란 전통적으로 타인의 신체나 물건에 대하여 물리적인 강제력의 행사를 말한다. 또한 물리적 강제력은 명백히 공격적인 것이어야 한다고 한다. 하지만 폭력집회에서의 폭력은 공공의 안녕질서에 명백하게 직접적인 위협을 가할 수 있는 예시된 행위중의 하나로서 집회에서 폭력은 저항의 수단으로 행사하는 것으로 그 행위대상에 따라 달리 판단해야 할 것이다. 집회에서의 참가자의 타인의 신체에 대한 직접적 물리력의 행사는 공공위해의 명백성이 현저한 폭력집회로 판단할 수 있지만 집회주변에서 공무집행을 하는 경찰에 대한 협박이나 질서유지시설물에 대한 손괴는 명백성이 현저하지 않더라도 폭력집회로 볼 수 있다.

하지만 개인적 일탈에 의한 비평화적인 행위로 평화집회가 폭력집회로 매도될 수는 없다. 헌재가 집회의 자유에 의하여 보호되는 것은 단지 '평화적' 또는 '비폭력적' 집회로 한정하고 있는 점을 감안해서다.[144] 그러나 개인적 일탈행위라

---

143) 대판 1991. 4. 9. 90도2435. 대학생들에 의하여 학교 강당에서 개최중이던 토론회에 참석하려던 피고인들이 학교당국과 경찰의 정문출입 봉쇄로 뜻을 이루지 못하게 되자, 학교당국과 경찰에 항의하는 의미로 위 집회에 참석하려던 다른 사람들과 함께 피고인들의 선창으로 즉석에서 즉흥적으로 약 20분간의 단시간 내에 그 당시 일반적으로 성행하던 구호와 노래를 제창한 경우, 피고인들이 집회및시위에관한법률 제6조 제1항에 의하여 사전 신고의무가 있는 옥외집회 또는 시위의 "주최자"인지 여부에 대하여 소극적으로 보았다.

144) 헌재결 2003. 10. 30. 2000헌바67 등, 판례집 15-2하, 41. 집회의 자유는 민주국가에서 정신적 대립과 논의의 수단으로서, 평화적 수단을 이용한 의견의 표명은 헌법적으로 보호되지만, 폭력을 사용한 의견의 강요는 헌법적으로 보호되지 않는다. 헌법은 집회의 자유를 국민의 기본권으로 보장함으로써, 평화적 집회 그 자체는 공공의 안녕질서에 대한 위험이나 침해로서 평가되어서는

도 집회개최자의 행위이거나 개인적 일탈행위에 다수가 동조한 경우에는 폭력집회로 보아야 한다.

옥내·옥외 집회의 구별은 장소의 개방성으로 인해 소음이나 공중위험을 초래할 가능성을 기준[145]으로 집시법에서도 "옥외집회"를 천장이 없거나 사방이 폐쇄되지 아니한 장소에서 여는 집회로 정의하고 있다. 사방이 폐쇄된 주택이나 천막에서의 집회는 옥내집회이지만 축구경기장, 노천극장, 돔 경기장, 담장으로 둘러싸인 가든에서의 집회는 옥외집회다. 옥외집회는 시간적, 장소적 제한을 준수해야 하는 점에서 야간옥외집회, 특정 공공기관에서의 옥외집회에 대한 집시법에서의 규제가 있다.

하지만 옥내옥외집회와 공개비공개집회는 일치하지 않는다. 공개집회는 옥내옥외 구별에 상관없이 공중에 개방된 장소라면 공법적 규율대상인 도로, 광장, 관공서 등은 물론 사법적 규율대상인 백화점, 민자 역사 등에서도 개최될 수 있다.

Ⅲ. 집회의 자유의 보호내용

적극적인 내용으로 집회의 조직과 준비, 장소나 시간 등을 선택하여 주최하는 자유, 집회를 사회·진행하는 자유, 집회에 참여하는 자유가, 소극적인 측면에서 집회를 주최하지 않을 자유, 집회에 참여하지 않을 자유가 있다. 하지만 집회의 자유의 보호범위에는 집회에 참가하는 것이 아니라 단순히 집회를 방해할 목적으로 집회에 출입하여 좌석을 점유하는 것은 포함되지 않는다(집회 및 시위에 관한 법률 제3조).

타인의 집회를 방해하기 위하여 집회예정지에 먼저 허위 또는 가장신고를 하는 것은 집회의 자유에 대한 중대한 제한으로 보아야 한다(집회 및 시위에 관한 법률 제8조 제2, 3항). 이러한 점에서 대법원도 시간적으로 뒤에 신고된 집회에 대

아니 되며, 개인이 집회의 자유를 집단적으로 행사함으로써 불가피하게 발생하는 일반대중에 대한 불편함이나 법익에 대한 위험은 보호법익과 조화를 이루는 범위 내에서 국가와 제3자에 의하여 수인되어야 한다는 것을 헌법 스스로 규정하고 있는 것이다.

145) 집시법이 옥외집회와 옥내집회를 구분하는 이유는, 옥외집회의 경우 외부세계, 즉 다른 기본권의 주체와 직접적으로 접촉할 가능성으로 인하여 옥내집회와 비교할 때 법익충돌의 위험성이 크다는 점에서 집회의 자유의 행사방법과 절차에 관하여 보다 자세하게 규율할 필요가 있기 때문이다. 이는 한편으로는 집회의 자유의 행사를 실질적으로 가능하게 하기 위한 것이고, 다른 한편으로는 집회의 자유와 충돌하는 제3자의 법익을 충분히 보호하기 위한 것이다. 헌재결 2003. 10. 30. 2000헌바67 등, 판례집 15-2하, 41.

하여 무조건 금지통고를 하거나 이에 위반하여 뒤의 신고된 집회를 개최하더라도 집시법상 금지된 집회개최로 보아서는 안 된다고 판시[146]한 바 있다.

Ⅳ. 집회의 자유제한

1. 집회의 허가제 금지

헌법 제21조 제2항의 집회에 대한 허가제는 집회에 대한 검열제와 마찬가지이므로 이를 절대적으로 금지하겠다는 헌법개정권력자인 국민들의 헌법가치적 합의이며 헌법적 결단이다. 또한 위 조항은 헌법 자체에서 직접 집회의 자유에 대한 제한의 한계를 명시한 것이므로 기본권 제한에 관한 일반적 법률유보조항인 헌법 제37조 제2항에 앞서서, 우선적이고 제1차적인 위헌심사기준이 되어야 한다. 헌법 제21조 제2항에서 금지하고 있는 '허가'는 행정권이 주체가 되어 집회 이전에 예방적 조치로서 집회의 내용·시간·장소 등을 사전심사하여 일반적인 집회금지를 특정한 경우에 해제함으로써 집회를 할 수 있게 하는 제도, 즉 허가를 받지 아니한 집회를 금지하는 제도를 의미한다.[147]

한편, 헌법 제21조 제2항의 '허가'는 '행정청이 주체가 되어 집회의 허용 여부를 사전에 결정하는 것'으로서 행정청에 의한 사전허가는 헌법상 금지되지만, 입법자가 법률로써 일반적으로 집회를 제한하는 것은 헌법상 '사전허가금지'에 해당하지 않는다.[148]

2. 야간옥외와 특정 공공장소에서의 집회금지

(1) 야간옥외집회의 원칙적 금지의 위헌성

시위는 공공의 안녕질서, 법적 평화 및 타인의 평온에 미치는 영향이 크고, 야간이라는 특수한 시간적 상황은 시민들의 평온이 강하게 요청되는 시간대로, 야간의 시위는 주간의 시위보다 질서를 유지시키기가 어렵다. 야간의 시위 금지는 이러한 특징과 차별성을 고려하여 사회의 안녕질서를 유지하고 시민들의 주거 및 사생활의 평온을 보호하기 위한 것으로서 정당한 목적 달성을 위한 적합한 수단이 된다. 그런데 집시법 제10조[149] 본문에 의하면, 낮 시간이 짧은 동절

146) 대판 2014. 12. 11. 2011도13299.
147) 헌재결 2009. 9. 24. 2008헌가25, 판례집 21-2상, 427.
148) 헌재결 2001. 5. 31. 2000헌바43.

기의 평일의 경우, 직장인이나 학생은 사실상 시위를 주최하거나 참가할 수 없게 되는 등 집회의 자유가 실질적으로 박탈되는 결과가 초래될 수 있다. 나아가 도시화·산업화가 진행된 현대 사회에서 전통적 의미의 야간, 즉 '해가 뜨기 전이나 해가 진 후'라는 광범위하고 가변적인 시간대는 위와 같은 '야간'이 특징이나 차별성이 명백하다고 보기 어려움에도 일률적으로 야간 시위를 금지하는 것은 목적달성을 위해 필요한 정도를 넘는 지나친 제한으로서 침해의 최소성 원칙 및 법익균형성 원칙에 반한다. 따라서 집시법 제10조 본문은 과잉금지원칙에 위배하여 집회의 자유를 침해한다.

야간시위를 금지하는 집시법 제10조 본문에는 위헌적인 부분과 합헌적인 부분이 공존하고 있으며, 위 조항 전부의 적용이 중지될 경우 공공의 질서 내지 법적 평화에 대한 침해의 위험이 높아, 일반적인 옥외집회나 시위에 비하여 높은 수준의 규제가 불가피한 경우에도 대응하기 어려운 문제가 발생할 수 있으므로, 현행 집시법의 체계 내에서 시간을 기준으로 한 규율의 측면에서 볼 때 규제가 불가피하다고 보기 어려움에도 시위를 절대적으로 금지하여 위헌성이 명백한 부분에 한하여 위헌 결정을 한다. 심판대상조항들은, 이미 보편화된 야간의 일상적인 생활의 범주에 속하는 '해가 진 후부터 같은 날 24시까지의 시위'에 적용하는 한 헌법에 위반된다.[150]

(2) 특정 공공장소에서의 집회금지의 위헌성

(가) 서 설

특정 장소가 그 기능수행의 중요성 때문에 특별히 보호되어야 하고 중요한 기관에 대한 효과적인 보호가 그 장소에서의 집회를 원칙적으로 금지함으로써 이루어질 수 있다고 입법자가 판단하였다면, 이러한 입법자의 판단이 현저하게 잘못되었다고 할 수 없다. 입법자는 야간의 옥외집회나 특정 장소에서의 옥외집회의 경우와 같이 법익침해의 고도의 개연성이 있는 특수한 상황에 대해서는 집회가 공공의 안녕질서에 미칠 영향이나 법익충돌의 위험성의 정도에 따라 그에 상응하는 규제를 할 수 있다.

---

149) 집회 및 시위에 관한 법률 제10조(옥외집회와 시위의 금지 시간) 누구든지 해가 뜨기 전이나 해가 진 후에는 옥외집회 또는 시위를 하여서는 아니 된다. 다만, 집회의 성격상 부득이하여 주최자가 질서유지인을 두고 미리 신고한 경우에는 관할경찰관서장은 질서 유지를 위한 조건을 붙여 해가 뜨기 전이나 해가 진 후에도 옥외집회를 허용할 수 있다.

150) 헌재결 2014. 3. 27. 2010헌가2 — 한정위헌; 헌재 2014. 4. 24. 2011헌가29 — 한정위헌.

(나) 외교기관 인근에서의 집회

특정장소에서의 집회가 법률조항에 의하여 보호되는 법익에 대한 직접적인 위협을 초래한다는 일반적 추정이 구체적인 상황에 의하여 부인될 수 있다면, 입법자는 '최소침해의 원칙'의 관점에서 금지에 대한 예외적인 허가를 할 수 있도록 규정해야 한다. 외교기관 인근에서의 집회에 대한 추상적 위험성에 대한 입법자의 예측판단은 구체적으로 다음과 같은 경우에 부인될 수 있다고 할 것이다.[151]

첫째, 외교기관에 대한 집회가 아니라 우연히 금지장소 내에 위치한 다른 항의대상에 대한 집회의 경우, 외교기관 인근에서의 집회를 금지하는 법률조항에 의하여 전제된 법익충돌의 위험성이 작다고 판단된다. 외교기관 인근에서의 집회를 금지하는 문제점은, 집회금지구역 내에서 외교기관이나 당해 국가를 항의의 대상으로 삼지 않는, 다른 목적의 집회가 함께 금지된다는데 있다.

둘째, 소규모 집회의 경우, 일반적으로 보호법익이 침해될 위험성이 작다. 예컨대 외국의 대사관 앞에서 소수의 참가자가 소음의 발생을 유발하지 않는 평화적인 피켓시위를 하고자 하는 경우, 일반 대중의 합세로 인하여 대규모시위로 확대될 우려나 폭력시위로 변질될 위험이 없는 이상, 이러한 소규모의 평화적 집회의 금지를 정당화할 수 있는 근거를 발견하기 어렵다.

셋째, 예정된 집회가 외교기관의 업무가 없는 휴일에 행해지는 경우, 외교기관에의 자유로운 출입 및 원활한 업무의 보장 등 보호법익에 대한 침해의 위험이 일반적으로 작다고 할 수 있다.

(다) 최근 헌재는 위와 같은 취지에서 국회의사당,[152] 국무총리공관,[153] 각급법원[154] 인근에서의 집회를 허용하는 예외를 인정하여야 한다고 헌법불합치결정을 하고 있다. 이는 소통기본권으로서의 집회의 자유의 기능에 부합하는 타당한 결정이다. 독일연방헌재도[155] 주식회사(AG)가 운영하는 프랑크푸르트(Frankfurt)

151) 헌재결 2003. 10. 30. 2000헌바67, 20000헌바83(병합).

152) 헌재결 2018. 5. 31. 2013헌바322, 2016헌바354, 2018헌가9, 2018헌가3, 2018헌가4, 2017헌바360, 2017헌바398, 2017헌바471(병합).

153) 헌재결 2018. 6. 28. 2015헌가28.

154) 헌재결 2018. 7. 26. 2018헌바137. [선례변경] 헌법재판소는 종래 '집회 및 시위에 관한 법률' 제11조 제1호 중 '각급 법원' 부분에 대하여 2차례 헌법에 위반되지 않는다는 결정을 선고하였으나(2004헌가17 결정, 2006헌바13 결정), 이 사건에 있어서는 재판관 전원일치의 의견으로 심판대상조항에 대하여 헌법불합치 결정을 선고하였다.

155) BVerfGE 128, 226 ff. 프랑크푸르트(Frankfurt)공항은 프라포트(Fraport) 주식회사(AG)가 경영하며 그 지분은 헤센(Hessen)주와 프랑크푸르트시의 다수 공기업의 소유로 50% 이상의

공항을 유사국가기관으로 의제하면서 집회의 자유를 보장하기 위해 공공도로는 물론 공중이 왕래하는 사설 쇼핑상가, 백화점, 공항 등도 소통의 공간으로 해석하고 있다.

제12절 결사의 자유

Ⅰ. 결사의 자유의 기능

결사란 힘을 결집하여 공동업무수행을 위한 조직으로서 다양한 생활영역에서 실질적으로 중요한 역할을 수행한다. 결사들은 각각의 고유한 목적을 추구하는 반면에 이를 위해 '결사를 조직적으로 안정된 소통의 광장'으로 이용한다는 점에서 공통적이다. 결사의 종류로는 스포츠클럽에서부터 학술단체, 주식회사에 이르기까지 다양하다.

결사의 자유를 기본권으로 규정하는 것이 비교헌법적 측면에서 보면 다양한 것은 아니다. 독일, 한국과 달리 미국, 프랑스헌법은 결사의 자유를 기본권으로 규정하지 않고 있다. 이는 결사의 자유의 중요성을 인식하지 못한 것이 아니

지분을 소유하고 있다. 청구인(여)은 외국인 추방을 반대하는 단체인 '외국인추방반대 국민행동(Initiative gegen Abschiebungen)'의 일원으로 다른 5명의 회원과 프랑크푸르트공항 출발구역의 세관검사창구에서 외국인추방반대 전단을 배부하고자 하였으나 프라포트 주식회사는 프랑크푸르트공항청사에서 집회와 전단배포를 금지하는 통고를 하였다. 이에 대해 청구인은 위법성을 주장하는 민사소송을 제기했지만 모든 심급에서 기각되었고 이에 청구인은 헌법소원을 제기하였다. 이에 대해 연방헌재는 다음과 같은 판시를 하였다; "집회의 자유의 보호범위는 개방적이다. 집회의 자유는 기본권주체가 특히 회합장소를 자유롭게 결정할 수 있는 자유를 보장하지만 임의의 장소에 자유롭게 출입할 수 있는 자유까지 보장하는 것은 아니다. 집회는 특히 사인의 대지에서 허락 없이 개최할 수 없다. 하지만 공공도로에서 집회의 자유까지 제한적인 것은 아니어서 공기업이 공중의 통행을 위해 제공한 도로에서도 집회를 개최하는 것도 보장한다. 오늘날 의사소통의 기능은 공공도로에서 뿐만 아니라 날로 확대되어 가는 쇼핑상가나 기타 만남의 장소 등과 같은 광장에서도 활발히 이루어지고 있다. 따라서 기본권에 직접 기속되는 공공시설이나 간접적 제3자적 효력으로 기본권기속을 요구할 수 있는 한 사설기관의 왕래공간에서도 집회의 자유를 제한할 이유가 없다. 이는 공중이 왕래하는 공간이 개인적 소유지이든 기간시설과 연결되어 있든 옥상이든 야외에 있든 상관없다. 공공도로이외에 의사소통공간으로서 집회를 개최할 수 있는 장소란 일반적으로 공중이 접근할 수 있는 개방되어 있는 곳을 말한다. 따라서 개별적인 접근을 제한하는 장소, 특별한 목적을 위해서만 출입을 허가받을 수 있는 장소는 여기서 배제된다. 즉 공중의 의사소통공간인지 여부의 판단방법은 공공의 도로(Straße), 소로(Weg), 광장(Plaza)과 같이 공적 공간(öffentlicher Forum)인지가 기준이 된다. 공적 공간이란 다양한 행사와 주장을 할 수 공개적인 사상의 자유시장을 말한다. 청구인이 의도한 회합장소는 집회의 자유의 보호범위에 속한다. 왜냐하면 그곳은 프랑크푸르트공항의 청사 내에 있는 일반인의 의사소통을 위한 공간으로 마련된 곳이기 때문이다."

라 그 반대로 단체나 회사는 사회영역에서 활동하는 것으로 자유주의에 입각한 근대헌법의 아버지들은 이를 규정할 필요가 없다고 본 것이다.

결사의 자유에 대한 각국의 입장은 오늘날까지 그 법적 전통을 반영하고 있다. 즉 평등한 개인주의(루소, 미연방주의자 보고서)를 추구하는 미국, 프랑스는 결사의 자유는 평등사회의 이념을 왜곡한다고 보았다. 민주주의의 다수결원리는 모든 구성원의 평등을 전제로 하므로 특수이익을 위한 결사는 금지해야 하고 적어도 법적 보호를 해서는 안 된다고 한다. 기본권은 개인을 위해서 원칙적으로 보장되어야하기 때문이다.

이에 반해 토크빌(A. Tocqueville)은 결사의 자유는 정치적 관점에서 소수자의 권리를 보호하기 위해 필요하다고 보았다. 민주주의는 다수의 독재를 방지하기 위해 제도적 보완이 필요하다. 다수지배의 민주주의에 대하여 결사의 자유는 정치적인 소수자의 권리로서 조정기능을 수행한다. 소수에게 결사의 자유는 아직 다수가 아니어서 할 수 없는 것을 공동으로 추구할 수 있는 기회를 제공한다. 이러한 점에서 독일헌법(제9조 제1항)은 결사의 자유를 법률유보 하에 두고 있지 않다. 법률유보는 다수유보이기 때문이다. 우리 헌법은 결사의 자유를 법률유보 하에 두고 있으므로 그 해석에 있어서 결사의 자유의 기능을 고려한 해석이 요구된다.

결사의 자유의 기능으로는 비선거기간시 유권자와 대표자사이를 연결하여 정치적 의사표현을 하는 기능, 소수의견을 국정에 반영하는 창구로서 여론형성 기능 등이 있다.

Ⅱ. 의의 및 종류

1. 의 의

결사의 자유(헌법 제21조)란 견해 표명과 정보유통을 집단적으로 구현시켜 사회연대를 촉진하고 국가로부터 사회의 민주성과 자율성을 구현하는 자유로서,[156] 다수의 자연인 또는 법인이 공동의 목적을 위하여 단체를 결성할 수 있는 자유를 말한다. 결사는 공동의 목적을 가진 다수인의 계속적인 모임이란 점에서 일시적 모임인 집회의 자유와 구별된다.

156) 헌재결 2017. 6. 29. 2016헌가1, 판례집 29-1, 241; 2012. 3. 29. 2011헌바53 참조.

2. 종 류

사법인, 공법인, 정당 등의 특수결사가 있다. 공법인과 사법인의 구별은 전통적인 것으로, "설립형식"을 강조하여 공법인은 공법상 설립행위 또는 법률에 근거하고, 사법인은 설립계약 등 법률행위에 근거한다고 하기도 하고, 그 "존립목적"을 강조하여 공법인은 국가적 목적 내지 공공목적을 위하여 존재하는 것인 반면, 사법인은 그 구성원의 공동이익을 위하여 존재한다고 하여 왔다. 그런데 오늘날 사회복지국가의 등장으로 국가가 국민의 모든 생활영역에 간섭하고 활발한 경제활동을 하게 되자, 위와 같은 기준만으로는 구별이 어려운 중간적 영역의 법인도 많이 생겨나고 있다.[157]

헌재는 결사의 자유에서 말하는 결사란 자연인 또는 법인이 공동목적을 위하여 자유의사에 기하여 결합한 단체를 말하는 것으로 공적책무의 수행을 목적으로 하는 공법상의 결사는 이에 포함되지 아니한다. 따라서 농지개량조합을 공법인으로 보는 이상, 이는 결사의자유가 뜻하는 헌법상 보호법익의 대상이 되는 단체로 볼 수 없어 조합이 해산됨으로써 조합원이 그 지위를 상실하였다고 하더라도 조합원의 '결사의 자유'가 침해되었다고 할 수 없다[158]고 판시한 반면에 축협은 사법인으로서 복수조합의 설립을 금지한 구 축산업협동조합법은 결사의 자유를 침해한다[159]고 보았다.

Ⅲ. 보호내용

결사의 자유의 보호내용으로는 적극적 · 소극적 결사의 자유가 있다.

(1) 적극적 결사의 자유에는 단체결성 · 존속 · 활동의 자유, 결사에의 가입 · 잔류의 자유가 있다. 단체 활동의 자유는 단체 외부에 대한 활동뿐만 아니라 단체의 조직, 의사형성의 절차 등 단체의 내부적 생활을 스스로 결정하고 형성할 권리인 단체 내부 활동의 자유를 포함한다.[160]

(2) 소극적 결사의 자유에는 단체탈퇴의 자유, 단체에의 가입하지 않을 자유가 있다.

---

157) 헌재결 2000. 6. 1. 99헌마553, 판례집 12-1, 68.

158) 헌재결 2000. 11. 30. 99헌마190, 판례집 12-2, 325.

159) 헌재결 1996. 4. 25. 92헌바47, 판례집 8-1, 370.

160) 헌재결 2012. 12. 27. 2011헌마562등; 2016. 11. 24. 2015헌바62; 2017. 6. 29. 2016헌가1 참조.

Ⅳ. 주 체

결사의 자유는 국민의 권리이자 결사 그 자체에게도 보장된다. 하지만 헌재는 국회의원총선거에 참여하여 의석을 얻지 못하고 유효투표총수의 100분의 2 이상을 득표하지 못한 때에 정당의 등록을 취소하도록 한 구 정당법 제38조 제1항 제3호에 따라 등록 취소된 정당의 전대표자의 헌법소원청구의 직접성, 자기관련성을 부인하여 각하 결정[161]하였다. 판단컨대 정당과 독립하여 정당의 대표자 및 소속원도 정당의 자유와 결사의 자유의 주체성이 인정되므로 청구인 적격을 인정하였어야 했다. 이는 그 후 다른 헌법소원에서 헌재가 본안판단으로 위헌결정[162]을 한 것으로 방증된다.

Ⅴ. 제 한

1. 사법인의 소극적 결사의 자유제한

헌재는 사법인으로서 안마사회,[163] 변리사회[164]에의 법률유보에 의한 가입강제를 합헌이라 판시[165]하였다. 안마사회나 변리사회의 임의가입보다는 가입강제가 단체의 대표성과 법적 지위를 강화하여 안마사나 변리사들의 이익을 직접적으로 도모할 수 있으므로 합헌이라 하였다. 하지만 공익성도 없는 사법인의 법적 지위를 강화하기 위해 국가가 후견인적 차원에서 가입을 강제하는 것은 시민들의 평등한 자유를 보장해야 하는 민주국가의 역할을 과잉 행사한 것이다. 이러한 점에서 소극적 결사의 자유를 강조한 반대의견[166]이 타당하다.

---

161) 헌재결 2006. 4. 27. 2004헌마562, 판례집 18-1상, 5.

162) 헌재결 2014. 1. 28. 2012헌마431 등, 판례집 26-1상, 155. 정당설립의 자유는 헌법 제8조 제1항 전단에 규정되어 있지만, 국민 개인과 정당 그리고 '권리능력 없는 사단'의 실체를 가지고 있는 등록취소된 정당에게 인정되는 '기본권'이다. 이 사건 심판대상조항들에 의해 제한되는 기본권은 헌법 제21조 제1항의 '결사의 자유'의 특별규정으로서 헌법 제8조 제1항 전단의 '정당설립의 자유'이다(헌재결 2006. 3. 30. 2004헌마246 참조).

163) 헌재결 2008. 10. 30. 2006헌가15, 판례집 20-2상, 684.

164) 헌재결 2017. 12. 28. 2015헌마1000, 판례집 29-2하, 487; 2008. 7. 31. 2006헌마666.

165) 변리사회에 관한 헌재결정의 이유로 임의가입 제도 하에서는 변리사회의 대표성과 법적 지위가 약화되고, 변리사 단체 가입률이 낮아져 변리사 단체가 공익적 기능을 수행하는 데 어려움을 겪게 된다. 임의가입 제도로 전환할 경우 변리사회 이외의 단체가 설립될 가능성도 있으나, 공익사업 등은 회원인 변리사에게 직접적으로 이익이 되는 것이 아니어서 복수 단체가 경쟁적으로 수행할 것을 기대하기도 어렵다.

2. 사법인의 적극적 결사의 자유제한

단체의 이름으로 혹은 단체와 관련된 자금으로 정치자금을 기부하는 것을 금지하고, 이를 위반한 경우 처벌하도록 규정하고 있는 정치자금법에 대한 헌법소원결정에서 2인 재판관의 반대의견[167]은 결사의 자유제한을 강조하였다.

"정치적 활동을 목적으로 결성된 단체가 그 목적에 따른 정치활동을 하고 정치자금을 기부하는 것은 결사의 자유로서 보호된다. 나아가 정치적 활동을 목적으로 하지 않는 단체라도 그 단체의 목적을 달성하기 위하여 필요한 경우에는 단체 또는 구성원의 이름으로 정치적 활동을 할 수 있고 정치자금을 기부할 수 있으며, 그러한 정치적 활동도 결사의 자유로서 보호된다. 그런데 이 사건 정치자금법 금지조항은 정치적 활동을 결사의 목적으로 하는 정치적 단체에 대해서도 적용되는바, 이는 정치적 단체의 정치적 활동의 자유와 결사의 자유를 본질적으로 침해하는 것이다.

나아가 비정치적 단체의 정치자금 기부가 민주적 의사형성과정을 왜곡하거나 선거의 공정을 해칠 우려가 있다고 하더라도, 이러한 부작용을 방지할 제도적 장치조차 강구하지 아니한 채 단체의 목적을 달성하기 위하여 필요한 경우에도 일률적으로 정치자금 기부를 금지하는 것은 적절한 수단이라고 할 수 없으며, 내부의 민주적 의사결정과정을 거친 정치자금 기부에 대하여도 단순히 단체 구성원의 의사에 어긋날 우려가 있다는 이유로 일률적으로 제한하는 것 역시 입법목적 달성을 위한 적합한 방법이라고 할 수 없다."[168]

3. 정당(헌법 제8조) 등 특수결사

헌법은 정당설립의 자유를 일반적인 결사의 자유(제21조)로부터 분리하여 제

166) 변리사회에 관한 헌재결정의 반대의견은 변리사회는 본질적으로 사법인에 불과하므로 변리사들이 자유롭게 가입하고 언제든지 탈퇴할 수 있어야 함에도 불구하고, 이 사건 가입조항이 변리사들로 하여금 변리사회에 의무적으로 가입하도록 규정하고, 이를 통하여 경쟁단체의 출현을 억제하고 있으므로, 그 결과 발생하는 소극적 결사의 자유에 대한 제한의 정도도 매우 크다. 반면에, 이 사건 가입조항을 통하여 달성하려고 하는 입법목적은 공익과는 아무런 관계도 없는 변리사회의 대표성과 법적 지위 강화에 불과하다. 판단컨대 반대의견과 법정의견의 차이점은 개인의 소극적인 결사의 자유 내지 정치적 표현의 자유를 우선시하느냐 아니면 정치적인 소수자의 권리로서 결사의 조정기능을 강조할 것인지에 있다.

167) 헌재결 2012. 7. 26. 2009헌바298, 판례집 24-2상, 37 - 재판관 목영준, 재판관 송두환의 반대의견.

168) 헌재결 2012. 7. 26. 2009헌바298, 판례집 24-2상, 37,

8조 제1항에 독자적으로 규율함으로써 정당설립의 자유의 특별한 의미를 강조하고 있다. 헌법 제8조 제1항은 "정당의 설립은 자유이며, 복수정당제는 보장된다."라고 규정하여, 국민 누구나가 원칙적으로 국가의 간섭을 받지 아니하고 정당을 설립할 권리를 기본권으로서 보장하면서, 아울러 정당설립의 자유를 보장한 것의 당연한 법적 산물인 복수정당제를 제도적으로 보장하고 있다.[169)]

새마을 금고의 임원 선거에 있어서 법률에서 정하고 있는 방법 이외의 방법으로 선거운동을 할 수 없도록 하고, 이를 위반하여 선거운동을 한 사람을 처벌하는 심판대상조항은 단체의 내부적 활동을 스스로 결정하고 형성하고자 하는 결사의 자유를 제한한다.[170)] 하지만 새마을금고는 설립목적과 목적 사업이 법률에 직접 규정되어 있는 공공성이 강한 특수법인이므로, 이 사건에서 과잉금지원칙 위반 여부를 심사함에 있어 새마을금고의 특수법인으로서의 성격과 임원 선거 관리의 공공성을 고려하여,[171)] 완화된 심사로서 제한의 정당성을 인정[172)]하였다.

제13절 학문의 자유

Ⅰ. 헌법규정 및 성격

학문의 자유에 관하여 헌법 제22조는 "모든 국민은 학문과 예술의 자유를 가진다."고 규정하여 예술의 자유와 함께 규정하고 있다. 학문과 예술은 소통의 수단으로서 일반기본권인 표현의 자유에 대하여 특별기본권의 성격을 갖는다. 우리 헌법은 또한 학문의 자유와 교육을 받을 권리를 구분하여 규정하는 특징도 갖고 있다. 이는 학문과 교육을 개념적으로 달리 보는 것에 기인하는 것이다. 하지만 교육도 학문의 자유의 일환이라는 점에서 자유권으로 체계적으로 규정하여 보장하는 것이 바람직하다는 점에서 입법적 개선이 요구된다.

---

169) 헌재결 2014. 1. 28. 2012헌마431 등, 판례집 26-1상, 155; 헌재 1999. 12. 23. 99헌마135 참조.

170) 헌재결 2018. 2. 22. 2016헌바364, 공보 제257호, 418; 헌재 2016. 11. 24. 2015헌바62; 2017. 6. 29. 2016헌가1 참조.

171) 헌재결 2012. 12. 27. 2011헌마562등 참조.

172) 헌재결 2018. 2. 22. 2016헌바364, 공보 제257호, 418.

Ⅱ. 의 의

학문이란 진리탐구에 향하여진 논리적·체계적 지식 말한다. 학문적 발전은 상시적으로 시행착오(error and trial)를 동반한다. 따라서 지식의 잠정성과 모순성은 학문발전에 내재된 것이다. 학문은 객관화될 수 있는 진리발견에 기여하려는 계획적이고 진지한 노력이다. 학문은 특정한 형식이나 제도에 기속되지 않는다. 학문은 보편적인 것에 국한되는 것은 아니지만 개연성은 있어야 한다. 이는 교육도 마찬가지다. 하지만 교육은 학문적인 연구결과와 관련된다. 왜냐하면 학문의 자유는 교육의 자유와 연구의 자유를 포괄하는 상위개념으로 해석하기 때문이다.

Ⅲ. 보호내용

학문의 자유의 보호내용은 예술의 자유와 마찬가지로 소통의 전 과정을 보호내용으로 한다. 이에는 학문연구의 자유, 연구(결과)발표의 자유, 교수의 자유, 교육의 자유와 교사의 수업권, 대학의 자치 등이 포함된다.

학문연구의 자유는 기초연구, 응용연구, 실험개발 등 연구대상에 상관없다. 학문연구의 본질에 해당하는 논쟁은 전달가능성을 전제로 한다. 따라서 연구결과의 공개와 전달 등 발표의 자유를 수반한다. 교수의 자유는 보호가치 있는 학문적 발전을 자기목적으로 하는 보호범위의 개방성으로 인해 사회발전에 구체적으로 유용한 내용인지 아닌지 위험이나 리스크(risk)를 수반하는지 상관없이 보장된다. 다만 교수의 자유는 경우에 따라 헌법에의 충성에 구속되는 헌법내재적 한계로 고려될 수 있을 뿐이다. 교수의 자유는 신분보장을 내용으로 하므로 교수재임용제도[173)]의 운영에 반영되어야 한다.

---

173) 헌재결 1993. 5. 13. 91헌마190, 판례집 5-1, 312; 2003. 2. 27. 2000헌바26, 판례집 15-1, 176 [헌법불합치]. 객관적인 기준의 재임용 거부사유와 재임용에서 탈락하게 되는 교원이 자신의 입장을 진술할 수 있는 기회 그리고 재임용거부를 사전에 통지하는 규정 등이 없으며, 나아가 재임용이 거부되었을 경우 사후에 그에 대해 다툴 수 있는 제도적 장치를 전혀 마련하지 않고 있는 이 사건 법률조항은, 현대사회에서 대학교육이 갖는 중요한 기능과 그 교육을 담당하고 있는 대학교원의 신분의 부당한 박탈에 대한 최소한의 보호요청에 비추어 볼 때 헌법 제31조 제6항에서 정하고 있는 교원지위법정주의에 위반된다고 볼 수밖에 없다. 동지 헌재결 2003. 12. 18. 2002헌바14 등, 판례집 15-2하, 466 [헌법불합치].

예술의 자유에서와 같이 학자로서 직업적 활동, 경제성을 도모하기 위한 상품화는 학문의 자유의 보호범위에 속하기 보다는 직업의 자유나 재산권의 보호범위에 속한다. 학문의 수용자입장에서는 소극적인 학문의 자유로서 학생들의 수강권도 보장된다. 교육의 자유는 학문적인 연구결과와 관련되고 헌법 제31조의 교육제도 법정주의로 인해 소극적으로 이해되고 있다.

대학의 자치에는 내용상으로 교원인사의 자치, 총·학장선거의 자치, 시설 및 관리의 자치, 학생선발과 관리의 자치, 연구교육의 내용 및 방법의 자치, 예산관리의 자치를 말하고, 주체 면에서는 이사회, 교수회, 학생회의 자치를 말한다.

제14절 예술의 자유

Ⅰ. 헌법규정

예술의 자유에 관하여 헌법 제22조는 "모든 국민은 학문과 예술의 자유를 가진다(제1항). 저작자·발명가·과학기술자와 예술가의 권리는 법률로써 보호한다(제2항)."고 규정하고 있다. 학문과 예술의 자유를 함께 규정하면서 그 연구, 창작결과에 대한 보호를 함께 규정하고 있다. 자유권행사의 구체적인 결과에 대한 보호는 유체물이든 무체물이든 재산권(헌법 제23조)으로 별도로 보장하는 것이 체계적이다. 직업행사의 결과인 수입, 사적자치에 의하여 획득한 물권, 채권과 광업권, 어업권, 실용신안권, 저작권 등이 모두 재산권에 포섭되기 때문이다.

Ⅱ. 예술개념의 개방성

예술의 개념은 날마다 새로운 예술의 탄생으로 인해 비예술과의 경계를 구분할 수 없다는 점에서 본질적으로 개방성을 갖는다. 하지만 예술의 자유를 기본권으로 보장하기 위해서는 예술의 개념정의를 하여야 한다. 그에 관해서는 세 가지 예술개념이 제시되고 있다. 창작자의 주관에 따른 이상적인 예술개념(주관설), 작업과 작품이 예술성을 갖고 있는 지에 따른 형식적 예술개념(객관설), 예술의 특징으로서 복합성에 근거한 소통수단으로서 기능을 하는 의미정향적 예술개념(기능설)이다.

판단컨대 주관설의 경우 기본권은 주관적 공권에 본질이 있으므로 기본권주체의 자기주장을 배제할 수 없다는 점에서 타당하다. 하지만 이는 단순한 주장으로는 충분하지 않다. 기본권주체가 예술개념을 확대해야 하는 이유와 범위 등에 대한 개연성을 입증해야 한다. 이 때 예술의 체계에 관한 '체계논리학'이 중요한 역할을 한다. 즉 창작자의 예술개연성입증은 예술개념에 대한 국가독점을 예방하는 기능을 한다. 형식적 예술개념은 예술의 현대적 발전에 부응할 수 있는 장점이 있는 반면에 국가가 정의하는 것은 국가의 중립성원칙에 반한다. 기능설은 의사소통과정에서 예술작품의 다양한 의미로서 기능하는 것을 강조한 것이다. 즉 의사소통의 수단으로서 일의적으로 명료한 학문의 기능과 비교하여 다의적으로 복잡한 예술의 기능을 구분한 것이다. 다의적인 의견과 예술은 소통에 미학적인 요소가 있는 지로 구분할 수 있다.

결론적으로 예술개념의 개방성으로 인하여 세 가지 학설의 장단점을 고려한 종합적 판단을 할 필요가 있다고 본다.

Ⅲ. 보호범위

예술의 자유는 창작자뿐만 아니라 예술자체도 자유의 대상이므로 보호범위로 논하고 있다.

1. 주관적 보호범위

기본권은 주관적 공권이므로 기본권주체와 관련되는 것은 물론이다. 주관적 보호범위에 예술가, 전달자, 감상자가 포함된다. 이는 예술의 자유는 표현의 자유에 대한 특별기본권으로 예술의 소통기능을 고려한 것이다.

이러한 점에서 보호범위는 창작활동자체에 국한되는 것이 아니라 소통수단으로 확대된다. 즉 사실상 예술전달에 기여하는 광고, 평론, 전달매체와 창작에 필수적이거나 통상적으로 갖추어야 할 기본요소, 예컨대, 극장의 주차장, 식당, 옷보관소 등이 그 보호범위에 속한다. 또한 예술의 자유와 다른 기본권이 충돌하는 경우 대중보다는 예술가를 위해 예술의 자유의 보호범위에 속하는 것으로 보아야 한다. 타인재산에 그린 자기작품주장도 원칙적으로 예술의 자유의 보호범위에 해당된다.

2. 객관적 보호범위

객관적 보호범위에는 작품영역과 영향영역이 있다. 작품영역(Werkbereich)이란 준비과정을 포함한 예술창작과 관련된다. 예술교육도 직업의 자유에 대한 특별기본권으로 예술의 자유의 보호범위에 속한다. 헌법상 예술의 자유는 예술의 독자성을 고려하고 예술창작과정의 윤곽질서로서 기능한다. 영향영역(Wirkbereich)이란 예술작품의 전시, 보급, 복제를 포괄한다. 작품영역과 달리 영향영역에서는 양심의 자유에서 내면의 자유(forum internum)와 비교하여 외면의 자유(forum externum)를 구별하는 것과 유사하게 기본권충돌에 대한 해결방안이 자주 문제된다. 예컨대, 광주비엔날레전시에 제지되었던 홍성담의 세월오월, 공직선거법 위반으로 기소된 이하의 박설공주 등을 들 수 있다. 하지만 이는 예술작품평가에 대한 국가의 중립성원칙에 반하여 소통기본권으로서 표현의 자유에 대한 특별기본권인 예술의 자유의 우월적 지위를 고려하지 못한 공권력남용에 해당한다. 홍성담의 작품은 베를린에서도 전시되었고, 이하작가도 1심과 항소심에서 무죄를 선고받은 것은 이를 방증한다.

제15절 재 산 권

Ⅰ. 재산권의 기본권체계 내에서의 기능

재산은 인간에게 자주적이고 주체적인 삶을 가져다 줄 수 있다. 따라서 재산권은 다른 기본권 행사를 용이하게 한다. 즉 재산권자는 마음대로 자기재산을 이용할 수 있다. 예컨대 자가용이나 주택 등 물건을 소유하면 개인적으로 보다 편한 생활을 영위할 수 있다.

개인적으로 좋아하는 물건을 소유한다는 것은 정서적으로 도움이 된다. 따라서 재산권은 인격권발현과도 관련된다. 그러나 재산은 소유를 넘어 경제·사회적 기능을 수행한다. 즉 재산권자는 자기재산을 자유롭게 사용, 수익, 처분할 수 있다. 기계와 같은 생산수단은 경제력을 증대하여 경제적 자유를 창출하는 기반이 된다. 하지만 재산권은 직업(제15조)이나 일반적 행동자유권(제10조)에 의한 소득활동을 보호하는 것이 아니라 소득의 결과와 그 존속을 보장한다.

따라서 재산권은 재산적 가치가 있는 일이더라도 단순한 이익이나 재화획득의 기회는 보호범위에 속하지 않는다. 특히 토지나 보험청구권과 같이 경제적 가치 있는 재산권은 인간의 생존보장의 수단으로 사회적 안전장치에 속한다.

근로와 개인적 능력에 의해 취득한 재산을 보호하는 것은 정의관념에도 합치한다. 이러한 점은 특히 정서적 재산과 같이 재산의 개념을 확대시키는 계기가 된다. 하지만 개인적 능력은 헌법상 재산권을 승인 받는 필수조건은 아니다. 재산의 행사가능성도 재산권의 중요한 내용이다. 노력 없이도 상속에 의해 재산을 취득한 사람도 재산권자로 보호하기 때문이다. 상속재산의 보호와 관련하여 재산권은 정서적 기능과 상속재산의 존속보장기능을 수행한다.

재산권은 사회에서 시장경제를 구성하는 본질적 요소다. 재산권자는 자신의 재산적 지위를 이용하여 정보나 선호에 따라 경제적 결단을 할 수 있다. 재산권자의 처분권 등은 물적 자원이 자유롭게 분산될 수 있는 전제조건이 된다. 물적 생산수단은 처분권자의 안목에 따라 수익창출을 할 수 있는 가능성을 갖는다. 국가는 사회주의적 계획경제가 아니더라도 사유재산권을 조정할 수 있다. 즉 국가는 재산권행사의 공공복리 적합의무(제23조 제2항), 재산권의 내용과 한계형성에 관한 법률(제23조 제1항), 재산권행사를 금전적 보상에 의해 촉진할 수도 있다(제23조 제3항).

Ⅱ. 법적 성격

1. 제도보장

재산권은 입법자의 내용형성재량의 한계로서 제도보장적 성격이 있다. 재산권의 본질을 형성하는 입법의 폐지는 헌법적으로 금지된다. 사회적으로 중대한 의미를 갖는 재산권형성입법은 존속해야 한다.

2. 방 어 권

국가권력의 침해에 대한 고전적인 방어권적 성격을 갖는다. 획득한 재산에 대한 제한은 오로지 정당성이 있을 경우에만 허용된다.

3. 보호의무

헌법 제23조 제1항의 재산권의 내용과 한계형성에 관한 입법은 사인간의 재산권충돌에 관한 조정규정을 내포한다. 임대인과 임차인간의 조정, 개발제한구역지정 당시의 상태대로 토지를 사용·수익·처분할 수 있는 토지소유자와 구역지정으로 인하여 토지를 종래의 목적으로도 사용할 수 없는 토지소유자간[174]의 조정은 재산권보호의무 이행의 과소금지원칙에 위반하여서는 안 된다.

Ⅲ. 보호내용

1. 재산권의 개념

재산권이란 사적유용성 및 그에 대한 원칙적인 처분권을 내포하는 재산적 가치 있는 공법 및 사법상 일체의 구체적인 권리를 말한다. 따라서 단순한 이익이나 재화획득의 기회 등은 재산권의 보장대상이 아니다. 예컨대, 약사의 한약조제권,[175] 치과전문의 자격불비로 인한 급료손해[176] 등은 반사적 이익으로 재산권과는 구별된다.

2. 재산권의 사용·수익·처분권

재산권의 사용·수익·처분권을 보호하는 것은 입법자의 임무다. 일반적으로 재산권자의 법적 지위를 박탈하는 공용수용, 사용권 등에 대한 입법재량을 넓게 인정하고 있다. 예컨대, 광업권법에서 광업권은 토지재산권과 분리하여 관할 관청의 허가나 소유자 또는 이해관계인의 승낙이 없으면 광물을 채굴할 수 없도록 제한을 하고 있다.

재산을 사용, 소비하는 인간의 행태로 예컨대, 교양서적의 독서, 피아노 연주, 택시운전, 아이스크림 먹기 등이 있다. 이는 각각 알권리, 예술의 자유, 직업의

---

174) 헌재결 1998. 12. 24. 89헌마214 등, 판례집 10-2, 927.

175) 헌재결 1997. 11. 27. 97헌바10, 판례집 9-2, 651 [합헌]. 헌법 제23조 제1항 및 제13조 제2항에 의하여 보호되는 재산권은 사적유용성 및 그에 대한 원칙적 처분권을 내포하는 재산가치있는 구체적 권리이므로 구체적인 권리가 아닌 단순한 이익이나 재화의 획득에 관한 기회 등은 재산권 보장의 대상이 아니라 할 것인바, 약사는 단순히 의약품의 판매뿐만 아니라 의약품의 분석, 관리 등의 업무를 다루며, 약사면허 그 자체는 양도·양수할 수 없고 상속의 대상도 되지 아니하며, 또한 약사의 한약조제권이란 그것이 타인에 의하여 침해되었을 때 방해를 배제하거나 원상회복 내지 손해배상을 청구할 수 있는 권리가 아니라 법률에 의하여 약사의 지위에서 인정되는 하나의 권능에 불과하고, 더욱이 의약품을 판매하여 얻게 되는 이익 역시 장래의 불확실한 기대이익에 불과한 것이므로, 구 약사법상 약사에게 인정된 한약조제권은 위 헌법조항들이 말하는 재산권의 범위에 속하지 아니한다.

176) 헌재결 1998. 7. 16. 96헌마246, 판례집 10-2, 283.

자유, 일반적 행동자유권 등 해당 기본권이 재산권에 대한 특별기본권의 보호범위로 우선한다.

3. 재산권의 내용과 한계규정과 공용침해규정의 분리여부에 관한 학설

재산권에 관하여 헌법 제23조는 다음과 같이 규정하고 있다. 모든 국민의 재산권은 보장된다. 그 내용과 한계는 법률로 정한다(제1항). 재산권의 행사는 공공복리에 적합하도록 하여야 한다(제2항). 공공필요에 의한 재산권의 수용·사용 또는 제한 및 그에 대한 보상은 법률로써 하되, 정당한 보상을 지급하여야 한다(제3항). 이 규정의 체계적 해석과 관련하여 분리이론과 경계이론의 대립되고 있다.

(1) 분리이론

분리이론은 입법자의 의사에 따라 헌법 제23조 제3항과 제23조 제1, 2항은 분리된다는 이론을 말한다. 즉 재산권형성입법은 재산권자의 권리의무를 일반·추상적으로 확정하는 것으로 수인의 한계를 넘으면 다만 보상으로 해결되는 것이 아니라 위헌의 문제로 된다. 헌법 제23조 제1항 제2문은 재산권의 존속보장으로서 내용과 한계의 입법형성권과 재산권입법형성이 재산권자에게 수인의 한도를 넘는 경우 비례의 원칙 위반으로 조정적 보상이 요구된다. 이와 반면에 공용침해는 구체적 공적과제이행을 위해 이미 형성된 구체적 재산법적 지위를 전면 또는 부분적으로 박탈하는 것으로 보상을 요하는 경우로 헌법 제23조 제3항의 수용 · 사용 또는 제한을 규정하고 있다. 우리 헌재의 확립된 입장[177]이다.

(2) 경계이론

경계이론은 문턱이론이라고도 하며 제23조 제1, 2항의 재산권의 내용과 한계규정과 제23조 제3항의 공용침해규정은 별개의 제도가 아니라 본다. 양적 차이가 있을 뿐 내용규정의 한계를 넘으면 보상의무 있는 공용침해로 전환된다. 헌법 제23조 제1항 제2문은 재산권의 가치보장으로서 재산권형성입법이 단순한 제약과 특별희생인지를 구분하는 다음의 사회기속성의 한계설정을 위한 학설에

---

177) 헌재결 2014. 2. 27. 2010헌바483, 판례집 26-1상, 202 광업법; 2006. 1. 26. 2005헌바18, 판례집 18-1상, 1. — 자연공원법 개발제한구역; 2006. 3. 30. 2005헌바110, 판례집 18-1상, 371. — 학교환경정화구역; 1998. 12. 24. 89헌마214, 90헌바16, 97헌바78 등 — 도시계획법.

따라 재산권형성입법의 위헌성은 치유된다. 즉 재산권의 단순한 제약의 한계를 넘는 특별희생의 경우에는 보상규정유무에 불구하고 보상을 하여야 한다. 우리 대법원의 입장[178]이다.

4. 단순한 사회적 제약과 특별희생의 구분에 관한 학설

단순한 사회적 제약인 경우에는 보상할 필요가 없고 수인의 한도를 넘는 경우에는 특별희생의 경우에는 보상을 하여야 한다는 경계이론은 다음과 같은 사회적 제약과 특별희생의 구분에 관한 학설이 개발되었다.

(1) 형식적 기준설

고권주체의 개별행위로 특정인의 권리가 침해되었는가 여부와 특별희생을 초래했는가를 기준으로 한다. 일반적인 권리침해와 일반희생인 경우에는 단순한 사회적 제약에 불과하다고 한다.

(2) 사회기속이론

위험방지를 위한 방어적 제한과 공익목적을 위한 능동적 제한을 기준으로 보상유무를 결정하는 이론이다.

(3) 특별희생이론

평등권의 시각에서 재산권제약이 일반적 희생인지 특별희생인지를 기준으로 보상유무를 결정하는 이론이다.

(4) 기대가능성 이론(중대설)

재산권침해의 중대성과 범위를 기준으로 사인의 수인에 기대가능성여부를 기준으로 보상유무를 결정하는 학설이다.

(5) 사적 유용성 이론

재산권제약을 하고도 사적유용성이 남아 있는지 여부를 기준으로 보상유무를 결정하는 이론이다.

---

178) 대법원 2000. 10. 13. 선고 99두653 판결; 대법원 1997. 11. 14. 선고 97다32529 판결.

(6) 상황기속이론

재산권제약이 현 상태대로 보전을 목적으로 하는 지 여부를 기준으로 보상 유무를 결정하는 이론이다. 이는 환경권과 관련하여 재산권이 소재하는 위치와 상황에 따른 사회적 제약과 특별희생을 구분하는 것이다.

Ⅳ. 공용수용의 요건

1. 수용의 세 가지 전제조건과 유형

(1) 수용의 세 가지 전제조건

첫째, 수용은 개별·구체적인 법적 지위와 내용과 한계규정은 일반·추상적인 규정과 관련된 것이다. 둘째, 국가가 완전한 재산권의 완전한 행사능력을 갖춘 법적 지위의 전부 또는 일부를 박탈하는 것으로 수용은 재산권에 대한 직접적 제한을 목적으로 한다. 셋째, 수용은 제23조 제3항의 공공필요에 의한 공적과제의 수행을 위해 정향해야 한다. 공적과제의 수행은 도로, 철도, 교도소, 관광지 개발 등 국가기간사업의 민영화와 같이 사인에 의해 수행되는 경우에도 재산권 수용은 허용된다.[179] 하지만 채무명의에 의한 강제집행과 같이 순전히 사적유용성을 갖는 경우, 벌금형의 집행과 같이 공익목적이 부차적인 경우에는 수용이 아니다. 사실상 공익목적에 기여하는 수용은 세 가지 전제요건의 해당여부의 문제가 아닌 재산권제한의 정당성의 문제로 파악해야 한다.

헌법 제23조 제3항의 '공공필요성'이란 공익성과 필요성을 갖추어야 하는 것으로 헌법 제37조 제2항의 공공복리보다 좁은 개념이다.[180] 이는 수용의 실질적 정당성을 판단하는 심사요건이다. 공익성이 없는 수용은 처음부터 정당성이 없으므로 우선 존속보장의 가능성을 심사한다.[181] 그 다음 비례성심사를 한다. 적절성, 필요성, 균형성심사를 한다. 사후적으로 목적달성이 불가능한 경우 수용의 적절성은 없다. 필요성심사는 수용목적 그 자체로 공익실현에 기여할 수 있는지를 판단하고, 균형성심사에서는 피수용자의 순전한 경제적 손실을 보상으로 경감되었는지를 판단한다.

수용 그 자체의 헌법적 정당성이 인정된다면 가치보장을 심사해야 한다. 이

179) 헌재결 2013. 2. 28. 2011헌바250.
180) 헌재결 2011. 4. 28. 2010헌바114.
181) 헌재결 2014. 10. 30. 2011헌바172 — 골프장 건설은 공공필요성이 부인됨.

는 손해배상이 아닌 손실보상을 말한다. 보상은 재산의 객관적 가치가 아니라 직관에 의하여 공익과 사익을 형량하여 판단한다. 보상액의 상한은 명목상의 조정액을 초과할 수 있지만 완전한 거래가액에 상응해야 하는 것은 아니다. 보상이 거래가액에 상당하기 이루어지는 것은 재산권자가 스스로의 능력에 의하여 취득한 재산으로서 생활의 수단으로 이용된 경우다.

(2) 수용의 유형

수용의 유형에는 법률에 근거한 행정수용과 직접 법률에 의한 입법수용의 두 가지가 있다. 그 차이는 수용의 형식적 정당성판단에서 나타난다. 행정수용이 원칙이고 입법수용은 예외적이다. 왜냐하면 입법형식에 의한 개별적 사건해결은 권력분립의 원칙에 반하기 때문이다. 이는 국가조직법적 차원에서 뿐만 아니라 권리구제절차 면에서도 입법수용에 대한 행정소송은 불가능하여 헌법소원청구로 비로소 가능하기 때문이다. 행정수용의 원칙은 기본권제한형식인 법률의 일반성(헌법 제37조 제2항)과 재판청구권(헌법 제27조)의 효율성 보장에도 타당하다.

2. 공용수용에 대한 보상의 근거

(1) 입법보상의 원칙

수용(공용침해)은 특수한 재산권제한의 형태로 공적과제수행을 목적으로 구체적인 재산법적 지위의 전부 또는 일부를 박탈하는 것을 말한다. 하지만 대법원은 재산권침해의 중대성과 범위를 기준으로 사인의 수인에 기대가능성여부를 기준으로 보상유무를 결정하는 중대설 등에 따라 손실보상을 하고 있다. 이는 '수인하라 그러면 청산할 것이다(Dulde und Liquidiere!)'라는 법언에 따른 것이다. 법원이 보상여부를 판단하여 개별적 정의를 실현하는 것은 장점이다. 하지만 국가권력행사에 대한 재정적 부담을 법원이 판결로 결정하는 것은 문제가 있다. 왜냐하면 기본권제한의 일반형식인 법률유보(제37조 제2항)와 예산확정의 의회유보(제54조)에 반하기 때문이다. 재산권의 공용제한과 그에 대한 보상을 부대조항으로 법률유보(제23조 제3항)한 헌법규정에도 반하는 것이다. 근자에는 토지재산권의 제한적 성격을 고려하여 입법자에게도 입법보상에 대하여 신중할 것을 요구하고 있다. 따라서 공용침해와 그에 대한 보상은 입법으로 명백히 예정한 경우로 국한해야 한다.

이에 반해 내용과 한계규정은 입법자에게 재산형성권을 위임하는 것으로 비교된다. 의도하지 않은 간접적 부수적인 재산권제한의 경우에는 법원의 판결로 개별적 정의를 추구할 수밖에 없다. 수용유사침해와 수용적 침해가 이에 해당된다.

(2) 부대조항(Junktim-Klausel) 여부

제23조 제3항의 부대조항규정에 따라 수용과 보상은 같은 법률에서 규정하여야 한다. 그렇지 않으면 수용은 형식적으로 위헌이다. 행정수용에 대한 소송에서 법원은 해당법률의 위헌제청을 하여야 한다. 입법수용에 대해 헌법소원이 청구된 경우라면 헌재는 위헌결정을 하여야 한다. 부대조항에 의하여 입법자는 수용에 따르는 보상규정을 마련했어야 하는 데 그렇지 않다면 사후적으로 하자를 치유할 수 없기 때문이다.

Ⅴ. 과세권에 대한 입법형성의 한계

과세권에 대한 재산권제한의 한계판단에 있어서 수입의 절반을 상회하는 과세는 위헌이하는 절반의 과세원칙(Halbteilungsgrundsatz)[182]이 있다. 이는 수입이 많은 고소득자의 경우 이 원칙에 의하더라도 잔여소득으로 충분히 생활할 수 있다. 하지만 절반의 과세 이후 생계수준이하의 소득만 남는 계층에는 타당하지 않다. 재산권의 내용과 한계형성입법에 있어서 본질내용에 대한 최소한의 보장여부를 기준으로 적용여부가 상대화되어야 한다. 따라서 과세입법의 한계에 관한 일반원칙으로 적용하기에는 타당하지 않아 비례의 원칙으로 다시 전환할 것이 주장되고 있다.[183]

Ⅵ. 재산권의 제한 및 한계

1. 공용수용에 의한 제한

공용수용을 위해서는 공공필요성(헌법 제23조 제3항)이 있어야 하는 바 이는 공익성과 필요성을 갖추어야 하는 것으로 헌법 제37조 제2항의 공공복리보다

182) BVerfGE 93, 121, 136 ff.
183) 2 BvR 2194/99, BVerfGE 115, 97.

좁은 개념이다.[184] 이는 수용의 실질적 정당성을 판단하는 심사요건이다. 또한 제23조 제3항의 부대조항규정(Junktim-Klausel)에 따라 수용과 보상은 같은 법률에서 규정하여야 한다. 그렇지 않으면 수용은 형식적으로 위헌이다. 민영화, 공법상 계약 등으로 수용의 주체로 사인도 가능하나 사업의 공공필요성이 전제가 되어야 사인수용의 정당성이 인정된다. 헌재[185]는 사인의 골프장건설을 위한 수용은 헌법불합치라고 판시하고 있다.

2. 명령 또는 조례에 의한 제한 가능성 여부

재산권제한은 원칙적으로 법률에 의해서 가능하나 예외적으로 명령 또는 조례에 의해서도 제한할 수 있다. 이는 다만 법률 또는 법령의 구체적인 위임에 의해서만 가능하다.

3. 본질내용은 재산권의 사용, 수익, 처분권

재산권의 본질내용은 재산권의 사용, 수익, 처분권이다. 헌재가 도시계획법 제21조에서 분리이론에 입각하여 재산권형성입법의 비례의 원칙위반에 대한 판단에서 도시계획 구역에 있는 재산권이 나대지나 종래의 용도대로 사용·수익할 수 없는 경우에도 아무런 보상규정이 없는 것은 비례의 원칙에 반하는 위헌입법을 선언[186]한 것은 상대적으로 재산권의 본질내용을 결정한 것으로 이에 해당된다.

---

184) 헌재결 2011. 4. 28. 2010헌바114.

185) 헌재결 2014. 10. 30. 2011헌바172 등, 판례집 26-2상, 639 [헌법불합치].

186) 헌재결 1998. 12. 24. 89헌마214 등, 판례집 10-2, 927 [헌법불합치].

제9장 참 정 권

제1절 선 거 권

Ⅰ. 의의와 기능

선거는 국민이 국정의 담당자를 선출하는 방법을 말한다. 국정의 담당자를 선출하는 방법에는 선거이외에도 직접민주주의국가에서 택하는 추첨, 순번제 등이 있다. 하지만 현대국가는 광범위한 국토, 수많은 인구 등으로 치자와 피치자를 구분하여 국가를 운영하는 대의민주주의 방식을 택하고 있는 것이 일반적이다. 우리도 이에 속하는 국가로서 국정의 담당자를 선출하기 위한 방법으로 선거제도를 채택하고 국민에게 선거권을 부여하고 있다.

현행 헌법의 선거제도는 국회의원, 대통령, 지방자치단체의 장 및 그 의원선거가 있다. 이들 선거는 국민주권과 대의제를 실현하는 기능을 수행하는 것으로 보통 · 평등 · 직접 · 비밀 · 자유선거를 보장하는 선거권의 행사가 가능하여야 한다. 선거권을 구체화한 법률로 공직선거법이 있다.

Ⅱ. 보호내용

1. 보통선거권

보통선거권이란 성별, 종교, 사회적 신분, 재산, 인종 등에 상관없이 선거권을 인정하여야 하는 것을 말한다. 보통선거권은 주지하듯이 영국에서 5차례에 걸친 선거제도 개혁을 통하여 확대되는 발전과정을 거쳤다. 명예혁명(1688) 이후 귀족층과 일부 부유층에게만 선거권을 부여하였고 제2차 선거개혁(1832)에서 산업자본가, 제3차(1867)에서 도시소시민과 노동자, 제4차(1918)에서 21세 이상의 남성과 30세 이상의 여성, 제5차(1928)에서 21세 이상의 모든 남녀에게도 보통선거권을 부여하였다. 오늘날에는 국민주권과 평등권에 입각하여 선거연령에 의한 보통선거권제한을 최소한으로 하여 선거권을 최대한 보장하려는 경향이 나타나고 있다. 비교법적 측면에서 대부분 국가에서 18세 이상으로 보통선거권을 확대하고 있다. 우리의 경우 공직선거법에서 만 19세 이상의 국민에게 선거권을 부여하고 있는바 헌재[1]는 입법재량으로 보아 합헌으로 판단하고 있다. 하지만 이는 보통선거권에 대한 과잉제한으로 판단된다. 왜냐하면 현대헌법은 과거의 자유방임국가에서 복지국가로의 국가의 역할변화와 함께 청소년, 중장년, 노년 3세대의 연대책임에 의한 복지정책을 추구하고 있어 청소년들에게 선거권을 부여하지 않는 것은 국가정책에 대한 자기결정권(헌법 제10조)을 침해하기 때문이다.

헌재는 집행유예기간 중인 자와 수형자의 선거권을 제한하고 있는 공직선거법 제18조 제1항 제2호는 범죄자가 저지른 범죄의 경중을 전혀 고려하지 않고 수형자와 집행유예자 모두의 선거권을 제한하는 것은 헌법 제37조 제2항에 위반하여 청구인들의 선거권을 침해하고, 보통선거원칙에 위반하여 평등원칙에도 어긋난다고 판시[2]하였다.

2. 평등선거권

평등선거권이란 누구에게나 1인 1표를 부여하는 것을 말한다. 평등선거권과 관련하여서는 특별평등권의 차별금지사유에 의한 국가와 사회의 모든 영역에서 차별을 금지하는 것이 중요하다. 평등선거와 관련된 특별평등권은 목적론적으로 해석하여 간접적 차별과 국가의 평가에 의한 차별의 정당성을 판단한다. 헌법(제11조 제2문)에서 누구든지 성별, 종교, 사회적 신분에 의하여 정치적·경제적·사회적·문화적 생활의 모든 영역에서 평등선거권을 부여하지 않음으로써 차별이 있어서는 안 되기 때문이다.

일정한 요건을 갖춘 정주외국인(공직선거법 제15조 제2항 제3호)에게 지방자치선거권을 부여하는 것은 외국인이라도 생활의 근거지인 자치단체의 정책결정에 전혀 참여하지 않고 의무만 부담하는 것은 정당화할 수 없는 차별이기 때문이다. 심야학원운영시간제한에 관한 조례에 의한 청소년들의 기본권제한에 대해서

1) 헌재결 2014. 4. 24. 2012헌마287, 판례집 26-1하, 223.
2) 헌재결 2014. 1. 28. 2012헌마409 등, 판례집 26-1상, 136.

도 그들의 자기의사는 전혀 반영되지 않은 채 성인들의 의사로 조례를 제정하는 것은 간접차별이다.

3. 직접선거권

직접선거권이란 선거권자가 선거에 의하여 즉시 국정의 담당자를 선출하는 것을 말한다. 대통령, 국회의원, 지방자치단체의 장 및 의원선거에서 헌법은 직접 선거권을 보장하고 있다. 이에 따라 공직선거법(제146조 제2항)에서는 비례대표 의회의원과 지방의원의 선출에 있어서도 정당에 대한 별도의 투표를 실시하여 직접선거권을 보장하고 있다.

4. 비밀선거권

비밀선거권이란 선거인이 입후보자 중 누구에게 투표했는지를 국가나 제3자가 알 수 없도록 보장하는 선거를 말한다. 선거는 민주주의의 꽃으로 유권자의 후보자선택에서 강압이나 회유, 금전 등에 의하여 유권자를 매수할 수 없도록 비밀선거를 보장하여 선거의 자유와 공정성을 동시에 추구하고 있다.

5. 자유선거권

선거권은 기본권으로 그 행사여부는 유권자의 재량사항이다. 따라서 선거권의 불행사에 대하여 법적 제재와 함께 선거의 의무를 부과하여 투표율저하를 예방하려는 시도는 자유선거권을 침해하여 위헌이다.

여기서 선거권의 불행사와 포기는 구별하여야 한다. 선거권의 포기는 사적자치에 의하여 유권자의 의사에 의한 법적으로 유효한 선거권상실을 의미하는 것이다. 그러나 선거권은 다른 기본권과 달리 공동체형성에 관한 객관적 성격이 강한 권리라는 점에서 선거권의 포기는 헌법상 허용되지 않는다고 보아야 한다.

Ⅲ. 공직선거법의 문제점과 헌재결정에 의한 선거의 자유 확대

선거권을 구체화한 공직선거법은 다음과 같은 문제점을 갖고 있다.

1. 공직선거법의 문제점

공직선거법은 선거의 자유와 공정을 입법목적으로 하고 있다.[3] 그러나 입법목적과 달리 공직선거법을 전반적으로 보면 선거의 자유보다는 공정에 비중을 두어 자유로운 선거권을 제약하는 많은 규정을 볼 수 있다. 예컨대, 선거운동의 개념을 너무 포괄적으로 규정(제58조)하여 정치적 표현의 자유를 제약하고, 선거운동기간이 지나치게 짧고, 그 기간에만 오프라인 선거운동을 허용(제59조)하여 드루킹의 댓글조작사건처럼 편법적인 온라인 선거운동에는 무방비한 점, 입후보자의 선거운동에 대한 절차적인 요건을 엄격하게 적용하여 선거경비공영제를 무색하게 하는 규정(제71조 제10항의 신고위반에 대한 제122조의2 제2항 제3호의 제재) 등이 그것이다.

과거 우리는 관권선거, 금권선거 등으로 선거의 부정으로 대의민주주의가 왜곡된 헌정사를 갖고 있다. 이러한 점에서 선거의 공정성을 강조하는 것은 우리의 헌정사와 관련하여 지나친 것은 아니었다. 하지만 민주화 정권이 탄생한 지도 30여년이 지나가는 시점에 선거의 자유보다 공정을 강조하는 입법으로 선거권을 구체화하는 것은 선거권을 기본권으로 존중하기 보다는 여하한 정권담당자든 단순히 선출하기 위한 수단으로 평가절하하여 법률상의 권리로 전락시키는 것이다. 이러한 점에서 헌재가 선거의 자유를 강조하며 공직선거법의 많은 규정들에 대해 위헌결정을 하는 것은 선거로 선출된 국회가 방기한 선거권의 합헌적 형성에 경종을 울리는 반가운 현상이다.

2. 헌재결정에 나타난 공직선거법의 심사강도와 선거의 자유 확대

(1) 심사강도

선거란 국민주권주의에 기초한 국민의 주권적 의사표현이다. 따라서 선거에 참여하는 모든 국민은 선거운동의 자유를 향유하는 바, 이는 표현의 자유의 한 내용으로서 정치적 표현의 자유에 해당하며 선거권의 중요한 내용을 형성한다. 하지만 선거의 공정과의 조화도 요구되어 그 구체적 입법에 대하여는 입법자의 형성권이 존중되지 않을 수 없다. 선거운동을 제한하는 입법에 대한 심사는 선거운동의 자유와 선거의 공정과의 조화가 요구되어 헌재결정에 따라 심사의 밀도가 엄격 심사와 합리성 심사로 다양하게 나타나고 있다.[4]

---

3) 즉 공직선거법 제1조는 "선거가 국민의 자유로운 의사와 민주적인 절차에 의하여 공정히 행하여지도록 하고, 선거와 관련한 부정을 방지함으로써 민주정치의 발전에 기여함을 목적으로 한다."고 규정하여 이를 천명하고 있다.

4) 예컨대, 과실범이나 가석방된 자를 포함하여 금고이상의 형을 받고 그 집행이 종료되지 아니한 자는 선거권이 없다는 공직선거법 제18조 제1항 제2호에 관한 헌재 2009. 10. 29. 2007헌마1462. 이 결정은 이후 헌재결 2014. 1. 28. 2012헌마409 등, 판례집 26-1상, 136 [위헌,헌법불합치]로 변경

(2) 온라인 선거운동의 상시허용

선거일전 180일부터 선거일까지 선거에 영향을 미치게 하기 위하여 정당 또는 후보자를지지·추천하거나 반대하는 내용이 포함되어 있거나 정당의 명칭 또는 후보자의 성명을 나타내는 문서·도화의 배부·게시 등을 금지하고 처벌하는 공직선거법 제93조 제1항 및 제255조 제2항 제5호 중 제93조 제1항의 각 '기타 이와 유사한 것' 부분에 '정보통신망을 이용하여 인터넷 홈페이지 또는 그 게시판·대화방 등에 글이나 동영상 등 정보를 게시하거나 전자우편을 전송하는 방법'('인터넷')이 포함된다고 해석한다면, 과잉금지원칙에 위배하여 정치적 표현의 자유 내지 선거운동의 자유를 침해하는 것이 보았다.[5]

이 한정위헌결정에 따라 누구든지 선거일에 상관없이 정보통신망을 이용하여 인터넷홈페이지 또는 그 게시판·대화방 등에 글이나 동영상 등 정보를 게시하거나 전자우편을 전송하는 방법을 이용하여 선거운동을 할 수 있다.

(3) 공무원의 선거운동의 자유 확대

공무원은 선거운동의 기획에 참여하거나 그 기획의 실시에 관여하는 행위를 하여서는 안 된다는 공직선거법 제86조 제1항 제2호는 공무원이 '그 지위를 이용하여' 하는 선거운동의 기획행위 외에 사적인 지위에서 하는 선거운동의 기획행위까지 포괄적으로 금지하는 것에서 비롯된 것이므로, 이 법률조항은 공무원의 지위를 이용하지 아니한 행위에까지 적용하는 한 헌법에 위반된다고 판시[6]하였다. 이 결정에 따라 사인으로서 공무원의 선거운동의 자유가 보장되었다.

(4) 언론인의 선거운동의 자유 확대

헌재는 인터넷신문뿐만 아니라 공중파방송, 뉴스통신 등으로 언론인의 범위가 과거와 달리 대폭 증가한 현실을 외면한 채 언론인의 선거운동의 자유를 제

되었다.

5) 헌재결 2011. 11. 29. 2007헌마1001 등(병합). 헌재판례집 23-2(하), 739면 이하(764면). 공직선거법 제93조 제1항에 대한 한정위헌결정.

6) 헌재결 2008. 5. 29. 2006헌마1096. 이 사건 법률조항은 소위 관권선거나 공적 지위에 있는 자의 선거 개입의 여지를 철저히 불식시킴으로써 선거의 공정성을 확보하기 위하여 공무원에 대하여 선거운동의 기획에 참여하거나 그 기획의 실시에 관여하는 행위를 전적으로 금지하고 있다. 그런데 선거의 공정성을 확보하기 위하여 선거에 대한 부당한 영향력의 행사 기타 선거결과에 영향을 미치는 행위를 금지하여 선거에서의 공무원의 중립의무를 실현하고자 한다면, 공무원이 '그 지위를 이용하여' 하는 선거운동의 기획행위를 막는 것으로도 충분하다. 이러한 점에서 이 사건 법률조항은 수단의 적정성과 피해의 최소성 원칙에 반한다.

한하고 공정성을 과잉보호하는 공직선법규정에 대해 위헌결정[7]을 하여 선거운동의 자유를 확대하고 있다.

(5) 소 결

살펴본 바와 같이 선거의 자유를 우선으로 하고 공정을 보충적으로 보호하는 체제로 공직선거법의 전면적인 개정이 요구되는 바이다. 이는 기본권으로서의 선거권구체화입법의 옳은 방향이기도 하다.

제 2 절 공무담임권

Ⅰ. 의의와 헌법규정

헌법 제25조는 "모든 국민은 법률이 정하는 바에 의하여 공무담임권을 가진다."고 하여 공무담임권을 기본권으로 보장하고 있다. 공무담임권이란 행정부뿐만 아니라 입법부·사법부·지방자치단체와 기타 일체의 공공단체의 직무를 담임하는 권리를 말한다. 임용시험 등에 의하여 공무를 담당할 권리를 포함하므로 피선거권보다 넓은 개념이다.

공무담임권과 직업공무원제도는 권리와 제도로서 상호보완적인 관계에 있다. 즉 직업공무원제도의 최소한의 입법형성에 의해 공무담임권의 보호내용이 구체화되는 관계에 있다.

이러한 점에서 헌재가 공무담임권의 구체화입법에 대한 통제는 직무의 본질에 반하지 아니하고 결과적으로 다른 기본권의 침해를 야기하지 아니하는 한 상

7) 헌재결 2016. 6. 30. 2013헌가1, 판례집 28-1하, 413 [위헌]. 결정이유를 요약하면 다음과 같다. 첫째, 언론기관, 그 중에서도 등록을 기준으로 하는 신문이나 인터넷신문 등의 경우에는 대체로 증가 추세에 있다. 이와 같이 언론인은 양적으로 증가했을 뿐 아니라 개념적으로도 변화하고 있다. 특히 인터넷신문을 중심으로 일반 시민과 언론인의 경계가 점차 불분명해지고 있다. 둘째, 언론인의 선거운동을 전면적으로 제한하고 위반 시 처벌하는 제도는 찾아보기 어렵다. 셋째, 처음 언론인의 선거운동을 금지할 당시의 정치·사회적 배경과는 달리 오늘날 언론매체는 매우 다양화되었고, 시민이 언론 형성 과정에 적극 참여하는 것이 보편화되었다. 이러한 점을 감안할 때 언론인의 선거 개입 내지 편향된 영향력 행사를 배제하여 선거의 공정성을 확보한다는 공익은 법의 다른 규정들로도 충분히 확보될 수 있으므로 공직선거법 제60조 제1항 제5호는 해당하는 모든 언론인에 대하여 언론매체를 이용하지 아니하고 순전히 개인적으로 하는 선거운동까지 일절 금지하는 것은 선거운동의 자유라는 개인의 기본권을 중대하게 제한하는 것이다.

대적으로 강한 합헌성이 추정될 것이므로, 주로 평등의 원칙이나 목적과 수단의 합리적인 연관성여부가 심사대상이 될 것이며, 법익형량에 있어서도 상대적으로 다소 완화된 심사를 하게 될 것이라고 판시[8]하고 있는 것이다.

Ⅱ. 보호내용

공무담임권의 보호내용에는 공직취임기회의 자의적 배제금지, 공무원의 부당한 신분박탈 금지, 권한의 부당한 정지를 들 수 있다.[9]

1. 공직취임기회의 자의적 배제금지

정당의 당내경선에 참여하였다가 탈락한 자는 당해 정당의 후보자로 등록할 수 없어(공직선거법 제57조의2 제2항) 피선거권을 박탈당하는 경우, 언어장애인 후보자의 선거운동에 있어 정상인과 같은 선거운동방법만 인정(제62조 제2항 제4호 및 제7호)하여 자의적 차별로 공무담임권에 중대한 제약[10]을 당한 것, 간선제 총장후보자선출제도에서 기탁금을 부과하는 것,[11] 5급과 7급 공무원임용시험에서 연령체계를 고려하지 않고 5급보다 7급 공무원 응시연령의 상한을 더 높게 책정한 것 등에 대하여 응시자를 차별하여 공무담임권을 침해하는 것으로 판시[12]하고 있다.

2. 공무원의 부당한 신분박탈 금지

공무원의 부당한 신분박탈 금지에 해당되는 것으로 지방자치단체의 장은 선거구역이 당해 지방자치단체의 관할구역과 같거나 겹치는 지역구국회의원선거

---

8) 헌재결 2002.10.31. 2001헌마557, 판례집 14-2, 541, 550-550.

9) 헌재결 2002. 8. 29. 2001헌마788등, 판례집 14-2, 219, 224; 2005. 5. 26. 2002헌마699등, 판례집 17-1, 734, 743; 헌재 2005. 10. 27. 2004헌바41, 판례집 17-2, 292, 303-304; 헌재 2006. 5. 25. 2004헌바12, 판례집 18-1하, 58, 64; 2007. 6. 28. 2005헌마1179, 공보 제129호, 787.

10) 헌재 2009. 2. 26. 2006헌마626. 헌재판례집 21-1(상), 221면 이하. 4인 재판관의 반대의견임. 헌재는 이에 대하여 평등권이나 공무담임권침해가 아니라 판시하고 있다.

11) 헌재결 2018. 4. 26. 2014헌마274, 공보 제259호, 724. 현행 총장후보자 선정규정에 따르면 총장후보자는 간선제 방식에 따라 선출하고, 지원자에게 허용되는 선거운동 방법은 총장후보자 추천위원회 위원을 대상으로 한 합동연설회밖에 없다. 이러한 현행 간선제 방식 하에서는 지원자들의 무분별한 난립과 선거 과열 문제가 발생할 여지가 적다. 연혁적으로 보더라도 과거 직선제 방식을 취하면서 두었던 기탁금제도가 현행 간선제 방식 하에서 어떠한 필요성에 근거하여 규정된 것인지 이를 명시적으로 설명하고 있는 자료를 찾아보기 어렵다.

12) 헌재결 2008. 5. 29. 2007헌마1105, 판례집 20-1하, 329.

에 입후보하고자 하는 때에는 당해 선거의 선거일전 180일까지 그 직을 그만두어야 한다고 규정(공직선거법 제53조 제3항)한 것[13]과 국회의원 임기만료일 전 180일 이내에 비례대표국회의원에 궐원이 생긴 경우에 궐원된 국회의원 의석의 승계는 허용되지 않는다고 규정(공직선거법 제200조 제2항 단서)한 것,[14] 금고 이상의 형의 선고유예를 받은 경우에는 공무원직에서 당연히 퇴직하는 것으로 규정한 지방공무원법규정,[15] 금고 이상의 형의 선고유예를 받은 경우에는 공무원직에서 당연히 퇴직하는 것으로 규정한 국가공무원법규정,[16] 경찰공무원이 자격정지 이상의 형의 선고유예를 받은 경우 당연퇴직하도록 규정하고 있는 경찰공무원법규정,[17] 금고 이상의 형의 선고유예를 받은 경우에는 군무원직에서 당연히 퇴직하는 것으로 규정한 구 군무원인사법규정[18]에 대해 모두 같은 취지[19]로

---

13) 헌재결 2003.9. 25. 2003헌마106. 이 사건 조항은 선거일 전 60일까지 사퇴하면 되는 다른 공무원과 비교해 볼 때 지방자치단체장의 사퇴시기를 현저하게 앞당김으로써 청구인들의 공무담임권(피선거권)에 대하여 제한을 가하고 있는 규정이므로, 기본권제한에 관한 과잉금지원칙을 준수하여야 한다. 이 사건 조항의 입법목적은 정당하고, 그 수단의 적정성도 긍정되나, 이 사건 조항은 선거의 공정성과 직무전념성이라는 입법목적 달성을 위한 적절한 수단들이 이미 공선법에 존재하고 있음에도 불구하고 불필요하고 과도하게 청구인들의 공무담임권을 제한하는 것이라 할 것이므로 침해의 최소성 원칙에 위반되고, 이 사건 조항에 의해 실현되는 공익과 그로 인해 청구인들이 입는 기본권 침해의 정도를 비교형량할 경우 양자간에 적정한 비례관계가 성립하였다고 할 수 없어 법익의 균형성 원칙에 위배된다.

14) 헌재결 2009. 6. 25. 2008헌마413. 현행 비례대표선거제하에서 선거에 참여한 선거권자들의 정치적 의사표명에 의하여 직접 결정되는 것은, 어떠한 비례대표국회의원후보자가 비례대표국회의원으로 선출되느냐의 문제라기보다는 비례대표국회의원의석을 할당받을 정당에 배분되는 비례대표국회의원의 의석수라고 할 수 있다. 그런데 심판대상조항은 임기만료일 전 180일 이내에 비례대표국회의원에 궐원이 생긴 때에는 정당의 비례대표국회의원 후보자명부에 의한 의석 승계를 인정하지 아니함으로써 결과적으로 그 정당에 비례대표국회의원의석을 할당받도록 한 선거권자들의 정치적 의사표명을 무시하고 왜곡하는 결과가 된다. 또한, 비례대표국회의원에 궐원이 생긴 때에는 지역구국회의원에 궐원이 생긴 때와는 달리 원칙적으로 상당한 비용이나 시간이 소요되는 보궐선거나 재선거가 요구되지 아니하고 정당이 제출한 후보자명부에 기재된 순위에 따라서 간명하게 승계 여부가 결정되는 점, 국회의원으로서의 의정활동준비나 업무수행이 임기만료일 전부터 180일이라는 기간 내에는 불가능하다거나 현저히 곤란한 것으로 단정하기는 어려운 점 등을 종합해 볼 때, '임기만료일 전 180일 이내에 비례대표국회의원에 궐원이 생긴 때'를 일반적인 경우와 달리 취급하여야 할 합리적인 이유가 있는 것으로 보기도 어렵다. 더욱이 임기만료일 전 180일 이내에 비례대표국회의원에 상당수의 궐원이 생길 경우에는 의회의 정상적인 기능수행을 부당하게 제약하는 결과를 초래할 수도 있다. 따라서 심판대상조항은 선거권자의 의사를 무시하고 왜곡하는 결과를 낳을 수 있고, 의회의 정상적인 기능 수행에 장애가 될 수 있다는 점에서 헌법의 기본원리인 대의제 민주주의 원리에 부합되지 않는다고 할 것이다.

15) 헌재결 2002. 8. 29. 2001헌마788 등, 판례집 14-2, 219.

16) 헌재결 2003. 10. 30. 2002헌마684 등, 판례집 15-2하, 211.

17) 헌재결 2004. 9. 23. 2004헌가12, 공보 제97호, 962.

18) 헌재결 2007. 6. 28. 2007헌가3, 판례집 19-1, 802.

19) 금고 이상의 형의 선고유예를 받은 경우라고 하여도 범죄의 종류, 내용이 지극히 다양한 것이므로 그에 따라 국민의 공직에 대한 신뢰 등에 미치는 영향도 큰 차이가 있는 것이다. 따라서 입법자로서는 국민의 공직에 대한 신뢰보호를 위하여 해당 공무원이 반드시 퇴직하여야 할 범죄의

공무담임권침해를 판시하고 있다.

하지만 헌재는 범죄의 수사와 공소제기 업무를 담당하는 검사의 지위와 위상을 고려할 때, 검사가 중대한 비위행위를 하였음에도 계속 그 직무를 수행하도록 한다면 검찰의 직무와 사법질서에 대한 국민의 불신이 초래된다는 점에서, 검사에 대한 징계로서 "면직" 처분을 인정하는 검사징계법조항은 과잉금지원칙에 반하여 공무담임권을 침해한다고 할 수 없다[20]고 신분박탈을 정당화하였다.

3. 권한의 부당한 정지

이에 해당하는 헌재결정으로는 지방자치단체의 장이 금고 이상의 형을 선고받고 그 형이 확정되지 아니한 경우 부단체장이 그 권한을 대행하도록 규정한 지방자치법 제111조 제1항 제3호가 자치단체장인 청구인의 공무담임권을 침해하는 것으로 판시[21]한 반면에 지방자치단체의 장이 '공소 제기된 후 구금상태에

유형, 내용 등으로 그 당연퇴직의 사유 및 범위를 가급적 한정하여 규정하였어야 할 것이다. 그런데 위 규정은 금고 이상의 선고유예의 판결을 받은 모든 범죄를 포괄하여 규정하고 있을 뿐 아니라, 심지어 오늘날 누구에게나 위험이 상존하는 교통사고 관련 범죄 등 과실범의 경우마저 당연퇴직의 사유에서 제외하지 않고 있으므로 최소침해성의 원칙에 반한다. 오늘날 사회구조의 변화에 따른 공무원 수의 대폭적인 증가 및 민간기업조직의 대규모화, 전문화 등, 사회전반의 변화로 인하여 공직은 더 이상 사회적 엘리트로서의 명예직으로 여겨질 수 없는 상황이고, 따라서 '모든 범죄로부터 순결한 공직자 집단'이라는 신뢰를 요구하는 것은 지나치게 공익만을 우선한 것이다. 다른 한편, 현대민주주의 국가에 이르러서는 특히 사회국가원리에 입각한 공직제도의 중요성이 강조되면서 개개 공무원의 공무담임권 보장의 중요성이 더욱 큰 의미를 가지고 있다. 더욱이, 위 규정은 지방공무원의 당연퇴직사유를 공무원 채용시의 임용결격사유와 동일하게 규정하고 있는데, 일단 공무원으로 채용된 공무원을 퇴직시키는 것은 공무원이 장기간 쌓은 지위를 박탈해 버리는 것이므로 같은 입법목적을 위한 것이라고 하여도 당연퇴직사유를 임용결격사유와 동일하게 취급하는 것은 타당하다고 할 수 없다. 헌재 2003. 10. 30. 2002헌마684 등, 판례집 15-2하, 211.

20) 헌재결 2011. 12. 29. 2009헌바282, 판례집 23-2하, 547.

21) 헌재결 2010. 9. 2. 2010헌마418, 판례집 22-2상, 526 [헌법불합치]. 자치단체장직에 대한 공직기강을 확립하고 주민의 복리와 자치단체행정의 원활한 운영에 초래될 수 있는 위험을 예방하기 위한 입법목적을 달성하기 위하여 자치단체장을 직무에서 배제하는 수단을 택하였다 하더라도, 금고 이상의 형을 선고받은 자치단체장을 다른 추가적 요건 없이 직무에서 배제하는 것이 위 입법목적을 달성하기 위한 최선의 방안이라고 단정하기는 어렵고, 특히 이 사건 청구인의 경우처럼, 금고 이상의 형의 선고를 받은 이후 선거에 의하여 자치단체장으로 선출된 경우에는 '자치단체행정에 대한 주민의 신뢰유지'라는 입법목적은 자치단체장의 공무담임권을 제한할 적정한 논거가 되기 어렵다. 또한, 금고 이상의 형을 선고받았더라도 불구속상태에 있는 이상 자치단체장이 직무를 수행하는 데는 아무런 지장이 없으므로 부단체장으로 하여금 그 권한을 대행시킬 직접적 필요가 없다는 점, 혹시 그러한 직무정지의 필요성이 인정된다 하더라도, 형이 확정될 때까지 기다리게 되면 자치단체행정의 원활한 운영에 상당한 위험이 초래될 것으로 명백히 예상된다거나 회복할 수 없는 공익이 침해될 우려가 있는 제한적인 경우로 한정되어야 한다는 점, 금고 이상의 형을 선고받은 범죄가 해당 자치단체장에 선출되는 과정에서 또는 선출된 이후 자치단체장의 직무에 관련하여 발생하였는지 여부, 고의범인지 과실범인지 여부 등 해당 범죄의 유형과 죄질에 비추어 형이 확정되기 전이라도 미리 직무를 정지시켜야 할 이유가 명백한 범죄를 저질렀을 경우로만 한정할 필요도 있는 점 등에 비추어 볼 때, 이 사건 법률조항은 필요최소한의 범위를 넘어선 기본권제한에 해당

있는 경우' 부단체장이 그 권한을 대행하도록 규정한 지방자치법 제111조 제1항 제2호가 자치단체장의 공무담임권을 침해하지 않는 것으로 판시[22]하고 있다.

할 뿐 아니라, 이 사건 법률조항으로 인하여 해당 자치단체장은 불확정한 기간 동안 직무를 정지당함은 물론 주민들에게 유죄가 확정된 범죄자라는 선입견까지 주게 되고, 더욱이 장차 무죄판결을 선고받게 되면 이미 침해된 공무담임권은 회복될 수도 없는 등의 심대한 불이익을 입게 되므로, 법익균형성 요건 또한 갖추지 못하였다. 따라서 이 사건 법률조항은 자치단체장인 청구인의 공무담임권을 침해한다.

22) 헌재결 2011. 4. 28. 2010헌마474, 판례집 23-1하, 126.

제10장 청 구 권

제1절 청 원 권

Ⅰ. 의의와 기능

우리 헌법은 제26조에 청원권을 기본권으로 규정하고 청원에 관한 사항을 청원법에서 구체화하고 있다. 청원권이란 국민이 국가기관에 대하여 의견이나 희망을 진술할 권리이다. 청원은 자유롭게 희망을 진술하고 국가가 이에 대하여 수리하고 심사할 의무가 있으나 재결이나 결정이 필수적이 아닌 점에서 행정심판이나 행정소송과 다르다.

청원권은 주관적 공권으로서 권리보호기능을 수행한다. 청원권을 의회에 행사하는 경우 의회통제의 기능을 강화한다. 의회의 대정부질문으로 행정부도 설명의무를 부담하지 않을 수 없다. 이러한 점에서 청원권은 통합과 민주적인 기제(Mechanismen)에 참여기능을 수행한다. 헌법 제26조의 청원권행사에 의한 민주적 참여기능은 내국인만이 아니라 외국인에게도 보장되어야 하므로 인권의 본질을 갖는 것으로 보아야 한다.

Ⅱ. 법적 성격

청원권은 원칙적으로 내용과 형식에 구속을 받지 않고 직접 국가에 대하여 국민의 불만과 고충을 진술하고 이의 시정을 요구할 수 있는 기본권으로서, 국가의 간섭이나 방해를 받지 않고 자유롭게 국가기관에 청원을 할 권리와 국가에 의한 청원의 처리를 요구하는 권리를 내용으로 한다.[1] 여기서 자유권적 성격과 청구권적 성격이 나온다.

---

1) 헌재결 2006. 6. 29. 2005헌마604, 판례집 18-1하, 487.

1. 자유권적 성격

청원권은 청원을 이유로 국가로 부터 부당한 압력을 받지 않을 소극적인 자유권적 성격을 갖는다. 청원법 제12조는 "누구든지 청원을 하였다는 이유로 차별대우를 받거나 불이익을 강요당하지 아니한다."고 규정하여 이를 확인하고 있다. 특별신분관계에 있는 재소자, 군인 등의 경우 의미 있는 규정이다.

2. 청구권적 성격

청원권을 행사한 경우 청원의 처리요구를 할 수 있는 청구권적 성격을 본질로 한다. 헌법도 "국가는 청원에 대하여 심사할 의무를 진다."(제26조 제2항)고 규정하고 청원법에서는 이를 구체화하여 "청원을 수리한 기관은 성실하고 공정하게 청원을 심사 · 처리하여야 한다."(제9조 제1항), "청원을 관장하는 기관이 청원을 접수한 때에는 특별한 사유가 없는 한 90일 이내에 그 처리결과를 청원인에게 통지하여야 한다."(제9조 제2항)고 규정하고 있다.

3. 참정권적 성격

청원권은 대의민주주의를 원칙으로 하는 국가권력의 운영방식에 대하여 형식에 구애받지 않고 수시적으로 국민들이 의견을 개진할 수 있도록 보장함으로써 직접민주주의의 요소를 갖는 참정권적 성격을 갖는다.[2)]

Ⅲ. 보호내용

1. 청원은 수리 · 심사 · 처리결과 통지를 요구할 수 있는 권리

청원권은 주관적 공권이지만 이에 국한되는 것은 아니다. 즉 권리 또는 이익이 반드시 침해됨을 필요로 하지 않고 제3자를 위하거나 공공의 이익을 위하여서도 청원을 할 수 있다. 헌재도 "국민은 여러 가지 이해관계 또는 국정에 관하여 자신의 의견이나 희망을 해당 기관에 직접 진술하는 외에 그 본인을 대리하거나 중개하는 제3자를 통해 진술하더라도 이는 청원권으로서 보호된다."고 판

---

2) 헌재 1999. 11. 25. 97헌마54, 판례집 11-2, 583, 591. 청원권은 국민과 국가 간의 접촉을 강화하기 위한 수단, 즉 국가의 의사형성에 국민의 다원적인 의견이나 희망을 직접 전달할 수 있는 유일한 수단이라는 점에서 그 의의를 찾을 수 있다.

시[3]하고 있다. 이러한 점에서 청원권은 표현의 자유와 마찬가지로 민주주의실현을 위한 공적 기능도 수행한다. 따라서 순수한 정보청구나 의사표현은 표현의 자유의 보호범위에 속하지만 청원권행사에 있어서 그것은 양 기본권이 경합되므로 의사표현이 강하게 보호되어야 한다.

2. 청원의 대상은 모든 국가기관의 권한

청원의 대상은 의회, 행정부, 사법부 등 모든 국가기관의 권한, 즉 작위뿐만 아니라 부작위에 대하여도 할 수 있다. 청원권은 또한 의견이나 희망을 진술할 권리로서 과거나 미래의 국가기관의 행위를 대상으로 할 수도 있다. 청원법 제4조[4]는 예시규정으로 청원에는 법적 제한이 없다고 보아야 한다. 그 이유로 첫째, 청원은 지금까지 법적으로 금지된 것을 허용할 것을 희망하는 의견개진으로 이에 대한 논의를 촉발하는 계기로서 기능해야 하고 둘째, 청원불수리사항으로 예컨대, 청원이 허위의 사실로 타인으로 하여금 형사처분 또는 징계처분을 받게 하거나 국가기관 등을 중상모략하는 사항인 때(제5조 제1항 제2호)에 대한 것은 청원접수단계에서가 아니라 청원의 법적 효과나 제한의 정당성단계에서나 판단할 수 있는 것이다. 국가기관 모독 등에 관한 처벌규정인 구 형법 제104조의2는 표현의 자유를 침해하는 것으로 위헌결정[5]된 바 있다. 청원권행사를 타인무고의 경우에 제한하는 것도 형법적 판단에 의한 것으로 충돌하는 헌법적 법익보호의 필요가 있는 경우에나 가능한 것이다.

청원은 사법부, 입법부에 대한 비형식적인 권리구제수단이다. 청원은 재판청구권과 같이 당사자의 권리구제의 효과에 있어서는 불확실하지만 청원권의 행사는 오히려 자유롭다. 예컨대 판결의 기판력으로 인하여 사법부는 자기교정의 기회를 갖기 곤란하고 의회도 권력분립원칙으로 사법부판결에 개입하기 어렵다.

---

3) 헌재결 2005. 11. 24. 2003헌바108, 판례집 17-2, 409, 416. 헌재결 2012. 4. 24. 2011헌바40, 판례집 24-1하. 107. 공무원이 취급하는 사건 또는 사무에 관하여 사건 해결의 청탁 등을 명목으로 금품을 수수하는 행위를 규제하는 구 변호사법이 일반적 행동의 자유와 청원권을 침해하는지 여부(소극).

4) 청원법 제4조: 청원은 다음 각 호의 어느 하나에 해당하는 경우에 한하여 할 수 있다.
1. 피해의 구제
2. 공무원의 위법·부당한 행위에 대한 시정이나 징계의 요구
3. 법률 · 명령 · 조례 · 규칙 등의 제정 · 개정 또는 폐지
4. 공공의 제도 또는 시설의 운영
5. 그 밖에 국가기관 등의 권한에 속하는 사항

5) 헌재결 2015. 10. 21. 2013헌가20, 판례집 27-2상, 700.

하지만 사법부의 법적 권한에 대한 의회에 청원은 관련법 개정에 대한 논의를 시작하는 계기가 될 수 있다.

3. 절　차

국회에의 청원은 의원의 소개를 얻어 청원서를 제출하도록 규정한 국회법 제123조 제1항이 청원권을 침해하는지 여부에 대하여 헌재[6]는 소극적으로 보고 있다. 그 이유로 "청원권의 구체적 내용은 입법활동에 의하여 형성되며, 입법형성에는 폭넓은 재량권이 있으므로 입법자는 청원의 내용과 절차는 물론 청원의 심사 · 처리를 공정하고 효율적으로 행할 수 있게 하는 합리적인 수단을 선택할 수 있는 바, 의회에 대한 청원에 국회의원의 소개를 얻도록 한 것은 청원심사의 효율성을 확보하기 위한 적절한 수단이다."고 판시하고 있다.

하지만 살펴본 청원권의 자유권, 청구권, 참정권정 성격을 고려하면 절차적 요건에 의하여 청원을 제한하는 것은 청원권의 본질내용에 대한 침해다. 입법에의 청원권은 대의민주주의를 보완하는 직접민주주의의 요소로서 국민과 국가간의 접촉을 강화하기 위한 수단, 즉 국가의 의사형성에 국민의 다원적인 의견이나 희망을 직접 전달할 수 있는 유일한 수단이라는 점을 강조하지 않을 수 없다.

4. 심　사

헌법재판소는 청원에 대하여 국가기관이 청원거부사유를 명시하지 아니하고 청원인에 처리결과를 통지하여도 이는 헌법소원의 대상이 아니라 판시[7]하고 있으나 행정편의주의 및 동화적 통합의 관점에서 문제가 있다.

---

6) 헌재결 97헌마54; 2005헌마604.

7) 헌재결 2000. 6. 1. 2000헌마18; 1997. 7. 16. 선고 93헌마239. 헌법상 보장된 청원권은 공권력과의 관계에서 일어나는 여러 가지 이해관계, 의견, 희망 등에 관하여 적법한 청원을 한 모든 국민에게 국가기관이 청원을 수리할 뿐만 아니라 이를 심사하여 청원자에게 그 처리결과를 통지할 것을 요구할 수 있는 권리를 말하나, 청원사항의 처리결과에 심판서나 재결서에 준하여 이유를 명시할 것을 요구하는 것은 청원권의 보호범위에 포함되지 아니하므로, 청원소관관서는 청원법이 정하는 절차와 범위 내에서 청원사항을 성실 · 공정 · 신속히 심사하고 청원인에게 그 청원을 어떻게 처리하였거나 처리하려 하는지를 알 수 있는 정도로 결과통지함으로써 충분하다.

제 2 절 재판청구권

Ⅰ. 의의와 기능

재판청구권은 Magna Carta 이후 권리청원 등에서 최초 보장된 것으로 우리 헌법에서도 기본권으로 규정하고 있다. 재판청구권에 관한 헌법 제27조는 "모든 국민은 헌법과 법률이 정한 법관에 의하여 법률에 의한 재판을 받을 권리를 가진다(제1항). 군인 또는 군무원이 아닌 국민은 대한민국의 영역 안에서는 중대한 군사상 기밀 · 초병 · 초소 · 유독음식물공급 · 포로 · 군용물에 관한 죄 중 법률이 정한 경우와 비상계엄이 선포된 경우를 제외하고는 군사법원의 재판을 받지 아니한다(제2항). 모든 국민은 신속한 재판을 받을 권리를 가진다. 형사피고인은 상당한 이유가 없는 한 지체없이 공개재판을 받을 권리를 가진다(제3항). 형사피고인은 유죄의 판결이 확정될 때까지는 무죄로 추정된다(제4항). 형사피해자는 법률이 정하는 바에 의하여 당해 사건의 재판절차에서 진술할 수 있다(제5항)."고 규정하고 있다.

재판청구권은 공권력의 행사로 인한 주관적 권리침해에 대한 방어수단으로서 재판청구권을 헌법상 주관적 공권으로 고양하여 이중의 주관적 권리보호를 목적으로 한다.

재판청구권은 소의 이익, 원고적격 등 소송요건을 갖추어야 원칙적으로 행사할 수 있는 것으로 이는 민중소송으로 변질되어 남소를 방지하기 위한 것이다. 하지만 재판청구권은 재산권, 혼인의 권리와 같이 제도와 권리의 성격의 병존하는 기본권으로 헌법상 최소한 보장을 내용으로 한다. 따라서 입법자에게는 최소한 보장을 상회하는 재판청구권을 입법으로 형성할 수 있는 재량권을 행사할 수 있다. 예컨대, 환경법에서 주관적인 권리침해와 상관없이 자연보호를 위해 단체소송 내지 시민소송을 추진하는 입법이 그것이다. 이는 법치국가원리의 객관적인 목적과 공동체보호에도 적절한 것이다.

재판청구권은 인권의 속성을 갖는 기본권으로 국민, 법인, 외국인도 행사할 수 있다. 외국인의 경우 국제인권규약 B규약 제1조에서 주체로 규정하고 있다.

Ⅱ. 법적 성격

1. 청구권적 성격

재판청구권은 헌법상 기본권으로 고양하여 공권력의 행사, 불행사로 인한 주관적 권리침해에 대한 방어수단으로서 보장하고 있다. 이러한 점에서 구체적인 입법형성에 상관없이 공권력에 대하여 직접 효력을 갖는 청구권으로 해석해야 한다.

2. 절차적 기본권

재판청구권은 실질적 기본권을 보장하기 위한 형식적·절차적 기본권의 성격을 갖는다. 입법자는 과소보호금지원칙에 반하지 않는 한도에서 절차에 관한 입법형성의무를 부담한다.

3. 제도보장

재판청구권은 절차적인 객관적인 기본권으로서 제도보장의 성격을 내재하고 있다. 따라서 헌재는 재판청구권의 형성입법에 대한 위헌심사를 합리성 내지 자의금지심사로 판시하고 있다.[8)]

Ⅲ. 보호내용

1. 헌법과 법률이 정한 법관에 의한 재판을 받을 권리

(1) 법관에 의한 재판을 받을 권리

법관에 의한 재판을 받을 권리란 법관이 사실을 확정하고 법률을 해석·적용하는 재판을 받을 권리를 말한다. 이는 재판청구권의 본질내용에 해당한다.[9)] 이

---

8) 헌재결 2005. 5. 26. 2003헌가7, 판례집 17-1, 558; 1998. 9. 30. 97헌바51, 판례집 10-2, 541, 550; 1998. 12. 24. 94헌바46, 판례집 10-2, 842, 851.

9) 헌재결 1995. 9. 28. 92헌가11 등, 판례집 7-2, 264. 법관에 의한 재판을 받을 권리를 보장한다고 함은 결국 법관이 사실을 확정하고 법률을 해석·적용하는 재판을 받을 권리를 보장한다는 뜻이고, 그와 같은 법관에 의한 사실확정과 법률의 해석적용의 기회에 접근하기 어렵도록 제약이나 장벽을 쌓아서는 아니 된다고 할 것이며, 만일 그러한 보장이 제대로 이루어지지 아니한다면 헌법상 보장된 재판을 받을 권리의 본질적 내용을 침해하는 것으로서 우리 헌법상 허용되지 아니한다.

러한 점에서 형사배심재판, 약식절차, 경찰의 통고처분, 즉결심판, 행정심판전치주의 등이 이에 반하는 것인지 문제된다.

배심재판은 배심원의 심의와 평결에 법원이 구속되지 않는 재판(국민의 형사재판참여에 관한 법률 제46조 제5항)으로 법관에 의한 재판을 받을 권리를 침해하지 않으며, 공판 전의 간이소송절차로서의 약식재판과 재정범 및 교통범칙자에 대한 통고처분도 불응시 즉결심판을 거쳐 정식재판의 절차가 보장되어 있어 재판청구권을 침해하는 것이 아니다. 행정심판전치주의는 임의적 절차로 행정법원을 설치하여 행정소송을 3심제로 하고 재판청구권을 실질화하고 있다. 국가배상법상(제9조) 배상심의회결정전치주의도 임의적 절차다.

(2) 법관에 의한 재판을 받을 권리를 침해하는 제도

헌법재판소는 국가배상법(제16조)상 심의회의 배상결정에 신청인이 동의하는 경우 재판상 화해간주제도,[10] 특허청의 행정공무원에 의한 특허쟁송제도,[11] 징계결정이 위법한 경우에 한하여 대법원에 즉시항고를 허용하는 구 변호사징계제도[12]는 법관에 의한 재판을 받을 권리를 침해하는 제도로 판시하였다.

2. 법률에 의한 재판을 받을 권리

헌법과 법률이 정한 실체법과 절차법에 의한 재판을 말한다. 이에는 민사재판, 형사재판, 행정 등 공법재판 및 헌법재판을 권리를 말한다. 하지만 군사법원은 예외법원으로서 헌법이 인정한 예외적인 경우(제27조 제2항)[13]에 한하여 재판을 할 수 있는 것으로 일반국민은 원칙적으로 군사법원의 재판을 받지 않을 권리를 갖는다. 그러나 헌법재판소는 현역병의 군 입대 전 범죄에 대한 군사재판의 정당성을 긍정하고 있다.[14]

---

10) 헌재결 1995. 5. 25. 91헌가7, 판례집 7-1, 598 [위헌].

11) 헌재결 1995. 9. 28. 92헌가11 등, 판례집 7-2, 264 [헌법불합치].

12) 헌재결 2002. 2. 28. 2001헌가18, 판례집 14-1, 98 [위헌].

13) 헌법 제27조 제2항: 군인 또는 군무원이 아닌 국민은 대한민국의 영역 안에서는 중대한 군사상 기밀 · 초병 · 초소 · 유독음식물공급 · 포로 · 군용물에 관한 죄 중 법률이 정한 경우와 비상계엄이 선포된 경우를 제외하고는 군사법원의 재판을 받지 아니한다.

14) 헌재결 2009. 7. 30. 2008헌바162, 판례집 21-2상, 280. 군대는 각종 훈련 및 작전수행 등으로 인해 근무시간이 정해져 있지 않고 집단적 병영(兵營) 생활 및 작전위수(衛戍)구역으로 인한 생활공간적인 제약 등, 군대의 특수성으로 인하여 일단 군인신분을 취득한 군인이 군대 외부의 일반법원에서 재판을 받는 것은 군대 조직의 효율적인 운영을 저해하고, 현실적으로도 군인이 수감 중인 상태에서 일반법원의 재판을 받기 위해서는 상당한 비용·인력 및 시간이 소요되므로 이러한 군의 특수성 및 전문성을 고려할 때 군인신분 취득 전에 범한 죄에 대하여 군사법원에서 재판을 받

3. 공정하고도 신속한 공개재판을 받을 권리

재판을 받을 권리는 사법절차적 기본권으로 분쟁해결의 신속, 공정을 담보하기 위하여 신속재판, 공정재판, 공개재판을 원칙으로 한다. 우리 헌법도 이에 대하여 명문화(제27조 제3항)[15]하고 있다.

헌법재판소는 수형자인 청구인이 헌법소원 사건의 국선대리인인 변호사를 접견함에 있어서 그 접견내용을 녹음, 기록한 녹취행위,[16] 변호사와 접견하는 경우에도 수용자의 접견은 원칙적으로 접촉차단시설이 설치된 장소에서 하도록 규정하고 있는 형의 집행 및 수용자의 처우에 관한 법률 시행령[17], 형사보상의 청구에 대하여 한 보상의 결정에 대하여는 불복을 신청할 수 없도록 하여 형사보상의 결정을 단심재판으로 규정한 형사보상법,[18] 수형자와 소송대리인인 변호사의 접견을 일반 접견에 포함시켜 시간은 30분 이내로, 횟수는 월 4회로 제한한 구 '형의 집행 및 수용자의 처우에 관한 법률 시행령'[19]에 대하여 재판청구권을 침해하는 것으로 보았다. 이에 반해 비용보상청구권의 제척기간을 무죄판결이 확정된 날부터 6개월로 규정한 형사소송법조항[20]에 대해서는 5인 재판관만 재판청구권을 침해하는 것으로 보았다.

4. 재판확정 전 무죄추정권

우리 헌법은 "형사피고인은 유죄의 판결이 확정될 때까지는 무죄로 추정된다."고 규정(제27조 제4항)하여 무죄추정권을 규정하고 있다. 형사소송법에서도 동일 내용으로 규정(제275조의2)하고 있다. 이는 형사피고인뿐만 아니라 형사피

도록 하는 것은 합리적인 이유가 있다. 또한, 형사재판에 있어 범죄사실의 확정과 책임은 행위 시를 기준으로 하지만, 재판권 유무는 원칙적으로 재판 시점을 기준으로 해야 하며, 형사재판은 유죄인정과 양형이 복합되어 있는데 양형은 일반적으로 재판받을 당시, 즉 선고시점의 피고인의 군인신분을 주요 고려 요소로 해 군의 특수성을 반영할 수 있어야 하므로, 이러한 양형은 군사법원에서 담당하도록 하는 것이 타당하다. 나아가 군사법원의 상고심은 대법원에서 관할하고 군사법원에 관한 내부규율을 정함에 있어서도 대법원이 종국적인 관여를 하고 있으므로 이 사건 법률조항이 군사법원의 재판권과 군인의 재판청구권을 형성함에 있어 그 재량의 헌법적 한계를 벗어났다고 볼 수 없다.

15) 헌법 제27조 제3항: 모든 국민은 신속한 재판을 받을 권리를 가진다. 형사피고인은 상당한 이유가 없는 한 지체없이 공개재판을 받을 권리를 가진다.

16) 헌재결 2013. 9. 26. 2011헌마398, 판례집 25-2하, 26.

17) 헌재결 2013. 8. 29. 2011헌마122, 판례집 25-2상, 494.

18) 헌재결 2010. 10. 28. 2008헌마514 등, 판례집 22-2하, 180.

19) 헌재결 2015. 11. 26. 2012헌마858, 판례집 27-2하, 306.

20) 헌재결 2015. 4. 30. 2014헌바408 등, 판례집 27-1하, 1.

의자도 당연히 무죄추정권을 보장받는 것이다. 무죄추정권은 명문규정이 없는 경우에도 인격권으로 보호되어야 하는 것으로 언론에 의한 유죄확정 전의 보도로 인해 범인낙인효과에 대한 방어수단으로 언론기관에 대하여는 간접적으로 대사인적 효력을 주장할 수 있다. 이에 관한 규정으로 형법상 피의사실공표죄(제126조), 형사소송법상 검사, 사법경찰관리 기타 직무상 수사에 관련 있는 자 등의 피의자의 인권존중의무(제198조) 등이다.

5. 형사피해자의 재판절차진술권

형사피해자는 법률이 정하는 바에 의하여 당해 사건의 재판절차에서 진술할 수 있다(헌법 제27조 제5항). 여기서의 법률유보에 대하여 헌재는 법률에 의한 기본권의 제한을 목적으로 하는 자유권적 기본권에 대한 법률유보의 경우와는 달리 기본권으로서의 재판절차진술권을 보장하고 있는 헌법규범의 의미와 내용을 법률로써 구체화하기 위한 이른바 기본권형성적 법률유보에 해당한다고 보고 있다. 따라서 헌법이 보장하는 형사피해자의 재판절차진술권을 어떠한 내용으로 구체화할 것인가에 관하여는 입법자에게 입법형성의 자유가 부여되고 있으며, 다만 그것이 재량의 범위를 넘어 명백히 불합리한 경우에 비로소 위헌의 문제가 생길 수 있다[21]고 한다. 하지만 이후 헌재는 생명신체와 관련된 형사피해자의 재판절차진술권의 입법형성에 대하여 과소보호금지원칙을 특수한 비례의 원칙으로 보는 견지에서 합리성심사에서 엄격심사로 변경하는 판시[22]를 하고 있다.

6. 법적 청문권

헌재는 재판청구권에는 효율적인 권리구제 내지 권리보호의 요청으로부터 '청문청구권'이라는 절차적 기본권을 포함하고 있다고 보고 있다.[23] 이러한 청문

---

21) 헌재결 2003.09.25. 2002헌마533, 판례집 15-2,479,485-485; 헌재 1993. 3. 11. 92헌마48 판례집 5-1, 121, 130.

22) 헌재결 2009. 2. 26. 2005헌마764 등, 판례집 21-1상, 156. 국민의 생명·신체의 안전은 다른 모든 기본권의 전제가 되며, 인간의 존엄성에 직결되는 것이므로, 단서조항에 해당하지 않는 교통사고로 중상해를 입은 피해자와 단서조항에 해당하는 교통사고의 중상해 피해자 및 사망사고 피해자 사이의 차별 문제는 단지 자의성이 있었느냐의 점을 넘어서 입법목적과 차별 간에 비례성을 갖추었는지 여부를 더 엄격하게 심사하는 것이 바람직하고, 교통사고 운전자의 기소 여부에 따라 피해자의 헌법상 보장된 재판절차진술권이 행사될 수 있는지 여부가 결정되어 이는 기본권 행사에 있어서 중대한 제한을 구성하기 때문에, 이 사건에 대하여는 종전 선례인 헌법재판소 1997. 1. 16. 90헌마110 등 사건의 결정 이후에 변화된 판례에 따라 엄격한 심사기준에 의하여 판단하기로 한다.

23) 헌재결 2004. 9. 23. 2003헌마19. 법원에게는 헌법상의 재판청구권에서 유래하는 판결이유 제

청구권은 법원에서의 법적 청문을 보장하는 권리로서 법적 분쟁의 당사자가 법원의 결정 이전에 판단근거가 된 사실관계와 법률관계에 관하여 진술할 기회를 가질 권리를 본질로 하는바, 이러한 진술권이 효율적으로 행사되도록 하기 위해 청문청구권은 그 내용에 있어 '정보를 구할 권리', '진술할 권리', '진술한 내용의 고려를 요구할 권리'의 3가지 실현단계로 구성되어 있다. 이 중 특히 진술한 내용의 고려를 요구할 권리에 대응하여 당사자의 주장을 고려하여야 할 법원의 의무는 법원이 당사자의 주장을 인식하고 고려했다는 것이 충분히 드러나도록 판결에 이유를 제시할 의무를 통해 구체적으로 표현되고 있다.

제 3 절 형사보상청구권

Ⅰ. 헌법규정

헌법 제28조는 "형사피의자 또는 형사피고인으로서 구금되었던 자가 법률이 정하는 불기소처분을 받거나 무죄판결을 받은 때에는 법률이 정하는 바에 의하여 국가에 정당한 보상을 청구할 수 있다."라고 규정하여 형사보상청구권을 인정하고 있다. 이에 관한 법률로는 형사보상법이 있다.

Ⅱ. 법적 성격

형사보상청구권은 형사사법절차에서의 정당하지 않은 수사와 재판으로 인하여 무고한 국민의 정신적·재산적 피해와 명예회복에 대한 국가의 책임을 기본권인 주관적 공권으로 명문화한 것이다.

따라서 형사사법절차에서 수사와 재판이 위법행위로 인하여 발생한 경우에는 형사보상청구권 이외에 국가배상청구권도 행사할 수 있다(형사보상법 제6조 제1항). 다만 형사보상청구권과 국가배상청구권의 행사원인이 동일한 경우에는

시의무가 부과되어 소액사건의 경우 판결 선고시 이유를 설명하도록 한 소액사건심판법 제11조의 2 제2항에 구체화되어 있다 할 것이다. 이렇게 볼 때 이 사건에서 청구인이 제기한 소액사건의 담당판사가 그 판결을 선고하면서 위와 같은 이유 설명의무를 다하지 아니한 것은 소송당사자인 청구인의 재판청구권을 침해하는 공권력 불행사에 해당한다고 할 것이다.

청구권행사를 이중으로 하더라도 손실전보액수는 최고금액으로 제한한다(형사보상법 제6조 제1항).

Ⅲ. 보호내용

1. 형사피의자와 구금된 피고인

형사피고인이 아닌 형사피의자의 경우에는 법률이 정한 불기소처분을 받은 자에 한정된다. 형사피고인은 구금되어 무죄판결을 받은 경우다. 구금에는 형의 집행 및 형의 집행을 위한 구치, 노역장유치의 집행을 위한 구치, 노역장유치의 집행을 포함한다.

2. 무죄판결 의미와 선고절차의 범위

무죄판결이라 함은 실질적 의미의 무죄판결이며, 당해절차에 의한 무죄판결만이 아니고, 재심 또는 비상상고에 의한 무죄판결도 포함된다(형사보상법 제2조 제1항). 면소 또는 공소기각의 재판을 받은 자도 이러한 재판을 할 만한 사유가 없었더라면 무죄의 재판을 받을 만한 현저한 사유가 있었을 때에는 국가에 대하여 형사보상청구권을 행사할 수 있다(형사보상법 제26조 제1항 제1호).

Ⅳ. 제　　한

형사보상청구권은 법률유보에 따라 행사되므로(헌법 제28조) 그 내용은 법률에 의하여 정해진다. 따라서 입법자는 형사보상의 구체적 내용과 금액 및 절차에 관한 사항에 대하여 입법재량을 갖는다. 이러한 입법을 함에 있어서는 헌법 제37조 제2항의 비례의 원칙이 적용되지만 본질내용형성위반여부의 합리성 심사로 국한된다.

이러한 맥락에서 헌재[24]는 형사보상금을 일정한 범위 내로 한정하고 있는 형

24) 헌재결 2010. 10. 28. 2008헌마514 등, 판례집 22-2하, 180. 형사보상은 형사피고인 등의 신체의 자유를 제한한 것에 대하여 사후적으로 그 손해를 보상하는 것인바, 구금으로 인하여 침해되는 가치는 객관적으로 평가하기 어려운 것이므로, 그에 대한 보상을 어떻게 할 것인지는 국가의 경제적, 사회적, 정책적 사정들을 참작하여 입법재량으로 결정할 수 있는 사항이라 할 것이다. 이러한 점에서 헌법 제28조에서 규정하는 '정당한 보상'은 헌법 제23조 제3항에서 재산권의 침해에 대하여 규정하는 '정당한 보상'과는 차이가 있다 할 것이다. 헌법 제23조 제3항에서 규정하는 '정당한 보

사보상법 제4조 제1항(구금에 대한 보상에 있어서는 그 일수에 따라 1일 5천 원 이상 대통령령이 정하는 금액 이하의 비율에 의한 보상금을 지급한다.)과 형사보상법시행령 제2조(법 제4조 제1항의 규정에 의한 구금에 대한 보상금의 상한은 1일 보상청구의 원인이 발생한 연도의 최저임금법상 일급최저임금액의 5배로 한다.)가 형사보상청구권을 침해하지 않는 것으로 판시하고 있다.

제 4 절 국가배상청구권

Ⅰ. 연혁과 헌법규정

공무원의 불법행위에 대한 국가책임을 인정하는 것은 영미법계와 대륙법계의 입장이 처음에는 달랐다. 영미법계에서는 국가무책임사상(The King can do no wrong)에 입각하여 국가배상청구권을 인정하지 않은 반면에 대륙법계는 피치자를 기속하는 법치국가원리에 의하여 일찍부터 국가배상청구권을 인정하였다. 그러나 근대에 이르러 영미법계에서도 국왕소추법(Crown Proceedings Act, 1947년), 연방불법행위법(Federal Tort Claims Act, 1946년) 등에 의해 국가배상청구권을 인정하기 이르렀다.[25]

우리 헌법도 제29조에서 국가배상청구권을 규정하고 있다. 즉 공무원의 직무상 불법행위로 손해를 받은 국민은 법률이 정하는 바에 의하여 국가 또는 공공단체에 정당한 배상을 청구할 수 있다. 이 경우 공무원 자신의 책임은 면제되지 아니한다(제29조 제1항). 군인 · 군무원 · 경찰공무원 기타 법률이 정하는 자가 전투 · 훈련 등 직무집행과 관련하여 받은 손해에 대하여는 법률이 정하는 보상 외에 국가 또는 공공단체에 공무원의 직무상 불법행위로 인한 배상은 청구할 수

상'이란 원칙적으로 피수용재산의 객관적 재산가치를 완전하게 보상하는 것이어야 하는바(헌재 1995. 4. 20. 93헌바20, 판례집 7-1, 519, 533 참조), 토지수용 등과 같은 재산권의 제한은 물질적 가치에 대한 제한이므로 제한되는 가치의 범위가 객관적으로 산정될 수 있어 이에 대한 완전한 보상이 가능하다. 그런데 헌법 제28조에서 문제되는 신체의 자유에 대한 제한인 구금으로 인하여 침해되는 가치는 객관적으로 산정할 수 없으므로, 일단 침해된 신체의 자유에 대하여 어느 정도의 보상을 하여야 완전한 보상을 하였다고 할 것인지 단언하기 어렵다. 헌법 제23조 제3항에 '보상을 하여야 한다.'라고 규정하는 반면, 헌법 제28조는 '법률이 정하는 바에 의하여 …… 보상을 청구할 수 있다.'라고 규정하고 있는 것은 이러한 점을 반영하는 것이라 할 수 있다.

25) 김철수, 헌법학신론, 1143면.

없다(제29조 제2항).

국가배상청구권도 다른 청구권과 마찬가지로 인권적 성격을 갖는 기본권으로 국민, 법인, 외국인도 그 행사주체로 보아야 한다.

Ⅱ. 법적 성격

국가배상청구권의 법적 성격에 관하여는 공권 또는 사권, 직접효력규정 또는 입법방침규정, 재산권 또는 청구권인지에 대하여 규명될 필요가 있다.

국가배상청구권을 사권으로 보는 학설은 국가가 사용자라는 지위에서 지는 책임이고 국가배상법은 특별사법이라는 논거를 제시하고 있다. 하지만 국가배상청구권은 헌법상 기본권으로 주관적 공권인 기본권의 법적 성격을 특별히 주관적 사권으로 볼 필요는 없다. 국가를 공무원을 채용한 사용자로 보는 것은 국가를 기본권주체로 보아 혼동을 초래할 수 있고, 국가배상법에 의한 국가배상청구권의 성격을 규명하는 것도 법률에 의해 기본권의 성격을 결정하는 주객전도의 모순이 있다. 더구나 사권설이 국가배상청구권의 직접효력을 주장하는 것은 국가배상법보다 기본권의 성격을 먼저 규명하는 것이 논리적이다.

따라서 국가배상청구권은 주관적 공권으로서 국가에 대해 직접효력을 갖는 기본권이다. 또한 국가배상청구권은 경제적 가치 있는 공사법상의 권리로서 재산권으로 볼 수 있다. 하지만 국가배상청구권의 행사로 배상금수령여부가 불분명한 상황에서는 단순히 재화획득에의 기회 내지 기대권에 불과한 것으로 재산권으로 볼 수 없다. 이러한 점에서 국가배상청구권은 원칙적으로 청구권으로 보아야 한다. 헌법제정자도 재산권(제23조)과 구분하여 별도로 규정하여 자유권이 아닌 절차적 기본권인 청구권으로 구분하고자 한 것으로 의도했다고 보아야 한다.

Ⅲ. 보호내용

국가배상청구권은 공무원의 직무상 불법행위로 손해가 발생한 것에 대한 국가의 책임을 보호내용으로 한다.

1. 공무원의 직무행위

공무원이라 함은 국가공무원법, 지방공무원법에 정하는 공무원에 한하지 않고 국가 또는 공공단체를 위하여 공무를 집행하는 일체의 사람, 즉 공무집행사인을 포함한 광의의 공무원을 말한다. 직무행위에는 권력행위와 관리행위에 국한 할 것인지 직무에 관련된 사법상의 행위도 포함할 것인지 문제된다. 널리 국민의 피해구제를 위하여 후자도 포함된다고 보는 학설[26]이 있으나 국가배상청구권의 공권으로서의 성질상 전자에 한하는 것으로 볼 것이다. 이 경우 후자는 민사상의 손해배상청구권으로 구제받게 된다.

2. 불법행위

직무상의 불법행위가 성립하기 위하여는 공무원의 고의·과실에 의하여 재산상의 손해를 끼친 경우에만 국가배상의 책임이 있다. 손해의 발생과 불법행위간에는 상당인과관계가 있어야 한다. 피해자는 국가에 대하여 배상을 청구할 수 있고, 국가는 고의 또는 중대한 과실이 있는 공무원에 대하여는 구상권을 행사할 수 있다.

Ⅳ. 제　　한

군인, 군무원 등에 대한 국가배상청구권을 제한하는 제29조 제2항 및 국가배상법 제2조 1항 단서에 대한 헌법위반 여부에 대하여 헌법재판소[27]는 합헌결정을 내린 바 있다. 하지만 헌법규정에도 효력상의 우열을 인정해야 한다는 점, 대법원의 위헌결정을 방지하기 위하여 유신헌법에 규정되어 오늘날까지 이어지고 있다는 점, 법치국가원리, 평등권 등의 관점에서 헌법재판소는 위헌결정을 내렸어야 한다.

---

26) 김철수, 헌법학신론, 1147면.

27) 헌재결 1995. 12. 28. 선고 95헌바3, 판례집 7-2, 841.

제 5 절 범죄피해자구조청구권

Ⅰ. 헌법규정과 근거

헌법 제30조는 “타인의 범죄행위로 인하여 생명·신체에 대한 피해를 받은 국민은 법률이 정하는 바에 의하여 국가로부터 구조를 받을 수 있다.”고 하여 범죄피해자구조청구권을 규정하고 있다. 범죄피해자구조청구권을 기본권으로 인정하는 국가는 우리나라가 세계에서 유일할 정도로 보기 드문 입법례다. 하지만 이를 기본권으로 인정한 이유에 대해 헌재는 국가의 범죄방지책임 또는 범죄로부터 국민을 보호할 국가의 국민보호의무를 다하지 못하였다는 것과 그 범죄피해자들에 대한 최소한의 구제가 필요하다는 데 있다고 본다.[28] 범죄피해자구조청구권을 구체화한 법률로 2010년 개정된 범죄피해자보호법이 있다.

Ⅱ. 법적 성격

1. 학설과 헌재결정

범죄피해자구조청구권의 법적 성격에 대해서는 피해자구조라는 국가책임의 본질에 관련하여 다음과 같은 학설들이 있다.[29] 즉 자기책임설, 대위책임설, 위험책임설 및 사회보장설 등이다. 우선 자기책임설은 사회계약설에 기초하여 계약당사자인 국가의 범죄예방의무의 불이행에 기인한 무과실책임이라고 본다. 대위책임설은 국가가 범죄인을 대신하여 보상한다는 의미에서 대위책임으로서 이는 사회국가에서 인간다운 생활을 보장하기 위한 국가의무로 이해하고 있다. 위험책임설은 범죄피해자에 대한 국가구조는, 사회적 의무이론(Social Obligation Theory)으로부터 출발하여 국가는 사회현상의 일부인 소위 ‘분배된 위험’에 대한 보호책임이 있다고 본다. 사회보장설은 범죄피해자구조의 본질이 사회국가원리

---

28) 헌재결 2011. 12. 29. 2009헌마354, 판례집 23-2하, 795.

29) 자세한 것은 김혜경, 범죄피해자 구조금지급의 법적 개선방안 — 헌법상 범죄피해자구조청구권의 본질과의 상관성을 중심으로 —, 형사정책연구 제26권 제1호(통권 제101호, 2015·봄), 116면 이하 참조할 것.

에 입각한 사회보장의 일면이라고 본다.

다수의 헌법학자들은 사회보장설에 입각하여 사회국가에서의 인간다운 생활을 보장하기 위한 국가의무라거나 사회복지국가를 실현하기 위한 하나의 방법이라거나 범죄자가 배상능력이 없는 경우에 범죄피해자를 구제해 주기 위하여 마련된 보충적인 사회보장제도의 일종이라고 본다.

하지만 헌법재판소는 범죄피해자구조청구권은 피해자의 무자력·생계유지곤란 등의 경우에 인정되므로 생존권적 기본권의 성격을 띤 청구권적 기본권으로 보아[30] 범죄피해자 구조청구권의 본질을 국가책임설을 원칙으로 사회보장설을 가미한 형태로 이해한다.

2. 소 결: 넓은 입법형성재량

범죄피해자구조청구권은 국가의 자기책임과 사회국가원리에 입각한 국가의 사회보장책임에 입각한 제도로서 본다면 입법자는 과소보호금지원칙에 따라 그 보장내용의 구체적 형성의무를 진다. 이는 범죄피해자의 생존에 필요한 최소한의 보호를 내용으로 한다.[31] 이에 따라 외국인의 범죄피해와 외국에서 발생한 범죄피해에 대한 범죄피해자구조청구권의 행사가능성을 검토하기로 한다.

Ⅲ. 보호내용

1. 외국인의 범죄피해보호

외국인이 범죄피해자인 경우[32]에는 국가책임설에 의하면 범죄피해자구조청구권을 인정하지 않아도 된다. 외국인은 사회계약의 당사자가 아니기 때문이다. 하지만 사회보장설에 의하면 외국인도 인간다운 생활을 할 최저한의 물질적 보호가 요청되기 때문에 범죄피해자구조청구권을 인정해야 한다. 우리 범죄피해자보호법은 외국인에 대한 피해보호와 관련하여, "외국인이 구조피해자이거나 유

---

30) 헌재결 2011. 12. 29. 2009헌마354, 판례집 23-2하, 795; 1989. 4. 17. 88헌마3, 판례집 1, 31, 36 참조.

31) 이러한 점에서 헌재도 입법형성재량을 인정하더라도 당해 입법이 단지 범죄피해를 입은 경우에 국가에 대한 구조청구권을 행사할 수 있는 형식적인 권리나 이론적인 가능성만을 허용하는 것이어서는 아니 되고, 상당한 정도로 권리구제의 실효성이 보장되어야 하는 한계를 준수하여야 한다고 판시하고 있다. 헌재결 2011. 12. 29. 2009헌마354, 판례집 23-2하, 795.

32) 방승주, 범죄피해자구조청구권의 기본권주체, 유럽헌법연구 제19호(2015. 12.), 155면 이하.

족인 경우에는 해당국가의 상호보증이 있는 경우에만 적용한다."고 규정(제23조)하고 있다. 이는 상호보증이 있는 외국에서 발생한 범죄피해에 대하여는 우리국민이 그 외국에서 피해구조를 받을 수 있는 길 또한 열어 두고 있다. 국가책임설에 가까운 입법내용이지만 사회보장설을 절충한 것으로 해석할 여지도 있다.

2. 외국에서 발생한 범죄피해보호

외국에서 발생한 범죄피해자는 원칙적으로 범죄피해자구조청구권을 행사할 수 없다. 범죄피해자보호법은 구조대상인 범죄피해를 대한민국 영역 안에서 또는 대한민국의 영역 밖에 있는 대한민국의 선박이나 항공기 안에서 행하여진 사람의 생명 또는 신체를 해치는 죄에 해당하는 경우(제3조 제1항 제4호)로 한정하고 있기 때문이다. 다만 살펴본 바와 같이 상호보증이 있는 경우에는 예외적으로 범죄피해자구조청구권을 행사할 수 있다.

이 또한 전술한 국내외국인의 피해보호와 마찬가지로 국가책임설에 입각한 입법례이지만 상호보증의 범위 내에서 사회보장설을 가미한 것으로 해석할 수 있다.

3. 손해배상청구권과의 관계와 과실범, 정당행위, 정당방위에 의한 범죄피해제외

범죄피해자구조청구권과 손해배상청구권이 경합시 선택적으로 행사(범죄피해자보호법 제21조)하게 하고, 구조대상 범죄피해의 범위에서 과실범, 정당행위, 정당방위에 의한 피해는 제외하여 범죄피해자구조청구권을 행사할 수 없도록 하였다.

4. 소 결

범죄피해자보호법은 범죄피해자구조청구권의 본질을 국가책임설을 기본으로 하고 사회보장설을 보충하는 보호내용으로 규정되어 있음을 확인하였다.

제11장 생 존 권

제 1 절 의의와 법적 성격

Ⅰ. 의 의

생존권적 기본권은 학자에 따라 생활권적 기본권 또는 사회권적 기본권이라고도 불린다. 이는 생활을 위하여 필요한 제반 조건을 국가권력의 적극적인 관여에 의하여 확보할 것을 요청할 수 있는 권리를 말한다. 이러한 점에서 소극적으로 국가권력의 불간섭을 요청할 수 있는 자유권적 기본권과 구별된다. 현행헌법에는 생존권적 기본권으로 헌법 제31조 이하 제36조에서 명문으로 규정하고 있다.

Ⅱ. 법적 성격에 관한 학설

1. 객관적 질서의 원리로 파악하는 입장

(1) 프로그램규정설(입법방침규정설, 프로그람규정설, 입법(헌법)위임규정설)

강령규정으로서 입법자에게 입법의 방침을 지시하는 프로그람 내지 입법방침규정이지 주관적 공권이 아니라는 견해를 말한다.

(2) 국가목표규정설(목표설정규정설)

생존권은 법치국가원리, 민주국가원리, 사회국가원리, 환경국가원리와 같은 국가의 목표규정으로 객관적 질서원리의 본질을 갖는다고 본다. 독일헌법에서와 같이 사회국가원리에 의한 생존권을 보호하는 국가에서는 타당할 수 있다. 하지만 우리는 기본권의 형식으로 생존권을 규정하고 있어 받아들이기 어렵다.

2. 주관적 권리성을 인정하는 입장

(1) 추상적 권리설

생존권적 기본권의 법적 권리성을 인정하되 그 권리성은 입법을 통해 구체화되어야만 소구가능한 구체적인 권리가 된다는 견해이다.

(2) 불완전한 구체적 권리설

자유권적 기본권처럼 직접적 효력을 가지는 완전한 의미의 구체적 권리일 수는 없다고 하더라도 적어도 청구권적 기본권과 동일한 수준의 불완전하나마 구체적 권리로서의 성격을 갖는다. 구체적으로 보면 사회국가원리를 국가의 구조원리로 선언하고 있으므로 헌법재판에서의 헌법불합치 또는 입법촉구결정을 요구할 수 있는 정도의 구체적 권리성을 갖는다. 즉 입법부작위에 대한 위헌성을 제기할 수 있고, 재판규범으로서의 효력을 갖는다.

(3) 구체적 권리설

자유권과 같은 정도의 구체적 권리성을 갖는다. 따라서 헌법재판소에 헌법소원을 통하여 입법부작위위헌확인과 권리구제를 받을 수 있다는 점에서 구체적 권리로 보아야 할 것이다.

3. 원칙설(상대적 권리설)

Alexy[1]의 원칙모델에 따라 생존권적 기본권은 일응 개인에게 주관적 권리를 부여하지만, 이 권리는 형량을 거친 연후에 비로소 확정적인 권리가 될 수 있다는 것이다. 즉 생존권을 법적 효력강도에 따라 구속성과 비구속성, 주관적 권리와 객관적 법질서, 확정성과 불확정성으로 나누어 조합하면 구속성 있는 주관적인 확정된 권리에서부터 불완전한 권리, 불확정인 비구속성의 단순한 입법방침규정에 이르기까지 8단계로 조합으로 구분한다.[2] 결국 생존권은 입법이나 판례에 의하여 그 구속력이 다를 수 있음을 인정한 상대적 권리라고 할 수 있다.[3]

---

1) Alexy, Theorie der Grundrechte, 454 ff.

2) Alexy, aaO., 456.

3) 이덕연, 우리는 왜 '인간다운 생활을 할 권리'를 헌법에 규정하고 있는가?, 헌법판례연구[Ⅰ], 박영사, 1999, 164면 이하.

Ⅲ. 법적 성격에 관한 헌재결정

헌법재판소는 생존권적 기본권의 법적 성격에 관하여 객관적 질서의 원리로 파악하는 다수의 판시를 하고 있다. 하지만 근래에는 구체적 권리성을 인정하려는 소수의견도 제시되고 있어 살펴볼 필요가 있다.

1. 입법방침규정설 내지 입법(헌법)위임규정설

헌법재판소는 다수의 결정[4]에서 생존권을 비구속적이고 불확정적인 단순한 입법방침규정으로 판시하고 있다. "생존권적 기본권과 관련된 입법을 하는 경우에는 국가의 재정부담능력, 전체적인 사회보장수준과 국민감정 등 사회정책적인 고려, 제도의 장기적인 지속을 전제로 하는 데서 오는 제도의 비탄력성과 같은 사회보장제도의 특성 등 여러 가지 요소를 감안하여야 하므로 입법자에게 광범위한 형성의 자유가 인정되고, 따라서 헌법상의 사회보장권은 그에 관한 수급요건, 수급자의 범위, 수급액 등 구체적인 사항이 법률에 규정됨으로써 비로소 구체적인 법적 권리로 형성된다고 보아야 한다."고 판시하고 있다.

2. 국가목표규정설 — 생존권보장의무

헌재는 저상버스 도입의무 불이행 위헌확인결정[5]에서 구속적 규범으로서 불확정적인 국가목표규정설을 채택하였다. 즉 "사회적 기본권은 입법과정이나 정책결정과정에서 사회적 기본권에 규정된 국가목표의 무조건적인 최우선적 배려가 아니라 단지 적절한 고려를 요청하는 것이다. 이러한 의미에서 사회적 기본권은, 국가의 모든 의사결정과정에서 사회적 기본권이 담고 있는 국가목표를 고려하여야 할 국가의 의무를 의미한다."고 판시하였다.

3. 행위규범 · 통제규범 구별에 의한 불완전한 구체적 권리설

헌재는 1994년 생계보호기준 위헌확인결정 등[6]에서 불확정적이지만 구속적

---

4) 헌재결 1995. 7. 21. 93헌가14, 판례집 7-2, 1, 20-21; 1999. 12. 23. 98헌바33, 판례집 11-2, 732, 758; 2000. 6. 1. 98헌마216, 판례집 12-1, 622, 640-641; 2004. 11. 25. 2002헌바52, 판례집 16-2하, 297, 306-307; 2005. 7. 21. 2004헌바2.

5) 헌재결 2002. 12. 18. 2002헌마52.

6) 헌재결 1997. 5. 29. 94헌마33, 판례집 9-1, 553-554; 1999. 12. 23. 98헌바33, 판례집 11-2,

인 기본권 내지 불완전한 구체적 권리설로 분류할 수 있는 판시를 하고 있다. 즉 "모든 국민은 인간다운 생활을 할 권리를 가지며 국가는 생활능력 없는 국민을 보호할 의무가 있다는 헌법의 규정은 입법부와 행정부에 대하여는 국민소득, 국가의 재정능력과 정책 등을 고려하여 가능한 범위 안에서 최대한으로 모든 국민이 물질적인 최저생활을 넘어서 인간의 존엄성에 맞는 건강하고 문화적인 생활을 누릴 수 있도록 하여야 한다는 행위의 지침 즉 행위규범으로서 작용하지만, 헌법재판에 있어서는 다른 국가기관 즉 입법부나 행정부가 국민으로 하여금 인간다운 생활을 영위하도록 하기 위하여 객관적으로 필요한 최소한의 조치를 취할 의무를 다하였는지의 여부를 기준으로 국가기관의 행위의 합헌성을 심사하여야 한다는 통제규범으로 작용하는 것이다. 그러므로 국가가 인간다운 생활을 보장하기 위한 헌법적인 의무를 다하였는지의 여부가 사법적 심사의 대상이 된 경우에는, 국가가 생계보호에 관한 입법을 전혀 하지 아니하였다든가 그 내용이 현저히 불합리하여 헌법상 용인될 수 있는 재량의 범위를 명백히 일탈한 경우에 한하여 헌법에 위반된다고 할 수 있다."

4. 과소금지원칙에 의한 구체적 권리설

최근의 산재보험청구권에 관한 헌재결정에서 안창호 재판관은 헌법불합치결정에 대한 보충의견[7]으로 생존권의 구체적 권리성을 강조하는 획기적인 판시를 하고 있다. 즉 "현대산업사회에서 산업재해 위험으로부터 근로자의 안전과 생존의 보장은 국가의무의 중요한 부분 중 하나가 되었음을 부인할 수 없다. 헌법 제32조와 제34조는, 사회보장수급권이 국가재정 및 사회적 부담능력의 한계라는 가능성의 유보 아래 법률에 의해 보장된다고 하더라도 산업재해로 '인간의 존엄에 상응하는 생활에 필요한 최소한의 물질적인 생활'에 위협을 받거나 이와 밀접하게 연관된 국민에게는 보다 적극적으로 보호조치가 이루어져야 함을 요청하는 것으로 보아야 할 것이다. 그렇다면 산재보험수급권과 관련된 영역에서의

758-759; 2001. 4. 26. 2000헌마390, 공보 56, 494.

7) 최근 우리사회의 경제력 집중과 양극화 현상이 심화되고 그에 따른 국가 공동체의 통합에 대한 부정적 영향이 우려되고 있다. 이에 인간의 존엄과 가치에 기초한 자유민주주의 그리고 자유와 창의, 적정한 소득의 분배와 경제주체간의 조화를 바탕으로 한 시장경제의 지속적인 발전을 위해, 헌법재판소가 사회보장제도 관련 영역에서 헌법재판을 통해 위와 같은 사회갈등의 요소를 완화하는 입법을 유도함으로써 사회통합에 이바지할 수 있는 방법을 고민한바, 사회보장제도와 관련하여 심사강도 강화 등 기본권 보장을 위한 다양한 방안을 강구할 때가 되었다고 판단된다. 헌재결 2016. 9. 29. 2014헌바254, 판례집 28-2상, 316.

평등심사에 있어 그 심사강도를 강화된 수준으로 높일 필요가 있다."

Ⅳ. 결 론

헌재결정에서 살펴본 바와 같이 생존권은 원칙설에 입각하여 형량에 의하여 법률상의 권리에서 자유권유사의 구체적인 권리에 이르기까지 다양하게 권리성을 획득할 수 있는 상대적 권리의 성격이 나타나고 있음을 확인하였다. 개인적으로도 자유 속의 평등 내지 평등한 자유를 자유권의 본질로 파악하는 원칙설에 입각한 견해는 사회국가원리의 구체화인 생존권에서도 마찬가지로 적용된다. 다만 통제강도에서는 자유권과 달리 생존권은 입법부작위에 의한 사실적 제약의 국가책임이 주로 문제되므로 과잉금지보다는 과소금지원칙을 기준으로 하는 것이 타당하다.

제 2 절 인간다운 생활을 할 권리

Ⅰ. 헌법규정과 의의

헌법 제34조는 "모든 국민은 인간다운 생활을 할 권리를 가진다(제1항)."고 하여 인간다운 생활을 할 권리를 생존권적 기본권의 이념적 기초로 삼고 있다. 따라서 인간다운 생활을 할 권리는 생존권의 목표로서 다른 생존권들은 그 수단이 된다고 할 수 있다. 인간다운 생활을 할 권리는 국민이 건강하고 문화적인 최저한도의 생활을 할 권리를 의미하고, 국가는 이를 보장할 의무를 진다. 이에 관한 법률로는 사회보장기본법, 국민기초생활보장법, 직업안정법, 생활보호법, 재해구호법, 군인보험법 등이 있다.

Ⅱ. 법적 성격

헌법 제34조 제1항이 보장하는 인간다운 생활을 할 권리는 사회권적 기본권의 일종으로서 인간의 존엄에 상응하는 최소한의 물질적인 생활의 유지에 필요한 급부를 요구할 수 있는 권리를 의미하는데, 이러한 권리는 국가가 재정형편 등 여러 가지 상황들을 종합적으로 감안하여 법률을 통하여 구체화할 때에 비로소 인정되는 '법률적 권리'라고 하는 헌재결정[8]이 종래의 일반적 경향이었다. 하지만 근래에 '구체적 기본권'으로 보려는 새로운 경향이 나타나고 있다는 것은 이미 살펴본 바와 같다.

인간다운 생활을 권리도 여타의 기본권과 마찬가지로 원칙으로 보고 형량에 의해 상대적으로 보호내용이 확정되는 기본권으로 보는 입장에서 인간다운 생활을 할 권리를 침해하는 입법에 대하여는 구체적 규범통제 내지 헌법소원을 청구하여 위헌결정을 요구할 수 있다.

Ⅲ. 보호내용

1. 사회보장을 받을 권리

모든 국민의 인간다운 생활을 보장하기 위하여서 국가는 사회보장제도와 사회복지제도를 확립하여야 하는데, 국민은 이에 따라 사회보장을 받을 권리를 갖는다. 사회보장을 받을 권리에 관한 법률로 사회보장기본법이 있다. 사회보장을 받을 권리로서 사회보장수급권의 법적 성격에 대하여 헌재는 법률적 권리로 보는 기존입장을 견지[9]하고 있다.

2. 생활보장을 받을 권리

헌법 제34조 제5항은 "신체장애자 및 질병 · 노령 기타의 사유로 생활능력이 없는 국민은 법률이 정하는 바에 의하여 국가의 보호를 받는다."고 규정한다. 이에 관한 법률로 국민기초생활보장법, 의료보호법, 아동복지법, 한부모가족지원법 등 이 있다. 국민기초생활보장법에서는 다음과 같은 생활보호규정을 두고 있다. 이 법은 생활이 어려운 사람에게 필요한 급여를 실시하여 이들의 최저생활을 보장하고 자활을 돕는 것을 목적으로 한다(제1조). 이 법에 따른 급여는 수급자가 자신의 생활의 유지 · 향상을 위하여 그의 소득, 재산, 근로능력 등을 활용하여

---

8) 헌재결 1995. 7. 21. 93헌가14, 판례집 7-2, 1, 30-31; 1998. 2. 27. 97헌가10등, 판례집 10-1, 30-31; 2000. 6. 1. 98헌마216, 판례집 12-1, 622, 646-647; 2003. 5. 15. 2002헌마90, 판례집 15-1, 581, 600-601.

9) 헌재결 2011. 7. 28. 2009헌마27, 판례집 23-2상, 104.

최대한 노력하는 것을 전제로 이를 보충 · 발전시키는 것을 기본원칙으로(제3조)하고, 이 법에 따른 급여는 건강하고 문화적인 최저생활을 유지할 수 있는 것으로 규정(제4조)하고 있다.

3. 재해예방과 위험보호에 관한 권리

헌법 제34조 제6항은 "국가는 재해를 예방하고 그 위험으로부터 국민을 보호하기 위하여 노력하여야 한다."고 규정한다. 이에 관한 법률로 재해구호법, 산업재해보상보험법 등이 있다. 이미 살펴본 바와 같이 근자에 헌재는 근로자가 사업주의 지배관리 아래 출퇴근하는 소위 혜택근로자의 사고발생만 업무상 재해로 인정하여 비혜택근로자를 차별한 산업재해보상보험법 조항에 대하여 헌법불합치결정을 한 바 있다. 이는 보충의견[10]을 제시한 바와 같이 구체적 권리로서 인간다운 생활을 할 권리의 법적 성격을 인정하는 단초를 마련하기도 하였다. 최근에 세월호사건에 대한 국가의 배상을 인정한 것도 동일한 맥락으로 볼 수 있다. 국민과 근로자의 생명과 신체를 보호하기 위한 국가의 재해예방의무위반에 대한 주관적 권리행사의 효력이 발생하고 있는 것이다.

제 3 절 교육을 받을 권리

Ⅰ. 의의와 기능

교육을 받을 권리라 함은 교육을 받을 수 있도록 국가의 적극적인 배려를 요구할 수 있는 권리를 말한다. 이는 현대적 사회국가 · 문화국가에 있어서는 인간다운 생활의 필수조건이 되며, 민주정치는 교육을 통해 어느 정도의 식견을 가지게 되는 개인의 존재를 전제로 운영되므로 민주적 정치기구의 운영을 위하여서도 불가결한 권리이다.

---

10) 최근 우리사회의 경제력 집중과 양극화 현상이 심화되고 그에 따른 국가 공동체의 통합에 대한 부정적 영향이 우려되고 있다. 이에 인간의 존엄과 가치에 기초한 자유민주주의 그리고 자유와 창의, 적정한 소득의 분배와 경제주체간의 조화를 바탕으로 한 시장경제의 지속적인 발전을 위해, 헌법재판소가 사회보장제도 관련 영역에서 헌법재판을 통해 위와 같은 사회갈등의 요소를 완화하는 입법을 유도함으로써 사회통합에 이바지할 수 있는 방법을 고민한바, 사회보장제도와 관련하여 심사강도 강화 등 기본권 보장을 위한 다양한 방안을 강구할 때가 되었다고 판단된다. 헌재결 2016. 9. 29. 2014헌바254, 판례집 28-2상, 316.

교육을 받을 권리의 기능으로 첫째, 교육을 통해 개인의 잠재적인 능력을 개발시켜줌으로써 인간다운 문화생활과 직업생활을 할 수 있는 기초를 마련해 주고(인간다운 생활의 기초마련), 둘째, 문화적이고 지적인 사회풍토를 조성하고 문화창조의 바탕을 마련함으로써 헌법이 추구하는 문화국가를 촉진시키고(문화국가촉진), 셋째, 합리적이고 계속적인 교육을 통해서 민주주의가 필요로 하는 민주시민의 윤리적 생활철학을 어렸을 때부터 습성화시킴으로써 헌법이 추구하는 민주주의의 토착화에 이바지하고(민주주의의 토착화), 넷째, 능력에 따른 균등한 교육을 통해서 직업생활과 경제생활영역에서 실질적인 평등(실질적 평등)을 실현시킴으로써 헌법이 추구하는 사회국가, 복지국가의 이념을 실현한다는 의의와 기능을 가지고 있다.[11]

Ⅱ. 법적 성격

교육을 받을 권리의 법적 성격에 대해서는 구체적인 주관적 권리성을 인정하는 입장(추상적 권리설, 불완전한 구체적 권리설, 구체적 권리설)과 객관적 질서의 원리로 파악하는 입장(프로그램규정설, 국가목표규정설, 입법위임규정설)으로 크게 대별[12]되나 필자는 생존권적 기본권도 다른 기본권과 마찬가지로 원칙으로서 상대적 기본권으로 파악하고자 한다. 즉 헌법 제31조 제1항의 교육을 받을 권리는 주관적 권리로서 교육을 받을 권리를 규정하고, 제31조 제2항 내지 제6항에서는 그의 객관적 실현의무를 입법자에게 지우는 헌법제정자의 결단을 표현하고 있다. 이 객관적 의무를 구체적으로 살펴보면 의무교육에 관한 제2, 3항은 헌법위임규정으로, 제5항은 국가의 목표규정으로 국가의 평생교육진흥의무를, 교육자치제를 규정한 제4항과 교육제도법정주의를 규정한 제6항은 제도보장을 의미하는 것으로 파악될 수 있다.

---

11) 헌재결 2003. 2. 27. 2000헌바26; 1994. 2. 24. 93헌마192.

12) 이에 관하여는 제11장 제1절 Ⅱ.

Ⅲ. 보호내용

1. 「능력에 따라」 교육을 받을 권리

헌법 제31조 제1항의 「능력에 따라」교육을 받을 권리는, 국민이 능력에 따라 균등하게 교육을 받을 권리가 공권력에 의하여 부당하게 침해받지 않을 권리와 능력에 따라 균등하게 교육을 받을 수 있도록 국가가 적극적으로 배려하여 줄 것을 요구할 수 있는 권리로 구성되어 전자는 자유권적 성격이 후자는 사회권적 성격이 강하다.[13] 예컨대, 검정고시응시자격을 제한[14]하는 것은 자유권적 기본권을 제한하는 것에 해당하고, 취학연령을 만 6세 이상으로 제한[15]하는 것은 사회권적 기본권제한에 해당한다.

여기서 교육을 받을 권리는 여타 자유권과 동일하게 주관적 공권으로서 최대한의 보장을 목표로 하여야 하는지, 아니면 객관적 질서의 요소가 강한 것으로 최소한의 보호수준을 상회하면 되는 것인지는 원칙으로서 형량에 의한다. 교육을 받을 권리를 최대한 보장을 하는 것은 주관적 공권으로서 능력에 따라 교육을 받을 권리를 충실히 한다는 점에서 이상적이다. 하지만 교육을 받을 권리는 국가의 재정상황 및 이를 고려한 적극적 입법이 없이는 현실적으로 의미 없는 생존권적 기본권의 성격을 갖는 것으로 최소한의 보호수준을 상회하는 것이면 위헌이라 할 수 없다.

결국 헌법 제31조 제1항의 교육을 받을 권리의 주관적 측면은 그 본질적 내용을 보장해야 하는 것으로, 입법자는 그 실현을 제31조 제2항 이하에 따라 최소한의 보호수준을 상회하는 입법형성의무를 부담하게 됨을 의미한다. 헌재도 '교육을 받을 권리'란, 모든 국민에게 저마다의 능력에 따른 교육이 가능하도록 그에 필요한 설비와 제도를 마련해야 할 국가의 과제와 아울러 이를 넘어 사회적·경제적 약자도 능력에 따른 실질적 평등교육을 받을 수 있도록 적극적인 정책을 실현해야 할 국가의 의무를 뜻한다고 판시[16]하고 있다.

---

13) 헌재결 2008. 4. 24. 2007헌마1456.

14) 헌재결 2008. 4. 24. 2007헌마1456, 판례집 20-1상, 720.

15) 헌재결 1994. 2. 24. 93헌마192, 판례집 6-1, 173.

16) 헌재결 2000. 4. 27. 선고 98헌가16, 98헌마429(병합), 판례집 12-1, 427(448-449); 1992. 11. 12. 선고 89헌마88, 판례집 4, 739(750-752); 1991. 2. 11. 선고 90헌가27, 판례집 3, 11(18-19).

2. 「균등하게」 교육을 받을 권리

균등하게 교육을 받을 권리는 수학능력에 의한 교육의 기회균등을 의미하는 평등권에 대한 특별규정이다. 실질적인 평등교육을 실현해야 할 국가의 의무를 인정하여 적극적 생존권으로 인정될 수 있다. 하지만 교육비청구권까지 도출할 수는 없다.[17](2003헌바39)

우리 헌법상의 평등이란 절대적 평등이 아니라 상대적 평등을 의미하여, 합리적 이유가 있는 경우 차별을 정당화하는 것이다. 학습능력의 차이라는 것은 잠재적인 것으로 객관화하여 현실적으로 파악하기 곤란하고, 이는 또 교육에 의해 개발 가능한 것이고, 대학 서열화와 학벌중시사상으로 세계 어느 나라에서도 보기 드문 이상 교육열로 인하여 고교평준화제도의 평등위반을 주장할 수는 없다.[18]

3. 「교육」을 받을 권리

「교육」을 받을 권리에는 학교교육, 가정교육, 사회교육, 공민교육 등 광의의 교육을 의미한다. 여기서 국가는 학교교육에 대하여 교육제도의 형성에 관한 폭넓은 권한을 가지고 있다(헌법 제31조 제6항). 하지만 학교교육 밖의 사적인 교육영역에서는 국가의 규율권한에는 한계가 있다. 사교육의 영역은 사회의 자율영역으로서, 자녀의 인격발현권·부모의 자녀교육권이 국가의 규율권한에 대하여 원칙적으로 우위를 차지한다. 사적으로 가르치고 배우는 행위 그 자체는 타인의 법익이나 공익을 침해하는 사회적으로 유해한 행위가 아니라 오히려 기본권적으로 보장된 행위이자 문화국가가 장려해야 할 행위이다. 다만, 기본권의 행사과정에서 사회적 위험이 발생하는 등 예외적인 경우에 한하여 국가가 개입하여 규율해야 할 필요가 있을 뿐인 것이다.[19] 예컨대, 학교교과교습학원 및 교습소의 교습시간을 05:00부터 22:00까지(고등학생의 경우 05:00부터 23:00까지) 규정하고 있는 '부산광역시 학원의 설립·운영 및 과외교습에 관한 조례'를[20] 들 수 있다.

---

17) 헌재결 2003. 11. 27. 2003헌바39, 판례집 15-2하, 297.

18) 헌재결 2012. 11. 29. 2011헌마827, 판례집 24-2하, 250; 2009. 4. 30. 2005헌마514, 판례집 21-1하, 185; 1995. 2. 23. 91헌마204, 판례집 7-1, 267.

19) 헌재결 2000. 4. 27. 98헌가16 등, 판례집 12-1, 427.

20) 헌재결 2009. 10. 29. 2008헌마454, 판례집 21-2하, 402.

4. 교육을 「받을 권리」(학습권)

헌법 제31조의 능력에 따라 균등한 교육을 '받을 권리'는 국가에 의한 교육제도의 정비 · 개선 외에도 의무교육의 도입 및 확대, 교육비의 보조나 학자금의 융자 등 교육영역에서의 사회적 급부의 확대와 같은 국가의 적극적인 활동을 통하여 사인간의 출발기회에서의 불평등을 완화해야 할 국가의 의무를 규정한 것이다.[21] 이에 따라 의무교육을 교육법 제8조 제1항은 6년의 초등교육과 3년의 중등교육으로 규정하고 있다.

5. 교육을 「시킬 권리」(교육권)

교육을 「시킬 권리」 즉 부모의 자녀에 대한 교육권에는 학교교육, 가정교육, 사회교육, 공민교육을 「시킬 권리」를 의미한다고 볼 수 있다. 가정교육을 받을 권리, 수강할 과목을 자유롭게 선택할 권리, 진급 및 졸업에서 차별을 받지 않을 권리, 의무교육취학권, 사립학교선택권, 통학권(적정하게 배치된 학교에 다닐 권리), 취학학교지정 및 변경처분에 대한 학생의 권리, 의무취학과 종교의 자유, 그리고 그 입학에서 차별을 받지 않을 권리 등이 이에 해당된다.[22] 특히 고교평준화제도와 관련하여 학부모와 학생의 학교선택권제한으로 학교교육을 시킬 권리가 문제되고 있다.[23]

6. 학부모의 교육참여권

일반적으로 학부모가 미성년자인 학생의 교육과정에 참여할 당위성은 부정할 수 없으므로, 학부모의 교육참여권은 인정된다. 그 보장수단으로 학교운영위원회는 단위학교의 교육자치를 활성화하고 지역의 실정과 특성에 맞는 다양한 교육을 창의적으로 실시할 수 있도록 교원, 학부모, 지역사회인사 등이 학교의 운영에 관한 중요사항을 심의하게 하는 제도이다. 학교운영위원회를 입법자가 학부모의 집단적인 교육참여수단으로 국 · 공립학교는 물론 사립학교에서도 법률로써 인정하는 것은 헌법상 당연히 허용된다.[24]

---

21) 헌재결 2000. 4. 27. 98헌가16 등, 판례집 12-1, 427.

22) 강인수, 『교육법』, 문음사, 1986, 26, 27면; 박재윤, "학교선택권 및 학교참여문제와 헌법판례", 『한국교육법학회 제8회 학술발표회발표논문집』, 2000. 11. 25., 49(51면).

23) 장영철, 고교평준화제도의 위헌여부, 헌법판례연구[4], 박영사, 229면 이하.

24) 헌재결 2001. 11. 29 선고 2000헌마278.

제 4 절 근로의 권리

Ⅰ. 헌법규정과 의의

헌법 제32조 제1항은 "모든 국민은 근로의 권리를 가진다. 국가는 사회적·경제적 방법으로 근로자의 고용의 증진과 적정임금의 보장에 노력하여야 하며 (…)"라고 규정하여 근로의 권리를 보장하고 있다. 국민은 근로의 권리를 가지는 반면, 국가는 국민의 완전고용에 대한 의무를 지고 있으므로, 국가는 이를 위하여 사회적·경제적 방법으로 고용을 증진시켜야 하며, 사회보장제도·실업보험제도·연금제도 등과 경제성장에 적극적인 노력을 해야 한다.

근로의 권리의 보장은 생활의 기본적인 수요를 충족시킬 수 있는 생활수단을 확보해 주며, 나아가 인격의 자유로운 발현과 인간의 존엄성을 보장해 주는 의의를 지닌다. 따라서 근로의 권리는 외국인에게도 인정되나 직업의 자유와 달리 법인, 노동조합[25]은 제외된다.

Ⅱ. 법적 성격

근로의 권리는 사회적 기본권으로서, 국가에 대하여 직접 일자리(직장)를 청구하거나 일자리에 갈음하는 생계비의 지급청구권을 의미하는 것이 아니라, 고용증진을 위한 사회적·경제적 정책을 요구할 수 있는 권리에 그친다. 근로의 권리를 직접적인 일자리 청구권으로 이해하는 것은 사회주의적 통제경제를 배제하고, 사기업 주체의 경제상의 자유를 보장하는 우리 헌법의 경제질서 내지 기본권규정들과 조화될 수 없다. 따라서 근로의 권리로부터 국가에 대한 직접적인 직장존속청구권이 도출되는 것도 아니다.[26] 나아가 근로자가 퇴직급여를 청구할 수 있는 권리도 헌법상 바로 도출되는 것이 아니라 퇴직급여법 등 관련 법

25) 헌재결 2009. 2. 26. 2007헌바27, 판례집 21-1상, 61. 헌법 제32조 제1항이 규정한 근로의 권리는 근로자를 개인의 차원에서 보호하기 위한 권리로서 개인인 근로자가 그 주체가 되는 것이고 노동조합은 그 주체가 될 수 없으므로, 이 사건 법률조항이 노동조합을 비과세 대상으로 규정하지 않았다 하여 헌법 제32조 제1항에 반한다고 볼 여지는 없다.

26) 헌재결 2011. 7. 28. 2009헌마408.

률이 구체적으로 정하는 바에 따라 비로소 인정될 수 있는 것이다.

Ⅲ. 보호내용

1. 근로의 권리의 내용과 보장의무

근로의 권리의 내용과 보장의무에 대하여 헌법 제32조 제1항은 "모든 국민은 근로의 권리를 가진다. 국가는 사회적 · 경제적 방법으로 근로자의 고용의 증진과 적정임금의 보장에 노력하여야 하며, 법률이 정하는 바에 의하여 최저임금제를 시행하여야 한다."고 규정하고 있다.

근로의 권리의 보호내용에는 일할 자리에 관한 권리와 일할 환경에 관한 권리가 포함된다. 일할 자리에 관한 권리는 국가에 대하여 고용증진을 위한 사회적·경제적 정책을 요구할 수 있는 권리로서 사회적 기본권으로서 외국인은 주체가 될 수 없다.[27] 이와 반면에 직업의 자유는 자유권적 기본권으로서 인간의 존엄과 가치 및 행복추구권과도 밀접한 관련을 가지는 만큼 단순히 국민의 권리가 아닌 인간의 권리다.[28] '일할 환경에 관한 권리'는 인간의 존엄성에 대한 침해를 방어하기 위한 권리로서 외국인에게도 인정되며, 건강한 작업환경, 일에 대한 정당한 보수, 합리적인 근로조건의 보장 등을 요구할 수 있는 권리 등을 포함한다.[29]

국가는 고용증진의무를 진다. 헌재는 한국보건산업진흥원법에 의한 한국식품위생연구원과 한국보건의료관리연구원의 통폐합에 따른 입법적 정리해고에 대하여 집단적 근로관계법에 의한 사적 자치의 보충, 법원을 통한 근로관계의 보호, 고용보험법, 고용정책기본법, 직업안정법, 근로자직업훈련촉진법이 제정되어 부수적으로 해고근로자를 보호할 수 있으므로, 근로관계의 존속보호를 위한 국가의 최소한의 보호의무를 위반한 것이 아니라고 판시[30]하고 있다.

27) 헌재결 2007. 8. 30. 2004헌마670, 판례집 19-2, 297.
28) 헌재결 2011. 9. 29. 2007헌마1083 등, 판례집 23-2상, 623.
29) 헌재결 2016. 3. 31. 2014헌마367, 판례집 28-1상, 471.
30) 헌재결 2002. 11. 28. 2001헌바50, 판례집 14-2, 668.

2. 근로자 보호규정

(1) 근로기준법정주의

헌법 제32조 제3항은 "근로조건의 기준은 인간의 존엄성을 보장하도록 법률로 정한다."라고 규정하여 근로조건기준의 법정주의를 규정하고 있다. 여기서 근로조건이라 함은 임금과 그 지불방법, 취업시간과 휴식시간, 안전시설과 위생시설, 재해보상 등 근로계약에 의하여 근로자가 근로를 제공하고 임금을 수령하는데 관한 조건들로서, 근로조건에 관한 기준을 법률로써 정한다는 것은 근로조건에 관하여 법률이 최저한의 제한을 설정한다는 의미이다. 이처럼 헌법이 근로조건의 기준을 법률로 정하도록 한 것은 인간의 존엄에 상응하는 근로조건에 관한 기준의 확보가 사용자에 비하여 경제적·사회적으로 열등한 지위에 있는 개별 근로자의 인간존엄성의 실현에 중요한 사항일 뿐만 아니라, 근로자와 그 사용자들 사이에 이해관계가 첨예하게 대립될 수 있는 사항이어서 사회적 평화를 위해서도 민주적으로 정당성이 있는 입법자가 이를 법률로 정할 필요성이 있으며, 인간의 존엄성에 관한 판단기준도 사회적 · 경제적 상황에 따라 변화하는 상대적 성격을 띠는 만큼 그에 상응하는 근로조건에 관한 기준도 시대상황에 부합하게 탄력적으로 구체화하도록 법률에 유보한 것이다.[31]

(2) 적정임금의 보장과 최저임금제의 시행

국가는 사회적 · 경제적 방법으로 적정임금의 보장과 최저임금제를 시행하여야 한다(헌법 제32조 제1항). 적정임금은 근로자가 인간다운 생활을 영위하기 위한 합리적인 임금을 말하며, 최저임금은 근로자의 생계비, 유사 근로자의 임금, 노동생산성 및 소득분배율 등을 고려한(최저임금법 제4조 제1항) 물질적인 최소한 임금을 말한다. 이에 관한 입법으로 최저임금법, 근로기준법이 있다. 근로기준법에서는 근로계약을 체결할 때에 사용자는 근로자에게 임금을 명시해야 하며(제17조 제1호), 임금채권의 우선변제(제38조) 등에 관해 규정하고 있다.

3. 여자근로의 보호와 차별대우의 금지

헌법 제32조 제4항은 "여자의 근로는 특별한 보호를 받으며, 고용 · 임금 및

---

31) 헌재결 2003. 7. 24. 2002헌바51, 판례집 15-2상, 103; 1999. 9. 16. 98헌마310, 판례집 11-2, 373; 1996. 8. 29. 95헌바36, 판례집 8-2, 90, 97-98.

근로조건에 있어서 부당한 차별을 받지 아니한다."고 규정한다. 이에 관한 법률로는 남녀고용평등과 일·가정 양립지원에 관한 법률, 여성발전기본법, 근로기준법 등이 있다. 남녀고용평등과 일·가정 양립지원에 관한 법률은 평등이념에 따라 고용에서 남녀의 평등한 기회와 대우를 보장하고 모성 보호와 여성 고용을 촉진하여 남녀고용평등을 실현함과 아울러 근로자의 일과 가정의 양립을 지원함으로써 모든 국민의 삶의 질 향상에 이바지하는 것을 목적으로 한다. 근로기준법에서는 여성근로자 보호를 위한 규정으로 임신 중이거나 산후 1년이 지나지 아니한 여성과 18세 미만자를 도덕상 또는 보건상 유해·위험한 사업에 사용하지 못하고(제65조 제1항), 여성 근로자가 청구하면 월 1일의 생리휴가를 주어야 하고(제73조), 임산부의 보호를 위하여 사용자는 임신 중의 여성에게 출산 전과 출산 후를 통하여 90일(한 번에 둘 이상 자녀를 임신한 경우에는 120일)의 출산전후휴가를 주어야 하는(제74조 제1항) 등 여성근로자 보호에 관한 규정을 마련하고 있다.

4. 연소자의 근로보호

헌법 제32조 제5항은 "연소자의 근로는 특별한 보호를 받는다."고 규정한다. 이에 따라 근로기준법에서는 연소자의 근로보호를 위한 규정을 마련하고 있다. 친권자나 후견인은 미성년자의 근로계약을 대리할 수 없다(제67조 제1항). 미성년자는 독자적으로 임금을 청구할 수 있다(제68조). 15세 이상 18세 미만인 자의 근로시간은 1일에 7시간, 1주에 35시간을 초과하지 못한다(제69조).

5. 국가유공자 등 유가족의 우선적 근로기회 부여

헌법 제32조 제6항은 "국가유공자·상이군경 및 전몰군경의 유가족은 법률이 정하는 바에 의하여 우선적으로 근로의 기회를 부여받는다." 규정한다. 국가유공자 등 예우 및 지원 등에 관한 법률에서는 국가유공자와 그 유족 등의 생활안정 및 자아실현을 위하여 취업지원에 관하여 규정(제28조)하고, 취업에서 우선적 기회를 부여하기 위하여 채용시험에서 만점의 10% 또는 5%를 부여하는 가산점제도(제31조)를 두고 있다. 헌재는 개정 전 구법에서 전몰군경이 아닌 국가유공자나 상이군경의 유가족에게도 가산점을 동일하게 부여하는 것에 대해 최초결정에서는 합헌결정[32]하였으나 헌법불합치결정[33]으로 변경하였다. 그리하여

32) 헌재결 2001. 2. 22. 2000헌마25, 판례집 13-1, 386.

국가유공자와 상이군경의 유가족에게 5%로 가산점을 낮추는 개정을 하였다.

제 5 절 근로 3권

Ⅰ. 헌법규정과 의의

헌법 제33조 제1항은 "근로자는 근로조건의 향상을 위하여 자주적인 단결권·단체교섭권 및 단체행동권을 가진다."고 규정함으로써 근로자가 인간다운 삶을 누리기 위하여 자주적인 단결을 통해서 임금 및 근로조건의 개선을 실현할 수 있는 길을 열어 놓았다.[34]

헌법이 위와 같이 근로 3권을 보장하는 취지는 원칙적으로 개인과 기업의 경제상의 자유와 창의를 존중함을 기본으로 하는 시장경제의 원리를 경제의 기본질서로 채택하면서 노동관계 당사자가 상반된 이해관계로 말미암아 계급적 대립, 적대의 관계로 나아가지 않고 활동과정에서 서로 기능을 나누어 가진 대등한 교섭주체의 관계로 발전하게 하여 그들로 하여금 때로는 대립·항쟁하고 때로는 교섭·타협의 조종과정을 거쳐 분쟁을 평화적으로 해결하게 함으로써 결국에 있어서 근로자의 이익과 지위의 향상을 도모하는 사회복지국가 건설의 과제를 달성하고자 함에 있다.[35]

Ⅱ. 법적 성격

근로 3권은 자유권적 기본권으로서의 성격과 사회권적 기본권으로서의 성격을 모두 포함하는 것이어서 근로 3권이 제대로 보호되기 위하여는 근로자의 권리행사의 실질적 조건을 형성하고 유지해야 할 국가의 적극적인 활동 즉 적절한 입법조치를 필요로 한다(자유권과 생존권의 복합설). 이때 국가의 적극적인 활동이라 함은 입법자가 근로자단체의 조직, 단체교섭, 단체협약, 노동쟁의 등에 관한 노동조합 관련법의 제정을 통하여 노사간의 세력균형이 이루어지고 근로자

---

33) 헌재결 2006. 2. 23. 2004헌마675 등, 판례집 18-1상, 269.
34) 헌재결 1998. 7. 16. 97헌바23.
35) 헌재결 1993. 3. 11. 92헌바33, 판례집 5-1, 29.

의 근로 3권이 실질적으로 기능할 수 있도록 하기 위하여 필요한 법적 제도와 법규범을 마련하여야 할 의무가 있다는 것을 의미하는 것이다.[36)]

Ⅲ. 보호내용

근로자의 근로 3권이란 단결권, 단체교섭권, 단체행동권을 말한다. 근로 3권의 주체로서 근로자란 직업의 종류를 불문하고 임금·급료 기타 이에 준하는 수입에 의하여 생활하는 자(노동조합 및 노동관계조정법 제2조 제1호)를 말하며 이에는 노동조합[37)]도 포함된다.

1. 단 결 권

단결권이란 노동조건의 유지·개선을 목적으로 사용자와 대등한 교섭력을 가지기 위한 단체를 구성하는 권리를 한다. 단체에의 불가입이나 그로부터 탈퇴를 조건으로 하는 이른바 황견계약체결과 단체의 결성이나 가입을 이유로 한 해고는 위법이다.

한편 헌재[38)]는 당해 사업장에 종사하는 근로자의 3분의 2 이상을 대표하는 노동조합의 경우 단체협약을 매개로 한 조직강제 이른바 유니언 샵(Union Shop) 협정의 체결을 용인하고 있는 노동조합및노동관계조정법 제81조 제2호 단서가 근로자의 단결권을 보장한 헌법 제33조 제1항 등에 위반되지 않는 것으로 보고 있다. 그 논거는 다음과 같다. 근로자의 단결하지 아니할 자유와 노동조합의 적극적 단결권(조직강제권)이 충돌하게 되나, 근로자에게 보장되는 적극적 단결권이 단결하지 아니할 자유보다 특별한 의미를 갖고 있고, 노동조합의 조직강제권도 이른바 자유권을 수정하는 의미의 생존권(사회권)적 성격을 함께 가지는 만큼 근로자 개인의 자유권에 비하여 보다 특별한 가치로 보장되는 점 등을 고려하면, 노동조합의 적극적 단결권은 근로자 개인의 단결하지 않을 자유보다 중시된다고 할 것이고, 또 노동조합에게 위와 같은 조직강제권을 부여한다고 하여

36) 헌재결 2009. 2. 26. 2007헌바27, 판례집 21-1상, 61. 노동조합이 비과세 혜택을 받을 권리는 헌법 제33조 제1항이 당연히 예상한 권리의 내용에 포함된다고 보기 어려우며, 위 헌법 조항으로부터 국가의 조세법규범 정비의무가 발생한다고 보기도 어렵다. 따라서 노동조합을 사업소세 비과세 대상으로 규정하지 않은 이 사건 법률조항은 헌법 제33조 제1항에 위반된다고 할 수 없다.

37) 헌재결 2009. 2. 26. 2007헌바27, 판례집 21-1상, 61.

38) 헌재결 2005. 11. 24. 2002헌바95·96, 2003헌바9(병합).

이를 근로자의 단결하지 아니할 자유의 본질적인 내용을 침해하는 것으로 단정할 수는 없다.

하지만 반대의견[39]이 제시하는 바와 같이 이 사건 법률조항은 근로자가 특정 노동조합에 가입하는 것을 고용조건으로 삼아서 특정 노동조합에 가입하지 않는 근로자를 해고할 수 있도록 허용하는 것이기 때문에 근로자의 단결하지 아니할 자유와 근로자의 생존권을 본질적으로 침해하고 있다. 특정 노동조합에 가입하지 않거나 탈퇴하였다는 이유로 근로자를 해고하여 근로자의 지위를 근본적으로 부정하는 것은 근로자의 생존권 보장과 지위향상을 보장하고자 하는 헌법 제33조 제1항의 취지에 정면으로 반하고 자유민주주의가 지향하는 공존공영(共存共榮)의 원칙 및 소수자 보호의 원칙에도 어긋난다.

2. 단체교섭권

단체교섭권은 근로자의 단체가 사용자와 근로조건에 관하여 교섭할 수 있는 권리이며, 이에는 단체협약체결권을 포함한다.[40] 단체교섭은 헌법상 계약자유에 입각하여 체결한 계약내용에 대한 법적 효력을 인정하여야 효력이 발생하는 법제도에 의한 권리가 형성되는 특성상 입법형성이 단체교섭의 본질을 이룬다. 이러한 점에서 헌재는 단체교섭에서 제3자개입금지한 구노동쟁의조정법 제45조의 2 규정,[41] 두 개 이상의 노동조합의 창구단일화,[42] 택시사납금강제제도[43] 등에 대해 계약자유의 본질을 침해하지 않는 입법형성으로 합헌으로 판시하고 있는 것이다.

그러나 사용자가 노동조합의 운영비를 원조하는 행위를 부당노동행위로 금지하는 '노동조합 및 노동관계조정법' 제81조 제4호 중 '노동조합의 운영비를 원조하는 행위'에 관한 부분이 노동조합의 단체교섭권을 침해하는지 여부에 대해서는 실질적 노사자치를 구현하려는 근로 3권을 취지에 반하는 것으로 헌법불합치결정[44]을 하였다.

---

39) 헌재결 2005. 11. 24. 2002헌바95·96, 2003헌바9(병합). 재판관 권 성, 재판관 조대현의 반대의견.

40) 헌재결 1998. 2. 27. 94헌바13 등, 판례집 10-1, 32; 2006. 3. 30. 2005헌마337, 판례집 18-1상, 417.

41) 헌재결 1993. 3. 11. 선고 92헌바33.

42) 헌재결 2012. 4. 24. 2011헌마338, 판례집 24-1하, 235.

43) 헌재결 1998. 10. 29. 97헌마345, 판례집 10-2, 621.

44) 헌재결 2018. 5. 31. 2012헌바90, 공보 제260호, 825. 사용자의 노동조합에 대한 운영비 원조에 관한 사항은 대등한 지위에 있는 노사가 자율적으로 협의하여 정하는 것이 근로3권을 보장하는

3. 단체행동권

단체행동권이라 함은 노동쟁의가 발생한 경우 쟁의행위를 할 수 있는 쟁의권을 의미하며, 이는 근로자가 그의 주장을 관철하기 위하여 업무의 정상적인 운영을 저해하는 행위를 할 수 있는 권리라고 할 수 있다. 단체행동의 구체적인 방법으로는 동맹파업·태업·시위운동 등이 있다.

단체행동권은 근로 3권 중에 기본권충돌의 소지가 많은 근로자의 쟁의수단이므로 헌법유보(헌법 제33조 제2항 및 제3항)에 의한 법적 제한을 예정하고 있다. 우선 공무원의 경우 사실상 노무에 종사하는 공무원(공무원법 제 66조 제1항)을 제외하고는 쟁의행위를 할 수 없고,[45] 방위사업법에 의하여 지정된 주요방위산업체에 종사하는 근로자중 전력, 용수 및 주로 방산물자를 생산하는 업무에 종사하는 자도 쟁의행위를 할 수 없으며 주로 방산물자를 생산하는 업무에 종사하는 자의 범위는 대통령령으로 정하고 있다(노동조합 및 노동관계조정법 제41조 제2항).

헌재는 특수경비원의 단체행동권을 제한하고 있는 경비업법 제15조 제3항 등에 대해 단체행동권의 제한의 공무원,[46] 방위산업관련자의 헌법유보 이외에 법률유보가 가능한 것으로 보아 합헌결정[47]하였다. 단체행동권행사로 인한 기본권충돌의 경우 입법에 의한 해결방안이 우선적으로 고려될 수 있다는 점에서 타당한 결정이다.

쟁의행위는 근로조건의 향상을 위한 자주적인 것이어야 하고, 정치적 목적의 쟁의는 금지된다. 업무의 저해라는 속성상 그 자체 시민형법상의 여러 가지 범죄의 구성요건에 해당될 수 있음에도 불구하고 그것이 정당성을 가지는 경우에는 민·형사책임이 면제된다. 이는 헌법 제33조에 당연히 포함된 내용이며, 현행

취지에 가장 부합한다. 따라서 운영비 원조 행위에 대한 제한은 실질적으로 노동조합의 자주성이 저해되었거나 저해될 위험이 현저한 경우에 한하여 이루어져야 한다. 그럼에도 불구하고 운영비원조금지조항은 단서에서 정한 두 가지 예외를 제외한 일체의 운영비 원조 행위를 금지하고 있으므로, 그 입법목적 달성을 위해서 필요한 범위를 넘어서 노동조합의 단체교섭권을 과도하게 제한한다. 운영비원조금지조항으로 인하여 오히려 노동조합의 활동이 위축되거나 노동조합과 사용자가 우호적이고 협력적인 관계를 맺기 위해서 대등한 지위에서 운영비 원조를 협의할 수 없게 되는데, 이는 실질적 노사자치를 구현하고자 하는 근로3권의 취지에도 반한다.

45) 헌재결 2007. 8. 30. 2003헌바51 등, 판례집 19-2, 213.

46) 6급 이하의 일반직공무원, 특정직공무원 중 6급 이하의 일반직공무원에 상당하는 외무행정·외교정보관리직 공무원(즉 경찰공무원, 소방공무원, 군인 등은 제외)의 노조설립 및 단결권, 단체교섭권을 인정(공무원의 노동조합설립 및 운영에 관한 법률 제6조, 제8조)하고, 비현업공무원은 단결권만(동법 제7조 제2항) 인정한다. 교원은 노조설립 및 단결권, 단체교섭권인정(교원의 노동조합 설립 및 운영에 관한 법률 제4조, 제6조).

47) 헌재결 2009. 10. 29. 2007헌마1359.

노동조합 및 노동관계조정법 제3조와 제4조는 정당한 쟁의행위의 효과로서 민사 및 형사면책을 명문으로 확인한 규정이다.

근로자가 아닌 사용자는 근로 3권의 주체가 아니다. 그러나 사용자에게 근로자의 근로 3권에 대응하기 위한 최후수단으로 노동조합이 쟁의행위를 개시한 이후에만 직장폐쇄를 할 수 있도록 허용하고 있다(노동조합 및 노동관계조정법 제46조). 이는 근로자와 사용자의 무기평등의 원칙에 입각한 것이라기보다는 재산권에 근거한 소극적인 방어수단으로 보아야 한다. 이러한 의미에서 대법원도 직장폐쇄의 한계를 강조[48)]하고 있다.

제6절 환 경 권

Ⅰ. 의의와 헌법규정

환경권은 인간다운 환경 속에서 생존할 수 있는 권리를 말한다. 우리 헌법 제35조는 환경권에 관하여 다음과 같이 규정하고 있다. 모든 국민은 건강하고 쾌적한 환경에서 생활할 권리를 가지며, 국가와 국민은 환경보전을 위하여 노력하여야 한다(제1항). 환경권의 내용과 행사에 관하여는 법률로 정한다(제2항). 국가는 주택개발정책 등을 통하여 모든 국민이 쾌적한 주거생활을 할 수 있도록 노력하여야 한다(제3항).

환경권의 본질은 인간의 존엄권 내지 생존권에 속하는 것이기 때문에 모든 사람의 권리이다. 환경권에 관한 법률로는 환경정책기본법, 대기환경보전법, 수질환경보전법, 자연환경보전법, 토양환경보전법 등이 있다.

---

48) 대판 2017. 7. 11. 선고 2013도7896. 사용자의 직장폐쇄는 사용자와 근로자의 교섭태도 및 교섭과정, 근로자의 쟁의행위의 목적과 방법 및 그로 인하여 사용자가 받는 타격의 정도 등 구체적인 사정에 비추어 근로자의 쟁의행위에 대한 방어수단으로서 상당성이 있어야만 사용자의 정당한 쟁의행위로 인정할 수 있다. 한편 근로자의 쟁의행위 등 구체적인 사정에 비추어 직장폐쇄의 개시 자체는 정당하다고 할 수 있지만, 어느 시점 이후에 근로자가 쟁의행위를 중단하고 진정으로 업무에 복귀할 의사를 표시하였음에도 사용자가 직장폐쇄를 계속 유지하면서 근로자의 쟁의행위에 대한 방어적인 목적에서 벗어나 적극적으로 노동조합의 조직력을 약화시키기 위한 목적 등을 갖는 공격적 직장폐쇄의 성격으로 변질되었다고 볼 수 있는 경우에는, 그 이후의 직장폐쇄는 정당성을 상실한 것으로 보아야 한다.

Ⅱ. 법적 성격

환경권은 생존권에 속하는 것으로 그 법적 성격은 여타 생존권과 마찬가지로 가능성유보하에 형량에 의해 결정되는 원칙으로서 상대적 기본권이다.

헌법재판소는 환경권을 구체적 권리로서 보는 전제에서 국가의 환경보전의무의 과소보호금지원칙을 기준으로 판단하고 있다.[49] 헌법 제35조 제1항에서 환경권에 대하여 국가의 보호의무를 인정한 것은, 환경피해는 생명·신체의 보호와 같은 중요한 기본권적 법익 침해로 이어질 수 있다는 점 등을 고려한 것이므로,[50] 환경권 침해 내지 환경권에 대한 국가의 보호의무위반도 궁극적으로는 생명·신체의 안전에 대한 침해로 귀결된다. 결국, 국민의 생명·신체의 안전이 질병 등으로부터 위협받거나 받게 될 우려가 있는 경우, 국가로서는 그 위험의 원인과 정도에 따라 사회·경제적인 여건 및 재정사정 등을 감안하여 국민의 생명·신체의 안전을 보호하기에 필요한 적절하고 효율적인 입법·행정상의 조치를 취함으로써, 그 침해의 위험을 방지하고 이를 유지할 포괄적인 의무를 진다.[51]

대법원은 환경권을 기본권으로서 주관적 공권이 아닌 환경국가원리로서 객관적 질서의 성격을 부여하고 있다. 헌법 제35조 제1항은 환경권을 기본권의 하나로 승인하고 있으므로, 사법의 해석과 적용에 있어서도 이러한 기본권이 충분히 보장되도록 배려하여야 하나, 헌법상의 기본권으로서의 환경권에 관한 위 규정만으로서는 그 보호대상인 환경의 내용과 범위, 권리의 주체가 되는 권리자의 범위 등이 명확하지 못하여 이 규정이 개개의 국민에게 직접으로 구체적인 사법상의 권리를 부여한 것이라고 보기는 어렵고, 사법적 권리인 환경권을 인정하면 그 상대방의 활동의 자유와 권리를 불가피하게 제약할 수밖에 없으므로, 사법상의 권리로서의 환경권이 인정되려면 그에 관한 명문의 법률규정이 있거나 관계 법령의 규정취지나 조리에 비추어 권리의 주체, 대상, 내용, 행사방법 등이 구체적으로 정립될 수 있어야 한다.[52] 같은 취지의 판결로 환경권은 명문의 법률규정이나 관계 법령의 규정 취지 및 조리에 비추어 권리의 주체, 대상, 내용, 행사방법 등이 구체적으로 정립될 수 있어야만 인정되는 것이므로, 사법상의 권리로

49) 헌재결 2015. 9. 24. 2013헌마384, 판례집 27-2(상).
50) 헌재결 2008. 7. 31. 2006헌마711, 판례집 20-2상, 345.
51) 헌재결 2008. 12. 26. 2008헌마419 등 판례집 20-2상, 960.
52) 대법원 1995.5.23. 자 94마2218 결정.

서의 환경권을 인정하는 명문의 규정이 없는데도 환경권에 기하여 직접 방해배제청구권을 인정할 수 없다.[53)]

Ⅲ. 보호내용

1. 자연환경(협의)

협의설은 깨끗한 자연환경에서 생활할 권리를 보장하는 것을 말한다. 자연환경이란 지하·지표(해양을 포함한다) 및 지상의 모든 생물과 이들을 둘러싸고 있는 비생물적인 것을 포함한 자연의 상태(생태계 및 자연경관을 포함한다)를 말한다(환경정책기본법 제3조 제2호). 물, 토양, 기후, 동물, 식물 등이 이에 속한다.

2. 자연·생활환경(광의)

광의설은 깨끗한 자연환경은 물론 쾌적한 인공환경에서 생활할 권리를 보장하는 것을 말한다. 여기서 "생활환경"이란 대기, 물, 토양, 폐기물, 소음·진동, 악취, 일조(日照), 인공조명 등 사람의 일상생활과 관계되는 환경을 말한다(환경정책기본법 제3조 제3호).

우리 헌법은 환경권규정에 쾌적한 주거생활권(제35조 제3항)을 함께 규정하고 있다. 쾌적한 주거생활권이라 함은 인간다운 생활에 필수적인 쾌적한 주거생활의 확보를 위하여 국가에 대해 일정한 배려와 급부를 요구할 수 있는 권리를 말한다. 주거는 인간의 삶의 보금자리이고, 사회의 기본적 조직단위인 가정의 근거지이며, 건강하고 문화적인 생활을 영위하기 위한 필수적인 요소가 된다. 국가는 적절한 공공주택, 영구임대주택 등을 제공할 의무가 있다. 이를 위하여 주택건설촉진법, 택지개발촉진법, 임대주택법 등에서 규정하고 있다.

3. 소 결

협의설은 환경권도 인간다운 생활을 할 권리를 위한 수단이라는 점에서 보호범위를 너무 좁게 보고 있고 이는 쾌적한 주거생활권을 포함하고 있는 헌법과 환경정책법의 규정취지와 상반되는 해석론이다. 따라서 환경권의 보호범위는 생활환경을 포함하는 광의설이 타당하다. 이는 원칙으로서 기본권의 보호범위를

53) 대판 1997. 7. 22. 선고 96다56153.

개방적으로 파악한 기본입장에도 부합한다. 다만 환경권의 보호범위를 광의로 보더라도 국가의 책임귀속을 판단하는 것이 중요하다. 환경권은 국가와 사인모두에 의해 침해될 수 있는 것으로 사실적 제약에 대하여도 국가의 책임을 인정하는 것이 타당하다.

제 7 절 혼인과 가족에 관한 권리

Ⅰ. 기 능

헌법 제36조는 고전적인 시민들의 이상인 혼인과 가족생활을 향유할 자유와 이를 보장할 국가의 의무를 명문화하고 있다. 여기서 혼인과 가족은 두 가지의 기능이 있다.

우선 개인에게 혼인과 가족은 소통과 연대를 위한 공동체다. 혼인과 가족은 인격권과 사생활의 보호와 관련된 기본권이다. 유럽인권협정(EMRK) 제8조 제1항에서는 혼인의 보호 없이 가족의 보호에 대해서만 규정하고 있어 구별된다.

다음으로 가족은 사회적으로 재생산을 위해 중요하다. 이는 생물학적인 의미에서 뿐만 아니라 사회문화적인 의미에서 자녀교육을 포함하는 것이다.

Ⅱ. 의 의

혼인과 가족의 관계에 대한 해석에 따라 동성혼과 혼인관계에 있지 않은 부모와 자녀의 관계에 대한 보호에 있어서 차이가 나타날 수 있다. 우선 혼인과 가족은 특별한 결합관계에 있는 것으로 보고 가족은 혼인관계에서 보호목적을 갖는다고 보는 견해가 있다. 이에 의하면 동성혼은 부인하게 되고 혼인관계가 없는 부모와 자녀에 대한 보호도 부인하게 된다. 하지만 혼인과 가족을 단순히 병렬적으로 열거한 것으로 해석하는 견해에 의하면 동성혼의 성립도 혼인관계에 있지 않은 가족도 국가의 보호대상으로 보게 된다.

이러한 해석론은 혼인과 가족에 관한 헌법적 성격과 관련된 것으로 이에 관해 살펴보고자 한다.

Ⅲ. 법적 성격

혼인과 가족에 관한 권리는 권리와 제도보장으로서의 성격을 갖는 전술한 재산권유사의 법적 성격을 갖는다. 제도보장의 성격에서 입법에 의한 헌법의 핵심내용을 형성할 의무가 있다. 헌법재판소도 동일한 취지로 판시[54]하고 있다.

현행가족법은 봉건적 유교윤리에 입각한 가부장적 부계혈통주의의 전통적인 관습을 존중하는 바탕에서 제정되어 혼인은 이성간의 결합이라고 해석되고 있다.

하지만 이는 헌법상 성별에 의한 차별금지를 내용으로 하는 평등권, 국가의 종교적 중립성원칙 등에 반하는 것으로 볼 수 있다. 또한 동성혼과 사실혼, 자녀 없는 맞벌이 부부 등의 사회현실과 가치관의 변화에 의한 기본권변천도 고려해야 한다. 사실 기본권의 해석에서 문언적 한계를 시대정신으로 극복할 수는 없다. 하지만 혼인과 가족은 제도보장에 의한 기본권성을 획득하는 보호범위의 개방성으로 인하여 입법자가 사회현실을 고려한 입법형성은 원칙적으로 허용된다. 더구나 다문화, 세계화시대에 다양한 국적의 이성간의 결합, 귀화, 이민, 망명 등으로 국내법에 의한 혼인과 가족의 개념을 정의하는 것도 적절하지 않은 경우도 있다. 유럽인권협약 제8조 제1항, 제12조, 유럽인권헌장 제7조, 제9조에서는 가

54) 헌재결 2008. 11. 13. 2006헌바112 등, 판례집 20-2하, 1; 2002. 8. 29. 2001헌바82, 판례집 14-2, 170. 헌법 제36조 제1항은 "혼인과 가족생활은 개인의 존엄과 양성의 평등을 기초로 성립되고 유지되어야 하며, 국가는 이를 보장한다."라고 규정하고 있는데, 헌법 제36조 제1항은 혼인과 가족생활을 스스로 결정하고 형성할 수 있는 자유를 기본권으로서 보장하고, 혼인과 가족에 대한 제도를 보장한다. 그리고 헌법 제36조 제1항은 혼인과 가족에 관련되는 공법 및 사법의 모든 영역에 영향을 미치는 헌법원리 내지 원칙규범으로서의 성격도 가지는데, 이는 적극적으로는 적절한 조치를 통해서 혼인과 가족을 지원하고 제삼자에 의한 침해 앞에서 혼인과 가족을 보호해야 할 국가의 과제를 포함하며, 소극적으로는 불이익을 야기하는 제한조치를 통해서 혼인과 가족을 차별하는 것을 금지해야 할 국가의 의무를 포함한다.(헌재 2002. 8. 29. 2001헌바82, 판례집 14-2, 170) 이러한 헌법원리로부터 도출되는 차별금지의 명령은 헌법 제11조 제1항의 평등원칙과 결합하여 혼인과 가족을 부당한 차별로부터 보호하고자 하는 목적을 지니고 있고, 따라서 특정한 조세 법률조항이 혼인이나 가족생활을 근거로 부부 등 가족이 있는 자를 혼인하지 아니한 자 등에 비하여 차별 취급하는 것이라면 비례의 원칙에 의한 심사에 의하여 정당화되지 않는 한 헌법 제36조 제1항에 위반된다 할 것이다. 이는 단지 차별의 합리적인 이유의 유무만을 확인하는 정도를 넘어, 차별의 이유와 차별의 내용 사이에 적정한 비례적 균형관계가 이루어져 있는지에 대해서도 심사하여야 한다는 것을 의미하고(헌재결 2001. 2. 22. 2000헌마25, 판례집 13-1, 386, 403 ; 2003. 6. 26. 2002헌가14, 판례집 15-1, 624, 657 등 참조), 위와 같은 헌법원리는 조세 관련 법령에서 과세단위를 정하는 것이 입법자의 입법형성의 재량에 속하는 정책적 문제라고 하더라도 그 한계로서 적용되는 것이다(헌재 2005. 5. 26. 2004헌가6, 판례집 17-1, 592, 600 참조).

족을 보호하고 혼인전체가 아닌 혼인계약체결의 권리와 혼인제도의 보호에 대해서 규정하고 있다.

국내헌법에 의한 보호는 배제하지 않지만 외국법과 충돌의 경우 형량에 영향을 미칠 수 있다. 그 밖에도 유럽인권헌장 제24조 제3항의 아동의 부모와 면접교섭권, 제14조 제3항 부모의 교육권, 제33조 제2항 모성보호와 친권을 명문화하고 있다.

Ⅳ. 보호내용

1. 혼인의 보호 — 이혼의 권리유무

현행 가족법에서는 혼인에 관한 3가지 특징을 살펴볼 수 있다. 혼인계약의 유효성에 대한 국가의 승인, 혼인관계의 원칙적인 해체불가능성, 이성간의 결합이 그것이다. 혼인의 제도보장성격으로 인하여 높은 이혼율과 맞벌이 부부가정에서의 역할변화가 있더라도 이혼의 권리는 헌법 제36조에서 도출할 수는 없다. 입법자의 넓은 입법재량에 의하여 경우에 따라 인정될 여지가 있을 뿐이다. 이혼의 권리는 혼인의 권리가 아니라 일반적 행동자유권의 보호범위에 속하는 것이다. 입법자는 이혼절차를 특별히 간소화하거나 비용을 절감할 수 있도록 하거나 독신자에 비해 이혼자에게 특권을 부여할 의무도 없다.

혼인의 인적 성립요건은 두 명의 파트너의 결합이어야 한다. 이성간의 결합이어야 하는 지는 논란이 되고 있다. 헌법 제36조 제1항의 혼인과 가족의 관계를 병렬적 열거로 보면 입법자는 동성혼을 입법할 수 있다. 이성간의 혼인을 보장하는 것은 최소한의 보장으로 해석할 수 있기 때문이다. 미국의 여러 주, 독일, 네덜란드, 북구유럽 등에서 동성혼을 합법화하고 있는 것을 보더라도 혼인개념을 목적론적으로 축소하는 것은 의문이다. 즉 차별취급의 기준으로 사회의 '재생산(Reproduction)'개념을 새롭게 정립할 필요가 있다.

혼인과 가족을 특별한 결합관계로 보고 그 구체적 목적을 '재생산'에 있다고 주장하는 것은 오늘날 성전환자, 동성혼, 불임부부 등을 차별 취급하는 것이다. 헌법 제36조의 혼인과 가족에의 권리의 제도보장적 성격을 고려하면 동성혼과 이성혼, 법률혼과 사실혼 등을 모두 동등하게 보호할 것을 요구할 수는 없지만 적어도 성별과 사회적 신분에 의한 차별입법을 하는 것은 헌법 제11조 제2문에 반한다. 과세와 아동 및 외국인보호에서 평등이념을 실현하기 위해서도 혼인과 가족에의 권리에 반하는 입법형성은 재량권남용이다. 과세권남용으로 부부금융소득합산과세제도의 위헌,[55] 종부세과세방법으로 인별합산이 아닌 세대별합산의 헌법불합치결정[56]을 들 수 있다.

남녀고용평등과 일·가정양립지원에 관한 법률에서는 결혼퇴직, 임신퇴직을 사유로 하는 근로계약 체결을 금지(제11조 제2항)하고 있다.

2. 가족의 보호

헌법 제36조 제1항의 가족이란 부모와 가정의 생활공동체를 말한다. 이상적으로는 대가족 제도와 같이 가정생활공동체가 친족관계로 구성되어 가족과 사실상 일치하는 것이다. 하지만 헌법 제36조 제1항의 가족에는 이상적인 가족이 아니라도 보호대상이 된다. 예컨대, 주말가정, 기러기가족, 별거상태 가족 등과 같이 부모와 자식의 가족관계가 가정공동체를 이루지 않고 독립적으로 생활하더라도 마찬가지로 보호된다. 이는 생물학적으로 생부와 자식은 물론 계부, 양자 등 법적으로 가족으로 인정하는 경우도 포함된다. 동성간 생활공동체나 사실혼의 생활공동체 파트너도 사회현실과 가치관의 변화에 따라 상대 파트너의 자녀와 함께 가정공동체를 이루고 있다면 기족으로 인정받고자 할 것이다.

기본권의 변천으로 동성혼을 인정한다면 동성부부의 입양도 제도보장으로

55) 헌재결 2005. 5. 26. 2004헌가6, 판례집 17-1, 592 [위헌].

56) 예컨대, 헌재결 2008. 11. 13. 2006헌바112 등, 판례집 20-2하, 1. 특정한 조세 법률조항이 혼인이나 가족생활을 근거로 부부 등 가족이 있는 자를 혼인하지 아니한 자 등에 비하여 차별 취급하는 것이라면 비례의 원칙에 의한 심사에 의하여 정당화되지 않는 한 헌법 제36조 제1항에 위반된다 할 것인데, 이 사건 세대별 합산규정은 생활실태에 부합하는 과세를 실현하고 조세회피를 방지하고자 하는 것으로 그 입법목적의 정당성은 수긍할 수 있으나, 가족 간의 증여를 통하여 재산의 소유 형태를 형성하였다고 하여 모두 조세회피의 의도가 있었다고 단정할 수 없고, 정당한 증여의 의사에 따라 가족 간에 소유권을 이전하는 것도 국민의 권리에 속하는 것이며, 우리 민법은 부부별산제를 채택하고 있고 배우자를 제외한 가족의 재산까지 공유로 추정할 근거규정이 없고, 공유재산이라고 하여 세대별로 합산하여 과세할 당위성도 없으며, 부동산 가격의 앙등은 여러 가지 요인이 복합적으로 작용하여 발생하는 것으로서 오로지 세제의 불비 때문에 발생하는 것만이 아니며, 이미 헌법재판소는 자산소득에 대하여 부부간 합산과세에 대하여 위헌 선언한바 있으므로 적절한 차별취급이라 할 수 없다. 또한 부동산실명법상의 명의신탁 무효 조항이나 과징금 부과 조항, 상속세 및 증여세법상의 증여 추정규정 등에 의해서도 조세회피의 방지라는 입법목적을 충분히 달성할 수 있어 반드시 필요한 수단이라고 볼 수 없다. 이 사건 세대별 합산규정으로 인한 조세부담의 증가라는 불이익은 이를 통하여 달성하고자 하는 조세회피의 방지 등 공익에 비하여 훨씬 크고, 조세회피의 방지와 경제생활 단위별 과세의 실현 및 부동산 가격의 안정이라는 공익은 입법정책상의 법익인데 반해 혼인과 가족생활의 보호는 헌법적 가치라는 것을 고려할 때 법익균형성도 인정하기 어렵다. 따라서 이 사건 세대별 합산규정은 혼인한 자 또는 가족과 함께 세대를 구성한 자를 비례의 원칙에 반하여 개인별로 과세되는 독신자, 사실혼 관계의 부부, 세대원이 아닌 주택 등의 소유자 등에 비하여 불리하게 차별하여 취급하고 있으므로, 헌법 제36조 제1항에 위반된다.

인정할 수 있다. 이는 혼인과 가족, 가족과 친권은 특별한 결합관계에서 보호되는 것이 아니라 상호 병렬적으로 보호될 수 있다는 것을 의미한다.

친권은 전통적 견해에 의하면 교육공동체로서 가족의 본질적 요소로 이해되었다. 하지만 친권은 사실혼의 부부, 미혼부 및 미혼모에게도 인정된다. 친권은 일반기본권과 달리 예외적으로 기본권과 기본의무가 결합된 이타적인 기본권이다. 친권은 헌법상 책임이 핵심으로 이는 자녀에 대한 양육과 교육에 대한 권리에 상응하는 의무다.[57] 그러나 친권자의 책임은 국가의 기본권보장의무와는 구별하여야 한다. 친권은 자녀양육에 있어서 국가에 대한 방어권을 내포하기 때문이다. 헌재의 과외교습금지에 대한 위헌결정[58]은 이를 방증하고 있다. 가정의 보호에 관한 입법으로 모자보건법, 한부모가족지원법, 남녀고용평등과 일 · 가정양립지원에 관한 법률, 저출산 · 고령사회기본법 등이 있다.

제 8 절 보건에 관한 권리

Ⅰ. 헌법규정과 의의

헌법 제36조 제3항은 "모든 국민은 보건에 관하여 국가의 보호를 받는다."라고 규정하여 국민의 보건에 대한 권리를 보호하고 있다. 이에 대하여 국가는 국민의 건강을 보호하고 이를 위하여 국민에게 적정한 의료급여를 보장해야 하는 사회국가적 의무를 지고 있다.[59] 즉 보건의료는 사람의 생명과 건강을 다루는 중대한 것이다. 보건권은 국민의 권리라기보다는 인간의 권리인 것이다.

57) 친양자관계의 경우 친부모의 동의가 그것이다. 헌재 2012. 5. 31. 2010헌바87, 판례집 24-1하, 364 [합헌] 친생부모의 친권이 상실되거나 사망 그 밖의 사유로 동의할 수 없는 경우를 제외하고는 친생부모의 동의가 있어야 친양자 입양을 청구할 수 있도록 규정하여 친양자가 될 자의 가족생활에 관한 기본권 등을 제한하고 있는바, 친양자 입양은 친생부모와 그 자녀 사이의 친족관계를 완전히 단절시키는 등 친생부모의 지위에 중대한 영향을 미치는 점, 친생부모 역시 헌법 제10조 및 제36조 제1항에 근거한 가족생활에 관한 기본권을 보유하고 있다는 점에 비추어 볼 때 그 입법목적은 정당하고, 나아가 이 사건 법률조항은 친양자 입양에 있어 무조건 친생부모의 동의를 요하도록 하고 있는 것이 아니라, '친생부모의 친권이 상실되거나 사망 기타 그 밖의 사유로 동의할 수 없는 경우'에는 그 동의 없이도 친양자 입양이 가능하도록 예외규정을 두어 기본권 제한의 비례성을 준수하고 있으므로 헌법에 위반되지 아니한다.

58) 헌재결 2000. 4. 27. 98헌가16 등, 판례집 12-1, 427.

59) 헌재결 2005. 3. 31. 2001헌바87, 판례집 17-1, 321; 헌재 2002. 10. 31. 99헌바76등, 판례집 14-2, 410, 436.

국가의 국민보건의무에 의하여 제정된 입법에서 그 보호내용을 구체화하고 있다. 보건의료기본법, 국민건강증진법, 의료법, 약사법, 의료보호법, 감염병의 예방 및 관리에 관한 법률, 정신보건법, 구강보건법 등이 있다.

Ⅱ. 법적 성격

보건에 관한 권리는 생존권적 기본권으로 국가에 대하여 건강한 생활을 침해하지 않도록 요구할 수 있을 뿐만 아니라 보건을 유지하도록 국가에 대하여 적극적으로 요구할 수 있는 권리다.[60] 즉 보건권은 생존권으로 가능성유보하에 최소한 보호수준이 결정되는 상대적 기본권이다. 최소보호의 기준을 헌재는 다음과 같이 판시[61]하고 있다. 보건의료 서비스는 공급자와 수요자 등 시장참여자 사이의 정보비대칭, 수요의 불확실, 치료의 불확실, 법적 독점, 외부성 등 일반 재화와 다른 특성이 있다. 따라서 민간부문의 영리성 추구를 제한할 자율적 규제나 법적 규제가 미흡한 경우에는 의료수요 유발, 고가서비스 추구, 의료인력의 과도한 전문화 등을 통해 국민의 의료비 부담을 증가시키므로, 그 수요와 공급을 시장에 전적으로 맡겨 두면 시장의 실패 혹은 사회적 후생감소를 초래할 가능성이 있다. 이로 인하여, 국민이 보건의료 서비스에 개인의 신분이나 재산에 관계없이 균등하게 접근하고, 보건의료전달체계 내에서 보건의료자원(인력·시설·장비 등)을 균등히 향유하고, 기본적으로 필요한 양의 필수적인 서비스를 받으며, 진료수준의 차이를 배제할 권리가 위협받는다면, 이는 헌법이 보장하는 국민의 건강권과 국가가 국민에게 적정한 의료급여를 보장해야 하는 사회국가적 의무에 위배된다고 할 것이다.

---

60) 헌재결 1998. 7. 16. 96헌마246, 판례집 10-2, 283 — 전문의 자격시험 불실시 위헌확인.

61) 헌재결 1996. 10. 31. 94헌가7, 판례집 8-2, 408; 2002. 12. 18. 2001헌마370 결정, 판례집 14-2, 882; 2005. 3. 31. 2001헌바87 결정, 공보 103, 475; 헌재 2005. 5. 26. 2003헌바86, 판례집 17-1, 630 [합헌]. 의료인이 아닌 자의 의료행위를 전면적으로 금지한 것은 매우 중대한 헌법적 법익인 국민의 생명권과 건강권을 보호하고 국민의 보건에 관한 국가의 보호의무(헌법 제36조 제3항)를 이행하기 위하여 적합한 조치로서, 위와 같은 중대한 공익이 국민의 기본권을 보다 적게 침해하는 다른 방법으로는 효율적으로 실현될 수 없으므로, 이러한 기본권의 제한은 비례의 원칙에 부합하는 것으로서 헌법적으로 정당화되는 것이다.

Ⅲ. 보호내용

1. 소극적으로 질병으로 부터의 보호

보호의무의 관점에서 소극적으로 질병의 반대개념으로 정의할 수 있다. 이는 의학발전상황에 따라 질병으로 인정되는 것에 의존하게 된다. 병리학적으로 육체적, 정신적 상태를 모두 포함하게 된다. 신체의 완전성의 중요성은 인간을 고통으로부터 해방하는 것과 건강해야 생활할 수 있다는 데 있다.

2. 적극적으로 신체의 완전성 내지 건강권

적극적으로는 신체의 완전성 내지 건강권을 포괄한다.[62] 신체의 자유제한으로 육체적, 정신적인 곤궁상황에 처하지 않아야 함을 의미한다. 따라서 완전한 신체활동을 일반적 인격권으로 보아 인간존엄과 연계하거나 사생활의 보호의 일면으로 파악하기도 한다. 이러한 점에서 신체의 완전성도 인격권의 내용으로 볼 수 있다. 이는 특히 그 제한의 목적과 효과로 연계되어 나타난다. 예컨대, 미용실에서 머리하기는 자기표현이고, 혈액채취, 뇌수채취는 정보습득행위이다. 그러나 사회적 안락함은 보호범위에 포함되지 않는다.

보건의료기본법에서는 적극적 권리로 건강권, 보건의료에 관하여 알권리, 보건의료서비스에 대한 자기결정권을, 소극적 권리로 보건의료에 관한 privacy권, 보건의료에 관한 국민의 의무를 구체화하고 있다.

---

62) 이러한 점에서 헌재는 정신보건법에 대한 헌법불합치결정의 심사기준을 신체의 자유로 하였다. 헌재결 2016. 9. 29. 2014헌가9, 판례집 28-2상, 276. 보호의무자 2인의 동의와 정신건강의학과 전문의 1인의 진단으로 정신질환자에 대한 보호입원이 가능하도록 한 정신보건법 제24조 제1항 및 제2항이 신체의 자유를 침해하는지 여부(적극).

제12장 기본권보장을 위한 재판절차

Ⅰ. 재판절차에서 기본권보장체계

기본권은 주관적인 공권과 객관적인 법질서의 이중적 성격을 갖는다. 주관적 공권성은 기본권주체의 청구가능성으로 이해하고 있다. 이러한 점에서 그 보장수단으로 권리구제형 헌법소원(헌법 제111조 제5호와 헌재법 제68조 제1항)을 마련하고 있다. 기본권은 또한 객관적인 법질서의 성격이 있다. 이는 기본권주체의 청구와 무관하게 기본권보장의무(헌법 제10조 제2문)에 의해서 국가권력을 기속하는 효력을 갖는다. 이러한 점에서 그 보장수단으로 위헌법률심판(헌법 제107조 제1항과 헌재법 제41조 이하), 위헌제청형 헌법소원(헌법 제111조 제5호와 헌재법 제68조 제2항)과 일반법원에서는 위헌위법명령 · 규칙 · 처분심사(헌법 제107조 제2항)를 마련하고 있다.

이와 같은 기본권의 이중적 성격에 따른 기본권보장의 재판절차는 이론적 구분에 의한 것임을 주의해야 한다. 현실적으로 기본권의 이중적 성격은 자유권, 생존권, 청구권, 참정권에 병존하고, 기본권의 객관적 성격인 기본권보호의무, 대사인적 효력, 제도보장 등에서도 평등권이나 자유권의 주관적 공권과 연계되어 헌법소원청구가 가능하므로 이론과 재판현실은 별개로 보아야 한다.

하지만 이론적 구분을 우선하는 것이 기본권보장을 위한 재판절차의 본질을 체계적으로 이해하는 데 바람직하다는 점에서 이를 기준으로 설명하기로 한다.

Ⅱ. 일반재판에서 기본권보장

일반재판에서는 기본권을 보장하기 위하여 위헌위법명령 · 규칙 · 처분심사를 하고 있다. 즉 헌법 제107조 제2항에서는 "명령 · 규칙 또는 처분이 헌법이나 법률에 위반되는 여부가 재판의 전제가 된 경우에는 대법원은 이를 최종적으로 심사할 권한을 가진다."고 명문화 하고 있다. 이에 법률 이하의 하위법규나 처분에 대하여 일반재판에서 구체적 규범통제를 하여 기본권보장에 기여하게 된다. 하지만 일반재판의 규범통제는 재판의 전제성을 요건으로 규범통제를 하는 절차적 요건으로 인하여 합헌적 법질서의 확립에 공백이 생길 수 있다.

이러한 점에서 헌재가 재판의 전제성이 갖추어지지 않은 명령규칙에 대한 위헌위법심사, 즉 법률이하의 하위규범에 대한 추상적 규범통제를 하고 있는 것은 기본권보장의 완전성을 위하여 적확한 태도라 할 수 있다.

Ⅲ. 헌법재판에서 기본권보장

1. 위헌법률심판

위헌법률심판에 관하여 헌법 제107조 제1항은 "법률이 헌법에 위반되는 여부가 재판의 전제가 된 경우에는 법원은 헌법재판소에 제청하여 그 심판에 의하여 재판한다."고 규정하고 헌재의 관장사항으로 헌법 제111조 제1항 제1호 "법관의 제청에 의한 법률의 위헌여부심판"을 그 세부절차에 대하여는 헌재법 제41조 이하에서 자세히 규정하고 있다.

우리의 위헌법률심판은 재판의 전제성을 요건으로 하여 구체적 규범통제만 허용하고 있다. 추상적 규범통제도 명문화하고 있는 독일과 달리 기본권보장에 흠결이 생길 수 있다. 이를 의식하여 헌재는 위헌법률심판의 대상으로 형식적 의미의 법률에 국한하지 않고 법률적 효력 있는 실질적 의미의 규범으로 확대하고 있다. 예컨대 법률적 효력이 있는 대통령의 긴급재정경제명령, 긴급명령, 헌법 제60조의 국회의 동의를 요하는 국제조약, 관습법,[1] 유신헌법상의 대통령의 긴급조치,[2] 법률해석,[3] 법익보호와 관련된 폐지된 법률[4] 등이 그것이다. 헌재는 또한 법관의 위헌제청을 '합리적' 위헌의 의심으로도 가능하게 하여 위헌법률심판의 본질을 추상적 규범통제제도의 흠결을 고려하여 합헌적 법질서확립으로 확대하고 있다. 이는 독일의 구체적 규범통제에서 법관의 위헌제청은 위헌의 확신이 있는 경우에만 가능하게 하여 입법자보호의 기능을 부여하고, 추상적 규범

---

1) 헌재결 2013. 2. 28. 2009헌바129, 판례집 25-1, 15.
2) 헌재결 2013. 3. 21. 2010헌바132 등, 공보 제198호, 472.
3) 헌재결 2012. 12. 27. 2011헌바117.
4) 헌재결 1994. 6. 30. 92헌가18.

통제는 위헌의 의심만으로 가능하게 하여 합헌적 법질서확립기능을 부여한 것으로 구분한 것의 절충이라 할 수 있다.

2. 위헌제청형 헌법소원

위헌제청형 헌법소원에 관하여는 헌법 제111조 제1항 제5호의 헌재의 관장사항으로 법률이 정하는 헌법소원에 관한 심판에 의하여 제정된 헌재법 제68조 제2항에 "법률의 위헌 여부 심판의 제청신청이 기각된 때에는 그 신청을 한 당사자는 헌법재판소에 헌법소원심판을 청구할 수 있다. 이 경우 그 당사자는 당해 사건의 소송절차에서 동일한 사유를 이유로 다시 위헌 여부 심판의 제청을 신청할 수 없다."고 규정하고 있다.

이는 전술한 바와 같이 헌법상 추상적 규범통제의 흠결을 고려하여 합헌적 법질서를 확립하려는 헌재법제정 당시의 민주화의 열기를 반영한 제도로 해석할 수 있다. 하여튼 위헌제청형 헌법소원에 대하여는 위헌법률심판의 실질을 갖는 것으로 해석하는 것이 헌재와 다수학설의 입장이다. 따라서 위헌법률심판에서의 기본권보장기능을 위헌소원에서는 절차적으로 보충하는 차원에서 동일하게 수행하고 있다고 볼 수 있다. 일반법원에서 적용 법률의 위헌여부에 대한 소송당사자의 위헌제청신청이 기각되면 제청신청당사자는 법관을 대신하여 위헌제청을 하는 것과 같은 실질의 헌법소원을 청구하여 합헌적 법률에 의한 기본권보장을 받을 수 있다.

3. 권리구제형 헌법소원

권리구제형 헌법소원은 헌재의 관장사항으로 헌법 제111조 제5호 "법률이 정하는 헌법소원에 관한 심판"에 의하여 헌재법 제68조 제1항에서 구체화하고 있다. 즉 "공권력의 행사 또는 불행사로 인하여 헌법상 보장된 기본권을 침해받은 자는 법원의 재판을 제외하고는 헌법재판소에 헌법소원심판을 청구할 수 있다. 다만, 다른 법률에 구제절차가 있는 경우에는 그 절차를 모두 거친 후에 청구할 수 있다."

권리구제형 헌법소원은 주관적 공권의 본질을 갖는 기본권에 관한 최종적인 권리구제수단이라 할 수 있다. 하지만 우리는 살펴본 바와 같이 규정상 법원의 재판에 대한 헌법소원을 금지하여 규범통제기능을 수행하고 부수적으로 일반법원의 취소소송의 대상에서 제외된 잔여 행정권(권력적 사실행위, 법령보충적 행정규칙, 조례 등)에 대한 통제만 할 수 있어 기본권보장에 흠결이 나타날 수 있다. 이는 재판소원이 주류를 이루고 있는 독일과 비교하여 보면 더욱 극명하게 드러난다. 이에 대하여는 별도로 구분하여 살펴보기로 한다.

Ⅳ. 헌법재판과 민사재판에서의 기본권보장에 관한 권한배분 —독일과 비교—

1. 독일의 경우

(1) 재판소원제도와 헌법재판적극주의

독일기본법(제9장)에서 헌법재판과 민사재판은 동일하게 사법부소속으로 되어있다. 이러한 점은 미국, 스위스 등의 일원적 사법체계(Einheitssystem)와 동일한 것으로 연방대법원의 민사판결에 대한 헌법소원제도(제93조 제1항 제4a호)는 확인규정으로 해석하는 견해[5]가 있다. 하지만 독일의 헌법재판(제93조)과 민사재판(제95조)은 미국, 스위스 등과 달리 별개의 전문법원으로 설치되어 있다. 이를 강조하고 기본법의 재판소원은 처음에는 1951년 연방헌재법(제90조 이하)의 제도에 불과하였으나 1969년 기본법개정으로 보장된 것이므로 창설규정이라는 견해[6]도 있다. 창설규정으로 보는 견해는 이론적으로는 판결소원을 헌법개정에 의하여 폐지할 수 있는 것으로 한 때 주장하였지만 지금은 논의가 중단되어 있다.[7] 사법부의 기본권기속을 규정한 기본법(제1조 제3항)의 체계적 해석에 의하여 재판소원제도의 폐지는 위헌이라는 견해가 독일인에게 더욱 강고해지고 있기 때문이다.

연방헌재는 뤼트(Lüth)판결 이후 사법의 해석적용은 민사법원의 전속적인 권한으로 판시[8]하고 있다. 그럼에도 불구하고 연방헌재는 최종적인 민사판결에서 패소한 청구인이 계약자유 내지 사적자치침해를 주장하면서 헌법소원을 청구하는 경우 계약내용에 대하여 엄격한 심사를 통하여 사법의 해석적용에 대한

5) T. Barczak, aaO., S. 119; D. Grimm, Die Urteilsverfassungsbeschwerde und das Verhältnis von Verfassungsgericht und Fachgerichten in Deutschland, 서울대 법학 제55권 제1호(2014), 341면.

6) W. Heun, VVDStRL 61(2002), S. 109 ff; K. Stern, Die Verfassungsgerichtsbarkeit, in: Staatsrecht der Bundesrepublik Deutschland, Bd. Ⅱ, § 44, München, 1980, S. 1015.

7) D. Grimm, 전게논문, 357면 이하.

8) BVerfGE 7, 198 ff.; BVerfGE 18, 85(92).

통제를 하고 있다. 이는 제도보장으로 다양한 기본권적 성격[9]을 갖고 있는 사적자치 내지 계약자유는 사법에 의하여 보호범위가 형성되고 사법규정과 민사판결에 의한 법관법형성은 사법제정의 실질을 갖는 것에 기인한다. 이러한 헌법재판에 의한 사법의 헌법화경향으로 인하여 입법자도 입법형성권이 축소될 수는 있는 반면, 일반적 행동자유권에서 파생된 불문의 사적자치권과 사회국가원리에 의한 기본권보호의무를 이행하기 위하여 불평등한 계약관계에서 약자보호를 위한 입법의무로 입법형성권이 확대되기도 한다.

연방헌재는 재판소원으로 인하여 사실상 민사법원을 대신하는 초사실심 내지 연방의회에 대한 초입법자로서 헌법재판적극주의경향이 나타나고 있다. 이러한 헌법재판의 권한팽창을 경계하면서 민사재판의 사법해석적용에 관한 판단재량권을 보호하기 위해 판결소원의 폐지주장과 민사판결소원의 심사강도의 완화주장이 있다. 판결소원폐지주장은 이미 살펴본 바와 같이 논의가 중단되어 있다. 하지만 판결소원의 심사강도완화주장은 헌법재판과 민사재판, 헌법과 사법의 기능적 권한배분을 도모할 수 있는 방안으로서 논의가 되고 있어 그 내용을 살펴볼 필요가 있다.

(2) 헌법재판적극주의에 대한 완화방안

완화방안의 핵심내용은 헌법재판기능과 구별되는 민사재판의 독자성을 인정하여 헌법과 구별되는 사법의 독자성을 인정하자는 것[10]이다. 연방헌재결정에서도 판시[11]하였듯이 구체적 사안해결에 있어 민사법원의 법관법형성에 관한 인식우위(Erkenntnisvorrang)를 인정하여 사적자치를 원칙으로 하는 사법의 독자성을 보호한다. 다만 민사법원의 인식우위는 절대적인 것은 아니고 최적화명령에 의한 원칙적 성격을 갖고 있다.[12] 따라서 헌재는 법관법형성의 하자를 주장하며 재판소원을 청구하는 경우 헌법의 효력우위(Geltungsvorrang)[13]를 실현하기 위하

9) 이에 관하여는 장영철, 기본권으로서 사적자치에 관한 고찰, 서울법학 제25권 제3호(2017. 11.) 26면 이하.

10) 예컨대, G. Hermes, VVDStRL 61(2002), S. 136 ff.; D. Grimm, VVDStRL 61(2002), S. 185; M. Ruffert, Vorrang der Verfassung und Eigenständigkeit des Privatrechts - Eine verfassungsrechtliche Untersuchung zur Privatrechtswirkung des Grundgesetzes-, Tübingen, 2001; M. Düwel, Kontrollbefugnis des Bundesverfassungsgerichts bei Verfassungsbeschwerden gegen gerichtliche Entscheidungen, Baden-Baden 2000; G. Hager, aaO., S. 769 ff.

11) BVerfGE 7, 198 ff.; BVerfGE 18, 85(92).

12) M. Ruffert, aaO., S. 52.

13) K. Hesse, Privatrecht und Verfassungsrecht, S. 7; M. Ruffert, aaO., S. 49.

여 기본권을 기준으로 단계적으로 사법형성기능(Schrittmacherfunktion)을 수행하여야 한다.

이를 구체적으로 살펴보면 우선 연방헌재는 기본권기속의무(기본법 제1조 제3항)에 의하여 민사법원의 재판기준인 법률과 구별되는 기본권을 재판소원의 심사기준으로 삼아야 한다. 민사재판에서 법관은 구체적 사안에서 정의를 추구하기 위하여 사법상 일반규정이나 불확정 개념을 매개로 사적자치의 보호범위를 법관법으로 형성한다. 이 경우 헌법재판은 일반법관의 사법형성에 대하여 원칙적으로 통제를 자제하는 것이 바람직하다. 다만 예외적으로 합헌적 법률해석의 한계를 넘어 헌법형성을 하는 것으로 판단될 수 있는 경우에는 연방헌재가 통제할 수 있다. 예컨대, 민사판결에서 신의성실원칙을 근거로 표현부(Scheinvater)의 생모에 대한 성관계 정보공개청구권을 인정하는 것[14]을 들 수 있다. 이는 사적자치가 아닌 일반적 인격권의 보호범위를 오해하여 헌법형성을 하는 경우에 해당되기 때문이다.

다음으로 연방헌재의 단계적 사법형성기능은 구체적인 기본권에 근거하여 헌법차원의 법관법형성으로 헌법의 효력우위를 실현하는 것을 말한다. 연방헌재는 미국, 스위스 등 일원적 사법체계내의 연방대법원과 달리 인식우위를 갖는 민사법원에 대한 독립된 전문기관으로서 효력우위에 근거하여 기본권심사로 단계적인 사법형성기능을 수행해야 하기 때문이다.[15] 이 경우 헌재는 사적자치를 형성하는 임의규정과 제한하는 강행규정의 구분[16]에 의한 심사강도조절이 요구된다. 사법상 임의법규는 사적자치원칙에 의하여 당사자의 의사를 우선적으로

14) BVerfGE 138, 377 ff.. 이 사건은 친생부인의 소에서 승소한 원고는 표현부(Scheinvater)로서 딸에 대한 부양의무는 소급하여 취소되었다. 표현부로서 승소 때까지 사실상 부양의무를 이행한 원고는 생부에게 자신이 이행한 부양료 반환청구권을 행사할 수 있게 되었다. 하지만 민법규정에는 생부의 신상고지의무에 관한 명문규정이 없었음에도 불구하고 연방대법원은 민법 제242조의 신의성실의 원칙을 근거로 청구인에게 고지의무를 인정하였고 이는 일련의 판결에서 확립된 것이었다. 이에 대한 헌법소원결정에서 연방헌재는 생부의 신상고지의무를 도출한 민사판결은 전술한 구체적 사실관계와 상관없이 법관법형성의 헌법적 한계를 일탈한 것이라고 판시하였다. 그 구체적 논증을 살펴보면 다음과 같다: 민사법원의 판결이유로 민법 제242조(신의성실의 원칙)의 일반조항을 매개로 민법 제1353조 제1항(혼인생활공동체)을 해석하여 생모의 고지의무를 도출한 것이 헌법적 견지에서 원칙적으로 문제되는 것은 아니다. 민사법원은 기본권 보호의무에 따른 입법의 하자를 보충하는 매개수단으로 사법상 일반조항을 활용할 수 있기 때문이다. 즉 민사법원은 입법자가 파악할 수 없었던 다양한 사건에 적용되는 입법의 하자를 보완하기 위하여 기본권을 활용하여 해결하는 기능을 수행한다.

15) W. Heun, VVDStRL 61(2002), S. 109 ff.

16) 사적자치의 제한과 형성의 차이점에 대하여는 장영철, 기본권으로서 사적자치에 관한 고찰, 24면 이하.

고려하여 계약의 구속력을 인정하지만 당사자의 의사가 불분명한 경우 분쟁해결기준으로 보충적으로 적용되는 규정이다. 따라서 임의법규는 사적자치를 형성하는 입법으로 이에 대하여 연방헌재가 헌법의 효력우위를 실현하려면 구체적인 기본권보호의 필요성이 있는 경우로 자제하여야 한다. 예컨대, 연방헌재는 보증결정[17]에서 독일기본법에서 구체적 기본권으로 명문화되지 않고 사회국가원리로 보호되고 있는 보증인의 생존권에 대하여 국가의 보호의무를 근거로 보증계약의 엄격한 내용통제를 하였다. 이는 사법상 계약자유를 헌법유보하에 두고, 사적자치가 자기결정이 아닌 국가권력에 의한 타인결정으로 대체하는 방법으로 자유를 증대시키는 것이 아니라 감소시키는 결과가 될 수 있다.[18] 그러나 일반규정을 매개로 구체적인 권리를 도출하거나, 연방대법원의 확립된 판결에 의하여 강행규정으로 해석하는 경우에는 연방헌재의 재판소원의 대상으로 엄격심사를 하여야 한다.[19]

2. 우리의 경우

(1) 위헌소원제도와 사실상 재판소원의 기능

우리헌법에서 헌법재판은 사법부소속(제5장)의 민사재판과 달리 독립된 헌법기관(제6장)으로 편재되어 전문법원체계로 되어 있다. 하지만 독일과 달리 헌법재판소법(제68조 제1항)에서 최종적인 대법원재판에 대한 헌법소원청구를 금지하고 있다. 헌재는 재판소원금지에 대해 "위헌으로 결정한 법령을 적용함으로써 국민의 기본권을 침해한 재판에 대하여만 헌법재판소법 제68조 제1항에 의한

17) BVerfGE 89, 214 ff. 보증결정은 저축은행(Sparkasse)과 아버지의 10만 마르크 금전소비대차를 위해 딸이 보증계약을 체결하였다. 그녀는 당시 직업교육을 받지 않은 실업자로서 아무런 재산을 소유하고 있지 않았다. 그 후 아버지의 파산으로 채무이행을 요구받을 때에도 그녀의 수입은 월 1150마르크에 불과하였다. 보증계약서를 작성할 때 저축은행의 대리인은 그녀에게 서명을 요구하면서 "당신에게는 큰 부담이 없고 우리에게는 서류작성을 위해 필요한 절차이니 서명해 주십시오."라고 하였다. 은행은 보증인에게 금전지급소송을 제기하여 지방법원에서 승소하였지만 고등법원에서는 패소하고 다시 대법원에서는 은행이 승소하였다. 이에 최종적인 대법원판결에서 패소한 보증인은 계약자유의 침해를 주장하면서 헌법소원을 청구하였다. 연방헌재는 사회국가원리에 의한 보증인의 기본권보호의무를 근거로 대법원판결을 취소하여 고등법원의 판결로 환원되었다. 또한 부양료포기를 내용으로 하는 혼인계약결정은 이혼의 경우 부인이 남편(夫)에 대하여 약 150마르크 상당의 친생자에 대한 부양료와 혼인생활비용포기를 내용으로 하는 혼인계약의 유효성을 인정한 고등법원판결에 대한 헌법소원이다. 이에 대해 연방헌재는 청구인의 일반적 행동자유권(제2조 제1항), 국가의 모성보호의무(제6조 제4항), 부모의 자녀에 대한 친권과 이에 대한 국가의 감독의무(제6조 제2항)를 위반한 것으로 결정하였다. 이와 같이 독일에서는 사법관계를 교정하는 법관법 형성의 하자에 대한 재판소원을 계기로 기본권의 기속을 연방헌재가 실현하고 있다.

18) G. Hager, aaO., S. 769 ff.; T. Barczak, aaO., S. 121 f.

19) T. Barczak, aaO., S. 109.

헌법소원심판을 청구할 수 있다는 것이 헌법재판소의 확립된 판례"라 판시[20]하여 합헌성을 인정하고 있다. 그렇지만 우리는 독일의 재판소원제도 대신에 소위 '위헌제청형 헌법소원 내지 위헌소원제도'(헌법재판소법 제68조 제2항)를 마련하고 있다. 이는 일반법원의 재판에 적용되는 법률의 위헌제청신청을 기각당한 소송당사자가 적용 법률에 대해 헌법소원을 청구하여 위헌심판을 받을 수 있는 제도를 말한다. 이러한 위헌소원의 청구대상에 대하여 종래 헌재는 '법률'에 한정하여 '법률의 해석'의 위헌성을 다투는 소위 한정위헌청구는 3가지 예외적인 경우를[21] 제외하고는 원칙적으로 부적법하다고 하였다. 위헌소원제도의 기능을 구체적 사건에 적용되는 법률의 위헌성을 판단하여 합헌적 법질서를 확립하는 것이 아닌 추상적 규범통제기능으로 제한하였다.

하지만 헌재[22]는 위와 같은 선례를 변경하여 위헌소원의 대상으로 법률해석의 위헌성을 다투는 한정위헌청구도 원칙적으로 가능하다고 판시하였다. 따라서 민사법원의 소송당사자는 지방 및 고등법원의 민사판결과 대법원의 판결이 최종적으로 확정되기 전에 위헌적 법률해석을 주장하면서 위헌소원을 청구할 수 있다. 이로써 위헌소원으로 사실상 재판소원을 대체하는 기능을 수행할 수 있는 여건이 마련되어 있다.[23] 그러나 법적으로는 위헌소원과 재판소원은 다른 제도다.[24] 이러한 점에서 우리 헌재는 위헌소원청구대상으로 원칙적으로 한정위헌청구가 적법하다고 결정한 위 사례에서 다음과 같은 판시도 하고 있다; "일반적으로 민사·형사·행정재판 등 구체적 법적 분쟁사건을 재판함에 있어 재판의 전제가 되는 법률 또는 법률조항에 대한 해석과 적용권한은 사법권의 본질적 내용으로서 대법원을 최고법원으로 하는 법원의 권한에 속하는 것이다. 재판소원을 금지하는 헌법재판소법 제68조 제1항의 취지에 비추어, 개별·구체적 사건에서

---

20) 헌재결 2007. 5. 31. 2005헌마172, 공보 제128호, 636; 2003. 3. 27. 2001헌마116, 판례집 15-1, 298, 305-306.

21) ① 법률조항 자체의 불명확성을 다투는 것으로 볼 수 있는 경우(헌재 2000. 6. 1. 97헌바74, 공보 46, 448, 449 등), ② 심판대상규정에 대한 일정한 해석이 상당기간에 걸쳐 형성·집적되어 법원의 해석에 의하여 구체화 된 심판대상규정이 위헌성을 지닌 경우(헌재 1995. 5. 25. 91헌바20 판례집 7-1, 615, 626 등), ③ 위 두 가지 경우에 해당되지는 않지만 법률조항 자체에 대한 위헌의 다툼으로 볼 수 있는 경우(헌재 2000. 6. 29. 99헌바66등, 판례집 12-1, 848, 865) 등이다.

22) 헌재결 2012. 12. 27. 2011헌바117, 판례집 24-2하, 387.

23) 한수웅, 헌법학, 1482면.

24) 우리는 약 80%가 나홀로 하는 민사소송에서 법률의 위헌성까지 일반인이 인식하는 것을 기대하기 어려운 점, 위헌성을 인식하더라도 변호사강제주의(헌재법 제25조)에 의하여 일반인은 헌법소원을 청구할 수 없는 점, 위헌소원청구기간이 위헌제청신청 기각결정을 받은 날로부터 30일 이내(헌재법 제69조 제2항)의 단기간에 제기하여야 한다는 점 등을 들 수 있다.

단순히 법률조항의 포섭이나 적용의 문제를 다투거나, 의미 있는 헌법문제에 대한 주장 없이 단지 재판결과를 다투는 헌법소원 심판청구는 여전히 허용되지 않는다."[25]

이는 법률해석기관으로서 일반법원의 전문성을 인정한다는 것이다. 하지만 일반법원의 법률해석권한범위는 헌재의 '의미 있는 헌법문제'에 대한 판단태도에 따라 유동적으로 결정될 수밖에 없다.

(2) 헌법재판소극주의 경향

우리 헌재는 개소초기에 법률해석의 위헌성을 주장하는 한정위헌청구도 위헌소원의 대상으로 인정하여 헌법재판적극주의가 나타났다. 예컨대, 민사지방법원이 민법 제764조의 명예회복에 적당한 처분에 사죄광고를 포함하여 해석하는 것의 위헌청구,[26] 화재로 인한 재해보상과 보험가입에 관한 법률 제5조의 "특수건물"부분에 4층 이상의 건물을 포함시켜 보험가입(保險加入)을 강제(强制)하는 것으로 해석하는 것의 위헌청구[27]에 대한 한정위헌결정을 들 수 있다. 하지만 헌재중기에는 전술한 바와 같이 위헌소원의 대상을 '법률'에 한정하고 '법률해석'의 위헌성을 다투는 것은 원칙적으로 부적법하다고 하였다. 다만 대법원의 확립된 판결의 입법적 기능을 인정하여 그 법률해석의 위헌성을 주장하는 경우에는 예외로 하였다. 이에 해당하는 사례로 민법 제762조의 불법행위로 인한 태아의 손해배상청구권을 인정하는 명문에도 불구하고 거래의 안전을 우선시하여 정지조건설에 입각하여 사산된 태아의 손해배상청구권을 부인하는 확립된 대법원판결에 대한 위헌청구[28]가 있다. 하지만 이에 대하여 헌재는 생명권주체로서 태아를 보호하기 보다는 사법상 사적자치원칙에 의한 자유를 우선시하는 일반법원의 해석우위를 인정하여 헌법재판소극주의가 지배하였다. 최근에 헌재는 민법 제651조 제1항 비견고건조물에 대한 장기임대차기간을 강행규정으로 해석한 확립된 대법원판결[29]에 대한 위헌청구에 대하여 위헌결정을 하여 헌법재판적극주의로 선회할 가능성을 보여주고 있다. 하지만 이하에서 보는 바와 같이 재판소원금지와 맞물려 대법원의 사법해석에 대하여는 헌법재판소극주의가 지배적

---

25) 헌재결 2012. 12. 27. 2011헌바117, 판례집 24-2하, 387.
26) 헌재결 1991. 4. 1. 89헌마160, 판례집 3, 149.
27) 헌재결 1991. 6. 3. 89헌마204, 판례집 3, 268.
28) 헌재결 2008. 7. 31. 선고 2004헌바81- 민법 제3조등 위헌소원.
29) 대판 2003. 8. 22. 선고 2003다19961; 대판 2009. 12. 24. 선고 2009다40738, 40745.

으로 나타나고 있다.

우선 헌재는 사법상 사적자치를 형성하는 임의규정에 대한 대법원의 합헌적 법률해석의 전문성을 인정하고 있다. 예컨대, 민법 제428조 제1항 및 제429조 제1항이 보증인이 보증을 서게 된 경위, 그 이후의 경과, 보증채무 이행시의 피해 정도 등을 고려하지 않고 보증인에게 주채무와 동일한 내용의 채무를 부담하게 하여 사적자치원칙에 위반되는지 여부에 대한 위헌소원심판[30]에서 "대법원이 임의규정(1997. 8. 29. 선고 96다37879 판결)으로 해석하고 있어 결국 보증계약의 당사자인 채권자와 보증인은 자신들의 의사에 따라 보증채무의 내용을 자유롭게 정할 수 있고 그 내용을 정함에 있어 이 사건 법률조항에 의하여 어떠한 제한을 받는 것이 아니므로, 이 사건 법률조항은 사적자치의 원칙에 위반되는 규정이라고 볼 수 없다."고 판시하며 합리성심사로 합헌결정을 하였다.

둘째, 사법규정 그 자체에 대한 규범통제가 아닌 대법원의 최종판결의 사법해석에 대한 헌법적 쟁점을 문제시하며 청구하는 위헌소원이나 헌법소원심판에서 헌재는 대법원의 헌법적 판단의 '효율성'과 사적자치를 형성하는 입법재량을 이유로 헌법재판의 한계를 스스로 설정하고 있다. 예컨대, 연명치료중단에 관한 자기결정권 보호입법부작위의 위헌성을 주장하며 청구된 헌법소원(헌재법 68조 제1항)결정에서 헌재는 헌법 제10조의 자기결정권을 근거로 의사와 환자간의 의료계약에 의한 연명치료 중에 존엄사를 결정한 환자의 중단청구권[31]을 인정한 대법원판결을 고려하여 청구각하결정[32]을 하였다.

셋째, 대법원[33]이 기본권충돌을 이유로 성전환자의 호적정정을 거부한 것은 성별에 의한 차별금지를 규정한 평등권침해의 판결로서 독일의 경우는 헌법소원의 대상이다. 이에 연방헌재는 단계적인 사법형성기능을 수행하여 헌법불합치

30) 헌재결 2010. 5. 27. 2008헌바61, 판례집 22-1하, 205, 211-212.

31) 대판 2009. 5. 21. 선고 2009다17417 전원합의체.

32) 헌재결 2009. 11. 26. 2008헌마385, 판례집 21-2하, 647; "죽음에 임박한 환자에 대한 연명치료 중단에 관한 다툼은 법원의 재판을 통하여 해결될 수 있고, 법원의 재판에서 나타난 연명치료 중단의 허용요건이나 절차 등에 관한 기준에 의하여 연명치료 중단에 관한 자기결정권은 충분하지 않을지는 모르나 효율적으로 보호될 수 있으며, 자기결정권을 행사하여 연명치료를 중단하고 자연스런 죽음을 맞이하는 문제는 생명권 보호라는 헌법적 가치질서와 관련된 것으로 법학과 의학만의 문제가 아니라 종교, 윤리, 나아가 인간의 실존에 관한 철학적 문제까지도 연결되는 중대한 문제이므로 충분한 사회적 합의가 필요한 사항이다 따라서 이에 관한 입법은 사회적 논의가 성숙되고 공론화 과정을 거친 후 비로소 국회가 그 필요성을 인정하여 이를 추진할 사항이다. 또한 '연명치료 중단에 관한 자기결정권'을 보장하는 방법으로서 '법원의 재판을 통한 규범의 제시'와 '입법' 중 어느 것이 바람직한가는 입법정책의 문제로서 국회의 재량에 속한다 할 것이다."

33) 대법원 2006. 6. 22. 선고 2004스42 전원합의체판결.

결정과 함께 입법촉구를 할 수 있다. 그러나 우리는 재판소원금지로 인하여 헌재가 기본권충돌상황에 있는 성전환자의 인격권과 평등보호의무를 방치하고 있다. 이는 최근 독일연방헌재[34]가 남자, 여자도 아닌 제3의 성을 갖고 있는 자의 신분관계등록거부를 정당하다고 인정한 연방대법원재판에 대한 헌법소원결정에서 헌법불합치와 함께 2018년 말까지 개정입법시한을 정하여 입법촉구를 한 것과 비교된다.

이러한 점에서 독일과 달리 우리는 '사법의 헌법화'에 대한 우려보다는 '헌법의 사법화'로 인한 기본권보호에 흠결이 생겨날 수 있다. 따라서 헌재는 대법원의 법률해석으로 일방에게는 유리한 지위를 부여하지만 타방에게는 헌법적 지위에 중대한 제한을 초래하거나, 불충분한 기본권보호의무이행을 주장하며 위헌소원을 청구하는 경우에는 적극적으로 임할 필요가 있다. 헌재가 보호입법부작위의 위헌심사기준으로 과소보호금지원칙을 적용하는 경우에는 그 심사요소[35]로 효율성심사에 그쳐서는 안 되고 기본권충돌의 사익균형성심사를 하여야 한다. 이로써 위헌소원심판은 기능적으로 재판소원을 대체할 수 있게 된다.

34) BVerfGE vom 10. 10. 2017. - 1 BvR 2019/16.

35) 이에 관하여는 제5장 제3절.

사항색인

[ㅇ]

[ㅈ]

[ㅍ]

[ㅎ]

〔저자약력〕

연세대학교 법과대학(법학사)
연세대학교 대학원 법학과(법학석사)
독일쾰른대학교 법과대학(법학박사)
한국공법학회, 한국헌법학회 부회장
변호사시험, 사법시험, 행정고시 등 각종 국가고시 출제위원
헌법재판연구원 모의헌법재판 운영위원
서울시립대 법학연구소 소장
강남구 세정연구자문단 위원
대전대학교 법학과 교수
(현) 서울시립대 법학전문대학원 교수

〈주요논문〉

헌법재판소의 법률에 대한 부분적 위헌결정(공법연구, 1998)
헌법상 계약자유의 의미와 보호(공법연구, 2002)
기본권경합에 관한 연구(공법연구, 2004)
기본권의 사실적 제한(공법연구, 2006)
과소보호금지원칙에 관한 연구(헌법학연구, 2008)
오스트리아 헌법재판제도와 시사점(공법학연구, 2009)
수도의 법적 지위(공법연구, 2011)
헌법원칙으로서 계속성원칙(공법학연구, 2012)
기본권유보에 관한 고찰(서울법학, 2014)
지방분권강화방안으로서 연방국가 원리에 관한 연구(헌법학연구, 2016)
기본권으로서 사적자치에 관한 고찰(서울법학, 2017)
사법의 헌법화경향에 대한 소고(서울법학, 2018)
그 외 논문 50여 편

기본권론

초 판 인쇄 2018년 9월 1일
초 판 발행 2018년 9월 5일

저 자 장영철
발행인 현근택
발행처 화산미디어
주 소 경기도 고양시 덕양구 용현로10, 507-102(행신동, 무원마을)
신 고 2009년 2월 16일/제395-2009-000012호
전 화 031-973-6929
팩 스 031-972-6930
블로그 blog.daum.net/kthyun1
홈페이지 www.hwasanm.com

정 가 30,000원
ISBN 979-11-5977-033-3 (93360)
잘못된 책은 언제나 바꾸어 드립니다.